Revista de Direito Tributário

84

MALHEIROS EDITORES

Revista de Direito Tributário

Publicada sob os auspícios do

Instituto Geraldo Ataliba — IDEPE — Instituto Internacional de Direito Público e Empresarial e do
IBET — Instituto Brasileiro de Estudos Tributários

ISS 0102-7956

REVISTA DE DIREITO TRIBUTÁRIO
publicação trimestral de
MALHEIROS EDITORES LTDA.
Rua Paes de Araújo, 29, 17º andar - conj. 171
CEP: 04531-940 - São Paulo, SP
Tel. (0xx) 3078-7205
Fax. (0xx) 3168-5495
Diretor Responsável: Álvaro Malheiros
Diretora: Suzana Fleury Malheiros

Assinaturas e comercialização:
CATAVENTO DISTRIBUIDORA
DE LIVROS S.A.
Rua Conselheiro Ramalho, 928
CEP 01325-000 - São Paulo - SP
Tel. 289-0811 - Fax. 251-3756
Supervisão Gráfica: Vânia Lúcia Amato
Composição: *Scripta*
Impressão: Paym Gráfica e Editora Ltda.

Revista de Direito Tributário

CADERNOS DE DIREITO TRIBUTÁRIO

Fundador: Rubens Gomes de Souza (✝)

CADERNOS DE DIREITO TRIBUTÁRIO

SUMÁRIO

CADERNOS DE DIREITO TRIBUTÁRIO

DERECHO COMUNITARIO — UN ENFOQUE HACIA LA INTEGRACIÓN LATINOAMERICANA

— ANDREA AMATUCCI 7

A CONSTITUIÇÃO FISCAL PORTUGUESA DE 1976, SUA EVOLUÇÃO E SEUS DESAFIOS

— JOSÉ CASALTA NABAIS 30

FUNÇÕES DAS LEIS COMPLEMENTARES NO SISTEMA TRIBUTÁRIO NACIONAL — HIERARQUIA DE NORMAS — PAPEL DO CTN NO ORDENAMENTO

— HELENO TAVEIRA TÔRRES 50

AS INFLUÊNCIAS ITALIANAS NO DIREITO TRIBUTÁRIO BRASILEIRO

— RICARDO LOBO TORRES 70

PRIME OSSERVAZIONI SULLA PROPOSTA DI FEDERALISMO FISCALE IN ITALIA

— FRANCO GALLO 83

LEGALIDADE TRIBUTÁRIA OU LEI DA SELVA: SONHO OU PESADELO

— JOSÉ ROBERTO VIEIRA 96

FISCALIDAD DEL COMERCIO ELECTRÓNICO

— CÉSAR GARCÍA NOVOA 109

O SIGILO BANCÁRIO E FISCAL — ALGUMAS DIMENSÕES JURÍDICO-POLÍTICAS

— MARCELO FIGUEIREDO 146

ESTUDOS E COMENTÁRIOS

APRECIACIONES EN TORNO A LAS DONACIONES Y SU RELACIÓN CON EL CONCEPTO DE RENTA

— JORGE BRAVO CUCCI 165

CONSELHO DE CONTRIBUINTES. A solução de controvérsias no âmbito da própria Administração
— MARCOS ANDRÉ VINHAS CATÃO 174

IMPOSTO DE RENDA DAS EMPRESAS. Estrutura constitucional do cálculo contábil
— RENATO RENCK 185

DISSOLUÇÃO IRREGULAR DA EMPRESA NÃO ENSEJA A RESPONSABILIDADE TRIBUTÁRIA DE SEUS ADMINISTRADORES
— EDUARDO FORTUNATO BIM 199

ENTIDADES FILANTRÓPICAS E IMUNIDADE TRIBUTÁRIA
— REINALDO PIZOLIO 218

CADERNOS DE DIREITO TRIBUTÁRIO

DERECHO COMUNITARIO – UN ENFOQUE HACIA LA INTEGRACIÓN LATINOAMERICANA[1]

ANDREA AMATUCCI

Professor Titular de Direito Financeiro da Universidade de Nápoles, Itália

1. Procedimiento ordinario y especial de adaptación del ordenamiento interno tributario al ordenamiento comunitario tributario. 2. El conflicto entre normas internas tributarias y comunitarias tributarias. 3. Análisis de las teorías sobre la primacía del ordenamiento comunitario respecto del ordenamiento nacional tributario. 4. La norma comunitaria tributaria completa en una primera fase debería ser también excepcional en América Latina. 5. La integración jurídica latinoamericana como condición de la integración primero económica, luego social. 6. El principio "nullum tributum sine lege" no requiere la intervención del Congreso Nacional respecto de las normas comunitarias tributarias completas. 7. El principio de no-discriminación fiscal. 8. El Modelo de Código Tributario en América Latina y la integración. 9. La armonización fiscal. 10. Conclusiones y propuestas.

1. Procedimiento ordinario y especial de adaptación del ordenamiento interno tributario al ordenamiento comunitario tributario

Antes que todo, es oportuno precisar que el *derecho tributario comunitario* está formado por normas nacionales, que tienen como objeto el fenómeno jurídico-tributario comunitario, mientras que el *derecho comunitario tributario* está constituido por normas internacionales (tratados institutivos y sus modificaciones), comunitarias (actos de las instituciones comunitarias) y nacionales (leyes que reproducen o realizan los fines de las normas comunitarias).

Surge la necesidad, entonces, de analizar el procedimiento a través del cual se realiza la *adaptación* del ordenamiento nacional tributario al derecho comunitario.[2]

1. Ponencia: *Jornadas Colombianas de Derecho Tributario*, Cartagena, 26.2.2001.

2. Para una visión general de la doctrina europea v.: Ballarino, *Lineamenti di Diritto Comunitario e dell'Unione Europea*, Pádua, 1997; Tesauro, *Diritto Comunitario*, Pádua, 2001; Edward-Lane, *European Community Law*, Edimburgo, 1995; Ferrari Bravo-Moavero Milanesi, *Lezioni di Diritto Comunitario*, Nápoles, 1995; Zanghi, *Istituzioni di diritto*

La naturaleza internacional de la Comunidad hace plenamente operante, con respecto a las relaciones existentes entre normas comunitarias por un lado y ordenamiento estatal por el otro, la problemática de la adaptación del Derecho Estatal al Derecho Internacional, que está dirigida a establecer cómo este último penetra al interior del Estado y cómo se aplica y coordina con las demás normas estatales.

Interesa establecer a este punto el modo en que las normas del Tratado Comunitario y las fuentes subordinadas (Derecho derivado) producen una modificación del ordenamiento juridico nacional.[3]

La *norma comunitaria, tributaria* e *incompleta*, produce efecto vinculante respecto de los Estados-miembros y se caracteriza por contener la indicación de los fines a alcanzar; por lo tanto, ésta realiza un *procedimiento ordinario* de adaptación, habida cuenta que requiere de una explícita actividad de *recepción* (*transposición*) por medio de normas internas tributarias. En efecto, sólo las normas estatales actúan sobre sujetos internos y de ningún modo las normas comunitarias, tributarias e incompletas, que se refieren a los Estados-miembros.

La ley nacional tributaria de actuación – es decir, aquella que pone en acción las normas comunitarias incompletas – asume la naturaleza de ley especial *sui generis*, calidad que deriva de la ley de ratificación del Tratado que permite dichos procedimientos ordinarios de adaptación.

Los problemas más delicados derivan, en cambio, de las *normas comunitarias, tributarias* y *completas*, es decir, de aquellas idóneas para generar obligaciones vigentes en el Estado-miembro, por efecto de la sola ley de ratificación del Tratado mismo, y, por lo tanto, sin la intervención explícita de los organismos estatales responsables de las funciones normativas. Cobra así importancia el *procedimiento especial* o *de remisión* relativo a la adaptación de las normas comunitarias tributarias. Aquí los organismos estatales, responsables de las funciones normativas, se limitan a ordenar su cumplimiento, habiendo ellas recibido plena vigencia a través de la ley de ratificación del Tratado. Sin embargo, no siempre está excluida la exigencia de expedición de actos de ejecución por parte del Estado-miembro.

También el ordenamiento nacional tributario queda de todos modos envuelto o implicado por el procedimiento especial o de remisión de las normas comunitarias, tributarias y completas, resultado consecuencial del ejercicio de aquella soberanía que el Estado ha delegado en la Comunidad. En

dell'Unione Europea, Turin, 1995; Guizzi, *Manuale di Diritto e Politica dell'Unione Europea*, Nápoles, 1994; Hartley, *The Foundations of European Community Law*, Oxford, 1994; Isaac, *Droit Communautaire Général*, París, 1994; Orsello, *Ordinamento Comunitario e Unione Europea*, Milán, 1994; Cartou, *L'Union Européenne*, París, 1994; Draetta, *Elementi di Diritto Comunitario*, Milán, 1994; Rideau, *Droit Institutionnel de l'Union et des Communautés Européennes*, París, 1994; Louis, *L'Ordre Juridique Communautaire*, Bruselas, 1993; Abellán Honrubia Villá Costa, *Lecciones de Derecho Comunitario Europeo*, Barcelona, 1993; Barav-Philip, *Dictionnaire Juridique des Communautés Européennes*, París, 1993; Boulouis, *Droit Institutionnel des Communautés Européennes*, París, 1993; Weatherill-Beaumont, *EC Law*, Londres, 1993; Wyatt-Dashwood, *European Community Law*, Londres, 1993; Lauria, *Manuale di Diritto delle Comunitario Europeo*, Turin, 1992; AA.VV., *Répertoire Dalloz de Droit Communautaire*, 3 vs., París, desde 1992; Pocar, *Diritto delle Comunità Europee*, Milán, 1991; Oppermann, *Europarecht*, Münich, 1991; Mengozzi, *Il Diritto della Comunità Europea*, Pádua, 1990; y Bleckmann, *Europarecht*, Colonia, 1990.

3. Respecto a la adaptación, v.: Bleckmann, *Euraparecht, das Recht der Europäischen Gemeinschaft*, 5ª ed., Colonia/Berlin/Bonn/Münich, 1990; cadenas marin, en *Not. CEE*, 63, 1990; Casado Ollero, "L'ordinamento comunitario e l'ordinamento tributario interno", en *Tratado de Derecho Tributario*, dirigido por Amatucci, Temis, Bogotà, 2001; Cavazzuti, 1993:*L'Italia nella CE. Convenienze e Pericoli della Integrazione Fiscale*, Bolonia, 1990; Celotto, "La prevalenza del diritto comunitario sul Diritto interno: orientamenti della Corte Costituzionale e spunti di teoria generale", en *Giur. Cost.*, 1992, p. 4.481; Colombo, "Fonti comunitarie tra ordinamento interno e ordinamento comunitario", en *Dir. Reg.*, 1993, p. 269; Voss, "Europäisches und nationales Steuerrecht", en *Steuer und Wirtschaft*, 1993, p. 155; De La Fuente Santorcuato, en *Not. CEE* 63, 1990; Fernández Álvarez, en *Not. CE* 63, 1990.

efecto, el ordenamiento tributario nacional se adecúa también a dichas normas.

La norma comunitaria, tributaria y completa, en cuanto no necesita la reproducción legislativa nacional, aplica al contribuyente y a la Administración Tributaria directamente; así pues, ellos son simultáneamente destinatarios de normas comunitarias completas y de leyes nacionales.

La norma comunitaria, tributaria y completa, se filtra a través del ordenamiento nacional y origina de manera automática, en virtud de la ley de ratificación del Tratado, el nacimiento de una ley nacional no escrita de idéntico contenido, la cual tiene efecto directo sobre el contribuyente y sobre el Estado, dando así lugar al nacimiento de derechos, de deberes, de compromisos y de obligaciones tributarias. Es fácil ahora representar la relación que las normas comunitarias, tributarias y completas, mantienen con el ordenamiento nacional, del cual, como es obvio, son claramente distintas y autónomas.

El ordenamiento interno tributario protege, envolviéndola integralmente, aquella esfera en la que se desarrolla la vida del Derecho y se disponen los sujetos de derecho interno, contribuyentes y Administración Tributaria; en torno al ordenamiento interno se coloca el ordenamiento comunitario, caracterizado por su naturaleza internacional y por su continua expansión. Las normas comunitarias, para alcanzar a los sujetos de derecho interno, se filtran a través de la franja protectora del ordenamiento nacional. Las normas completas se transforman automáticamente en actos que tienen fuerza y valor de ley del mismo contenido, mientras que las normas incompletas se bloquean en la espera de que sea promulgada la ley que realiza o pone en acción sus fines.

Papel análogo al ordenamiento interno cumple la atmósfera, la cual, retenida por la fuerza de gravedad de la Tierra, absorbe, gracias al ozono y en menor medida al oxigeno que contiene, las radiaciones solares, de muy breve longitud de onda pero de alta energía, manteniendo asegurada la vida terrestre en sus actuales formas.

En efecto, las normas comunitarias sólo pueden actuar respecto del ordenamiento jurídico estatal, aun con el fin de dirigirse a los sujetos de derecho interno. Por ello, las normas comunitarias que pretendan influir sobre tales sujetos, que, por lo tanto, son completas, deben inevitablemente filtrar a través del ordenamiento estatal que, en el ejercicio de su autonomía, se configura e interviene en la esfera jurídica de dichos sujetos. Entonces, no sólo en el plano ejecutivo, también en el plano normativo, el contribuyente se pone en contacto exclusivamente con el ordenamiento estatal tributario y cualquier obligación que surja, constituyéndolo sujeto pasivo, presupone la necesaria adecuación a tal ordenamiento.

Las normas tributarias internas, cuyos modelos están contenidos en las normas completas, revisten naturaleza de ley especial acogida o recibida de la ley de ratificación del Tratado, igual que las normas nacionales tributarias explícitamente promulgadas para actuar los fines de las normas comunitarias, tributarias e incompletas.

Así pues, el contribuyente siempre soporta la acción directa y exclusiva de las leyes nacionales, sean escritas, en razón de la actuación de normas incompletas, sean no-escritas, en razón de la reproducción automática de normas completas.

De otra parte, corresponde al intérprete establecer si una norma que se califica incompleta es eventualmente *detallada*[4] y

4. El efecto directo de la norma comunitaria es su idoneidad para crear directamente derechos y obligaciones respecto de los individuos, invocables frente al juez nacional. La aplicabilidad directa es considerada distinta al efecto directo y precisamente es considerada ínsita en algunos actos comunitarios, los cuales, para producir sus efectos, no necesitan de actos internos. Tal concepto de aplicabilidad directa expresa una consecuencia del efecto directo. En contra de tal distinción se ha pronunciado la Corte de Justicia Europea, Sentencia 31.1.1991, causa judicial C-19/90, *Kziber*, comp. I, 199 §§ 15, 19 y 23. En efecto, los requisitos solicitados, a fin de que subsista el efecto directo, presente en normas del Tratado o en normas comunitarias, son la claridad, la precisión y la falta de condicionamiento hacia alguna disposición formal de autoridad nacional a los fines de la aplicación inmediata (cf. Corte de Justicia Eu-

no necesita, por lo tanto, de integración por parte de una ley tributaria escrita.

Imponiendo la norma comunitaria, tributaria e incompleta, sólo obligaciones al Estado, ella puede ser invocada exclusivamente en contra de él (*efecto vertical*) y no entre contribuyentes y Administración Tributaria (*efecto horizontal*).[5] La aplicabilidad directa de la norma comunitaria, tributaria y completa, se distingue del efecto directo de la norma comunitaria, tributaria, incompleta e inactuada, la cual penetra en el ordenamiento interno, produciendo una ley nacional tributaria no-escrita de idéntico contenido, sólo a través del reconocimiento judicial de inobservancia por parte del Estado.

El ordenamiento comunitario tributario, entonces, aun conservando su propia autonomía, logra influir sobre el contribuyente y sobre la Administración Tributaria, única y exclusivamente, a través del ordenamiento tributario interno.

Dicha relación, entre el ordenamiento comunitario tributario y el ordenamiento interno tributario, coincide con la relación entre el ordenamiento internacional y el ordenamiento interno. De hecho se funda sobre las mismas normas constitucionales, la adecuación del ordenamiento estatal a las normas de un Tratado internacional que respecto de normas convencionales de las cuales se derivan de todos modos las normas comunitarias.

2. *El conflicto entre normas internas tributarias y comunitarias tributarias*

Interesa analizar el procedimiento a través del cual se garantiza la aplicación de la norma *prevalente*.

El conocimiento de la diferente fuerza y valor de las normas nacionales tributarias con respecto a las normas comunitarias tributarias permite comprender cuál prima, en caso de incompatibilidad entre los contenidos o significados de las disciplinas de la misma situación de hecho.

ropea, Sentencia 19.11.1991, causas judiciales unidas C-6 y 9/90, *Francovich*, comp. 1-5357).

Óbviamente el problema para las normas formalmente incompletas pero "detalladas" se presenta en el caso de falta o de incorrecta o de intempestiva actuación de ellas en los términos y con las disposiciones nacionales prescritas. En efecto, si la actuación es correcta y puntual, los efectos de tales normas son producidos a través de disposiciones nacionales de aplicación. El efecto directo de la norma incompleta detallada cumple una función sancionatoria respecto del Estado inobservante. Las disposiciones contenidas en una norma incompleta, como las normas del Tratado dirigidas a los Estados-miembros, tienen efecto directo, si prevén una precisa obligación del Estado al cual corresponde un derecho del individuo (cf. Corte de Justicia Europea, Sentencia 7/311996, causa judicial C-192/94, in *Foro It.*, 1996 IV, 357, con nota de Barone). En efecto, el art. 189 del Tratado CE no excluye que actos diversos de las normas completas produzcan los mismos efectos. La inobservancia de la obligaci6n por parte del Estado sería perjudicada si los individuos no pudieran hacer valer la eficacia de tales actos y los jueces nacionales no las pudieran tomar en consideración (remisión prejudicial) (v.: Corte de Justicia Europea, Sentencia 26.3.1996, causa judicial C-392/93, *British Telecommunications*, en *Foro It.*, 1996, IV, 322, con nota de Catalano; Corte de Justicia Europea, Sentencia 5.3.1996, causas reunidas C-46 y 48/93, *Factortame*, en *Foro It.*, 1996, IV, 185; más en general, Sentencia 23.2.1994, causa judicial C-236/92, comp. 1-483, §§ 9 y 10). Sobre el efecto directo de la decisión, sea en relación con los individuos, sea en relación con un pais, v. *Consiglio di Stato*, V secc., 6.4.1991, en *Cons. St.*, 1991, I, 659, y V secc., 31.7.1991, allá, 1.171. V. Baratta, "Quali prospettive in tema di effetti c.d. orizzontali di norme di direttive inattuate?", en *Riv. Dir. Internaz.*, 1994, 487; y Lipari (a cargo de), *Diritto Privato Europeo*, Pádua, 1997.

5. V. sobre el efecto horizontal Corte de Justicia Europea, Sentencia 14.7.1994, causa judicial C-91/92, comp. I, 3325, §§ 21 e 25. Tal orientación es confirmada por la misma Corte de Justicia Europea a través de la Sentencia 7.3.1996, causa judicial C-192/94, con nota de Barone, "L'efficacia diretta delle direttive fra certezza (comunitaria) e fra intendimenti (nazionali)", en *Foro It.*, 1996, IV, 338, la cual sostiene que: a) una norma incompleta no puede crear por si misma obligaciones con respecto al individuo; b) la jurisprudencia sobre los efectos verticales excluye que el Estado saque ventaja en virtud de sus propios incumplimientos; c) extender la jurisprudencia a las relaciones entre individuos significa atribuir a las normas incompletas el efecto de las normas completas; d) si el resultado de una norma incompleta no puede ser obtenido por via interpretativa, surge el derecho al resarcimiento del daño. Cf. Mengozzi, "La responsabilità dello Stato per danni causati a singoli da violazioni del diritto comunitario, il caso Gabrielli", en *Riv. Dir. Internaz.*, 1994, p. 617.

Es más fácil conocer la relación existente entre leyes nacionales tributarias, que establecen el mismo hecho imponible, en el momento en que alguna de ellas constituya la consecuencia de una norma comunitaria.

Las normas comunitarias, acogidas por el ordenamiento nacional por medio de procedimiento especial o de remisión, no operan directamente respecto del contribuyente y de la Administración Tributaria, sino, como se ha observado, a través del filtro del ordenamiento nacional; originan automáticamente el nacimiento de una ley no-escrita de igual contenido y de naturaleza especial y que influye sobre dichos sujetos. Por consiguiente, una ley tributaria producida posteriormente, que deroga tales leyes no-escritas, prevalece en cuanto por absurdo explícitamente proceda también al formal repudio de los compromisos asumidos con el Tratado comunitario.

A falta de dicha previsión de desempeño, la ley nacional, formalmente producida posteriormente, es abrogada por la ley tributaria anterior no-escrita, con ella incompatible.

Así las normas contenidas en una convención en contra de la doble imposición e introducidas en el ordenamiento interno a través del procedimiento especial son derogables por una ley tributaria sucesiva sólo si ésta no se limita a reglamentar diversamente la misma situación, sino que explícitamente manifiesta que ha faltado la voluntad de cumplir el compromiso internacionalmente asumido.

La ley anterior que entra en conflicto es derogada por la ley tributaria no-escrita, antes que nada porque esta última es posterior; por lo tanto, es suficiente, a tal fin, el principio con base en el cual cada fuente de Derecho modifica la precedente con la cual está en conflicto, a condición de que se ponga al mismo nivel jerárquico. La naturaleza de ley especial, en el caso específico, puede sólamente fortalecer tal principio, en cuanto la solución de la confrontación de las normas se da con base en su rango.

En presencia del procedimiento ordinario es aplicable la ley escrita interna tributaria, la cual, como se ha dicho, no se coloca en el mismo plano de las demás leyes estatales, por cuanto, igual que las leyes no-escritas, se distingue de éstas por la razón que ha ocasionado su nacimiento y por la naturaleza de ley especial recibida de la ley de ratificación del Tratado. O sea, que en el ámbito de la jerarquía de las fuentes se coloca en un nivel intermedio entre la ley ordinaria y la norma constitucional.

También, por ello, la ley tributaria especial escrita abroga la ley común con ella incompatible, incluso si esta última es posterior.

La ley que deriva del procedimiento ordinario se diferencia de la norma comunitaria porque, erróneamente interpretada, obstaculiza en todos los casos el cumplimiento del derecho comunitario tributario. Por el contrario, con el procedimiento especial, si la interpretación de una norma comunitaria tributaria no es correcta, el error vale sólamente en aquel caso. En ese sentido, el procedimiento especial garantiza mayormente el cumplimiento del derecho comunitario tributario.

La ley tributaria no-escrita, que reproduce la norma comunitaria tributaria en virtud del procedimiento especial, y la ley tributaria escrita, que actúa los fines de una norma comunitaria en virtud del procedimiento ordinario, no pueden, por lo tanto, derogar la Constitución, en cuanto constituyen leyes especiales jerárquicamente superiores a las leyes ordinarias, pero inferiores a la Constitución. Precisado así el significado de la primacía de la ley especial sobre aquellas posteriores con ella incompatibles, surge, sin embargo, el problema relacionado con la construcción de métodos interpretativos de las normas comunitarias y tributarias, a las cuales se conforma el ordenamiento interno.[6]

6. Respecto a los criterios interpretativos cf.: Vogel, Uckmar-Lang-Casado Ollero, en *Tratado de Derecho Tributario*, t. I, Temis, Bogotá, 2001, p. 705; Amatucci, *Ordenamiento Jurídico Financiero*, Temis, Bogotá, 2002, p. 97; Schön, *Die Auslegung des europäischen Steuerrrechts*, Köln, 1993; Uckmar-

No se puede reconstruir, en términos de vicios de constitucionalidad, la relación entre norma comunitaria y aquella interna posterior. Esta visión exige la declaración de ilegitimidad constitucional de las leyes internas posteriores en conflicto con las normas comunitarias, e induce a considerar insubsistentes automáticamente las leyes internas anteriores incompatibles.

Tampoco es convincente la sustitución del principio de la obligación del *juicio de legitimidad constitucional* con el *juicio de desaplicación* de la ley nacional, anterior o posterior, en conflicto con la norma comunitaria.

Es cierto que la desaplicación hace más ágil el proceso de eliminar del sistema las leyes contrarias con leyes consecuentes con normas comunitarias. Pero, tanto la declaración de ilegitimidad como la desaplicación presuponen que exista una ley incompatible.

El derecho tributario interno, en conflicto con el comunitario, no puede considerarse simplemente ineficaz, en cuanto carece de una condición de validez. La ley nacional tributaria nace inválida, si está en contradicción con una precedente ley nacional consecuente con una norma comunitaria. La ley puede surgir válida, pero perder dicho requisito acto seguido en que viene promulgada una ley contraria derivada de una norma comunitaria.

En ese sentido resulta fundada la *identificación* en el sistema del automatismo, a través del cual el ordenamiento interno es depurado de normas tributarias incompatibles con normas comunitarias, a fin de garantizar la certeza del Derecho.

Burgio-De Martini, *Codice Fiscale Comunitario*, Milán, 1993. Vale igualmente el principio de prohibición de analogía en materia de exenciones. Cf. Corte de Justicia (28.2.1991, n. 234/89), en *Foro It.* 1993, IV, 29. Cf. Della Cananea, "L'impugnabilità degli atti interni dell'Amministrazione nel diritto comunitario in un nuovo orientamento della Corte di Giustizia", en *Riv. It. Dir. Pubbl. Com.*, 1992, p. 891.

3. Análisis de las teorías sobre la primacía del ordenamiento comunitario respecto del ordenamiento nacional tributario

La *teoria federalista*, al sostener que la Comunidad es una federación parcial, contiene una contradicción de términos. Además, un Estado Federal debe disponer del poder explicito de extender sus propias competencias.

A la teoría federalista se opone la *teoría internacionalista*, la cual considera que la Comunidad, instituida a través de los Tratados internacionales, entra integralmente en el campo de aplicación del derecho internacional tributario. La Comunidad nace como unión internacional, titular de soberanía en relación con el campo en que se lleva a cabo la acción política, con la intención de realizar una estructura de cooperación interestatal y cuyo objeto es la economía. Es ampliamente reconocida la existencia de un ordenamiento comunitario tributario, autónomo con respecto a los ordenamientos internos tributarios y caracterizado por requisitos de estos últimos, principalmente por la independencia de las funciones legislativa, ejecutiva y jurisdiccional.

Este reconocimiento, sin embargo, no elimina la distinción entre los efectos producidos por la Comunidad al interior de los Estados-miembros (que están sujetos al derecho interno tributario y cuya uniformidad se garantiza por el Tratado) y las consecuencias desplegadas entre los Estados sujetos del derecho internacional tributario. Por lo tanto, los sujetos de derecho interno están disciplinados, integra y exclusivamente, por el ordenamiento interno tributario.

El efecto directo, como se ha dicho, es el nacimiento del derecho de los individuos de invocar la norma comunitaria tributaria incompleta, frente también a un organismo judicial nacional, solicitando incluso la indemnización de los daños al Estado-miembro que ha violado el derecho comunitario.

La aplicabilidad directa, en cambio, consiste en la llamada *prerrogativa* de las normas completas, aun cuando no se confieran derechos al individuo; tales normas, por lo tanto, entran en vigor contemporáneamente en los ordenamientos internos y comunitarios. La aplicabilidad directa de las normas tributarias completas demuestra, por cierto, que los tratados internacionales no se proponen exclusivamente crear derechos y obligaciones entre los Estados contrayentes; no obstante, tampoco prueba que la norma comunitaria completa no contenga un modelo de norma interna tributaria, la cual se produce automáticamente y actúa con respecto a los sujetos de derecho interno.

En su *status* se crean derechos por efecto de normas comunitarias tributarias completas, independientemente de la emanación de medidas de actuación internas, de todos modos no indispensables.

Las autoridades jurisdiccionales y administrativas de los Estados-miembros, en el momento en que operan en calidad de instrumentos del derecho comunitario tributario, no se transforman en organismos de la Comunidad. Ellos, en efecto, aplican de todas maneras las leyes internas, escritas o no-escritas.

Un fenómeno análogo, aun si no coincidente, se verifica, por lo demás, también en el caso de muchos tratados internacionales que tienen como objeto la tutela de los sujetos individuales, como, por ejemplo, los tratados sobre los derechos fundamentales del hombre.

Además, no puede aceptarse la tesis que, aunque reconoce la naturaleza internacional de las normas comunitarias tributarias, considera algunas fuentes de ellas comunes a las internas, aplicables a los mismos sujetos. La concepción *monista* se fundamenta en esencia en la dificultad, que prueba el pensamiento científico, de concebir que existen más ordenamientos jurídicos tributarios, cada uno con sus propios valores exclusivos de aquellos de los demás. En verdad, las concepciones *monista* y *dualista* se han conciliado desde hace largo tiempo, en cuanto los monistas han aceptado por lo general la "técnica" dualista; en efecto, ellos admiten que el juez interno debe aplicar de todos modos el derecho comunitario, transformado en derecho interno tributario, aceptando finalmente la idea de la necesidad de la transformación.

De esta posición científica surge la doctrina monista, que tiende a justificar la primacía del derecho comunitario tributario, con base en la cual, como fundamento del derecho tributario interno, existiría una norma basilar de índole comunitaria.

Ésta, por lo tanto, no coincidiría con la *Norma Fundamental*, en la que se sostendrían todos los ordenamientos reducidos a un sistema similar a una pirámide invertida.

El conocimiento de la norma-base entraría óbviamente en la actividad de *revelación* (interpretación de la norma no-escrita) y no de interpretación, porque no tendría por objeto la ley escrita, sino aquella producida automáticamente.

Los ordenamientos internos tributarios resultarían ser, por consiguiente, partes de un ordenamiento tributario amplio, del cual el ordenamiento comunitario tributario constituiría la base; los Estados serían organismos de la Comunidad con competencia delegada por el derecho comunitario tributario. Además, el conflicto entre norma interna tributaria y norma comunitaria tributaria sería potencial, porque el derecho comunitario tributario lo elimina tan pronto surge, de suerte que la norma interna no necesita ser declarada incompatible porque cae antes lisa y llanamente.

Otra derivación teórica es la *doctrina monista de la primacía del derecho interno tributario*, del que el derecho comunitario tributario constituiría una parte, la cual deja inalterada la posición de la doctrina de la primacía del derecho comunitario tributario, ya que, invirtiendo los términos, el resultado no cambia. Sin embargo, esta elaboración científica resulta claramente sin fundamento, porque niega la autonomía del ordenamiento interno tributario.

Finalmente, resulta inaceptable otra teoría, la cual parte no sólo de las exactas premisas de la anteriormente examinada, sino también del justo reconocimiento de la autonomía del ordenamiento interno tributario. Se considera que el ordenamiento comunitario tributario y el interno tributario, por muy coordinados, son distintos y autónomos: en razón de la distinción entre los dos ordenamientos, la primacía de la normativa comunitaria tributaria debe entenderse, según dicha teoría, en el sentido que la ley interna no interfiere con la esfera ocupada por tal normativa, la cual queda completamente absorbida por el derecho comunitario tributario.

Pero, aun considerando de naturaleza internacional las normas comunitarias tributarias y aun considerándolas completamente distintas del autónomo ordenamiento interno tributario, dicha teoría considera su relación en términos diversos de aquellos antes configurados. Por consiguiente, se habría constituido una organización comunitaria caracterizada por un ordenamiento tributario autónomo e independiente respecto al interno, no obstante éstos resultarían *ordenamientos paralelos* autónomamente aplicables respecto de los mismos sujetos

Las normas completas, de contenido normativo general y obligatorio, serían de inmediato aplicables a los Estados y a los contribuyentes, sin necesidad de normas internas de adaptación o recepción. Los organismos comunitarios ejercerían funciones que serían estatales bajo el perfil constitucional. Por lo tanto, el fenómeno de adaptación del ordenamiento interno al comunitario no transforma la norma, del mismo modo que los rayos del sol pasarían sin cambio alguno, sólo a través de los "agujeros" de la capa de ozono.

Esta tesis es identificable en sustancia con la *monista*. Si se niega la adaptación, se reconoce la *integración*.

4. La norma comunitaria tributaria completa en una primera fase debería ser también excepcional en América Latina

El art. 3 del Tratado del Tribunal Andino de Justicia, previsto por el literal "e" del Tratado de Cartagena, establece, como regla general, que las normas de "derecho derivado" promulgadas por los organismos comunitarios son directamente aplicables en los países-miembros y respecto de sus habitantes, excepto que las mismas dispongan que sea requerido un acto de incorporación o transposición en el ordenamiento interno.

Así pues, la producción del derecho derivado por parte de las instituciones de la Comunidad Andina ha sido caracterizada por normas completas.

No obstante, hasta que cada realidad económica y los específicos ordenamientos jurídicos no alcancen en América Latina un nivel suficiente de homogeneidad, se impone una flexibilidad de la norma tributaria comunitaria, la cual sólo debe limitarse a establecer fines u objetivos. La determinación específica de los instrumentos tributarios debe estar a cargo del Parlamento nacional, en función del estado de evolución de la realidad económica y del ordenamiento jurídico en cada país. Por lo tanto, en las primeras décadas de producción del derecho comunitario tributario derivado cada Parlamento nacional debe poder adaptar las normas incompletas a la peculiar estructura del ordenamiento tributario nacional y de la realidad económica local.

Todo parece indicar, entonces, que la causa de la precariedad del derecho comunitario en la Comunidad Andina reside en haber considerado conjuntamente, desde la fase preliminar, excepcional la norma incompleta.

Por ello, para favorecer el proceso de integración económica en América Latina es necesario, entonces, que por regla general la norma comunitaria sea incompleta y, en consecuencia, que el procedimiento de adaptación del ordenamiento nacional al ordenamiento comunitario sea excepcionalmente el especial o por vía de remisión.

5. *La integración jurídica latinoamericana como condición de la integración primero económica, luego social*

Es preliminar la integración jurídica que debe alcanzar, también, en América Latina el nivel más elevado con respecto a cada acción comunitaria.

Al control jurisdiccional sobre el funcionamiento del sistema en su conjunto no deben y no pueden substraerse ni las instituciones comunitarias, ni los Estados-miembros, ni los individuos.

Es evidente que para declarar verificada la incompatibilidad de la norma interna, y por consiguiente su eliminación, debe ser cierto el significado de la norma comunitaria tributaria. De otra manera se inician procedimientos dirigidos a establecer la existencia de dicho conflicto.

Se abre, antes que nada, un horizonte más amplio al control, si bien residual, de la Corte Constitucional, a la cual le compete verificar si una norma comunitaria, sea del Tratado, sea derivada completa, deviene incompatible con los principios fundamentales del ordenamiento nacional tributario o viola los derechos inalienables del contribuyente. El derecho tributario con tales límites renuncia a su propia primacía.

Con base en estos criterios se resuelve el problema de la búsqueda de la norma tributaria aplicable.

Interesante es el análisis de la distribución de los controles dirigidos a garantizar el respeto de tales criterios.

No es necesario recurrir a la ley de ratificación, como trámite intermedio por el cual se llevaría a cabo dicho control.

Sobre el punto, es permitido hacer algunas consideraciones. La referencia necesaria a datos normativos internos, en fase de solución del problema de la adaptación, no hace fácil la solución para todos los países, aunque sólo formalmente; en efecto, la identidad en el plano sustancial está representada por el contenido del modelo de norma interna relativo a cada norma completa. Además, dicho problema se resuelve conciliando las exigencias del derecho comunitario y del derecho interno. El primero no es aplicado a toda costa al interior del Estado, porque el segundo debe poder garantizar ciertos principios fundamentales; no obstante, también los valores comunitarios implican una proyección a ellos adecuada de ciertas garantías puestas por las normas constitucionales, las cuales deben interpretarse fuera de rígidos esquemas dictados por configuraciones típicamente estatales e inspiradas principalmente por los objetivos que éstas persiguen.

Debe existir un Tribunal de Justicia de las Comunidades que ejerza el control jurisdiccional sobre la legitimidad de los actos o de las instituciones comunitarias respecto a los tratados, y que garantice la interpretación uniforme y la correcta aplicación del derecho comunitario en los Estados-miembros y la compatibilidad de las normas internas y de los actos administrativos y de las costumbres nacionales con los tratados y con las normas comunitarias derivadas.

Para tal fin, se debe poner en marcha el procedimiento de *interpretación prejudicial*, basado en la cooperación entre el juez nacional y el juez comunitario, realizado a través de la remisión prejudicial del primero al segundo, es decir, a pedido del juez nacional, concretándose así en un control indirecto del Tribunal de Justicia de la Comunidad.

La correcta resolución del conflicto entre normas tributarias internas y comunitarias compromete fundamentalmente las funciones de la Adrninistración Tributaria y del juez tributario. En efecto, corresponde a ambos la delicada y compleja tarea de verificar directamente si la ley tributaria nacional del caso adolece de una esencial condición de validez, en cuanto resulta cierto el conflicto de ella con una ley de actuación o de recepción automática del contenido de una norma comunitaria. Si no se tiene certeza, el juez nacional debe proceder a la remisión prejudicial al Tribunal de Justicia de la Comunidad, organismo competente para efectuar la interpretación prejudicial de las normas.

Los individuos que se consideren lesionados por efecto de la aplicación de la norma comunitaria incompatible con el derecho comunitario deben tener la oportunidad de acudir a las instituciones comunitarias para iniciar el procedimiento de infracción, o solicitar al juez nacional que proceda a la ya mencionada remisión prejudicial, cuando la norma comunitaria sea relevante para la solución de la controversia. Debe iniciarse la acción de anulación del acto comunitario y la acción de carencia por ilegítima inactividad de las instituciones.

No son configurables competencias concurrentes en relación con la Corte Constitucional y el Tribunal de Justicia de la Comunidad.

En tal malentendido se fundamenta la teoría del control "indirecto" de la Corte Constitucional. De aquí la singular consecuencia según la cual las normas incompletas serían plenamente controlables, a través de leyes de actuación, al contrario de las normas completas. Dicho control, en cambio, es siempre directo y pleno respecto de las normas comunitarias tributarias completas o incompletas.

La equivocada concepción, basada en que la norma comunitaria completa influiría directamente sobre el contribuyente y sobre la Administración Tributaria, sin ocasionar el nacimiento automático de las leyes no-escritas, lleva por lo tanto a pensar que objeto del control de la Corte Constitucional, al no poder ser la norma comunitaria objeto de dicho control en cuanto extraña al ordenamiento nacional, sería la ley de ratificación del Tratado que hubiera permitido al ordenamiento interno "retirarse" para permitir el paso de aquella norma extraña.

El control, constantemente directo, de la Corte Constitucional está permitido, con referencia a la *doctrina de los contralímites*, con el fin de establecer si la norma comunitaria tributaria viola los principios fundamentales y los derechos inalienables del contribuyente, no solicitando sino resistiendo a la integración comunitaria.

El problema de la concurrencia de competencias, entre los dos Tribunales, se pone en términos de distribución de competencias relativamente a los aspectos de las garantías mismas. La Corte Constitucional, controlando si las leyes derivadas de normas comunitarias violan principios tributarios fundamentales y derechos inalienables del contribuyente reconocidos por la Constitución, se superpone al control de legitimidad del Tribunal de Justicia de la Comunidad de las normas de las instituciones comunitarias por violación del Tratado mismo, en relación con los mismos principios tributarios y derechos inalienables del contribuyente. Por lo tanto, el pleno control de la Corte Constitucional coincide con un sector del control del Tribunal de Justicia de la Comunidad. Idéntico es el objeto pero no el contenido de control de los dos Tribunales.

La Corte Constitucional ejerce su propio control a fin de que sean efectivamente garantizados los derechos fundamentales considerados inderogables por la Constitución y, por tanto, tutelado por lo menos el contenido esencial de los derechos mismos. La Corte Constitucional ejerce dicho control en una "relación de cooperación" con el Tribunal de Justicia de la Comunidad, en virtud del cual la primera tutela generalmente los *standards* inderogables de los derechos fundamentales del contribuyente, mientras que el segundo garantiza concretamente tales derechos para todo el territorio de la Comunidad.

La Corte Constitucional ejerce su propio control, con base en la definición a nivel nacional de los contenidos cualitativos mínimos intangibles de los principios tributarios y de los derechos inalienables del contribuyente; el Tribunal de Justicia de la Comunidad, en cambio, controla que tales garantías, así cualitativamente definidas en los valores mínimos por las Cortes Constitucionales de cada uno de los países-miembros, operen en todo el territorio de la Comunidad.

El Tribunal de Justicia de la Comunidad, a través de la interpretación de la norma comunitaria, ejercita un control de compatibilidad de éstas con las leyes nacionales.

En efecto, según el significado que le atribuya a una norma comunitaria, la ley nacional es incompatible o menos con ella.[7]

El Tribunal de Justicia de la Comunidad en América Latina o no existe, como en el MERCOSUR, o alcanza a desempeñar en modo muy limitado dicha función en materia tributaria, como en la Comunidad Andina, todo porque no se acepta fácilmente que un Tribunal extemo al Estado pueda, de cualquier manera, declarar la invalidez de una ley nacional tributaria, así como iniciar un procedimiento de infracción en contra del Estado titular de la soberanía tributaria.

Es también cierto que el Tribunal Andino de Justicia, que desempeña una función similar al correspondiente Tribunal en Europa, ha producido una jurisprudencia interesante en relación con el derecho comunitario general, en especial en lo que tiene que ver con el régimen de los capitales y al tratamiento de las propiedades industriales.

Sin embargo, no ha producido ninguna sentencia importante en materia de derecho comunitario tributario; en efecto, algunas sentencias conciernen al cumplimiento de las obligaciones relativas al Tratado insti-

7. Tipke y Lang (*Steuerrecht*, 16ª ed., Colonia, 1998, p. 533) distinguen la cuestión de la interpretación del derecho interno conforme a las normas incompletas por problema del conflicto entre ellas y el derecho interno, observando que la autoridad judicial y la Administración Tributaria deben interpretar las leyes en armonía con tales normas. Ellos, sin embargo, hacen ver que una interpretación conforme a las normas comunitarias completas en conflicto con la letra y el espíritu de la ley es igualmente inadmisible a como lo es en el caso análogo de la interpretación conforme a la Constitución, mientras que el Tribunal de Justicia decide sobre la interpretación del derecho comunitario y no sobre el conflicto entre derecho nacional y derecho comunitario. Las autoridades judiciales y administrativas no deben tener en cuenta el derecho nacional en conflicto con las decisiones del Tribunal de Justicia. Cf. Mondragón Ruiz de Lezana, "Algunas consideraciones en relación con la incidencia que sobre las Administraciones Públicas tiene el Tratado de Maastricht", en *Cuadernos Europeos 8*, 1993, y Ordónez Solis, "Administraciones nacionales e interpretación europea", en *Noticias de la UE* 136, 1996. Cf.: Casado Ollero, "La aplicación judicial de las disposiciones fiscales del Tratado", en Rodriguez Iglesias-Linan Mongueras, *El Derecho Comunitario Europeo y su Aplicación Judicial*, Madrid, 1993; Birkenfeld, "Der Einfluss des Gemeinschafirechts auf die Rechtsverwirklichung im Steuerrecht. Eme Bestandsaufnahme", en *Steuer und Wirtschaft*, 1998, p. 5. Cf. Tesauro, "I diritti fondamentali nella giurisprudenza della Corte di Giustizia", en *Riv. Internaz. Dir. Uomo*, 1992, p. 426, y Ensayo, "La protezione dei diritti fondamentali nell'ordinamento comunitario", en *Doc. Giust.*, 1993, p. 275. Cf.: Freoni, "Sulla diretta applicabilità delle direttive nell'ordinamento tributario italiano", en *Riv. Dir. Fin. Sc. Fin.*, 1992, 11, p. 89; Tizzano, "La gerarchia delle norme comunitarie", en *Il Diritto dell'Unione Europea*, 1996, p. 57; AA.VV., *L'Intégration du Droit International et Communaitaire dans l'Ordre Juridique National*, a cargo de Eisenmann Kluver, 1996'; Dziadkowski, "Das endgultige Mehrwertsteuersystem im Binnenmarkt-eine Utopie", en *StuW*, 1997, p. 1.437. Cf. Massera, "L'Amministrazione e i cittadini nel diritto comunitario", en *Riv. Trim. Dir. Pubbl.*, 1993, p. 19; Arnold, "La tutela dei diritti fondamentali nella Costituzione Tedesca e l'influenza del diritto comunitario. Alcune considerazioni generali", en *Riv. It. Dir. Pubbl. Com.*, 1992, p. 1.157; Lotito, "Integrazione comunitaria e regole costituzionali: gli esempi di Francia, Spagna e Germania", en *Quad. Cost.*, 1993, p. 155; Vacca, "Atti comunitari e procedure di formazione", en *Rivista di Diritto Europeo*, 1995, p. 513. Respecto a la distinción de competencias a nivel interno para actuar las directivas cfr. Corte di Giustizia Europea, 10.11.1992, n. 156/91, en *Riv. It. Dir. Pubbì. Com.*, 1993, p. 519; Ballarino, *Lineamenti di Diritto Comunitario e dell'Unione Europea*, Pádua, 1997, p. 5. Cf., para una visión amplia del sistema financiero, Bonaduce, "L'armonizzazione fiscale delle attività finanziarie nella Comunità Europea", en *Banc. Banch.*, 1993, 4, p. 225; Clarotti, "Normative europee e sistema finanziario italiano", en *Riv. Banc.*, 1992, fasc. VI, p. 29; y Minotti, "Iniziative del sistema finanziario e creditizio italiano nel contesto dell'Europa Comunitaria", *ivi*, 1993, fasc. I, p. 49.

tutivo y al significado de "gravamen" por efecto de la importación o circulación de los bienes en la zona de libre comercio.

En el MERCOSUR existe sólamente un procedimiento arbitral que ha sido empleado fundamentalmente en materia comercial.

Por eso, es necesario que en cada Estado de América Latina se llegue al convencimiento según el cual el ejercicio de dichas funciones del Tribunal de Justicia de la Comunidad garantiza la integración jurídica. Sólo después de haber finalizado la integración jurídica puede arrancar una verdadera integración económica.

La Comunidad Andina apunta, en efecto, a realizar una armonización político-económica y la coordinación de los planes de desarrollo industrial, agrario, de liberación de restricciones, de gravámenes y derechos aduaneros o con efecto equivalente, como aquellos fiscales, monetarios y de cambio. Por lo tanto, se ha establecido preliminarmente un "arancel externo mínimo común", en vez de un "arancel externo común". Pero los acuerdos de cada uno de los países andinos con terceros países o con comunidades de integración obstaculizan la aplicación de dicho "arancel externo común".[8]

Técnicamente el MERCOSUR implica una inmediata zona de libre comercio, que se caracteriza por una libre circulación de los productos originarios de los Estados-miembros; igualmente, una inmediata unión aduanera, que presupone un tratamiento uniforme de los productos de procedencia externa a la región por medio de un arancel externo común; y, finalmente, un mercado común, que se caracteriza por la libre circulación de los productos originarios, la tarifa común y la libre circulación entre los países-miembros de los factores de producción.

No obstante, en el MERCOSUR aún no se ha iniciado un proceso real de armonización.[9]

Luego de lograrse una fase madura de integración económica, aunque incompleta, puede iniciarse la tercera integración, es decir, aquella social, cumpliendo los requisitos fundamentales de justicia, igualdad y seguridad.

Sólo así el derecho comunitario tributario podrá alcanzar un desarrollo equilibrado y capaz de garantizar una integración económica y social, de otro modo no alcanzable.

6. El principio "nullum tributum sine lege" no requiere la intervención del Congreso Nacional respecto de las normas comunitarias tributarias completas

Las normas comunitarias *self-executing*, que instituyen tributos a cargo de sujetos de derecho interno, provocan el surgimiento del problema de la eventual violación por parte de éstas del principio *nullum tributum sin lege*.[10]

La ley formalmente existe, o porque realiza los fines de la norma comunitaria, tributaria e incompleta, o porque es no-escrita, producida automáticamente, con un contenido idéntico a la norma comunitaria, tributaria y completa.

Esta observación resuelve formalmente el problema, así como la concepción según la cual dicho principio sería respetado si la norma comunitaria, tributaria y completa, fuera transformada en un modelo de

8. Plazas Vega, *Derecho Tributario Comunitario*, 1ª ed., Bogotá, Legis, 2000, y la doctrina allí citada.

9. Sobre la armonización tributaria en el MERCOSUR cf. Roa, *MERCOSUR, Consideraciones Básicas para la Armonización Tributaria*, Buenos Aires, 1993, y Valdés Costa, "La experiencia de la Comunidad Europea en la imposición interna al consumo como antecedente para el MERCOSUR", en *Rev. Trib.*, 1993, y las *Actas del Congreso de Colonia* (Uruguay) del 27 y 28.10.1994, a cargo del Instituto Urnguayo de Estudios Tributarios.

10. Cf. Mauricio Alfredo Plazas Vega, *Derecho de la Hacienda Pública y Derecho Tributario*, Bogotá, Temis, 2000, p. 693.

ley de idéntico contenido, que cada Parlamento nacional tiene que aprobar. No tendría significado sustancial alguno tal aprobación, a menos que se reconozca al Parlamento el poder de modificar la norma comunitaria, pero con grave perjuicio para el principio de la primacía del derecho comunitario tributario.

En cambio, si se considera la sustancia, el Estado, delegando su propia soberanía tributaria,[11] debe trazar, como se ha observado, los límites, y por eso definir el objeto de la competencia de la Comunidad, en modo de no renunciar a la salvaguardia de los principios fundamentales del ordenamiento constitucional y de los derechos inalienables del contribuyente. De la doctrina de los "contralímites" se deducen los límites de la soberanía irrenunciable del Estado.

Es cierto que la ampliación de las tareas y de las funciones de la Comunidad encuentra límites que derivan del principio democrático, en cuanto que a los Estados corresponden esferas de tareas propias y lo suficientemente significativas, en razón de las cuales cada pueblo pueda desarrollarse y articularse, en un proceso de formación de la voluntad política por él mismo legitimado e influenciado, para conferir relevancia jurídica a los valores que con relativa homogeneidad lo unen idealmente, socialmente y políticamente. Sobre estos valores se apoyan los principios fundamentales del ordenamiento constitucional y los derechos inalienables del contribuyente.[12]

11. La Corte Constitucional Española, en Sentencia 28 del 14.2.1991, haciendo referencia a la orientación de la Corte de Justicia Europea, afirma que el Estado, con su adhesión al Tratado institutivo de la CE, está vinculado al derecho comunitario que constituye un ordenamiento jurídico propio, integrando el sistema jurídico de los Estados-miembros e imponiéndose a sus organismos jurisdiccionales (cf.: Streck-Olgemoller, "Das Recht der europäischen Gemeinschaft und seine Durchsetzung en der Steuerberatepraxzis", en *Deutsches Steuerrecht*, 1993, p. 417; Mendizabal Allende, "La recepción del derecho comunitario europeo en la jurisprudencia comunitaria y española", en *Noticias CEE* 100, 1993; Lang (a cargo de), "Unternehmensbesteuerung", en *EU-Staaten*, Colonia, 1994; Clausnitzer, "Die Durchsetzung europäischen Gemeinschaftsrechts im Steuerprozess", en *Deutsches Steuerrecht*, 1987, p. 641).

12. Las finalidades perseguidas son establecidas por el art. 2 del Tratado de Roma institutivo de la Comunidad Europea; las herramientas, en cambio, se reconducen sólo en parte a dicho artículo y por eso son puestos en contacto directo con los fines. Dichos artículos han sido modificados por el Tratado de Maastricht sobre la Unión Europea del 7.2.1992 y por el Tratado de Ámsterdam del 2.10.1997. Ameritan una unitaria consideración los primeros objetivos indicados en el art. 2, los cuales, en el conjunto de la Comunidad, son constituidos por un desarrollo armonioso, equilibrado y sostenible de las actividades económicas, un crecimiento sostenible y no-inflacionario y que respete el ambiente, un alto grado de convergencia de resultados económicos, un notable nivel de protección del ambiente, un alto nivel de ocupación y de protección social, el mejoramiento del tenor y de la calidad de vida, la cohesión económica y social, la solidaridad entre los Estados-miembros.

Estas indicaciones participan a evidenciar la coordinación entre todas las componentes, la referencia a nivel estructural y territorial, la carencia de discrepancias y continuidad y la organicidad, que representan las condiciones de un eficaz desarrollo económico.

Se aclara de tal manera una finalidad fundamental, la cual presupone, en el plano instrumental, la instauración del mercado común y de la unión económica y monetaria y la actuación de las políticas y de las acciones comunes previstas en los arts. 3 y 4 (ex-3A).

La especificación de dichas aclaraciones instrumentales se encuentra en el art. 3: se trata claramente de implicaciones derivantes de la creación del mercado común y de la unión económica y monetaria.

El instrumento se halla en el literal "h", siempre del art. 3, que se atiene al acercamiento de las legislaciones nacionales en la medida necesaria al funcionamiento del mercado común. A dicho ámbito se reconducen también las líneas de intervención necesarias para garantizar la libre circulación de personas, servicios, capitales y mercancias entre los Estados-miembros (literales "a", "c" y "d"), la libre competencia (literal "g") y el fortalecimiento de la cohesión económica y social (literal "j").

Según el art. 4, la acción de los Estados-miembros y de la Comunidad comprende la adopción de una política económica, conducida conforme al principio de una economía de mercado abierta y en libre competencia.

Es por eso evidente que los instrumentos previstos en el art. 3 representan el resultado de un proceso deductivo de los medios indicados en el art. 2.

En particular el alto nivel de protección del ambiente y el mejoramiento de él y del tenor y de la calidad de vida inducen a considerar que las normas del Tratado imponen el objetivo del máximo nivel

Algunas Constituciones Europeas, entre otras la Italiana, permiten la renuncia del Estado a su propia soberanía a favor de un ordenamiento superior.

El art. 9 de la Constitución Colombiana expresa los mismos conceptos contenidos en la Constitución Italiana, disponiendo que "las relaciones exteriores del Estado se

no de producción, sino de bienestar, el cual presupone que la consecución de las finalidades, antes referenciadas, no debe comprometer la plena tutela de los valores de la persona humana.

El Acto Único Europeo representa una significativa reforma político-institucional de los tratados comunitarios.

La superación de ellos y el derrumbe del mito de su intangibilidad demuestran la operatividad de un principio internacional clásico.

El Acto Único Europeo, aun alimentando el espíritu de una Europa con una sola voz, es dualístico; se confirma el fundamento convencional de los Tratados.

El Acto Único Europeo apunta, además, a tutelar los derechos del hombre según las Constituciones, las leyes, la Convención y la Carta Social Europea promovida por el Consejo de Europa; además, exalta la representatividad de los pueblos de los países-miembros. Bajo ese perfil, se puede cualificar como personalista y popular.

En el art. 1, § 1, el Acto Único Europeo establece que la Comunidad y la cooperación política persiguen el objetivo de contribuir juntos al progreso concreto de la Unión Europea. Ha sido así acogida la noción jurídica de ésta como proceso de transformación del conjunto de relaciones entre los Estados-miembros de la Comunidad y precisamente la integración comunitaria contínua y progresiva, la cooperación y la organización europea en general.

El fortalecimiento de los poderes y la simplificación de su ejercicio permiten el contínuo progreso de la Unión.

En ese sentido el Acto Único Europeo tiene el carácter progresivo con base en la lógica de los Tratados institutivos y de la Declaración solemne de Stuttgart dell 983.

El art. 13 del Acto Único Europeo introduce en el Tratado institutivo CE el art. 14, el cual, en los §§ 1 y 2, establece que: "La Comunidad adopta las medidas destinadas a la instauración del mercado interno en el transcurso de un periodo que vence el 31 de diciembre de 1992. El mercado interno comporta un espacio sin fronteras internas, en el cual se asegura la libre circulación de las mercancías, de las personas, de los servicios y de los capitales según las disposiciones del presente Tratado".

El papel realizado por dicha norma consiste en la determinación de un término último al programa de realización de un mercado interno o espacio económico unificado, ya indicado en el Tratado CE y desde 1993 completamente realizado. Al lado de la determinación de los términos, en los que se debe llevar a cabo dicha fase fundamental del proceso de integración, deben lógicamente colocarse decisiones cruciales en materia de políticas monetarias y sociales.

El Tratado de Maastricht, sobre la Unión Europea, reestructura en varias partes y amplía significativamente el "edificio" de la construcción europea.

Dicho Tratado es un instrumento poderoso, complejo y articulado; está constituido por 53 artículos repartidos en 7 títulos; sin embargo, 3 de estos artículos, uno por cada uno de los Tratados institutivos de las Comunidades Europeas prevén considerables enmiendas de los susodichos Tratados.

De "Unión Europea" se ocupaba ya el art. 1, § 1, del Acto Único Europeo en el sentido de que la Comunidad y la cooperación política, disciplinada por el art. 30 del mismo Acto, "persiguen el objetivo de contribuir juntos para hacerla progresar concretamente".

Los contornos de la Unión no son definidos con claridad y en detalle: se configura como una nueva etapa" del proceso de integración, en *itinere*.

Los objetivos de la Unión se señalan en el art. 2 del Tratado UE, que ha modificado los arts. 2 y 3 del Tratado CE. Ellos consisten: en promover un progreso económico y social "equilibrado y sostenible" por medio de la "creación de un espacio sin fronteras internas" y " la instauración de una unión económica y monetaria" que, a régimen, dé lugar a una moneda única, el *Euro*, divisa para todos los efectos desde enero de 1999 y en circulación desde el 1.1.2002; en afirmar la "identidad en el escenario internacional" mediante la "actuación de una política exterior y de seguridad común"; y, respecto de este último, está prevista la "definición progresiva de una política de defensa común"; en reforzar la tutela de los derechos y de los intereses de los ciudadanos de los Estados-miembros contrayentes por medio de la "institución de una ciudadanía de la Unión", desarrollándola como espacio de libertad, seguridad y justicia.

El art. 2 (ex-B) agrega el ulterior objetivo de preservar "integralmente" *l'acquis* comunitario, con el fin de garantizar la eficacia de los mecanismos y de las instituciones comunitarias.

De los objetivos indicados, sólamente algunos se traducen, en el Tratado UE, en competencias propias de la Unión, mientras que los demás constituyen objeto de nuevas y diversas competencias comunitarias regimentadas por enmiendas a los Tratados comunitarios.

Las verdaderas competencias de la Unión conciernen la política exterior y de seguridad común, además de la cooperación en los sectores de justicia y de las relaciones internas.

fundamentan en la soberanía nacional", sin que el objetivo de "la integración latinoamericana y del Caribe", previsto en el segundo inciso, genere una contradicción.

En efecto, el ejercicio de la soberanía nacional permite la cesión de una parte de ella a un organismo supranacional,[13] para perseguir fines de interés general de manera más eficaz de lo que lograría la soberanía nacional autónomamente.[14]

El Tratado UE prevé enmiendas de consideración a los acuerdos de las tres Comunidades. En Maastricht ha sido prefigurada una forma de "armonización" de los Tratados institutivos de las tres Comunidades con el fin de eliminar las diferencias más consistentes. Esta circunstancia, junto con la nueva denominación de "Comunidad Europea" que asume, induce y considera una fusión de las tres Comunidades.

Las enmiendas previstas por el Tratado CE comportan: la institución de la ciudadanía europea; la instauración de una efectiva política eeonómica y monetaria; la atribución de nuevas competencias a la misma Comunidad en los sectores de educación, cultura, salud pública, de las redes transeuropéas de transportes, telecomunicaciones y energía; la revisión de las políticas comunitarias relativas a investigación y desarrollo tecnológico, al ambiente y la cohesión económica y social; la "codificación" de las competencias de la Comunidad en materia de política industrial, de protección de los consumidores y de la cooperación al desarrollo, la previsión, singular por ciertos aspectos, de intervenciones más consistentes en el sector de la "política social".

La materia relativa al procedimiento de formación de los actos normativos comunes es rediseñada.

El Tratado UE hipotiza, con referencia a la CE, la instauración de un sistema sancionatorio de los Estados-miembros que resulten responsables de una violación del derecho comunitario.

Dicho Tratado resulta ambiguo en lo que se refiere a las relaciones entre la Unión y la Comunidad. La Unión es una realidad aparte y, por lo tanto, en cierto sentido distinta con respecto a las Comunidades, siendo que la Unión es "instituida" por las partes contrayentes del Tratado; es poco clara la relación que sin duda vincula la Unión misma a las Comunidades y, en especial a la CE.

Unión y Comunidad, aun siendo distintas en el plano formal, son entre sí unidas.

13. Cf. *Verrechnungspreisgrundsätze für multinationale Unternehmen und Steuerverwaltungen*, a cargo de Flick-Wassermeyer-Becker, Colonia, 1997. Sostiene Casado Ollero ("L'ordinamento comunitario e l'ordinamento tributario interno", en *Tratado de Derecho Tributario*, Bogotá, Temis, 2001) que el derecho comunitario no es derecho interno, ni derecho extranjero, ni derecho internacional, pero forma parte del ordenamiento interno de los Estados-miembros (arts. 96-Constitución Española y 11-Constitución Italiana). Hace parte del Derecho Internacional, pero se diferencia del Derecho Internacional clásico o interestatal. La opción se basa entonces o en la dilatación del concepto de derecho interno para dar espacio a un ordenamiento jurídico creado fuera de las fronteras nacionales o en la ampliación de las fronteras del Derecho Internacional para englobar un ordenamiento jurídico que responda a fórmulas de integración de más soberanías o de supranacionalidad. Además el derecho comunitario tributario, como rama del derecho comunitario, tiene una doble proyección: por un lado, el complejo de normas y principios que regulan la actividad tributaria de la Comunidad y, por el otro, las normas y los principios comunitarios que influyen directamente en los ordenamientos de los Estados-miembros. Sorrentino, en *Manuale di Diritto Pubblico*, a cargo de Amato-Barbera, Bolonia, 1994, p. 122.

Respecto a la distinción entre derecho comunitario primario, contenido en el Tratado, y secundario, producido por los organismos comunitarios, cf.: Tipke-Lang, *Steuerrecht*, 16ª ed., Colonia, 1998, p. 120; Oppereman, *Europarecht*, Münich, 1991, y Ossenbuhl, en Erichsen-Martens, *Allgemeines Verwaltungsrecht*, Berlin/Nueva York, 1992, p. 165. López-Espadafor, "El poder tributario de las Comunidades Europeas", en *Revista Española de Derecho Financiero (Civitas)* 82, 1994, y Müller, "Beschränkte Steuer-pflicht und emige Aspekte des EG-Rechts", en *Steuer und Wirtshaft*, 1992, p. 157. Cf. Gaja, "New developments in a continuing story: the relationship between EEC Law and Italian Law", en *Common Market Law Review*, 1990, p. 83.

14. La Constitución Italiana prevé en el art. 11 que "Italia (...) acepta, en condiciones de paridad con los demás Estados, las limitaciones de soberanía necesarias para crear una organización que asegure la paz y la justicia entre las Naciones; promueve y favorece las organizaciones internacionales que tiendan a tal fin".

La Constitución Colombiana prevé en el art. 189, n. 2, la competencia del Presidente de la República para "dirigir las relaciones internacionaies (...) y celebrar con otros Estados y entidades de derecho internacional tratados o convenios que se someterán a la aprobación del Congreso". El art. 241, n. 10, establece como función de la Corte Constitucional que ésta "decide definitivamente sobre la exequibilidad de los tratados internacionales y de las leyes que los aprueben". El art. 338 prevé las condiciones a respetar en materia tributaria.

La Constitución de Bolivia en los arts. 59, n. 12, y 96, n. 2, prevé la misma competencia del Presidente de la República para suscribir tratados y convenios internacionales que debe someter a la aprobación del Parlamento.

Aún no es indispensable la previsión explícita (art. 11 de la Constitución Italiana) o implícita (art. 9 de la Constitución Colombiana). De hecho en algunas Constituciones europeas no existe ni siquiera la previsión implícita de la delegación de competencias. Tampoco es necesario recurrir a la teoría de la primacía de algunos tratados.

El principio *nullum tributum sine lege* exige que la ley discipline directamente la materia tributaria y permite también que pueda delegar dicha competencia. De cualquier manera, si se considera que dicho principio exige una representatividad, ésta, aun si indirecta, existe.

En efecto, el Tratado institutivo de la Comunidad Andina prevé que la Comisión, constituida por un representante plenipotenciario de cada Gobierno Nacional, expida decisiones (art. 26, literal "a") y que el Consejo Andino de los Ministros profiera recomendaciones y adopte medidas que acercan los fines del Acuerdo.

Las instituciones comunitarias son por lo tanto siempre expresión del Gobierno nacional, el cual está vinculado con la mayoría del Parlamento nacional por una relación de homogeneidad política.

Aun cuando el Parlamento Comunitario no haya sido elegido por sufragio universal o, aun siéndolo, sea titular de la competencia de instituir, modificar y suprimir tributos, la cual se ejerce por otros organismos comunitarios que representan indirectamente a los contribuyentes, las normas de derecho comunitario derivado pueden modificar el sistema tributario del Estado sin la intervención de los Parlamentos nacionales.

La Constitución de Ecuador al n. 12 del art. 171 prevé las mismas competencias del Presidente de la República y del Parlamento, pero sólo en los casos previstos en el art. 275, entre ellos el 5º, que se refiere a la contribución a los gastos públicos.

La Constitución de Perú, en los arts. 55 a 57, igualmente limita dichas competencias en los casos previstos por el art. 56, entre los cuales caben los tratados que crean, modifican o eliminan las contribuciones.

La Constitución de Venezuela, en los arts. 236 y 154, afirma las mismas competencias.

Las normas comunitarias, tributarias y completas, deben ser aplicadas al caso concreto cuando no sólamente producen beneficio, sino también un mayor gravamen al contribuyente.

En materia aduanera las disposiciones de derecho comunitario tributario no producen un efecto directo y una aplicación directa, en virtud del menor rigor del principio *nullum tributum sine lege* para un radio de acción más restringido y menos flexible que el de otros tributos, sólo porque aflora la relación entre industria nacional y extranjera.

Las normas comunitarias tributarias sufren todas el mismo procedimiento de transposición en el ordenamiento interno, sean o no de naturaleza aduanera. La relación jurídico-tributaria es de idéntico contenido con respecto a cualquier tributo. Por lo tanto, no convence la hipótesis de una diversa intensidad de operatividad del principio constitucional con respecto a áreas diferentes del sistema jurídico-tributario nacional.

7. El principio de no-discriminación fiscal

Los procesos de integración en América Latina deben basarse principalmente en el principio de no-discriminación fiscal.

Al principio comunitario de no-discriminación[15] fiscal deben armonizarse los

15. Cf. Amatucci (Fabrizio), *Il Principio di Non-Discriminazione Fiscale*, Padua, 1998; Lang, "Besteuerung in Europa zwischen Harmonisierung und Difffezrenzierung", en *Unternehmen Steuern*, V, Colonia, 1997. En lo general, cf.: Burragato, "La discriminazione indiretta secondo la Corte di Giustizia: oneri probatori e sanzioni (nota a Corte di Giustizia Comunità Europee 7.2.1991 y n. 184/89)", en *Riv. It. Dir. Pubbl. Com.*, 1993, p. 468; Tipke, *Steuerrechtsordnung*, v. III, Colonia, 1993, p. 1.159, 100; Tipke-Lang, *Steuerrecht*, 16ª ed., Colonia, 1998, p. 189; Kuile, "Taxation discrimination and internal market", in *European Taxation*, 1992, p. 403; Santa-Barbara Rupérez J., "Apuntes sobre la no-discriminación fiscal en la jurisprudencia del Tribunal de Justicia de las Comunidades Europeas", en *Dir. e prat. Trib.*, III, 1998, p. 295; Adonnino, "Il principio di non-discriminazione nei rapporti tributari fra

ordenamientos nacionales. Los productos de otro país-miembro deberán recibir el mismo tratamiento tributario de los productos nacionales.

Dicho principio contiene una prohibición impuesta a los Estados-miembros, de ejercer la potestad tributaria con arbitrio y sin justificación; permite también excepciones, a condición de que no sean arbitrarias y objetivamente injustificadas.

La discriminación (horizontal) se realiza entre residentes en un Estado-miembro, con el que se ha suscrito un acuerdo en contra de la doble imposición, especialmente favorable, y residentes en países que no han concluido dichos acuerdos o los han definido en términos menos favorables.

La coherencia del sistema nacional fiscal, como legitimación de un tratamiento diverso, debe ser entendida como reciprocidad de las normas previstas por acuerdos internacionales.

En el plano de la imposición indirecta, los cánones de la arbitrariedad y de la racionalidad permiten establecer si una norma interna, que contenga una discriminación en pro de productos nacionales, está en desacuerdo con los principios fundamentales del derecho tributario.

Además, la prohibición de discriminación con base en la nacionalidad y el principio de la libre circulación de los bienes no permite desfavorecer cierto país-miembro sólo porque pueda exportar más que otros, desestimulando así la producción de aquellos bienes, que pueden ser determinantes para el desarrollo económico de aquel país y, por lo tanto, para la comunidad entera.

Incumbe al Tribunal de Justicia de la Comunidad verificar si los parámetros adoptados por la ley institutiva de un tributo son abiertamente arbitrarios o están en conflicto con los principios de derecho comunitario o discriminan los productos extranjeros.

La eventual inexistencia de la cláusula de la nación más favorecida en el ordenamiento comunitario no permite la extensión de las ventajas a todos los excluidos en el ámbito de la Comunidad.

En el plano tributario pueden configurarse dos métodos: la *uniformidad* (eliminando casos no-armónicos con un solo modelo de sistema tributario) y la *compatibilidad* (mecanismos de compensación y correctivos que, respetando las diversidades entre los sistemas, corrigen algunos de sus efectos y hacen compatibles los sistemas a las necesidades de integración).

8. El Modelo de Código Tributario en América Latina y la integración

Importante es la determinación de los criterios a los que debe uniformarse el Modelo de Código Tributario, para facilitar el proceso de integración en América Latina.

El Modelo de Código Tributario para América Latina OEA/BID (MCTAL)[16] prevé poder ser modificado no sólo explícitamente, sino también implícitamente, por otra ley sucesiva; mientras que el Modelo de Código CIAT se ubica así mismo en un nivel jerárquicamente superior al de la ley ordinaria y se considera modificable sólo por disposiciones de nivel igual o superior a él.

No incumbe a un código interpretar las normas constitucionales a través de la articulación más especifica de su contenido, pues, de ser así, se sustituiría en las sentencias de la Corte Constitucional de cada país, que podrían ser de diferente opinión en el ámbito del proceso de evolución de sus convicciones.

paesi-membri secondo le norme della CEE e la giurisprudenza della Corte di Giustizia della Comunità", en *Riv. Dir. Fin. Sc. Fin.*, 1993, p. 63. Respecto a la prohibición de discriminación cf. Schaumburg, *Internationales Steuerrecht*, 2ª ed, Colonia, 1998, p. 76.

16. Para una disertación más amplia sobre estos argumentos, v. en el C.D. mi ponencia respecto al tema II ("La codificación en América Latina") en las *XX Jornadas del Instituto Latinoamericano de Derecho Tributario* (3-8.12.2000) en Salvador, Bahia (Brasil).

En especial, la intervención de la Administración Tributaria, así como se prevé en el Modelo de Código CIAT, no es admisible por el principio *nullum tributum sine lege*. La Administración Tributaria debe aplicar la ley y no completarla. Otro sector que no se presta para ser disciplinado por un código tributario es el de la interpretación de la ley. En efecto, incumbe a la doctrina obtener del específico contenido de la ley tributaria los criterios hermenéuticos particulares, los cuales se integran con aquellos generales. La evolución del pensamiento es contínua, con base en un debate científico intenso. De ello se sigue el riesgo para la disciplina de la interpretación, de resultar científicamente inaceptable por parte o por toda la doctrina.

Las disposiciones sobre principios constitucionales y sobre interpretación deberían ser suprimidas, para hacerlo más resumido y, por consiguiente, más duradero. Es evidente que el Modelo de Código CIAT presupone que el principio de la comunidad debe prevalecer sobre el principio de la personalidad particular.

Al contrario, el problema de la relación entre facultades y garantías no se pone en términos de primacía.

La relación ciudadano/administrado/contribuyente evidencia un proceso de especificación, pero dicha relación puede ser representada más significativamente, al considerar un triángulo que pone en el vértice la ley y en la base, por un lado, el contribuyente y, por el otro, la Administración Tributaria, ambos sometidos rigurosamente a la ley.

La lucha en contra del fraude fiscal no implica facultades a la Administración más allá de dichas fronteras y, por lo tanto, una lesión del principio de certeza del Derecho y de otros principios constitucionales.

La corrupción es fomentada por el Modelo de Código CIAT (que acentúa las facultades de la burocracia) y que debe ser eliminada de raíz con un cambio de mentalidad. Se necesita más eficiencia, capacidad y profesionalismo de la Administración Tributaria.

En ese orden, el MCTAL respeta más la certeza y el triángulo de la primacía de la ley, razón por la cual este modelo combate mejor el fraude porque no crea arbitrio. Es preferible la adopción del MCTAL (lo que ha sucedido en Bolivia, Ecuador, Perú y Venezuela), pero depurado de las disposiciones referentes a los principios constitucionales y a la interpretación, en cuanto no necesita materializar legalmente el resultado de una investigación científica, y complementado por la relevancia de Código como ley especial y por la figura del sustituto, pero establecida por la ley, utilizadas por el Modelo de Código CIAT.

No debe pensarse que, para los fines de la armonización, sea primordial que los países-miembros adopten un modelo de código tributario con una fuerza y un valor jerárquico superior a la ley nacional.

Sin llegar a posiciones extremistas, partidarias de la no-codificación, no debe esperarse mucho del Código, el cual no está en condiciones por sí solo de provocar el acercamiento de los ordenamientos tributarios de los Estados de América Latina. Ciertamente permite uniformar los conceptos fundamentales. Pero la armonización fiscal en Europa se ha ocupado no de los conceptos sino de la legislación de los impuestos y, en especial, de aquellos indirectos, porque de ese modo se ha puesto en acción el principio de no-discriminación fiscal y se han evitado las dobles imposiciones. Por lo tanto, es útil un código común; sin embargo, es necesario también un mayor impulso a los procesos de armonización del Pacto Andino y del MERCOSUR, de modo que los principios fiscales contenidos en los Tratados se realicen por normas comunitarias sobre impuestos, que inicialmente señalen los fines, con la obligación de ponerlos en acción por parte de los Estados.

9. La armonización fiscal

Por cierto, también en América Latina debería ser privilegiada la armonización en materia de impuestos indirectos.

El impuesto sobre el valor agregado presenta dos requisitos muy interesantes respecto a los principios fiscales del ordenamiento comunitario: la neutralidad y la "limpieza". Quedan por examinar las ventajas del principio de imposición del país de destino con respecto al país de origen.

La armonización tributaria andina tiene ventajas en relación con el MERCOSUR y con la Comunidad Europea pues en todos sus países-miembros rige el IVA. El sistema de integración andina considera el IVA un punto de partida mientras que el MERCOSUR y la Comunidad Europea un punto preliminar de "llegada". Además, las alícuotas del IVA son similares en los países andinos,[17] a diferencia de lo que ocurrió inicialmente en Europa.

La armonización de la normativa tributaria de los impuestos al consumo e IVA no es difícil, dada la presencia de numerosas características comunes entre las legislaciones nacionales.[18] Particularmente articulada es la armonización de la imposición directa.[19]

17. Bolivia 14,94; Colombia 16; Ecuador 12; Perú 18; Venezuela 14,5.

18. El sistema central de compensación relativo al IVA es considerado el primer embrión de una estructura de impuestos supranacional. Cf. Theunissen, "VAT: qua vadis?", en *European Taxation*, 1988, p. 188; Voss, "Steuern im Europa", en *Deutsches Steuerrecht*, 1991, p. 925; Forte, "Il punto sull'armonizzazione delle aliquote IVA a seguito della Direttiva CEE in vigore dal 1.1.1993", en *Fis.*, 1993, p. 4.953; Krebs, "Die Harmonisierung der direkten Steuern für Unternehmen in der EG", en *Der Betriebs-Berater*, 1990, p. 1.945; Nachtkamp, "Die Harmonisierung von Einkommens- und Unternehmensbesteuerung", en *Schritte zum europäischen Binnenmarkt*, Münich, 1990; Wendt, "Reform der Unternehmensbesteuerung aus europäischer Sicht", en *Steuer und Wirtschaft*, 1992, p. 66.

19. Tipke (*Die Steuerrechtsordnung*, v. III, Colonia, 1993, p. 1.160) define las *EG-Richtlinien* instrumentos de armonización tributaria. Cf. Menner, *Die Umsatzsteuer – Harmonisierung in der Europaischen Gemeinschaft*, Diss. Constanza, Colonia, 1992. La falta de aplicación de la norma comunitaria constituye violación de la ley y puede hacerse valer como motivo para recurrir a la Corte de Casación. Cf. Mazzarella, *Analisi del Giudizio per Cassazione*, Pádua, 1994, p. 65.

El impuesto sobre operaciones financieras[20] contribuye a reducir los espacios de la evasión.

Con la introducción de la economía abierta, los ordenamientos nacionales han abandonado, por lo general, el principio de renta en la fuente o de la territorialidad, con base en el cual el Estado grava la sola renta producida en su propio territorio, y han adoptado, como enlace, el criterio de ciudadanía o más frecuentemente el del domicilio, inspirado en el principio de la ultraterritorialidad o de la renta mundial, en el sentido que los Estados gravan todas las rentas producidas por el sujeto pasivo (ciudadano o, más a menudo, residente) en el territorio de su propio país y en el de los otros países del mundo.

Los sostenedores del principio de la fuente o de la territorialidad afirman que quien percibe rentas en otro Estado debe ser sujeto de los impuestos en las mismas condiciones que todos los que las devengan en el mismo Estado. En efecto, la producción de la renta en un Estado es condicionada por los servicios que él ofrece. Es evidente que dicha conexión entre el lugar de producción de la renta y el Estado sujeto activo es superable a través de la conexión entre la producción de la renta del Exterior, la pretensión tributaria y la nacionalidad o residencia del contribuyente.

Para los países exportadores de capitales la realización de la renta en ámbito internacional adquiere relevancia considerable como rendimiento fiscal. Con base en el principio de renta mundial, los residentes o quienes tienen ciudadanía en el territorio de un Estado son sometidos por éste a un impuesto sobre la renta, dondequiera que ésta se haya conseguido. El país que adopta el principio de renta mundial aplica la progresividad a la renta producida en

La norma tributaria comunitaria completa está proyectada para cumplir un papel sobresaliente, cual es el de ser institutivo de impuestos.

20. En el momento sólo vigente en Colombia y Ecuador.

todo el mundo, por el contribuyente con domicilio o ciudadanía en su propio territorio, pero le permite descontar del impuesto global lo pagado a los demás países en los cuales ha producido parte de su renta.

El ordenamiento nacional que se adecúa al principio de la renta nacional coherentemente pone en acción el principio de la renta en la fuente con respecto a los sujetos sin domicilio o ciudadanía en su propio territorio.

En efecto, un Estado que utiliza para sus propios contribuyentes, que también obtienen renta en el Exterior, el principio de la renta en la fuente renuncia a la progresividad, en tanto en cuanto la renta nacional se grava con una alícuota menor, pues no se tiene en cuenta el monto global de las rentas.

Una alternativa consiste en la imposición modular, es decir, en la sujeción de cada tipo de renta a impuestos específicos y con alícuotas decrecientes con base en la movilidad de las fuentes.

Se precisa de particulares criterios sobre los que debería inspirarse la evolución del derecho comunitario en América Latina. Es deseable un régimen fiscal común, aplicable a las fusiones, a las escisiones y a los aportes y a los intercambios de acciones relativos a sociedades de los diversos Estados-miembros.

La neutralidad fiscal, que está garantizada para mejorar la productividad y reforzar la posición competitiva, no consiste en la pérdida definitiva de ingresos para los Estados en donde tienen su sede las sociedades, sino sólo en el aplazamiento de la imposición de las plusvalías y de las utilidades al momento en que son conseguidas a través de la realización de la fusión o de la escisión. Se necesita que se manifieste la continuidad en el plano fiscal, en relación con un sujeto que sucede en la relación jurídico-tributaria con el Estado-miembro en cuyo territorio tiene sede la sociedad aportante. Además, la sociedad resultante de la fusión, incorporada o escindida, debería transformarse en una estable organización en el territorio de la sociedad transferente, en modo de extender la neutralidad fiscal a los almacenajes y a las reservas constituidas en franquicia.

En el ámbito de los grupos multinacionales, es necesario que los Estados eviten un régimen fiscal menos favorable que aquel que aplican a las mismas relaciones entre sociedad-madre y sociedad-hija, existentes en el territorio del mismo Estado, con violación de los principios de no-discriminación, de la libre competencia y de la libre circulación de capitales. La doble imposición es eliminada evitando que las utilidades de la sociedad-hija sean gravadas en el país de residencia y, posteriormente a la distribución a favor de la matriz, sujetas a retención en la fuente por parte del Estado de la sociedad-hija y a la reconducción en el ámbito de la renta imponible de la sociedad-madre.

En general, los sistemas de imposición societaria no son neutrales, incluso con respecto a las fuentes de financiación de las inversiones: la deducibilidad de los intereses comporta normalmente una preferencia fiscal por la deuda. El costo relativo a las diversas fuentes financieras, todavía, varía, sin embargo, notablemente de país a país, por las diferencias existentes tanto en la imposición societaria como en aquella de las actividades financieras. En especial, los sistemas de integración entre renta societaria y renta de los accionistas, al comportar grados diversos de atenuación de la doble imposición económica de los dividendos, determinan diferencias en el costo de la financiación con capital accionario.

Los efectos de distorsión causados por las diferencias en las alícuotas y en la base imponible podrían ser reducidos si la neutralidad de la imposición fuera preservada, respetando el principio de residencia. Los motivos de violación, no obstante, son diversos. La aplicación de retenciones en la fuente, sobre los dividendos percibidos por no-residentes, crea un problema de doble imposición jurídica internacional, comúnmente resuelto mediante la concesión de un crédito de impuesto por parte del país de residencia. Sin embargo, si la alícuota del país de origen es más elevada, el crédito de impuesto no permite una recuperación completa y el beneficiario del crédito queda gravado según el principio del origen. Además, por lo general, las empresas pueden retardar indefinidamente la repatriación de las utilidades de las filiales en el Exterior, terminando así por ser gravadas en la fuente.

Los efectos de distorsión de la doble imposición son especialmente sensibles en el caso de la distribución de utilidades de una "sociedad-hija" a una "sociedad-madre" que reside en un país diverso. El compromiso de los Parlamentos nacionales para eliminar estas formas de doble imposición[21] ha sido y es todavía particularmente fuerte. Cuando ambas sociedades residen en el mismo país, desde hace tiempo, los dividendos recaudados por la sociedad-madre son dondequiera exentos de impuestos. Técnicamente, no siempre, la exención es concedida de hecho a través del reconocimiento de un crédito de impuesto a la sociedad-madre. Otra causa de doble imposición internacional son las controversias entre las Administraciones impositivas sobre la contabilización de las utilidades de las multinacionales en los diversos países en que operan. La técnica utilizada por estas empresas para determinar la asignación de las utilidades a las unidades ubicadas en países diversos (*transfer pricing*) debería inspirarse generalmente en la así llamada "medida normal", que consiste en atribuir a los recursos internos los precios que se aplicarían si las unidades no estuvieran conectadas entre sí. Cuando para algunos de estos recursos no existen precios de mercado, que permiten basarse en parámetros objetivos, la valuación se presta a notables ambigüedades, permitiendo a las empresas varias formas de comportamiento fiscal. Si la Administración Tributaria de un país practica una rectificación de precios de transferencia usados por la empresa, sin que se haga lo propio en el otro país involucrado, se genera una doble imposición. Además de los efectos de distorsión, relativos a la distribución de las inversiones, algunas de estas diferencias ponen obstáculos a las políticas de fusiones y adquisiciones internacionales de las empresas.

En la Comunidad Andina, con la Decisión 40, la Comisión del Acuerdo de Cartagena ha aprobado un modelo para evitar la doble imposición, basado en el principio de la renta en la fuente, que no ha tenido ninguna aplicación práctica por utópico. La Comisión tiene en la mira estudios sobre un nuevo modelo. Interesante es la contribución que sobre el tema hace el reconocido tributarista colombiano Alfredo Lewin Figueroa.

La Decisión 292/1991 de la Comisión pone las condiciones y las reglas que se aplican para evitar la doble imposición, en relación con el régimen especial de las Empresas Multinacionales Andinas (EMAS).

21. Cf.: Schaumburg, *Internationales Steuerrecht*, 2ª ed., Colonia, 1998, p. 41; Borries-Winkel, *Europäisches Wirtschaftsrecht*, Münich, 1997; Schweitzer-Hummer, *Europarecht*, Neuewied, 1996; Godzierz-Odendahl, *Europarecht-Sammlung höchstrichterlicher Rechtsprechung*, Neuewied, 1997; Fischer, "Auslegungsziele und Verfassung", en *Die Steuerrechtsordnung: Festschrift für Klaus Tipke* (para el 70º cumpleaños), Colonia, 1995; Fantozzi-Vogel, "Doppia imposizione internazionale", en *Digesto*, 4ª ed., Turín, 1990; Tipke, *Die Steuerrechtsordnung*, v. III, Colonia, 1993, p. 1.159; Vogel, "Il diritto tributario internazionale", en *Tratado de Derecho Tributario*, bajo la dirección de Amatucci, Bogotá, Temis, 2001; idem, *Doppelbesteuerungsabkommen*, 2ª ed., 1990 – en Inglés: *On Double Taration Conventions*, 1991; idem, "Die Auslegung von Doppelbesteuerungsabkommen", en *Cahiers de Droit Fiscal International* (IFA), v. LXXVIII, Rotterdam, 1993, p. 19; Baker, *Taxation Agreements and International Tax Law*, Londres, Sweet & Maxwell, 1991; Bannock, *Taxation in the European Community*, Londres, Paul Chapman, 1990; Garbarino, *La Tassazione del Reddito Transnazionale*, Pádua, 1990; Uckmar, "I trattati internazionali in materia tributaria", en *Tratado de Derecho Tributario*, bajo la dirección de Amatucci, Bogotá, Temis, 2001.

Las temáticas tratadas enseguida constituyen objeto de constante análisis con contribuciones que en especial aparecen también en idioma Inglés en la *Rivista di Diritto Tributario Internazionale* de la *Università La Sapienza de Roma*, fondada por Puoti en 1999, bajo la dirección de Amatucci, Puoti y Uckmar. Se trata de la primera revista italiana en la materia.

10. Conclusiones y propuestas

La investigación de las causas de la desaceleración del proceso de integración en América Latina lleva a plantear las siguientes *consideraciones conclusivas.*

10.1 En principio, es necesario que las normas comunitarias de derecho tributario, promulgadas en una primera fase que demora varias décadas, sean incompletas.

De hecho, la diferencia sustancial del desarrollo económico y de los sistemas jurídicos tributarios en cada país-miembro constituye un considerable obstáculo a la operatividad de una norma comunitaria, tributaria y completa. En cambio, es precisamente a través de la producción de normas comunitarias, tributarias e incompletas, como cada Estado queda vinculado sólo por los fines u objetivos en ellas previstos y elige cómo disciplinar los impuestos, para hacerlos valer y poner en marcha un lento y progresivo proceso de acercamiento entre realidades económicas y entre los ordenamientos jurídicos nacionales.

Sólamente tras haber alcanzado una fase avanzada de dicho proceso serán oportunas las normas comunitarias, tributarias y completas, en cuanto para su momento existirán todas las condiciones económicas y jurídicas que permitirán la aplicación en todos los Estados-miembros de la misma norma comunitaria tributaria.

Es también deseable que sea privilegiada al comienzo la armonización de los impuestos directos, para facilitar antes que nada la libre circulación de los bienes.

10.2 El proceso de integración debe ser, en principio, jurídico. Es decir, se necesita que el Tribunal de Justicia de la Comunidad realice plenamente sus funciones, garantizando la legitimidad de los actos y de las instituciones comunitarias con respecto a los Tratados, en especial, al principio de no-discriminación fiscal, la interpretación uniforme y la correcta aplicación del derecho comunitario tributario y la compatibilidad de las leyes nacionales tributarias con respecto al derecho comunitario. Sin el ejercicio efectivo de tales funciones, sobreviven las incompatibilidades que obstaculizan la operatividad del derecho tributario comunitario en el proceso de armonización de la imposición directa e indirecta.

Sucesivamente puede ser puesta en marcha la integración económica y, cuando ésta esté madura, la integración social.

10.3 De otro lado, el principio *nullum tributum sine lege* no obstaculiza la promulgación de normas comunitarias tributarias incompletas y completas. En efecto, la ley nacional realiza los fines de la norma comunitaria incompleta y es producida automáticamente por la norma comunitaria completa con el mismo contenido. La ley nacional se hace en ambos casos "especial".

Además, dicho principio implica que el impuesto sea disciplinado por ley y permite también que la competencia para disciplinarlo sea delegada por ley, que en el caso específico es ley especial, naturaleza recibida de la ley de ratificación del Tratado.

De cualquier manera, la delegación de parte de la soberanía tributaria no necesita de una norma constitucional implícita o explícita, la cual no está presente en las Constituciones de algunos países-miembros de la Comunidad Europea.

Por lo tanto, no tendría sentido la aprobación por parte del Parlamento de una ley tributaria de igual contenido al de la norma comunitaria tributaria. En efecto, o el Parlamento nacional no la cambia y el procedimiento deviene inútil, o la cambia y compromete la integración jurídica y por lo tanto la económica y la social.

A fuer de todo lo anterior y a manera de *propuestas* se plantean las siguientes:

• Aportar las modificaciones necesarias a los Tratados, para convertir en excepcional el procedimiento especial de adaptación o, en subsidio, no definir como excepcional el procedimiento ordinario.

• Completar la integración jurídica, garantizando que el Tribunal de Justicia de la Comunidad no sólamente exista sino que opere activamente en el respeto, sobre todo, del principio de no-discriminación fiscal. Sólo después se deberá poner en marcha la integración económica y social.

• Formar una mentalidad "comunitaria" que anule la resistencia psicológica a que un Tribunal externo al Estado anule las leyes nacionales y condene al Estado mismo.

• Privilegiar también la armonización de los impuestos indirectos.

• Afirmar el convencimiento de la acontecida delegación por parte de los Estados a las instituciones comunitarias, de parte de la soberanía tributaria, por lo cual el Parlamento nacional no debe reproducir normas comunitarias y completas. Fundir en los cimientos de los ordenamientos tributarios de los países-miembros un Modelo de Código Tributario que se limite a disciplinar sólo materias de competencia de un código.

Así, y sólo a través de una correcta metodología de integración, que utilice de manera idónea la armonización tributaria, los países de América Latina alcanzarán a recuperar sus enormes potencialidades de desarrollo económico y social, en modo de desempeñar en el mundo el papel fundamental que a ellos compete.

CADERNOS DE DIREITO TRIBUTÁRIO

A CONSTITUIÇÃO FISCAL PORTUGUESA DE 1976, SUA EVOLUÇÃO E SEUS DESAFIOS[1]

JOSÉ CASALTA NABAIS
Professor de Direito Tributário da Universidade de Coimbra, Portugal

1. A constituição fiscal de 1976 e sua evolução: 1.1 Caracterização da constituição fiscal de 1976 – 1.2 A evolução da constituição fiscal de 1976. 2. Os actuais desafios à constituição fiscal: 2.1 O universo dos desafios – 2.2 A extrafiscalidade: 2.2.1 Os impostos extrafiscais e os benefícios fiscais – 2.2.2 A deslocação da extrafiscalidade para o direito económico – 2.3 O declínio ou degradação do poder fiscal parlamentar: 2.3.1 A "governamentalização" dos impostos – 2.3.2 O esquecimento do poder de gastar – 2.3.3 A crescente perda do poder fiscal do Estado – 2.3.4 A abertura ao referendo fiscal? – 2.4 A crescente "privatização" da administração dos impostos: 2.4.1 O actual papel das empresas na administração dos impostos – 2.4.2 Por uma participação das empresas na disciplina da administração dos impostos.

1. A constituição fiscal de 1976 e sua evolução

1.1 Caracterização da constituição fiscal de 1976

Três notas nos dão o retrato – ou, melhor, a caricatura – da constituição fiscal de 1976. São elas: o seu carácter de constituição fiscal de transição (para o Socialismo), a ideia de continuidade da constituição fiscal de 1933 e a sua integração por um programa de reforma fiscal próprio de um país economicamente desenvolvido. Vejamos cada um destes aspectos.

E quanto à primeira nota não vamos perder muito tempo, até porque ela, para bem de todos nós, não chegou a moldar a realidade constitucional, não tendo, por conseguinte, passado do papel. Pois bem, como é sabido, na versão originária do então art. 106º da Constituição figurava como primeiro objectivo do sistema fiscal a "repartição igualitária da riqueza e dos rendimentos", e só em segundo lugar a "satisfação das necessidades financeiras do Estado". Objectivo, aquele, que, depois, tinha uma concretização particular em sede do imposto sobre o rendimento pessoal, o qual, nos termos do então art. 106º, n. 1, devia tender a limitar os rendimentos a um máximo nacional a definir anualmente por lei.

1. Texto com que o autor participou no Colóquio – 25 da Constituição e de Justiça Constitucional – promovido pelo Tribunal Constitucional na sua sede, em 27.11.2001. Por razões que bem se compreendem, procedemos a uma ou outra adaptação para o público brasileiro.

Um aspecto que fazia da nossa constituição – porventura, a única que terá estado em vigor – uma constituição fiscal típica de um sistema em transição para o Socialismo proclamado e assumido em diversos preceitos sobretudo da constituição económica.[2] Estávamos, porém, perante uma ordenação e um objectivo que, atenta a realidade constitucional subjacente, jamais podiam ter efectividade. O que levou a que a interpretação desses preceitos constitucionais cedo tenha sido no sentido de o primeiro objectivo do sistema fiscal não poder deixar de ser o da satisfação das necessidades financeiras do Estado, e de a repartição igualitária da riqueza e dos rendimentos ser entendida basicamente como uma diminuição das desigualdades. Foi, de resto, essa a interpretação logo assumida pelo professor Teixeira Ribeiro.[3]

Depois, em sede dos princípios gerais por que há-de reger-se o poder tributário, a Constituição de 1976 segue o modelo clássico da constituição fiscal, o que exprime uma continuidade da Constituição anterior, da Constituição de 1933. De um lado, a reserva de lei ao Parlamento, identificada com os elementos essenciais dos impostos, é idêntica em ambas as Constituições, já que a única diferença entre elas residia no facto de na Constituição do Estado Novo, a partir da revisão constitucional de 1971, aquela reserva se poder ficar pelos limites da taxa, enquanto na Constituição actual ela integra não só os limites mas a própria taxa de cada imposto.[4]

De outro lado, e embora a Constituição de 1933 contivesse um preceito relativo à capacidade contributiva – dispondo, no seu art. 28º, "todos os cidadãos são obrigados (...) a contribuir conforme os seus haveres para os encargos públicos" – e a Constituição actual desconheça preceito idêntico, do que não há dúvidas é de que também nesta os impostos se regem pelo princípio da igualdade fiscal a aferir pela capacidade contributiva, como não pode deixar de ser.[5]

Uma diferença prevaleceu, todavia, em sede da figura das taxas, se bem que isto já não tenha a ver com os impostos. Pois, enquanto a Constituição anterior estabelecia uma reserva parlamentar relativa à figura das taxas, a actual desconheceu essa reserva até à revisão constitucional de 1997, revisão que veio colocar sob a reserva parlamentar o "regime geral das taxas e demais contribuições a favor das entidades públicas". Pelo quê assim se repôs, em relação às taxas, uma reserva parlamentar, a seu modo idêntica à da Constituição de 1933.[6]

Mas a novidade mais importante da Constituição de 1976 reside, sem dúvida, no programa de reforma fiscal que estabeleceu no então art. 107º. Um programa em que encontramos as seguintes exigências: 1) a instituição de um verdadeiro imposto pessoal sobre o rendimento que fosse um imposto único, progressivo, e tivesse em

2. Isto para quem, como nós, não alinhasse pela tese dualista de F. Lucas Pires, *A Teoria da Constituição de 1976 – A Transição Dualista*, Coimbra, 1988 – autor que via na Constituição, considerada na sua globalidade, uma Constituição de modelo "ocidental", com sobreposição de uma Constituição de modelo "socialista". V., sobre essa interpretação da nossa "constituição fiscal", o nosso livro *Contratos Fiscais. Reflexões Acerca da sua Admissibilidade*, n. 5 dos *Studia Juridica*, Coimbra, 1994, pp. 139, nota 406, e 152, nota 449.

3. Que manifesta a sua estranheza pelo facto de a finalidade fiscal aparecer mencionada em segundo lugar – cf. "O sistema fiscal na Constituição de 1976", *Boletim de Ciências Económicas* XXII/1 e ss., 1979. Assinale-se que, como vamos ver, se trata de uma versão que se manteve até à revisão constitucional de 1989. O que se ficou a dever ao facto de a queda do Socialismo Português, a nível do texto constitucional, se ter dado em dois tempos: num primeiro, na revisão de 1982, em que se deu a queda do Socialismo político; e, num segundo, na revisão de 1989, em que se deu a queda do Socialismo económico.

4. Isto para alem de, relativamente às garantias dos contribuintes, a Constituição de 1933 se referir apenas às reclamações e recursos a favor do contribuinte.

5. V. o nosso livro *O Dever Fundamental de Pagar Impostos. Contributo para a Compreensão do Estado Fiscal Contemporâneo*, Coimbra, Almedina, 1998, pp. 435 e ss.

6. Em que, nos termos do seu art. 70º, se dispunha: "A lei fixa os princípios gerais relativos: (...); 2º. às taxas a cobrar pelos serviços".

conta as necessidades e os rendimentos do agregado familiar de modo a limitar os rendimentos a um máximo nacional a definir anualmente por lei; 2) que a tributação das empresas incidisse fundamentalmente sobre o seu rendimento real;[7] 3) a existência de um imposto sobre sucessões e doações progressivo, de modo a contribuir para a igualdade entre os cidadãos e tomar em conta a transmissão por herança dos frutos do trabalho; e 4) uma tributação do consumo que visasse à adaptação da estrutura do consumo às necessidades da socialização da economia, isentando os bens necessários à subsistência dos mais desfavorecidos e suas famílias e onerando os consumos de luxo.

Trata-se de um programa que só vai ser concretizado bastante mais tarde. O que veio a acontecer com a criação do imposto sobre o valor acrescentado (IVA) em 1985, que entrou em vigor em 1986, e dos imposto sobre o rendimento das pessoas singulares (IRS) e imposto sobre o rendimento das pessoas colectivas (IRC) em 1988, que entraram em vigor em 1989. De um programa que, em parte, continua por concretizar, pois que, primeiramente, em relação ao imposto sobre sucessões e doações e, a partir da revisão constitucional de 1997, em relação à tributação do património, a Constituição continua por cumprir.[8] Um incumprimento que é particularmente grave, dado o retrocesso que, em termos de justiça ou equidade fiscal, a manutenção (apenas) formal do *status quo* em sede da tributação do património representou e representa.

1.2 A evolução da constituição fiscal de 1976

No respeitante à evolução da constituição fiscal constante da Constituição de 1976, podemos dizer que ela foi objecto de pequenas alterações nas revisões constitucionais de 1982 e 1989 e de alterações mais significativas e profundas na revisão de 1997.[9]

Assim, quanto à revisão de 1982, as alterações efectivas[10] tiveram a ver, de um lado, com a eliminação, no respeitante à tributação do consumo, da imposição da isenção dos bens necessários à subsistência dos mais desfavorecidos e suas famílias e, de outro, com a previsão de um poder tributário próprio a favor das regiões autónomas. Com a primeira procurou prevenir-se a nossa próxima adesão à Comunidade Económica Europeia (CEE), em que vigorava já um IVA harmonizado que, ao nível das taxas, iria excluir uma taxa zero, muito embora continuassem em vigor regimes transitórios com essa taxa. Foi, de resto, o que veio a ocorrer entre nós, cujo IVA, adoptado em 1986, conheceu uma lista de produtos de taxa zero até 1992.[11]

Por seu turno, no respeitante às regiões autónomas, foi-lhes atribuído poder tributário próprio, nos termos da lei, pois, na versão de 1976, tais estruturas de desconcentração política do Estado Português[12]

7. Isto caso o legislador opte por sujeitar as empresas a um imposto autónomo sobre o rendimento, uma solução que, a nosso ver, a Constituição não impõe.

8. Já que a substituição da contribuição predial, um imposto sobre o rendimento, pela contribuição autárquica, um imposto sobre o património, levada a cabo no contexto da referida reforma, não operou qualquer alteração real.

9. Não referimos aqui as revisões extraordinárias, de 1992 e de 2001, que, como é sabido, foram impostas de fora, dado não terem tocado na constituição fiscal.

10. Deixamos assim de fora as alterações sem significado real concretizadas através da eliminação das referências à limitação dos rendimentos a um máximo nacional a definir anualmente por lei, no preceito relativo ao imposto pessoal sobre o rendimento, e à consideração da "transmissão por herança dos frutos dos trabalho", no preceito relativo ao imposto sobre sucessões e doações, e à "adaptação da estrutura do consumo às necessidades da socialização da economia", no preceito respeitante à tributação do consumo.

11. Cf. Teixeira Ribeiro, "As alterações no domínio das finanças públicas", *Boletim de Ciências Económicas* XXVI/241 e ss. (252 e s.), 1983.

12. Sobre o conceito de desconcentração política, v. o nosso estudo "A autonomia local. Alguns aspectos gerais", no número especial do *Boletim da Faculdade de Direito de Coimbra – Estudos em Homenagem ao Professor Dr. Afonso Rodrigues Queiró*, v. II, Coimbra, 1993, pp. 107 e ss. (175 e ss.).

apenas dispunham da titularidade das receitas fiscais nelas cobradas. O que significa que, com tal alteração, as regiões autónomas deixaram de dispor apenas do produto da cobrança dos impostos nacionais nas regiões, para passarem a dispor também do poder de criar impostos regionais próprios e de disciplinar os seus elementos essenciais, fossem estes impostos estritamente regionais ou impostos que resultassem da alteração de elementos de impostos nacionais.[13]

Menores foram as alterações constitucionais em sede fiscal levadas a cabo pela revisão constitucional de 1989. Com efeito, para além do reflexo na constituição fiscal da eliminação da constituição económica socialista, o que levou a colocar a ordem dos objectivos do sistema fiscal em consonância com a realidade constitucional, registamos apenas o aditamento de um novo poder às regiões autónomas: o de adaptar o sistema fiscal nacional às especificidades regionais nos termos de lei-quadro da Assembleia da República.[14]

Foi, porém, a revisão constitucional de 1997 a que maiores alterações provocou na constituição fiscal de 1976. Pois, através desta revisão, foram introduzidas diversas alterações, algumas delas com manifesto alcance inovador. Assim, e para além da alteração com importantíssimos reflexos no direito dos impostos, traduzida na remissão para a lei das condições aplicáveis ao tratamento automatizado, à conexão, transmissão e utilização dos dados pessoais informatizados (art. 35º, n. 2), a constituição fiscal foi objecto das seguintes alterações (espero não me ter esquecido de nenhuma): 1) a integração nas incumbências do Estado respeitantes ao ambiente e qualidade de vida da incumbência de "assegurar que a política fiscal compatibilize desenvolvimento económico com protecção do ambiente e qualidade de vida" (art. 66º, n. 2, "h"); 2) a interdição de impostos que tenham natureza retroactiva (art. 103º, n. 3); 3) a substituição no programa de reforma fiscal da referência ao imposto sobre sucessões e doações pela referência à tributação do património (art. 104º, n. 3); 4) a inclusão na reserva absoluta da Assembleia da República do "regime de finanças regionais" e da imposição para este regime da forma de lei orgânica (arts. 164º, "t", e 166º, n. 2); 5) a inclusão na reserva relativa da Assembleia da República do "regime geral das taxas e demais contribuições a favor das entidades públicas" (art. 165º, n. 1, "i"); 6) a ligação da titularidade regional de receitas fiscais às receitas fiscais geradas (e não, como anteriormente, às receitas fiscais cobradas) nas regiões autónomas e a previsão de uma participação das regiões nas receitas tributárias do Estado a estabelecer em consonância com o princípio da solidariedade (alíneas "i" e "j" do art. 227º);[15] 7) a introdução de expressa previsão da possibilidade de a lei atribuir poderes tributários às autarquias locais (art. 238º, n. 4); 8) a atribuição aos Municípios de receitas tributárias próprias nos termos da lei (art. 254º, n. 2).

De toda esta série de alterações são de destacar, pelo seu alcance, três: a proibição de impostos com natureza retroactiva, a previsão constitucional de uma tributação do património e o reconhecimento de poderes tributários às autarquias locais.[16] Uma palavra sobre cada uma destas alterações.

Quanto à proibição de impostos de natureza retroactiva, diremos que o seu alcance não é tão radical quanto o que, à primeira vista, se poderia pensar.[17] Designada-

13. Cf. Teixeira Ribeiro, "Criação dos impostos pelas regiões autónomas", *Revista de Legislação e de Jurisprudência* 119/33 e ss. (35), 1986-1987.

14. Um poder que, como dissemos há pouco, podia ter-se por integrado já no poder tributário próprio reconhecido na revisão constitucional anterior.

15. Isto para além da autonomização do poder tributário regional face à titularidade regional de receitas fiscais, colocando cada um desses poderes em sua alínea.

16. Uma outra, embora diga respeito não aos impostos mas aos demais tributos, é a que reserva à Assembleia da República o "regime geral das taxas e demais contribuições a favor das entidades públicas".

17. Em apoio da introdução na Constituição de um tal preceito – introdução, essa, que, refira-se,

mente, ele não inutilizou o princípio da segurança jurídica no segmento suportado pela ideia de protecção da confiança. Com efeito, o princípio da segurança jurídica, ínsito na ideia do Estado de Direito Democrático constante do art. 3º da Constituição, está longe de ter sido totalmente absorvido pelo nova disposição constitucional.

É certo que ele deixou de servir de balança na ponderação dos bens jurídicos em presença quando estamos perante um imposto afectado de retroactividade verdadeira, autêntica ou própria. Quando tal acontecer, a solução está agora ditada na Constituição, *urbe et orbe*, não podendo os órgãos seus aplicadores, e acima de todos o Tribunal Constitucional, sem violação dela, proceder a uma qualquer ponderação casuística.

Mas o princípio da protecção da confiança tem, inequivocamente, um lastro bem maior. É que ele também serve de critério de ponderação em situações de retroactividade imprópria, inautêntica ou falsa, bem como em situações em que, não se verificando qualquer retroactividade, própria ou imprópria, há que tutelar a confiança dos contribuintes depositada na actuação dos órgãos do Estado. Na verdade, em tais domínios, esse vector do princípio da segurança jurídica mantém a sua validade intocada. Assim, e desde logo, um tal princípio não deixará de ser convocado para resolver os não poucos e melindrosos problemas que a delimitação entre retroactividade própria, autêntica ou verdadeira/retroactividade imprópria, inautêntica ou falsa continua a colocar, pois há que proceder à ponderação entre o interesse público e a sua imperiosidade em obter receitas fiscais (mesmo em certa medida retroactivas) e o interesse na protecção da confiança (fundada e solidificada) dos contribuintes.

Uma ponderação a que ainda haverá que proceder, no caso de a Administração ou de o próprio legislador, através da imposição retroactiva duma interpretação correcta da lei fiscal, pretender recuperar impostos não cobrados em virtude de a anterior interpretação ilegal da Administração os excluir da zona de incidência ou os atirar para os benefícios fiscais. Também a um tal *venire contra factum proprium* o princípio da protecção da confiança impõe limites.

Por outro lado, o princípio da segurança jurídica exige também uma certa *Gesetzeskonstanz*, que tem expressão sobretudo na limitação ou exclusão mesmo da "livre revogabilidade" das leis relativas a benefícios fiscais. Uma exigência que alguma doutrina aceita com alguma latitude, baseando-se em diversos argumentos como os que decorreriam do conceito ou grau da retroactividade, da tutela dos direitos adquiridos (*vested rights*) ou dos direitos subjectivos, ou da irrevogabilidade dos actos administrativos constitutivos de direitos ou de interesses legalmente protegidos, mas que, a nosso ver, passa igualmente pela ponderação entre o interesse público invocado e efectivável na revogação ou alteração da lei beneficiadora e os interesses dos particulares na manutenção dessa mesma lei relativamente aos benefícios já atribuídos ou reconhecidos.

Para além destes sectores, o princípio da segurança jurídica, na sua expressão de princípio de protecção da confiança, operará igualmente em sede dos diversificados e onerosos deveres ou obrigações fiscais de natureza acessória que impendem sobre os particulares, obstando a que os mesmos possam ser agravados retroactivamente. Isto, naturalmente, se e na medida em que

teve por base um clima de grande consenso parlamentar –, v. Jorge Bacelar Gouveia, "A irretroactividade da norma fiscal na Constituição Portuguesa", *Perspectivas Constitucionais. Nos Vinte Anos da Constituição Portuguesa*, v. III, Coimbra, Coimbra Editora, 1998, pp. 445 e ss.; em sentido crítico, v. J. M. Cardoso da Costa, "O enquadramento constitucional do direito dos impostos em Portugal: a jurisprudência do Tribunal Constitucional", *Perspectivas Constitucionais. ...*, v. II, 1997, pp. 397 e ss. (419 e ss.), e Rui Duarte Morais, "A revisão da 'constituição fiscal'", *Juris et de Jure – Nos Vinte Anos da Faculdade de Direito da Universidade Católica Portuguesa – Porto*, Porto, 1998, pp. 1.151 e ss. (1.154 e ss.).

tais deveres ou obrigações não se configurem como verdadeiras restrições aos direitos, liberdades ou garantias fundamentais, pois neste caso a proibição da retroactividade decorrerá do art. 18º, n. 3, da Constituição da República Portuguesa.[18]

Depois, a substituição da referência ao imposto sobre sucessões e doações pela referência à tributação do património não tem grande significado. Pois o legislador constitucional limitou-se basicamente a pôr a Constituição em conformidade com a prática, mais precisamente com o que vem sendo recomendado pelos diversos relatórios elaborados a tal respeito. Na verdade, todos esses relatórios propõem profundas alterações na intolerável situação, a que chegámos, na tributação do património.[19]

Essa alteração veio, nomeadamente, abrir a porta ao legislador, que assim pode optar por um imposto geral sobre o património em substituição dos três impostos actualmente existentes. Uma opção que, é bem sabido, não será nada fácil, dadas as enormes dificuldades com que uma tal reforma se depara.

Finalmente, quanto à expressa previsão da possibilidade de a lei atribuir poderes tributários às autarquias locais, o que pretendeu o legislador da revisão constitucional foi autorizar expressamente o legislador ordinário a atribuir às autarquias locais poder tributário *stricto sensu*, ou seja, o poder para criar e disciplinar nos seus elementos essenciais os impostos. Isto não obstante aí se falar de poderes tributários, o que sugere imediatamente o poder tributário em sentido amplo, que englobaria, para além daquele poder, as outras situações de titularidade tributária activa, isto é, a capacidade tributária activa, a competência tributária e a titularidade da receita fiscal. É que nada obstava, já antes desta revisão, a que o legislador ordinário atribuísse qualquer destas outras titularidades às autarquias locais, sobretudo aos Municípios.

Por isso, o único problema que se punha aquando da mencionada revisão constitucional, segundo uma certa interpretação da Constituição, era a do suporte constitucional da atribuição legal de pequenas parcelas daquele poder tributário aos Municípios, que tem uma longa tradição no nosso sistema. Argumentava-se que o princípio da legalidade fiscal, que reserva à Assembleia da República a criação dos impostos e a disciplina dos seus elementos essenciais, obstaria a que o legislador atribuísse qualquer fracção desse poder às autarquias locais.

Nós, porém, recusando um positivismo e um centralismo claramente rejeitados pela Constituição, encontrávamos o mencionado suporte constitucional numa adequada harmonização entre o referido princípio da legalidade fiscal e o princípio constitucional da autonomia local com tão clara e desenvolvida expressão constitucional. Aliás, o próprio Tribunal Constitucional, chamado a pronunciar-se sobre o assunto, não teve dificuldades em obter um suporte constitucional para o poder tributário que a lei atribuía aos Municípios. Um suporte que, embora não inteiramente coincidente com o nosso, salvou da inconstitucionalidade as disposições legais respeitantes ao poder tributário dos Municípios em sede de derramas.[20]

Mas, fosse como fosse, do que não há dúvidas é de que o legislador ordinário pode agora atribuir parcelas de poder tributário às autarquias locais, seja aos Municípios, que sempre dispuseram de algum, seja às Freguesias, que, paradoxalmente, deixaram

18. Cf. *infra*, n. 2.4.2.

19. Estamos a referir-nos aos relatórios da Comissão para o Desenvolvimento da Reforma Fiscal (Comissão Silva Lopes), da Comissão de Reforma da Tributação do Património (Comissão Medina Carreira) e da Comissão Técnica do Grupo de Trabalho da Reforma da Tributação do Património Imobiliário (Comissão Saldanha Sanches). V. também o nosso *Direito Fiscal*, Coimbra, Almedina, 2000, pp. 335 e ss.

20. V. o acórdão do Tribunal Constitucional 57/1995 e o nosso *O Dever Fundamental* ..., pp. 372 e s.

de dispor dele com a primeira lei das finanças locais adoptada na sequência da Constituição de 1976.[21]

Aliás, em relação aos poder tributário próprio, tanto das regiões autónomas como das autarquias locais, cujo exercício se vem traduzindo na diminuição dos impostos nacionais ou na concessão de benefícios fiscais nas regiões autónomas[22] e na concessão de benefícios fiscais por parte dos Municípios,[23] bem nos podemos questionar sobre se tais estruturas, respectivamente, de desconcentração política e de descentralização administrativa do Estado[24] estão verdadeiramente interessadas no poder tributário positivo. Ou se, pelo contrário, não estão interessadas sobretudo no poder tributário negativo ou, o que é a mesma coisa, no poder de aumentar a carga fiscal que o Estado há-de impor aos cidadãos residentes no Continente, já que são estes que, ao fim e ao cabo, têm de arcar com os défices financeiros regionais e municipais que o exercício do referido poder tributário negativo necessariamente agravará.

Uma fenomenologia que tem o significado e alcance inaceitáveis, num Estado de Direito Democrático, de tais estruturas, embora aparentemente exercendo um poder tributário (negativo) próprio, estarem, na realidade e ao invés, a usurpar parcelas não despiciendas do poder tributário (positivo) do Estado, estabelecendo, assim, nas respectivas circunscrições territoriais, um regime claramente de privilégio em matéria de carga fiscal objectiva global, a nosso ver, violador do princípio da solidariedade nacional.[25]

21. A Lei 1/1979, de 2 de janeiro.

22. Assim e no respeitante às regiões autónomas o art. 37º da Lei das Finanças das Regiões Autónomas (Lei 13/1998, de 24 de fevereiro) permite que as assembleias regionais concedam deduções à colecta relativa a lucros comerciais, industriais ou agrícola reinvestidos, a redução da taxa de IRS, IRC e IVA em 30%, e autorizem os governos regionais a conceder os benefícios fiscais contratuais, regulados no art. 49º-A do Estatuto dos Benefícios Fiscais, com as necessárias adaptações. Uma adaptação concretizada: no respeitante à Região Autónoma dos Açores, pelo Decreto Legislativo Regional 2/1999/A, de 20 de janeiro, em que reduziu as taxas nacionais do IRS em 20% e as taxas do IRC e do IVA em 30% e autorizou o Governo Regional a conceder os benefícios fiscais contratuais do art. 49º-A do Estatuto dos Benefícios Fiscais com as necessárias adaptações; e, no respeitante à Região Autónoma da Madeira, pelo Decreto Legislativo Regional 18/1999/M, de 28 de junho, que adaptou à especificidade regional os mencionados benefícios fiscais contratuais, pelos Decretos Legislativos Regionais 5/2000/M e 6/2000/M, de 28 de fevereiro, em que foi estabelecido o regime de deduções à colecta dos lucros comerciais, industriais e agrícolas reinvestidos na Região, respectivamente, pelos sujeitos de IRS e pelos sujeitos de IRC, e pelos Decretos Legislativos. Regionais 2/2001/M, de 20 de fevereiro, e 3/2001/M, de 22 de fevereiro, em que é definido o regime de redução da taxa geral de IRC e das taxas de IRS, respectivamente.

23. Com efeito, no concernente às autarquias locais o legislador ordinário, ao adoptar a nova Lei das Finanças Locais – a Lei 42/1998, de 6 de agosto –, deixou as coisas como estavam, não atribuindo qualquer nova parcela de poder tributário positivo aos Municípios nem qualquer poder tributário às Freguesias. Uma afirmação que só não é inteiramente exacta porque a nova Lei das Finanças Locais, no seu art. 4º, n. 4, veio atribuir aos Municípios uma manifestação negativa do poder tributário, permitindo-lhes a concessão de benefícios fiscais relativamente aos impostos a cuja receita tenham direito, conquanto que tais benefícios constituam contrapartida de fixação de projectos de investimentos de especial interesse para o desenvolvimento do respectivo Município. O que se inscreve, porém, não na política fiscal ou de obtenção de receitas, mas antes na utilização dos benefícios fiscais como instrumento da política de desenvolvimento económico e social.

24. V., sobre os conceitos de *descentralização* e de *desconcentração*, tanto ao nível político como ao nível administrativo, e a sua recondução ao superconceito *descentração*, o nosso estudo "A autonomia local. ...", *Boletim da Faculdade de Direito de Coimbra* – ..., v. II, pp. 175 e ss. Cf. também Vital Moreira, *Administração Autónoma e Associações Públicas*, Coimbra, Coimbra Editora, 1997, esp. pp. 23 e ss.

25. E isto não obstante as afirmações pomposas tanto da Constituição como da Lei das Finanças das Regiões Autónomas (LFRA) deste princípio, indo esta lei ao ponto de prescrever, no seu art. 4º, n. 1, que o princípio da solidariedade nacional "é recíproco e abrange todo o território nacional e cada uma das suas parcelas, devendo assegurar um nível adequado de serviços públicos e de actividades privadas, sem sacrifícios desigualitários" – como se a solidariedade nacional pudesse, em circunstância alguma, valer em termos unilaterais. Por isso, interrogamo-nos sobre se o termo "recíproco", constante do mencionado preceito da LFRA, não participa, de

E aqui temos as alterações mais importantes por que passou a constituição fiscal de 1976. Algumas delas, como resulta do que vimos de dizer, longe de constituírem qualquer expressão de progresso.

2. *Os actuais desafios à constituição fiscal*

2.1 *O universo dos desafios*

Hoje em dia, porém, colocam-se importantes desafios que, de algum modo, questionam o tradicional quadro da constituição fiscal. De entre eles temos uns que se configuram como desafios internos, constituindo assunto de cada Estado, e outros que se apresentam como desafios externos, tendo a ver com a internacionalização, a integração e a globalização económicas.

Nos primeiros temos os fenómenos da extrafiscalidade, do crescente declínio ou degradação do poder fiscal parlamentar e da "privatização" da administração dos impostos. Por seu lado, nos segundos deparamo-nos com a internacionalização das situações tributárias, a exigir uma dinâmica política fiscal externa, com a integração fiscal europeia, a impor uma harmonização fiscal que limita fortemente a soberania fiscal, e com a necessidade de um entendimento mínimo a nível mundial de modo a limitar as consequências fiscais nefastas da globalização económica.

Ora, até porque não dispomos de tempo para mais, ficamo-nos pelos primeiros, isto é, pelos desafios a que chamamos *internos*. Vejamos, então, cada um deles.

2.2 *A extrafiscalidade*

Embora não sendo um fenómeno novo, do que não há dúvidas é de que a extrafiscalidade ganhou especial importância com o advento do Estado Social. Com efeito, a utilização dos impostos ou dos benefícios fiscais com o objectivo principal de obtenção de resultados económicos e sociais, portanto como um instrumento de política económica ou social, tornou-se um fenómeno normal ou corrente com a instauração do Estado Social.

Uma afirmação que, é óbvio, não tem qualquer pretensão de afastar a ideia de que os impostos ou, mais em geral, as normas fiscais são, em princípio, instrumento de obtenção de receitas – instrumento, portanto, de política fiscal. O que tem por importante consequência a extrafiscalidade assumir carácter excepcional, apresentando-se assim como excepção à regra da natureza fiscal dos impostos e das normas jurídicas que os disciplinam.

Um carácter excepcional que se revela, aliás, num duplo plano. De um lado, enquanto essas medidas extrafiscais integram medidas intervencionistas num Estado Fiscal, em que pela sua própria natureza a intervenção económica e social do Estado constituirá sempre uma excepção face ao âmbito de não-intervenção ou à autonomia económica e social dos indivíduos e da sociedade. De outro, enquanto medidas que, até por força da disposição da Constituição, cujo art. 103º, n. 1, assinala ao sistema fiscal a finalidade principal de satisfação das necessidades financeiras do Estado e outras entidades públicas, não podem deixar de se configurar como excepção face à (regra da) tributação.[26]

algum modo, da prática linguística que podemos designar por "adjectivos assassinos" ou por "abraço do urso", em que o adjectivo, afastando-se totalmente da sua função, acaba por liquidar o substantivo que acompanha, como ocorre nas célebres e bem conhecidas expressões "Democracia Popular", "República Democrática", "República Popular" etc.

26. Uma característica que está bem patente, de resto, tanto no próprio conceito legal de *benefícios fiscais* constante do n. 1 do art. 2º do Estatuto dos Benefícios Fiscais, ao considerar os benefícios fiscais medidas de carácter excepcional, como na consequência da sua extinção, já que, segundo o n. 1 do art. 12º do Estatuto dos Benefícios Fiscais, a extinção dos benefícios fiscais tem por consequência a reposição automática da tributação-regra. A respeito do Estado Fiscal, v. : entre nós, os nossos estudos *O Dever Fundamental ...*, pp. 191 e ss., e "O princípio do Estado Fiscal", *Estudos Jurídicos e Económicos em Homenagem ao Professor João Lumbrales*, Edição da Faculdade de Direito da Universidade de Lis-

O que, naturalmente, não transforma a utilização extrafiscal dos impostos ou das normas jurídicas fiscais num fenómeno anómalo ou anormal como ocorreu durante o Estado Liberal. É que do facto de a extrafiscalidade ser um fenómeno normal não resulta, nem pode resultar, o afastamento do seu carácter excepcional.[27]

2.2.1 Os impostos extrafiscais e os benefícios fiscais

Ora bem, ao dizermos, como dissemos, que os impostos e os benefícios fiscais podem ter por objectivo principal a prossecução de resultados económicos e sociais, estamos já a aludir aos dois grandes domínios ou sectores da extrafiscalidade, a saber: o domínio ou sector dos impostos extrafiscais[28] ou de agravamentos extrafiscais de impostos, de um lado, e o domínio ou sector dos benefícios fiscais, de outro.

Isto, naturalmente, deixando de lado a chamada "extrafiscalidade imanente" que acompanha a generalidade das normas de direito fiscal, sejam estas normas de tributação ou normas de não-tributação, que se revela quer na presença de efeitos económicos e sociais na generalidade de tais normas fiscais, quer no relevo que o legislador fiscal frequentemente atribui às finalidades extrafiscais secundárias ou acessórias.[29]

Devemos, todavia, assinalar que são os benefícios fiscais o segmento mais importante e operacional da extrafiscalidade. O que não surpreende e resulta não só da simples verificação da realidade na generalidade dos países, como é mais consen-

boa, Coimbra Editora, 2000, pp. 363 e ss. Na literatura alemã, a qual se deve o tema do Estado Fiscal, entre outros e por último, Chr. Gramm, "Vom Steuerstaat zum gebührenfinanzierte Dienstleistungsstaat?", *Der Staat*, 1997, pp. 267 e ss.; B. Hansjürgens, "Vom Steuerstaat zum Gebührenstaat?", *Zeitschrift für Gesetzgebung*, 14, 1999, pp. 186 e ss.; R. Hendler, "Gebührenstaat statt Steuerstaat?", *Die öffentliche Verwaltung*, 1999, pp. 746 e ss.; e von Erik Gawel, "Das Steuerstaatgebot des Grundgesetzes", *Der Staat*, 39, 2000, pp. 209 e ss. E, numa visão anglo-americana da mesma realidade, glosada a partir dos direitos e liberdades fundamentais, Stephen Holmes/Cass R. Sunstein, *The Cost of Rights. Why Liberty Depends on Taxes*, Nova York/Londres, W. W. Norton & Co., 2000.

27. V. o nosso livro *O Dever Fundamental* ..., pp. 641 e ss.

28. Impostos que, atento o seu objectivo de evitar ou obstar à verificação do respectivo pressuposto de facto ou facto gerador, se configuram como verdadeiros impostos suicidas.

29. E isto sem contarmos com aquele outro domínio das normas fiscais, em que o legislador fiscal tem presente, embora em medida desigual, simultaneamente objectivos fiscais e objectivos extrafiscais. Trata-se de um sector do direito fiscal que, presentemente, começa a ter algum destaque e que vimos designando por *fiscalidade* ou *extrafiscalidade concorrente*, em que justamente se assiste a um certo equilíbrio entre os objectivos fiscais e extrafiscais, cujo exemplo paradigmático nos é dado pelo direito fiscal ecológico, isto é, pelo direito relativo aos eco-impostos ou ecotributos, em que a obtenção de receitas se conjuga, por igual medida, com a modelação dos comportamentos ecológicos dos indivíduos e das empresas, seja penalizando os comportamento antiecológicos, seja favorecendo os comportamentos filo-ambientais. Sobre a temática do direito fiscal ambiental, v. os diversos estudos constantes do v. 15, 1993, da *DStJG*, editado por P. Kirchhof, *Umweltschutz im Abgaben – und Steuerrecht*, Köln, 1993; as seguintes entradas do *Handwörtebuch des Umweltsrechts*, 2ª ed., Berlim, 1994: "Abgabe"(P. Kirchhof), "Abwasserabgabe" (M. Schröder), "Beitrag" e "Gebühr" (E. Brandt), "Föderung" (E. Schafhausen); a colectânea da Greenpeace, *Der Preis der Energie. Plädoyer für eine öcologische Steuerreform*, Munique, 1995; P. Selmer, *Sonderabfallabgaben und Verfassungsrecht. Ein Beitrag zum Umweltschutz durch Sonderabgaben und Steuern*, Berlim, 1996; C. M. Baptista Lobo, "Imposto ecológico", *RDP* VIII-16/51 e ss. (83 e ss.); Carlos Santos, "Ambiente e fiscalidade", *Da Questão Fiscal à Reforma da Reforma Fiscal*, Lisboa, Rei dos Livros, 1999, pp. 405 e ss..; a importante tese de Mestrado de Cláudia Soares, *Os Instrumentos de Promoção Ambiental. O Imposto Ecológico*, Fauldade de Direito de Coimbra, polic., 2000, esp. pp. 255 e ss., e "Condicionalismo jurídico a que está sujeito o legislador de um Estado-membro na criação de impostos ecológicos", *Direito e Justiça* XIV/77 e ss., 2000; P. M. Herrera Molina/F. Serrano Antón, "Aspectos constitucionales y comunitarios de la tributación ambiental (especial referencia al impuesto sobre el dioxido de carbono y sobre la energia)", *REDF* 83/457 e ss., 1994; Cedre (Dir.), *L'Introdution des Ecotaxes en Droit Belge*, Bruxelas, 1994; e Critobal J. Borrero Moro, *La Tributación Ambiental en España*, Madri, Tecnos, 1999.

tâneo com o próprio entendimento actual do Direito, que, no dizer de Norberto Bobbio, tem uma importante função promocional.

Muito importante, a respeito dos benefícios fiscais, é a distinção que separa os benefícios fiscais estáticos ou benefícios fiscais *stricto sensu* dos benefícios fiscais dinâmicos, ou incentivos ou estímulos fiscais. Os primeiros dirigem-se, em termos estáticos, a situações que, ou porque já se verificaram (encontrando-se, portanto, esgotadas), ou porque, ainda que não se tenham verificado ou verificado totalmente, não visam, ao menos directamente, incentivar ou estimular a adopção de certos comportamentos ou o exercício de determinadas actividades, mas tão-só beneficiar a adopção desses comportamentos ou o exercício dessas actividades por superiores razões de política geral.[30] Já os segundos visam incentivar ou estimular a adopção de certos comportamentos ou o exercício de determinadas actividades, estabelecendo, para esse efeito, uma relação entre as vantagens atribuídas e os comportamentos ou as actividades estimulados em termos de causa/efeito.

Uma distinção que, como é bom de ver, tem importantes implicações, pois são os incentivos ou estímulos fiscais os benefícios que mais se afastam da armadura jurídico-constitucional própria do direito fiscal. Compreende-se, assim, que sejam os incentivos ou estímulos fiscais os benefícios que, por via de regra, estão dependentes de reconhecimento por parte da Administração Tributária. E que não surpreenda que esse reconhecimento não raro assuma mesmo a forma de um contrato fiscal.[31]

De outro lado, compreende-se igualmente que é relativamente aos incentivos ou estímulos fiscais que a inadequação do princípio da legalidade, sobretudo no seu aspecto de princípio da tipicidade ou da reserva material de lei, é naturalmente mais visível.

Daí que este desafio que a extrafiscalidade coloca ao direito fiscal venha passando, segundo alguns autores, entre os quais nos incluímos, pela deslocação da sua disciplina jurídica para o que designamos por *direito económico fiscal*.

2.2.2 A deslocação da extrafiscalidade para o direito económico

Pois bem, constituindo os impostos extrafiscais e os benefícios fiscais instrumentos de realização da política económica e social, e não de realização da política fiscal, parece aceitável que integrem o direito económico e não o direito fiscal. Ou, em termos mais rigorosos, dado tratar-se da utilização de instrumentos fiscais, compreende-se que a extrafiscalidade integre o direito económico fiscal, e não o direito fiscal *tout court*. Uma integração que, tendo presentes as ideias de selecção e flexibilidade, que por via de regra acompanham os instrumentos de política económica e social, parece ser mesmo inevitável.[32]

O que não pode deixar de ter importantes consequências ao nível dos próprios princípios constitucionais que suportam a extrafiscalidade. Com efeito, tendo presentes nomeadamente as mencionadas ideias de selecção e flexibilidade, fácil é concluir que a extrafiscalidade não pode ser objecto dos exigentes princípios ou limites constitucionais próprios do direito fiscal. Compreende-se, assim, que a sua disciplina não se paute tanto pela constituição fiscal, mas mais pela constituição económica.

O que conduz, de um lado, a que escape em larga medida à reserva parlamen-

30. Como a política de defesa nacional, a política externa, a política económica, a política social, a política cultural, a política religiosa etc.

31. Sobre os contratos fiscais, previstos tanto na legislação geral (v. o art. 37º da Lei Geral Tributária) como na legislação especial (v. o art. 39º do Estatuto dos Benefícios Fiscais), cf. os nossos livros *Contratos Fiscais. ...*, e *Direito Fiscal*, pp. 182 e ss.

32. Sobre o direito económico, v., por todos, E. Paz Ferreira, *Lições de Direito da Economia*, Lisboa, AAFDL, 2001, e L. S. Cabral de Moncada, *Direito Económico*, 3ª ed., Coimbra, 2000.

tar, sendo com frequência deixada mesmo à ampla margem de liberdade da administração típica do direito económico, e, de outro, a que as medidas de intervenção económica e social, em que a extrafiscalidade se concretiza, tenham por limites materiais os princípios da proibição do excesso, na medida em que afectem posições jusfundamentais dos particulares (sejam estes contribuintes, beneficiários ou terceiros, mormente os concorrentes), e da proibição do arbítrio, e não o princípio da igualdade fiscal a aferir pela capacidade contributiva.[33]

Um afastamento da constituição fiscal que, é de acentuar, mormente no concernente ao princípio da legalidade fiscal, será particularmente visível em relação aos incentivos ou estímulos fiscais. É que, tendo estes benefícios por causa não a situação ou a actividade em si mesma,[34] mas a adopção (futura) do comportamento beneficiado ou o exercício (futuro) da actividade fomentada, o que conduz a que apresentem um carácter selectivo ou mesmo altamente selectivo, compreende-se que a liberdade dispensada ao legislador, sobretudo para poder conceder uma ampla margem de livre decisão à Administração Tributária, tenha necessariamente de ser bem maior do que aquela de que dispõe em sede dos demais sectores da extrafiscalidade. Margem, esta, que, como já referimos, não raro conduz mesmo à celebração de contratos fiscais.[35]

2.3 O declínio ou degradação do poder fiscal parlamentar

Um outro fenómeno visível no actual direito dos impostos consubstancia-se no que podemos designar por declínio ou degradação do poder fiscal parlamentar, e tem a ver com a progressiva perda de poder efectivo dos parlamentos em matéria de impostos. O que fica a dever-se à transferência do poder relativo aos impostos, seja esta de natureza mais orgânica ou horizontal como a traduzida na "governamentalização" dos impostos e no fraquíssimo papel do Parlamento em matéria de despesas públicas, seja a crescente transferência social do poder fiscal, decorrente da emergência do poder social protagonizado pelas mais variadas forças sociais, que tem levado à rigidez das despesas do Estado ou à impossibilidade prática de uma efectiva tributação de certas manifestações da capacidade contributiva.[36]

Um declínio ou degradação do poder fiscal que reclama respostas, entre as quais podemos mencionar, designadamente, a concretizada na convocação do instituto referendário, isto é, do referendo fiscal. Algumas palavras sobre cada um destes aspectos.

2.3.1 A "governamentalização" dos impostos

Ao falar de governamentalização do poder fiscal pretendemos aludir ao papel do Governo na legislação fiscal. Ora, como é sabido, segundo o princípio da legalidade fiscal, a legislação fiscal cabe, em princípio, ao Parlamento. Parlamento que não pode deixar de ter uma primeira e decisiva palavra tanto no respeitante à criação como à disciplina dos elementos essenciais dos impostos.

Todavia, presentemente, e não obstante o permanente reforço na afirmação do princípio da legalidade fiscal, o certo é que os Governos vêm tendo um papel cada vez maior em relação aos impostos. Um papel que tem diversas manifestações, podendo, a este propósito, falar-se de dois tipos de governamentalização. A governamentalização fiscal material, traduzida no facto de,

33. Para maiores desenvolvimentos, v. o nosso livro *O Dever Fundamental* ..., pp. 654 e ss.

34. Como nos benefícios fiscais estáticos ou benefícios fiscais *stricto sensu*.

35. Assinale-se que pela autonomização do direito económico fiscal têm optado K. Tipke e J. Lang no seu conhecido e notável manual de direito fiscal (*Steuerrecht*, 15ª ed., 1996, pp. 701 e ss.).

36. Isto naturalmente sem contar com a transferência de natureza vertical, como a transferência de poder tributário para a União Europeia ou para instâncias supranacionais de âmbito (mais) universal.

muito embora formalmente ser o Parlamento que decide, autorizando o Governo a legislar ou aprovando sem alterações de maior as propostas de lei que o Governo lhe apresenta, o certo é que é o Governo o verdadeiro protagonista da legislação fiscal, o órgão que, efectivamente, decide em sede dos impostos, como acontece um pouco por toda parte. E a governamentalização fiscal formal, concretizada na transferência para o Governo do próprio poder fiscal formal que cabia ao Parlamento, como ocorre no seio da União Europeia. Na verdade, o poder fiscal, ao comunitarizar-se, foi-se paulatinamente transferindo dos Parlamentos nacionais para o Conselho de Ministros da União, um órgão estritamente intergovernamental em que, atenta a regra da unanimidade que aí perdura, cada um dos Estados dispõe de direito de veto. Mas deixemos este segmento da "governamentalização" do poder fiscal, que, por se inserir na problemática da integração fiscal comunitária, extravasa o presente propósito.

Digamos, então, algo sobre o facto de ser o Governo e não o Parlamento o suporte efectivo da generalidade da actual legislação fiscal. O que, como já referimos, ocorre por duas vias. A primeira delas traduz-se na utilização frequente da delegação legislativa dos assuntos fiscais no governo legislador, siga esta delegação a via das delegações legislativas comuns, siga, como é mais frequente e acontece na generalidade dos países,[37] a via das delegações especiais, isto é, a via das delegações através das leis do orçamento.

Para ilustrar a afirmação que acabamos de fazer, podemos invocar o facto de a generalidade dos actuais Códigos Ficais Portugueses terem sido aprovados por decretos-leis do Governo, e não por leis da Assembleia da República. Assim, toda a ampla reforma fiscal levada acabo nas década de 80 e 90 do século passado foi concretizada através de decretos-leis editados com base em autorizações legislativas da Assembleia da República.[38]

Foi o que aconteceu com a aprovação do Código do Imposto sobre o Valor Acrescentado, do Código do Imposto sobre o Rendimento das Pessoas Singulares, do Código do Imposto sobre o Rendimento das Pessoas Colectivas, do Código da Contribuição Autárquica, do Estatuto dos Benefícios Fiscais, do Regime Jurídico das Infracções Fiscais Aduaneiras, do Regime Jurídico das Infracções Fiscais Não-Aduaneiras, do Código de Processo Tributário, da Lei Geral Tributária, do Código de Procedimento e de Processo Tributário e Código dos Impostos Especiais sobre o Consumo. E o mesmo aconteceu com o recente Decreto-lei 198/2001, de 3 de julho, que, com base na autorização legislativa constante do art. 17º da Lei 30-G/2000, de 29 de dezembro, procedeu à revisão global, renumerando diversos dos seus artigos, dos Códigos do Imposto sobre o Rendimento das Pessoas Singulares e do Imposto sobre o Rendimento das Pessoas Colectivas e do Estatuto dos Benefícios Fiscais.

Apenas o Código do Imposto de Selo, aprovado pela Lei 150/1999, de 11 de setembro, a recente "reforma fiscal", adoptada através da referida Lei 30-G/2000, e a ainda mais recente Lei 15/2001, de 5 de junho, que, *inter alia*, aprovou o Regime Geral das Infracções Tributárias e alterou o Código de Procedimento e de Processo Tributário e a Lei Geral Tributária, escaparam à legislação do Governo. E mesmo estas leis – e, ao dizermos isto, estamos já a referir o outro aspecto da governamentalização do poder fiscal – foram basicamente da iniciativa legislativa do Governo e não da Assembleia da República. Na verdade, trata-se de leis que tiveram por base apenas propostas de lei do Governo, e não pro-

37. Em que a Constituição não se opõe à utilização da lei do orçamento para versar matérias fiscais ou para conceder delegações legislativas ao Governo em matéria fiscal. Não assim em Espanha, em que o art. 133º, n. 7, da Constituição o impede (cf. o nosso livro *O Dever Fundamental ...*, pp. 347 e ss.).

38. Uma situação de todo idêntica à que se verificou na reforma fiscal dos anos 60 do século passado.

jectos de lei dos deputados ou grupos parlamentares, ou de leis em que os projectos de lei não foram minimamente tidos em conta.[39]

Uma governamentalização para a qual podem ser avançadas diversas explicações, entre as quais podemos destacar razões de ordem técnica e razões de ordem política. As primeiras têm a ver, de um lado, com a superprodução normativa que é visível no direito fiscal, em que o legislador há muito tempo se transformou num verdadeiro turbolegislador, e, de outro lado, com a enorme complexidade técnica presente na actual legislação fiscal. O que levou a que, atento o ritmo de trabalho, naturalmente lento, das assembleias parlamentares e a preparação técnica dos deputados, em regra reconhecidamente bastante fraca num tal sector, se aceitasse facilmente, e certamente até com algum alívio, o protagonismo legislativo do Governo no domínio dos impostos.

Por seu turno, as segundas, que se prendem com o mandato representativo dos deputados e, portanto, com a sua ligação política aos contribuintes, conduziram à ideia de que não são as matérias fiscais as que gozam de maior simpatia entre os parlamentares, preferindo estes deixá-las ao Governo. Pois este, para além de não ter que enfrentar, ao menos directamente, os eleitores, faz leis bem mais discretas, já que a elaboraçao e aprovação dos decretos-leis não têm que respeitar a qualquer ideia do contraditório e escapam ao escrutínio da opinião pública que acompanha o processo legislativo parlamentar.[40]

2.3.2 O esquecimento do poder de gastar

Um outro aspecto em que se materializa o declínio ou degradação do poder fiscal do Parlamento liga-se ao que podemos designar por esquecimento do poder relativo à despesa pública, ou seja, do poder de gastar. É sabido que o actual princípio da legalidade fiscal consubstancia um dos dois segmentos em que, com o advento do Constitucionalismo (moderno), se desdobrou o instituto medieval do autoconsentimento dos impostos, sendo o outro segmento constituído pela aprovação anual do orçamento pelo Parlamento. Assim, onde antes tínhamos a aprovação pelas Cortes dos impostos[41] passámos a ter o princípio da legalidade dos impostos e a aprovação anual do orçamento pelo Parlamento.[42]

Uma alteração que, durante os primeiros tempos do Constitucionalismo e numa certa perspectiva, não significou uma modificação real ou efectiva da ideia medieval de autoconsentimento dos impostos. Pois o Parlamento, ao aprovar a lei de cada imposto, de um lado, e o orçamento relativo às receitas, que o mesmo é dizer relativo aos impostos, de outro, no quadro de um sistema fiscal constituído por impostos de repartição, o que, afinal de contas, aprovava era o nível da despesa pública ou das despesas públicas. Uma situação que, em rigor, não se alterou, ou não se alterou significativamente, com o advento de um sistema fiscal assente preferentemente em impostos de quotidade, pelo menos enquanto perdurou o entendimento liberal do Es-

39. V., a respeito do processo legislativo da Lei 30-G/2000, M. Celeste Cardona, "Uma política fiscal para o século XXI: contributo para uma reforma", *Fisco* 97-98/23 e ss., setembro/2001.

40. Sobre o problema em análise, v. A. Lobo Xavier, "O orçamento como lei. Contributo para a compreensão de algumas especificidades do direito orçamental português", separata do *Boletim de Ciências Económicas* XXXIII/18 e ss., Coimbra, 1990. Quanto às razões da governamentalização dos impostos, é de acrescentar que elas não diferem muito das que têm constituído o fundamento lógico ou prático do poder regulamentar – cf., quanto a este, Afonso Queiró, *Lições de Direito Administrativo*, v. I (polic.), Coimbra, 1976, pp. 442 e s.

41. Nesse tempo preferentemente designadas por contribuições – cf. o nosso livro *O Dever Fundamental* ..., pp. 325 e ss.

42. Aliás, no Reino Unido o orçamento ainda se apresenta em dois documentos, em duas leis: o *Appropriation Act*, a lei do orçamento (*stricto sensu*), e o *Finance Act*, a lei anual sobre impostos – v. sobre o orçamento no Reino Unido, e por todos, Giuseppe Rao, "Il bilancio dello Stato nel Regno Unito", em Franco Bassanini/Stefano Merlini, *Crisi Fiscale e Indirizzo Politico*, Bolonha, Il Mulino, 1995, pp. 153 e ss.

tado que o reconduzia a um Estado mínimo a implicar finanças públicas neutras assentes numa despesa pública moderada e, portanto, numa carga fiscal bastante baixa.

Mas tudo isto se alterou, e alterou profundamente, com o advento do Estado Social. Na verdade, à medida que se foi impondo a ideia de umas finanças funcionais, baseadas em elevada despesa social e por conseguinte numa alta tributação, o poder parlamentar prático ou efectivo sobre os impostos enfraqueceu significativamente. Em teoria continua a ser o Parlamento o órgão que detém o poder fiscal, pois é ele que vota a lei de cada imposto, definindo especificamente os correspondentes elementos essenciais, assim como é ele que autoriza em cada ano o Governo a cobrar os impostos que integram o sistema fiscal. Mas, sendo os impostos a medida efectiva das despesas públicas, despesas públicas que, atento o seu actual elevado grau de rigidez, se impõem ao Parlamento, forçoso é concluir pelo fraco poder fiscal deste.

Estranho é que, nesta sede, uma tão profunda alteração do poder fiscal real do Parlamento e, por conseguinte, do seu poder político, traduzido no crescente alheamento em relação ao poder de gastar, não tenha sido objecto, nomeadamente por parte da doutrina financeira e fiscal, de uma análise adequada e, bem assim, da exigência de uma redistribuição ou de um reequilíbrio entre o Parlamento e o Governo de modo a que aquele recuperasse a posição-chave em sede do autoconsentimento dos impostos que o Estado Constitucional lhe reconheceu. Ou, como diz um autor francês, Robert Herzog, o que surpreende, de alguma maneira, é que a doutrina financeira continue agarrada ao mito de que o Parlamento exprime a sua vontade na lei do orçamento que o Governo executa segundo princípios inteiramente destinados a assegurar o seu respeito. Um entendimento que, como é sabido, se ficou a dever, em grande parte, ao facto de o pensamento político moderno se ter preocupado fundamentalmente com a garantia das liberdades e a protecção da propriedade, o que conduziu a que a reflexão jurídica se centrasse nos actos do poder normativo.[43] Daí os esforços levados a cabo pela doutrina no sentido de entender o orçamento como uma lei e de limitar a este acto normativo toda a sua análise concernente ao orçamento.[44] Uma compreensão das coisas que, com o advento do Estado Social, suportado no alargamento das preocupações do Estado e, por conseguinte, dos actos em que estas começaram a ser vertidas, deixou de ter grande sentido.

2.3.3 A crescente perda do poder fiscal do Estado

Mas a perda do poder fiscal por parte do Parlamento não pode ser vista apenas nos termos acabados de referir, isto é, como uma perda relativa que se esgota na distribuição dum tal poder entre o Parlamento e o Governo. Afinal, essa perda tem um alcance mais amplo e profundo, já que diz respeito não a um órgão face a outro, mas ao Estado em si mesmo, ao Estado no seu conjunto. Trata-se da crescente perda do poder fiscal por parte dos Estados, seja em virtude da sua transferência para estruturas estaduais a montante ou estruturas de natureza supranacional, tenham estas carácter regional ou mesmo carácter universal, seja por força da sua progressiva erosão, provocada pela emergência do poder fiscal dos grupos sociais.

43. Robert Herzog, "Le pouvoir dépensier de l'Exécutif", *Problèmes Economiques* 2.347/5 e ss., 27.10.1993.

44. Sobre a natureza jurídica da lei do orçamento, v., por todos e entre nós: Gomes Canotilho, "A lei do orçamento na teoria da lei", número especial do *Boletim da Faculdade de Direito de Coimbra – Estudos em Homenagem ao Professor Dr. J. J. Teixeira Ribeiro* I, 1979, e, em separata, Coimbra, 1979; J. M. Cardoso da Costa, "Sobre as autorizações legislativas da lei do orçamento", idem III, 1982, e, em separata, Coimbra, 1982; A. Lobo Xavier, "O orçamento como lei. ...", separata do *Boletim de Ciências Económicas* XXXIII/18 e ss.; e Braz Teixeira, "Conceito e natureza jurídica do orçamento", *Estudos do XXX Aniversário do Centro de Estudos Fiscais*, Lisboa, 1993, pp. 103 e ss.

Deixando de fora aquela transferência decorrente da integração fiscal europeia e da globalização económica, vamos limitar-nos aqui a referir o papel dos grupos sociais na erosão do actual poder fiscal dos Estados. Ou seja, deixando de lado agora a perda institucional vertical do poder fiscal do Estado, vejamos em que é que se concretiza a sua perda social horizontal.

Pois bem, quanto à emergência do poder fiscal dos grupos sociais podemos dizer que este poder, afinal de contas, se manifesta por duas vias: de um lado, através da influência exercida junto do legislador no sentido de conseguirem soluções fiscais favoráveis; de outro, através das exigências do lado da despesa, o que leva a que a despesa pública se torne cada vez mais rígida. Duas palavras sobre cada um destes aspectos.

Assim, e relativamente ao primeiro dos aspectos, basta chamar a atenção, de um lado, para a pressão crescente no sentido da descida da tributação de sectores económicos ou de empresas mais expostos ao fenómeno da globalização económica e, por conseguinte, mais deslocalizáveis, como o sector das instituições financeiras e das grandes empresas. De outro lado, não podemos esquecer o já referido universo dos benefícios fiscais, benefícios que os grupos melhor organizados, apoiados em sofisticadas e não raro subtis práticas de *lobbying*, conseguem "extorquir" cada vez com maior facilidade a um Estado em crescente perda de poder.

Mas é do lado da despesa pública activa que o poder fiscal do Estado encontra, afinal de contas, as limitações mais fortes e mais irreversíveis. O que se fica a dever seja à visível falta de capacidade do seu controlo, seja ao carácter rígido que uma parte muito significativa da despesa pública presentemente tem. Na verdade, não sendo eficazmente controlada e não podendo praticamente diminuir em segmentos importantes, como o relativo às despesas de funcionamento, em que pontificam os vencimentos e abonos aos funcionários públicos e agentes administrativos, a despesa pública apresenta-se, a mais das vezes, como um dado que o Parlamento ou qualquer outro órgão não pode alterar significativamente.

Daí que o poder real do Estado em matéria de impostos seja cada vez mais escasso porque lhe falta capacidade política seja para dizer "não" aos grupos de pressão que lhe impõem soluções fiscais que os favorecem, seja para cortar na despesa pública em importantes dos seus segmentos.

2.3.4 A abertura ao referendo fiscal?

Perante o crescente declínio ou degradação do poder fiscal dos Parlamentos, que ou não decidem, delegando a solução dos problemas ao Governo ou limitando-se a aprovar as propostas deste, ou decidem mas num quadro de constrangimentos que pouco espaço de manobra lhe deixam, vários caminhos têm sido apontados. Pois bem, entre esses caminhos conta-se justamente um a que aqui não podemos deixar de fazer menção. Trata-se da abertura do domínio dos impostos ao referendo fiscal.

Por isso, é de questionar a tradicional recusa constitucional, em termos tão absolutos, do referendo em matéria fiscal, na generalidade dos países que conhecem o instituto referendário. Uma recusa que, a nosso ver, tem mais a ver com a partidocracia instalada e consolidada a expensas do monopólio de representação política conferida aos partidos, do que com objecções de natureza técnica ou com os fundados e legítimos receios de se cair na demagogia e manipulação políticas, riscos a que, não há dúvidas, o instituto referendário está particularmente exposto.

Uma ideia que é bem visível entre nós, em que a preocupação em proibir o referendo fiscal foi tão grande que levou o nosso legislador constituinte a proibi-lo duplamente no próprio art. 115º, n. 4, "b", da Constituição da República Portuguesa. Pois este preceito, ao excluir do referendo "as questões e os actos de conteúdo orçamental, tributário ou financeiro", acaba por proibir o referendo fiscal enquanto matéria tributária e enquanto matéria financeira (em que a matéria tributária está incluída).

Ora bem, por certo que não defendemos que se submeta a referendo se os contribuintes querem ou não pagar impostos – uma questão decidida, de resto, pela própria Constituição, ao consagrar um Estado Fiscal –, o que não nos deixa, todavia, como única alternativa a interdição absoluta do referendo fiscal, já que não deixa de haver impostos ou aspectos destes que bem podem ser submetidos a referendo sem dificuldades técnicas de maior e sem receios demagógico-manipulativos, como, de resto, o prova a prática referendária fiscal dos Estados Federados Norte-Americanos e da Confederação Helvética.

De resto, a maioria dos argumentos invocados contra o referendo em geral e, naturalmente, contra o referendo fiscal são susceptíveis de ser invocados também contra a regra "um homem, um voto", ou seja, contra o princípio da universalidade do voto, que o século XX viu reconhecido por toda parte. Ora, se ninguém hoje contesta a universalidade do direito de voto, reivindicando o regresso à ideia de um qualquer sufrágio censitário, então há que aceitar todas as consequências que essa universalidade impõe e não ter medo do povo, em que, como dispõe a nossa Constituição, reside a soberania e, por conseguinte, assenta a Democracia. Por isso, custa-nos a aceitar o bem fundado de tanta contestação ao instituto referendário.[45]

Em conclusão, o referendo merece bem uma análise mais profunda e, sobretudo, uma visão menos pessimista. Daí que, a nosso ver e *de iure condendo*, o referendo fiscal não seja de excluir em termos absolutos, podendo justamente vir a constituir um dos novos instrumentos de carácter procedimental por que pode passar a domesticação do actual Estado Fiscal.[46]

2.4 *A crescente "privatização" da administração dos impostos*

Um terceiro desafio de natureza interna, que se coloca ao actual direito dos impostos, é o relativo à situação que designamos por "privatização" da administração dos impostos. Uma situação visível a olho nu na generalidade dos sistemas fiscais dos países desenvolvidos, e que entre nós obteve plena concretização com a reforma fiscal dos anos 80 do século passado. Trata-se, porém, de uma situação algo paradoxal, já que se atribui às empresas um papel imprescindível na liquidação e cobrança do grosso das receitas fiscais sem lhes reconhecer uma adequada participação no recorte do sistema de administração dos impostos que as têm por destinatários.

2.4.1 O actual papel das empresas na administração dos impostos

A este respeito, é de começar por dizer que o fenómeno da administração ou gestão privada dos impostos se inscreve na profunda mudança de função que vem suportando a Administração Tributária, função, essa, que, ao contrário do que era tradicional, cada vez menos se conjuga com o lançamento, a liquidação e a cobrança dos impostos. É que, independentemente de saber se uma tal "privatização" da administração ou gestão dos impostos[47] se ins-

45. Naturalmente que, ao dizermos isto, não estamos a menosprezar o papel dos partidos, sem os quais não há Democracia representativa. Estamos antes e tão-só a chamar a atenção para que "o governo do povo, pelo povo e para o povo", na célebre frase de Abraham Lincoln, não se converta no "governo dos partidos, pelos partidos e para os partidos". Ou seja, que as estruturas de mediação democrática, imprescindíveis ao próprio sistema de Democracia representativa, não se convertam, afinal de contas, em destinatários da Democracia que é suposto servirem.

46. Para maiores desenvolvimentos, v. o nosso livro *O Dever Fundamental* ..., pp. 422 e ss.

47. Uma "privatização" que, sublinhe-se, não deixa de ser *sui generis*, pois traduz-se na entrega aos particulares, *maxime* às empresas, de tarefas públicas, por cujo exercício não recebem, específica ou genericamente, nada em troca.

creve num universo de mudança mais amplo, como o que, de algum modo, pressupõe a questão, que hoje se começa a colocar, traduzida em saber se o actual Estado não está a evoluir para um "Estado Vigilante", do que não há dúvidas é de que, em sede fiscal, à Administração Pública cabe, cada vez mais, uma função passiva, uma função vigilante.[48]

Segundo este novo paradigma, aos particulares pertence agora o principal papel activo da administração ou gestão dos impostos, o qual se vem traduzindo em duas importantes manifestações. De um lado, uma parte cada vez mais significativa dos impostos actuais é liquidada e cobrada pelos particulares, seja pelos próprios contribuintes através do mecanismo da autoliquidação, caso do IRC, IVA e contribuições para a segurança social das entidades patronais, seja por terceiros actuando em substituição dos contribuintes com base na conhecida técnica de retenção na fonte, caso do IRS sujeito a taxas liberatórias definitivas e das contribuições para a segurança social dos trabalhadores.

De outro lado, mesmo quando a liquidação permanece nas mãos da Administração Tributária, como acontece, em geral, no IRS, mesmo no respeitante à categoria B, constituída pelo rendimento profissional e empresarial, a Administração limita-se, na quase-totalidade dos casos, a apurar o imposto a pagar com base exclusivamente nos dados fornecidos pelos contribuintes na declaração anual de rendimentos, realizando assim meras operações matemáticas, as quais, por serem de carácter automático, são mesmo levadas a cabo com o recurso a meios informáticos. Por isso, quer se trate de impostos em que há autoliquidação, quer de impostos liquidados pela Administração com base em declarações e elementos fornecidos pelos particulares, a Administração Tributária desempenha basicamente uma função de controlo ou de fiscalização.

O que significa que a Administração Tributária deixou de ser a aplicadora das normas de imposição ou de tributação, com base em elementos de que antecipadamente dispunha, que proporcionavam uma fiscalização tributária *ex ante*, para passar a ser a fiscalizadora da aplicação dessas normas por parte dos particulares. Com efeito, enquanto no sistema que podemos considerar clássico de lançamento, liquidação e cobrança dos impostos, que entre nós vigorou no essencial até à reforma fiscal dos anos 80, tínhamos um sistema de *administração pública* dos impostos, presentemente temos fundamentalmente um sistema de *administração privada* dos impostos. Por isso, compreende-se que a parte de leão da Administração Tributária se traduza, hoje em dia, numa actividade de mera fiscalização ou inspecção.

O que coloca não poucos problemas, mormente os ligados ao reforço dos poderes da Administração, que, deste modo, passou a ter sobre os seus ombros a enorme responsabilidade da quase-totalidade da luta contra a fraude e evasão fiscais. Sendo, pois, a esta nova luz que há que equacionar ou reequacionar problemas tão sensíveis e complexos como, por exemplo, o do exacto alcance do clássico princípio da legalidade fiscal, que foi pensado para uma Administração Tributária activa em sede de administração ou gestão dos impostos, ou o da derrogação administrativa do sigilo bancário, uma medida de fraco alcance enquanto as informações e documentos à guarda dos bancos tinham um escasso relevo para a liquidação e cobrança da generalidade dos impostos.

Temáticas bem carentes de tratamento, pois a actual legislação fiscal continua a proceder como se a Administração Tributária ainda fosse a administradora ou gestora dos impostos, "fingindo" nada se ter passado. Todo um amplo domínio que, como facilmente se compreenderá, não queremos nem podemos analisar aqui e agora.

48. Cf. Ricardo Rivera Ortega, *El Estado Vigilante*, Madri, Tecnos, 1999, que trata da função inspectiva da Administração em geral.

2.4.2 Por uma participação das empresas na disciplina da administração dos impostos

Todavia, mesmo não entrando em quaisquer desenvolvimentos e menos ainda em pormenores, sempre faremos sumária menção a dois dos aspectos em que, a nosso ver, se desdobra a presente problemática. Um, que tem a ver com a necessidade de pensar, ou, melhor, repensar, o papel das empresas, em sede do recorte ou desenho do sistema de liquidação e cobrança dos impostos de que elas são os principais responsáveis. Outro, que se prende com o respeito pelos direitos e liberdades fundamentais das empresas aquando da sua oneração com as tarefas de liquidação e cobrança da maioria dos impostos.

Assim, e quanto ao primeiro, ele implicará, designadamente, que as empresas sejam chamadas a desempenhar um papel mais activo do que o que têm tido até ao presente em sede da disciplina jurídica da administração ou gestão dos impostos. É que a disciplina jurídica da liquidação e cobrança dos impostos já não tem por destinatário, ou por destinatário principal, como era tradicional no modelo clássico de administração estadual ou pública dos impostos, a administração fiscal, mas sim as empresas.

Ora, sendo assim, não se compreende minimamente que sobre as empresas impendam as complexas e onerosas tarefas de administração ou gestão da generalidade dos impostos, próprios e alheios, às quais são afectos de resto diversos funcionários, e que, ao mesmo tempo, as mesmas não tenham uma palavra a dizer sobre a instituição e a disciplina jurídica de um tal sistema. Pois, constituindo as empresas o suporte do actual sistema de liquidação e cobrança da maioria dos impostos, como é que elas não têm uma intervenção, e uma intervenção importante, no desenho ou recorte desse mesmo sistema?

Uma pergunta cuja resposta sugere, designadamente, que às empresas caiba aqui um importante direito de participação na elaboração da legislação relativa à liquidação e cobrança daqueles impostos de que elas são as primeiras e mais importantes responsáveis. E isto por duas ordens de razões. De um lado, porque, assentando um tal sistema de administração dos impostos em toda uma plêiade de deveres e obrigações das mais variadas e particularmente onerosas para as empresas, a ideia de Democracia participativa, com que a nossa Constituição tempera a Democracia representativa, facilmente fornece o suporte para a ideia de os destinatários de tais deveres ou obrigações participarem na elaboração da respectiva disciplina. Pois essa ideia de Democracia participativa concretiza-a a Constituição através do reconhecimento de direitos de participação das mais diversas índole aos interessados, como os de participação na elaboração de determinada legislação, na definição de certas políticas concretas ou na intervenção em certos procedimentos.[49]

De outro lado, também as ideias de economia e simplicidade, que devem suportar o sistema fiscal, vão no mesmo sentido. Pois quem, melhor do que as próprias empresas, está em condições de contribuir, com a sua experiência e o seu saber, para a instituição de um sistema de liquidação e cobrança de impostos que, ao mesmo tempo, se revele económico e simples?

49. Relativamente à ideia de Democracia participativa, com que a Constituição Portuguesa actual tempera a Democracia representativa, v.: de um lado, os arts. 2º e 109º, em que se prescreve, respectivamente, como um dos objectivos da República Portuguesa o aprofundamento da Democracia participativa e a participação directa dos cidadãos na vida política como condição e instrumento fundamental de consolidação do sistema democrático; de outro, os arts. 9º, "c", 56º, n. 2, "a", "b" e "e", 60º, n. 3, 77º, 98º e 267º, n. 1, em que a participação se apresenta como tarefa fundamental do Estado ou concretiza específicos direitos de participação de determinados grupos ou categorias de cidadãos. Sobre a Democracia participativa como a única forma de suportar um Estado Social de Direito nos países da periferia, mormente nos países da América Latina, v. Paulo Bonavides, *Teoria Constitucional da Democracia Participativa*, São Paulo, Malheiros Editores, 2001.

A este respeito não podemos deixar, aliás, de confessar alguma surpresa perante a falta de repercussão pública de quaisquer reivindicações do mundo empresarial num tal domínio. Pois, quanto ao que nos é dado saber, as reivindicações das empresas e suas organizações têm-se tradicionalmente orientado para a diminuição da tributação geral que suportam ou para o estabelecimento ou aumento de benefícios fiscais em determinados sectores. Quando é certo que a consecução de uma gestão fiscal mais simples e eficiente dos impostos, através da participação das empresas e das suas organizações na disciplina do sistema, poderia conduzir a uma redução, se calhar bem mais significativa, de custos do que a reivindicada e conseguida em sede da diminuição da carga fiscal sobre as empresas.[50]

Por seu turno, o outro aspecto mencionado, intimamente ligado, aliás, ao acabado de versar, prende-se com o respeito pelos direitos, liberdades e garantias fundamentais das empresas enquanto suportes da referida função fiscal. Com efeito, constituindo uma tal tarefa encargos, e encargos pesados, para as empresas, não podemos deixar de convocar aqui a armadura jusfundamental.

O que se traduz em a disciplina da liquidação e cobrança dos impostos, quando estas operações são da inteira responsabilidade dos particulares, constituir, ao fim e ao cabo, normação sobre os direitos, liberdades e garantias fundamentais, implicando, assim, que à mesma se aplique, designadamente, o regime dos limites ou das restrições jusfundamentais. Pelo quê, embora a disciplina jurídica da liquidação e cobrança dos impostos esteja, por via de regra, excluída da reserva de lei decorrente do princípio da legalidade fiscal, ou mesmo de qualquer outra reserva que especificamente possa valer relativamente a esses momentos da dinâmica dos impostos,[51] ela não está naturalmente excluída da reserva de lei constante da alínea "b" do n. 1 do art. 165º da Constituição, relativa aos direitos, liberdades e garantias fundamentais.[52]

Para além de que, na medida em que tais tarefas de liquidação e cobrança de impostos exigidas às empresas configurem verdadeiras restrições aos seus direitos, liberdades ou garantias fundamentais, hão-de as mesmas observar os conhecidos requisitos próprios das restrições jusfundamentais constantes dos ns. 2 e 3 do art. 18º da Constituição. Ou seja, hão-de tais tarefas suportar o teste jusfundamental traduzido em essas restrições estarem expressamente previstas na Constituição, observarem o princípio da proporcionalidade nos três aspectos em que este princípio se desdobra e deixarem intocado o conteúdo essencial do direito, liberdade ou garantia fundamental em causa.[53]

50. Embora no contexto de uma abordagem bem mais geral, v. o artigo de Manuela Duro Teixeira, "A competitividade das empresas portuguesas e a relação com o legislador e a Administração Fiscal", *Fisco* 93-94/27 e ss., janeiro/2001, onde a autora nos dá conta da fraca participação e intervenção dos parceiros sociais na elaboração e aplicação das leis fiscais.

51. Isto para quem, diferentemente de nós, com base no n. 3 do agora art. 103º da Constituição, em que se dispõe que "ninguém pode ser obrigado a pagar impostos (...) cuja liquidação e cobrança se não façam nos termos da lei", defenda que tais momentos da vida do imposto estão sujeitos a reserva de diploma legislativo – lei, decreto-lei ou decreto legislativo regional. V., sobre o problema, o nosso livro *O Dever Fundamental* ..., pp. 366 e s., e os autores ali citados

52. Uma reserva que, como resulta claramente das próprias palavras do preceito em referência, não se limita apenas às leis restritivas, abrangendo, por conseguinte, também as leis que se traduzam em intervenções menos drásticas nos direitos, liberdades e garantias fundamentais.

53. Sobre esses requisitos, v., por todos: J. C. Vieira de Andrade, *Os Direitos Fundamentais na Constituição Portuguesa de 1976*, 2ª ed., Coimbra, Almedina, 2001, pp. 288 e ss.; Gomes Canotilho, *Direito Constitucional e Teoria da Constituição*, 3ª ed., Coimbra, Almedina, pp. 411 e ss.; Gomes Canotilho e Vital Moreira, *Fundamentos da Constituição*, Coimbra, Coimbra Editora, 1991, pp. 121 e ss.; Jorge Miranda, *Manual de Direito Constitucional – Direitos Fndamentais*, 3ª ed., t. IV, Coimbra, Coimbra Editora, 2000, pp. 311 e ss.; e os nossos estudos "Os direitos fundamentais na jurisprudência do Tribunal Constitucional", *Boletim da Faculdade de Direito de Coimbra* LXV/61 e ss., 1989, e

Enfim, aspectos que, tanto quanto nos é dado saber, não têm sido objecto de quaisquer estudos ou reflexões.[54] Ora, também neste domínio a doutrina não pode continuar a proceder como se nada se tivesse passado ou, o que é pior ainda, a fingir que nada se passou em sede da administração ou gestão dos impostos nas últimas duas décadas. Dela se exige, pois, um contributo, e um contributo à altura da nova realidade, de modo a que esta seja objecto, designadamente, de um enquadramento jurídico-constitucional mais consentâneo com os tempos em que nos é dado viver.[55]

"Os direitos fundamentais na Constituição Portuguesa", *Boletim do Ministério da Justiça* 400/15 e ss., novembro/1990.

54. Para além das considerações que, a propósito dos deveres de cooperação dos particulares com a Administração Tributária, lhe dispensou Saldanha Sanches, *A Quantificação da Obrigação Tributária. Deveres de Cooperação, Autoavaliação e Avaliação Administrativa*, Lisboa, Cadernos de Ciência e Técnica Fiscal, 1996, esp. pp. 52 e ss.

55. V., no entanto, sobre esta problemática, as reflexões a que procedemos no artigo "O quadro constitucional da tributação das empresas", *Nos 25 da Constituição da República Portuguesa de 1976*, Lisboa, Associação da Faculdade de Direito de Lisboa, 2001, pp. 339 e ss. (384 e ss.).

CADERNOS DE DIREITO TRIBUTÁRIO

FUNÇÕES DAS LEIS COMPLEMENTARES NO SISTEMA TRIBUTÁRIO NACIONAL – HIERARQUIA DE NORMAS – PAPEL DO CÓDIGO TRIBUTÁRIO NACIONAL NO ORDENAMENTO

HELENO TAVEIRA TÔRRES

Professor de Direito Tributário Internacional nos cursos de Mestrado e Doutorado da Pontifícia Universidade Católica de São Paulo (PUC/SP)

1. Considerações iniciais. 2. O Código Tributário Nacional. Função interna: 2.1 Breve escorço histórico – 2.2 Conceito e funções da lei complementar no sistema tributário nacional: 2.2.1 Lei complementar como pressuposto para o exercício de competências da União (legislação federal) – 2.2.2 Lei complementar como pressuposto para a criação de normas gerais (competência da União para instituir legislação nacional): 2.2.2.1 As funções da lei complementar como veículo de normas gerais – 2.2.3 A hierarquia da lei complementar na função de veículo de normas gerais. Posição do Código Tributário Nacional no sistema de fontes. 3. Codificação do direito tributário como paradigma sistêmico para o conteúdo das normas gerais: 3.1 Codificação e segurança jurídica: a função "certeza" dos códigos – 3.2 O equívoco da "descodificação" no direito tributário. 4. Considerações finais.

1. Considerações iniciais

Pela exigência de aperfeiçoamento da legislação tributária, no atual quadro de reforma do Estado, na era da fiscalidade de massa, globalização econômica e da extrema mobilidade de pessoas, bens e riquezas, a codificação do direito tributário ganha relevância, em vista dos anseios de uma sempre crescente garantia da segurança jurídica do sistema.

Os fundamentos que justificam uma discussão a respeito do aperfeiçoamento da codificação (normas gerais) são vários, o que vamos verificando nos motivos alegados para reformas tributárias, dentre os quais poderíamos enumerar os seguintes: (i) busca de aperfeiçoamento do ordenamento jurídico e da prática, para colocar o Fisco em sintonia com os novos conceitos, evoluídos modelos de interpretação do Direito, técnicas de tributação; (ii) condição para uma harmonização fiscal entre os países da América Latina, presentes ou não em processos de integração; (iii) maior respeito aos direitos dos contribuintes, de modo a permitir uma relação entre Fisco e contribuinte baseada em valores democráticos, entabulada numa transparência fiscal e informada pelos ditames da vinculação, clareza e simplicidade; (iv) atualização do catálogo dos limites à ação fiscal, mediante a inserção ou ampliação do Código de Defesa do Contribuinte; (v) aperfeiçoamento da legislação para reduzir as possibilidades de fraudes, evasões fiscais, mecanismos elisivos e até mesmo a corrupção; (vi) exigência de elementos de resistência às penetrações indesejáveis de conceitos forâneos, principalmente de *common law*.

Esses são motivos mais que legítimos para justificar tal preocupação.

Como corolário dessa questão, justapõe-se o tema da hierarquia sistêmica de normas, a respeito do quê temos orientação diversa do que tradicionalmente tem sido veiculado na nossa doutrina, de menor crítica, é claro.

Entendemos que toda hierarquia normativa baseia-se na exclusivamente na competência dos órgãos responsáveis pela produção de normas no ordenamento, porquanto um mesmo órgão pode desempenhar diversas funções, a partir de competências distintas. Vê-se, portanto, o quanto já está superada a pueril concepção piramidal de Kelsen. Se a validade das normas exige órgão competente atuando segundo os ditames do ordenamento (processo ou procedimento), será exclusivamente a identificação da competência o elemento preciso de demarcação da posição hierárquica da norma produzida no ordenamento jurídico.

No Brasil, a Constituição Federal/1988 trouxe um grupo de normas muito abrangente para instituir o respectivo sistema tributário nacional, com disposições atributivas de poder de tributar, sob a forma de competências, à União, Estados, Distrito Federal e Municípios; além das limitações constitucionais a essa repartição de poderes. Por isso, aparentemente, o papel do Código Tributário Nacional (Lei 5.172/1966), entre nós, não tem a importância que possui para os demais países, cujas Constituições não asseguram os pressupostos e os limites para o exercício da tributação.

Mas se o Código Tributário Nacional não desempenha esse papel de centralidade primordial no sistema tributário brasileiro, nem por isso deixa de ter sua repercussão. A própria Constituição Federal (art. 146, III) exige que o sistema de legislações (União, Estados, Distrito Federal e Municípios) submeta-se às chamadas "normas gerais de direito tributário", como forma de (i) *regular as limitações constitucionais ao poder de tributar*, aplicando-se estritamente àquelas que exigem lei específica para surtir efeitos (arts. 146, II; 150, VI, "c"; 195, § 7º, 156, § 3º, da CF); (ii) evitar eventuais *conflitos de competência* entre as pessoas tributantes, quando deverá dispor sobre *fatos geradores*, *bases de cálculo* e *contribuintes* dos impostos já identificados na Constituição (arts. 146, I e III, "a", e 155, § 2º, XII, da CF); (iii) definir os *tributos* e *suas espécies* (art. 146, III, "a", da CF); (iv) harmonizar os procedimentos de cobrança e fiscalização dos tributos, tratando de *obrigação*, *lançamento* e *crédito* (art. 146, III, "b", da CF); (v) uniformizar os prazos de *decadência* e *prescrição* (art. 146, III, "b", da CF; (vi) fomentar, de modo harmonizado, adequado tratamento tributário ao *ato cooperativo* praticado pelas sociedades cooperativas.

Trata-se de algo fundamental essa oportunidade de reascender diálogos acadêmicos sobre o modelo de Código Tributário vigente, pelos importantes efeitos que o movimento de codificação permite aos ordenamentos, desde que inspirado no respeito aos direitos fundamentais,[1] numa forma racional de atuação e harmonização dos mecanismos de incidência, além de outros

1. Quanto à relação entre direitos fundamentais e os códigos, v. o importante trabalho de Ramón Valdés Costa, "Los principios jurídicos fundamentales en la codificación tributaria de América Latina", *RDTributário* 3/51-61, São Paulo, Ed. RT, setembro-outubro/1977.

aspectos pertinentes ao aperfeiçoamento da legislação tributária.[2]

2. *O Código Tributário Nacional. Função interna*

2.1 *Breve escorço histórico*

O Código Tributário Nacional surge a partir da Lei 5.172, em 25.10.1966, como resultado da reforma operada pela Emenda Constitucional 18/1965. Todavia, desde 1953, por ordem do então Ministro da Fazenda, Osvaldo Aranha, encontravam-se instalados os trabalhos para realizar tal codificação do direito tributário brasileiro. Para esta tarefa foi nomeado Rubens Gomes de Sousa, que ficou encarregado da preparação de um anteprojeto, o qual foi apresentado em 1954. Este projeto não logrou conversão em lei. Somente mais tarde, sob a égide daquela Emenda 18/1965, a partir de um outro anteprojeto redigido pela Comissão composta dos professores Gilberto de Ulhôa Canto, Rubens Gomes de Sousa e Gérson Augusto da Silva (médico), que contavam com a ajuda de Aliomar Baleeiro, tal desiderato chegou a bom termo.[3]

Como se vê, a Lei 5.172/1966 foi redigida sob a égide da Constituição Federal/1946, respeitando o seu art. 5º, XV, "b", tendo sido recepcionado pelo § 1º do art. 18 da Constituição/1967, o qual dispunha: "Lei complementar estabelecerá normas gerais de direito tributário, disporá sobre conflitos de competência nessa matéria entre União, os Estados, o Distrito Federal e os Municípios e regulará as limitações constitucionais ao poder de tributar". Em seguida, o Ato Complementar 36, de 13.3.1967, em decorrência dos efeitos de recepção e reconhecendo naquela lei as funções exigidas para lei complementar, atribuiu-lhe a denominação com a qual atualmente a reconhecemos, de *Código Tributário Nacional*.

Em face do *princípio da recepção constitucional* (art. 34, § 5º, do ADCT), o Código Tributário Nacional foi mantido também pela Constituição/1988, em tudo o que não seja com ela incompatível, em atendimento ao primado da economia legislativa e por estar em consonância com as exigências do art. 146 da Constituição Federal, a saber: "Art. 146. Cabe à lei complementar:[4] I – dispor sobre conflitos de competência, em matéria tributária, entre a União, os Estados, o Distrito Federal e os Municípios; II – regular as limitações constitucionais ao poder de tributar; III – estabelecer normas gerais em matéria de legislação tributária, especialmente sobre: a) definição de tributos e de suas espécies, bem como, em relação aos impostos discriminados nesta Constituição, a dos respectivos fatos geradores, bases de cálculo e contribuintes; b) obrigação, lançamento, crédito, prescrição e decadência tributários; c) adequado tratamento tributário ao ato cooperativo praticado pelas sociedades cooperativas".

Mesmo se *en passant*, precisávamos situar o Código Tributário, temporalmente, em nosso sistema tributário, ora superando mais de seis lustros cumprindo as exigências constitucionais típicas. Feitas essas digressões, passemos agora a uma análise das funções que a lei complementar cumpre no sistema tributário nacional, para em seguida discorrermos sobre o conteúdo e o alcance das normas gerais e o papel da codificação.

2. Na Alemanha, Klaus Tipke defende a necessidade de um Código Tributário (*Steuergesetzbuch*) que inclua tanto a parte geral como os diversos impostos em espécie, o que, segundo este prestigioso professor, se mostraria como uma grande contribuição à sistematização do direito tributário (cf. *Die Stueuerrechtsordnung*, v. I, Colônia, Otto Schmidt, 1993, p. 110).

3. Para uma análise mais apurada, cf. Raymundo Juliano, "El Código Tributario Nacional", *Anais das XX Jornadas do ILADT*, Salvador: ABDF, dezembro/2000, pp. 1.595-1.607.

4. José Souto Maior Borges, *Lei Complementar Tributária*, São Paulo, Ed. RT, 1975, pp. 80-81; Paulo de Barros Carvalho, *Curso de Direito Tributário*, 12ª ed., São Paulo, Saraiva, 1999, p. 206.

2.2 *Conceito e funções da lei complementar no sistema tributário nacional*

Sabemos que todos os Estados, o Distrito Federal e os Municípios possuem suas Constituições e leis orgânicas, cada qual regendo os respectivos sistemas de normas próprios, sob a égide dos princípios do federalismo e autonomia dos Municípios. Contudo, para a União, a mesma Constituição que rege a República Federativa do Brasil (art. 1º da CF) regula também suas atividades, exercidas na qualidade de pessoa jurídica de direito público interno (art. 18 da CF). Percebendo essa sobreposição, já Oswaldo Aranha Bandeira de Mello, em 1937, na sua obra *Natureza Jurídica do Estado Federal*, fizera a necessária separação entre aquelas normas que, por se aplicarem à República Federativa do Brasil, concentram em si eficácia vinculante para todas as pessoas políticas, corporificando a "Constituição Nacional"; e aquelas normas que se aplicam exclusivamente à União, pessoa autônoma do federalismo, compondo a chamada "Constituição Federal".

Como é de sua natureza, a Constituição institui órgãos aos quais confia, segundo seu caráter objetivo, âmbitos de tarefas da atuação estatal distintos, setores de competência material, portanto; além disso, define as atribuições de poder necessárias para a adequada consecução de tais tarefas. *A Constituição funda competências*, criando, no âmbito dos respectivos cometimentos, poder estatal (conforme o Direito), para que os órgãos legislativos tipifiquem as materialidades correlatas. Dispõe, a Constituição, desse modo, a regular composição e conformação dos órgãos estatais, garantindo a adequada assunção de suas funções, cujos atos somente serão válidos se estes agirem exclusivamente nos seus limites de competência e segundo o devido processo.

Em conformidade com este modo de ação, segue a Constituição sua finalidade, coordenando as diferentes funções dos órgãos umas com a outras, fazendo com que todas se complementem mutuamente, cada um agindo segundo as regras constitucionais, de tal modo que a cooperação, a responsabilidade e o controle entre estes restem assegurados, evitando-se eventuais abusos de competências[5] por um ou outro órgão.

Por determinação constitucional, no Brasil o Congresso Nacional exerce três funções legislativas (competências) distintas: é (i) *constituinte derivado*, ao discutir e votar emendas à Constituição, e é o legislador ordinário da União, sob duas modalidades: (ii) *legislador federal*, ao exercer as competências típicas da União, na qualidade de pessoa de direito público interno, plenamente autônoma; e (iii) *legislador nacional*, ao dispor sobre normas gerais aplicáveis às quatro pessoas políticas nas matérias previstas no art. 24 da Constituição Federal e em outras previstas no corpo da Constituição.

Percebe-se, assim, que a Constituição atribuiu funções distintas a um mesmo órgão legislativo, sob a forma de competências típicas: ao exercer o poder de reforma, com poderes para alterar a fisionomia constitucional, criando ou modificando inclusive suas próprias competências e das demais pessoas políticas, desde que não afete as chamadas "cláusulas pétreas" do art. 60, IV, da Constituição Federal; e como legislador ordinário, a partir das atribuições materiais de competência, estabelecendo as tipificações das condutas, por lei específica, bipartindo-se em legislador federal e legislador nacional.[6]

Como dito, o Congresso Nacional é órgão que concentra dúplice função, e os

5. Cf. Konrad Hesse, *Escritos de Derecho Constitucional*, Madri, Centro de Estudios Constitucionales, 1992, p. 19.

6. "O processo crescente de complexidade da evolução social impõe a divisão do trabalho, a especialização de funções. Já as funções F', F", F'" não são comportáveis num único órgão 'O'. Fragmenta-se o exclusivo órgão, destacando-se outros, cada um com função específica" (Lourival Vilanova, *Causalidade e Relação no Direito*, Recife, OAB, 1985, p. 192).

processos exigidos para o exercício de cada uma delas são distintos, não apenas por uma questão de necessidade de maior dificuldade, definidora da rigidez constitucional, para o exercício das mutações constitucionais, operados pelo Constituinte derivado, mas como razão do exercício de cada uma dessas funções. Ao dúplice exercício de funções do órgão, um duplo processo, como critério de legitimação dos atos emanados por cada um deles.

As leis complementares são figuras do ordenamento que se diferenciam dos demais atos legislativos tanto pela matéria (competência) quanto pelo processo de formação (quórum qualificado de maioria absoluta – art. 69 da CF). Daí Paulo de Barros Carvalho as definir nos seguintes termos: "Lei complementar é aquela que, dispondo sobre matéria, expressa ou implicitamente, prevista na relação constitucional, está submetida ao quórum qualificado do art. 69 (CF), isto é, maioria absoluta nas duas Casas do Congresso Nacional".

Dito de outro modo, as leis complementares encontram no sistema constitucional o respectivo campo material predefinido (competência), sob a forma de matérias sujeitas ao *princípio de reserva de lei complementar* (pressuposto material), e são aprovadas por maioria absoluta (pressuposto formal – art. 69 da CF). Eis o quanto as difere das leis ordinárias.

No Brasil, a Constituição, como corolário do federalismo (arts. 1º e 18 da CF) e da autonomia dos Municípios (arts. 18 e 29 da CF), fixou todas as *competências*, inclusive as que versam sobre matéria tributária, autorizando os legisladores das pessoas de direito público interno a criar, por meio de leis próprias, os tributos que lhes foram reservados, privativamente, de forma a concretizar o federalismo fiscal.

Nas atividades típicas de legislador ordinário "federal" o Congresso Nacional poderá usar tanto de lei ordinária como de lei complementar, a depender da exigência constitucional para o respectivo exercício de competência. É dizer, na Constituição encontramos matérias com reserva de lei complementar, sendo esta exigida expressa ou implicitamente. Por conta disso, torna-se o procedimento do art. 69 da Constituição Federal pressuposto de validade inafastável para legitimar, em termos formais, o exercício do poder legislativo. Salvo estas hipóteses, todas as demais matérias submetidas à reserva de lei poderão ser objeto de leis ordinárias, como é o caso das competências dos arts. 21, 22, 23 e 153, I-VI, da Constituição Federal, dentre outras.

Retomando a idéia anterior sobre as funções do legislador ordinário, temos que a lei complementar tanto é exigida pela Constituição para servir ao legislador federal (efetivando competências da União) quanto ao legislador nacional, na função de criar as chamadas "normas gerais". É dizer, faz parte da demarcação de competências, também, a definição daquelas que só poderão ser exercidas exclusivamente pelo *legislador federal* (União) mediante lei complementar, assim como a competência do *legislador nacional*, também mediante lei complementar, para criar as chamadas "normas gerais em matéria de legislação tributária".

Desse modo, apreciando as hipóteses de cabimento de lei complementar em matéria tributária, temos que, no ordenamento constitucional vigente, são matérias de *reserva de lei complementar*, em duas das funções legislativas do Congresso Nacional:

1) o *exercício de competência da União* (lei complementar federal), a qual se subdivide em:

(i) exercício de competências privativas específicas (arts. 148 e 153, VII, da CF); e

(ii) exercício de competência residual (arts. 154, I, e 195, § 6º, da CF);

2) a criação das *normas gerais em matéria de legislação tributária* (lei complementar nacional – arts. 24, I, e 146 da CF), as quais se encontram expressas nas seguintes possibilidades:

(i) *regular as limitações constitucionais ao poder de tributar*, restritamente àquelas que exigem lei específica para surtir efeitos (arts. 146, II, 150, VI, "c", 195, § 7º, e 156, § 3º, da CF);

(ii) evitar eventuais *conflitos de competência* entre as pessoas tributantes, quando deverá dispor sobre *fatos geradores*, *bases de cálculo* e *contribuintes* dos impostos já identificados na Constituição (arts. 146, I e III, "a", 156, III, e 155, § 2º, XII, da CF);

(iii) *definir os tributos e suas espécies* (art. 146, III, "a", da CF);

(iv) harmonizar os procedimentos de cobrança e fiscalização dos tributos, tratando de *obrigação, lançamento* e *crédito* (redução de divergências) (arts. 146, III, "b", e 155, § 2º, XII, da CF);

(v) uniformizar os prazos de *decadência* e *prescrição* (art. 146, III, "b", da CF), podendo estipular suas exceções;

(vi) fomentar, de modo harmonizado, adequado tratamento tributário ao ato cooperativo praticado pelas sociedades cooperativas.

2.2.1 Lei complementar como pressuposto para o exercício de competências da União (legislação federal)

A primeira função desempenhada pelas leis complementares no sistema tributário é de ordem federal e corresponde ao exercício de competência da União para a criação de seus tributos originariamente atribuídos. Como se sabe, a competência legislativa tributária equivale à parcela do poder de tributar, previamente limitada, predisposta às pessoas políticas para criarem, por meio de lei, normas jurídicas sobre tributos, quanto a instituição, arrecadação e fiscalização destes. Pois bem. A União recebeu competências materiais que somente podem ser exercidas mediante o uso de leis complementares, como é o caso do empréstimo compulsório (art. 148 da CF) e do imposto sobre grandes fortunas (art. 153, VII, da CF).

Além dessa hipótese, a União recebeu, por disposição constitucional expressa, a chamada "competência residual" (arts. 154, I, e 195, § 6º, da CF) para criar novos *impostos*, desde que sejam não-cumulativos e não tenham fato gerador ou base de cálculo próprios dos já existentes, ou novas *contribuições*, ao prever que a União poderá instituir outras fontes destinadas a garantir a manutenção ou expansão da Seguridade Social, obedecido o disposto no art. 154, I.

Em ambos os casos o exercício da competência somente será legítimo se acompanhado de lei complementar, por ser matéria reservada tipicamente a essa espécie de lei. Da mesma sorte da anterior, exercida a competência – quer dizer, instituído o tributo –, sua função cessa, ingressando no sistema jurídico nacional no mesmo plano das leis ordinárias e mantendo-se, assim, em relação de coordenação com estas. Nesse caso, não há que se falar em qualquer *hierarquia* entre a lei complementar e os demais atos legislativos, porquanto sua função exaure-se com a instituição do tributo, cessando com o próprio exercício de competência. Por conseguinte, nada impede que lei ordinária modifique ou mesmo ab-rogue lei complementar com tais funções.

2.2.2 Lei complementar como pressuposto para a criação de normas gerais (competência da União para instituir legislação nacional)

Quanto à definição do que sejam as chamadas "normas gerais", o certo é que, até o presente, nenhuma doutrina foi suficientemente rigorosa a ponto de colocá-las no devido lugar do sistema jurídico. Lembraria, no limiar desses esforços, o trabalho pioneiro de Carvalho Pinto, que ensaiou uma delimitação pela negativa, isto é, do que não seriam normas gerais, ontologicamente, nos seguintes termos: "a) Não são normas gerais as que objetivem especialmente uma ou algumas dentre várias pessoas congêneres de direito público, participantes de determinadas relações jurídicas; b) não são normas gerais as que visem, particularizadamente, a determinadas situações ou institutos jurídicos, com exclusão de outros, da mesma condição ou espécie; c) não são normas gerais as que se afastem dos aspectos fundamentais ou básicos, descendo a pormenores ou detalhes".[7] Ao que nos afigura, nenhuma obra mais recente foi suficientemente capaz de refutar essa orientação.

Contudo, mesmo havendo essa lacuna no plano semântico, o que se deve em grande parte à ambigüidade do termo "geral", muito já se escreveu tentando conferir a esta figura contornos bem precisos em termos analíticos, de sorte a garantir a segurança jurídica do sistema como um todo e a colaborar com a delimitação da competência da União nesse assunto, preservando os direitos dos contribuintes e evitando a invasão de competências, para os fins de proteção do federalismo e da autonomia dos Municípios, além de outros princípios do sistema tributário nacional. E todas as discussões começaram a partir da própria Constituição Federal/1967.

Analisando o art. 18, § 1º, da Constituição Federal/1967, quanto ao seu alcance e função, duas correntes de opiniões distintas passaram a disputar espaço acadêmico. Uma primeira entendendo que tal dispositivo manifestaria três distintas funções para a lei complementar: (a) emitir normas gerais de direito tributário, (b) dispor sobre conflitos de competência entre a União, os Estados, o Distrito Federal e os Municípios e (c) regular as limitações constitucionais ao poder de tributar. É a chamada corrente "tricotômica".

Outra vertente de pensamento, todavia – e a que mais prosperou doutrinariamente –, deu orientação diversa à questão, alegando que aquela visão tricotômica pecaria por praticar uma hermenêutica literal, ao não delimitar o conteúdo das *normas gerais de direito tributário*, o que possibilitaria ao legislador da União cometer agressões ao sistema federativo e ao princípio da autonomia dos Municípios, na medida em que ficaria permitido à legislação complementar produzir, indiscriminadamente, regras jurídicas que perpetrassem o recinto das competências outorgadas aos Estados-membros, atingindo o pacto federativo, e invadissem as prerrogativas constitucionais de que usufruem os Municípios, maculando o princípio da autonomia dos Municípios. Ademais, porque os direitos fundamentais dos contribuintes não poderiam ser reduzidos no respectivo alcance e conteúdo, a título de "dispor sobre limitações constitucionais ao poder de tributar". Como visto, a prevalecer tal entendimento, aquele da corrente tricotômica, tudo estaria permitido ao legislador complementar, o que decerto não se compatibilizaria com toda a estrutura do sistema implantado pela própria Constituição.

Esta orientação, chamada de "dicotômica", pautando-se numa compreensão sistemática, dizia que o dispositivo em análise teria apenas uma finalidade: as leis complementares serviriam para veicular unicamente *normas gerais de direito tributário*, que exerceriam duas funções: (i) dispor sobre conflitos de competência entre as entidades tributantes e (ii) regular as limitações constitucionais ao poder de tributar. Com isso ficariam resguardados os princípios do federalismo e da autonomia dos Municípios.[8] Mas como as competências são todas privativas e já estão distribuídas e os direitos e garantias constitucionais não poderiam sofrer coarctações pelo legislador infraconstitucional, então sobraria muito pouco espaço para ser regulado pelas

7. *Normas Gerais de Direito Financeiro*, São Paulo, ed. Prefeitura do Município de São Paulo, 1949, p. 24.

8. José Souto Maior Borges, *Lei Complementar Tributária*, 1975; Geraldo Ataliba, "Lei complementar em matéria tributária", *RDTributário* 48, São Paulo, Ed. RT, 1989; Paulo de Barros Carvalho, *Curso ...*, 12ª ed., p. 205; Roque Antônio Carrazza, *Curso de Direito Constitucional Tributário*, 10ª ed., São Paulo, Ed. RT, 1997, pp. 474-495.

Nota da Redação: v. Roque Antônio Carrazza, *Curso de Direito Constitucional Tributário*, 17ª ed., São Paulo, Malheiros Editores, 2002.

chamadas "normas gerais de direito tributário". Melhor dizendo, nenhum espaço, na opinião de Geraldo Ataliba, seu maior defensor.

Mais recentemente, Valdir de Oliveira Rocha ensaiou uma definição de *normas gerais*, no seguintes termos: "Normas gerais em matéria de legislação tributária são preceitos meramente didáticos, desenvolvedores do sistema constitucional, e que, no máximo, funcionam supletivamente, cedendo diante de norma específica quando ocupem espaço a esta reservado". Segundo este autor, as normas gerais, nada obstante a grave importância didática, não seriam estritamente necessárias, do ponto de vista jurídico.[9] Essa tese encontra-se na linha do quanto já vinham afirmando grandes nomes do nosso direito tributário, como Rubens Gomes de Sousa. Mas essa visão declarativista – digamos assim – do que diz a Constituição Federal é missão própria do legislador, em qualquer esfera do seu exercício de competências.

Mesmo se, negando a corrente tricotômica, pela superficialidade de sua conclusão, reconheçamos maior legitimidade na força argumentativa na chamada "corrente dicotômica"; por entendê-la, de certo modo, redutora demais em suas propostas, preferimos ir além dessa concepção, mesmo se a adotamos nos fundamentos. Na medida que a Constituição Federal exige tais normas gerais no sistema, a estas temos que reservar algum papel, porque, como é de uso corrente dizer, para fins hermenêuticos, a Constituição não usa palavras inúteis.

De fato, adotamos na concepção de base de nossas investigações a corrente denominada "dicotômica", cuja definição das *normas gerais de direito tributário*, na visão do eminente professor Paulo de Barros Carvalho, Titular da PUC e da USP, à luz da Constituição Federal/1988 continuaria sendo a seguinte: "(...) são aquelas que dispõem sobre conflitos de competência entre as entidades tributantes e também que regulam as limitações constitucionais ao poder de tributar. Pronto: o conteúdo está firmado. Quanto mais não seja, indica, denotativamente, o campo material, fixando-lhe limites. E como fica a dicção constitucional, que desprendeu tanto verbo para dizer algo bem mais amplo? Perde-se no âmago de rotunda formulação pleonástica, que nada acrescenta".[10] Pois bem, não negamos que assim seja, nos fundamentos, mas preferimos explicitar suas possibilidades, caso a caso, à luz das teorias da codificação, no que tange às funções representadas em cada uma das hipóteses do art. 146 da Constituição Federal.

É certo que na maioria dos grandes autores que se dedicaram ao estudo das "normas gerais" sempre prevaleceu uma visão mais analítica, estrutural, e menos funcional na sua descrição, excetuando-se Sacha Calmon Navarro Coêlho, quando afirma: "As normas gerais de direito tributário veiculadas pelas leis complementares são eficazes em todo o território nacional, acompanhando o âmbito de validade espacial destas, e se endereçam aos legisladores das três ordens de governo da Federação, em verdade, seus destinatários. A norma geral articula o sistema tributário da Constituição às legislações fiscais das pessoas políticas (ordens jurídicas parciais). São normas sobre como fazer normas em sede de tributação".[11] A nossa proposta, decerto, é partir da estrutura para chegar à função, privilegiando ambos os modos de abordagem.

Nesse particular, a lei complementar deverá ser adotada pela União como instrumento inafastável para exercer suas respectivas competências na criação de "normas gerais". Numa leitura sistemática do art. 146, que é regra típica de *Constituição*

9. Cf. Valdir de Oliveira Rocha, *Determinação do Montante do Tributo – Qualificação, Fixação e Avaliação*, 2ª ed., São Paulo, Dialética, 1995, pp. 89 e 93.

10. *Curso* ..., 13ª ed., São Paulo, Saraiva, 2000, p. 208.

11. *Curso de Direito Tributário Brasileiro*, 2ª ed., Rio de Janeiro, Forense, 1999, p. 109.

Nacional, "normas gerais" somente serão aquelas que venham a ser criadas seguindo tal espírito; quando o Legislativo da União, revestindo-se das magnas funções de *legislador nacional*, as introduzirá no ordenamento para (i) *regular limitações constitucionais ao poder de tributar*, detidamente àquelas que exigem lei específica para surtir seus efeitos; (ii) evitar *conflitos de competência* entre as pessoas tributantes, ao dispor sobre *fatos geradores*, *bases de cálculo* e *contribuintes* dos impostos já identificados na Constituição; (iii) definir os *tributos* e *suas espécies*; (iv) harmonizar os procedimentos de cobrança e fiscalização dos tributos, tratando de *obrigação*, *lançamento* e *crédito*; (v) uniformizar prazos de *decadência* e *prescrição*; (vi) fomentar, de modo harmonizado, adequado tratamento tributário ao ato cooperativo praticado pelas sociedades cooperativas.

Mas é claro que a todas essas funções aplicam-se limitações principiológicas e formais próprias, como estabelecido na Constituição Federal, sendo totalmente afastada qualquer possibilidade para que as normas gerais assumam feições tipicamente de normas constitucionais, sob pena do vício insanável de inconstitucionalidade; do mesmo modo que será o exercício dos legisladores ordinários sem observância dos seus preceitos.

2.2.2.1 *As funções da lei complementar como veículo de normas gerais* – Primeiramente, a competência da União para criar normas gerais com a função de *regular limitações constitucionais ao poder de tributar* somente poderá ser exercida nos casos que exigem lei específica para surtir os efeitos que lhes são próprios, como se verifica no art. 150, VI, "c", ou no art. 195, § 7º. Nenhuma redução poderá ser introduzida nas limitações principiológicas, cujo exercício a Constituição não condiciona a qualquer ato do legislador, como o princípio da capacidade contributiva, da vedação de confisco, isonomia e outros.

Poderá a União instituir normas gerais para evitar eventuais *conflitos de competência* entre as pessoas tributantes. Mas, nesse caso, jamais poderá agredir a repartição constitucional de competências, pertinente ao federalismo e à autonomia dos Municípios. Por isso mesmo, o art. 146, III, "a", ao prever a criação de normas gerais para dispor sobre *fatos geradores*, *bases de cálculo* e *contribuintes dos impostos* já identificados na Constituição, estas somente serão constitucionais se comparecerem no sistema para especificar os limites do inciso I, isto é, para prevenir *conflitos de competência* entre as pessoas políticas. E vice-versa, pois a título de evitar conflitos de competência não poderá a União dispor sobre outros aspectos além daqueles. Esse é o caso dos arts. 146, I e III, "a", 156, III, e 155, § 2º, XII, todos da Constituição Federal. É evidente que a limitação de que se fala aqui não aparece apenas nas relações entre pessoas políticas distintas, podendo ocorrer entre Estados (ICMS: art. 155, § 2º, XII; ITCMD: art. 155, III) ou entre Municípios (ISS: art. 156, III), daí a exigência de lei complementar para esses casos, insulando-se aos casos expressos na Constituição, ou quando não expresso nos dispositivos próprios; naqueles acima referidos, no art. 146, III, "a", para dispor sobre *fatos geradores*, *bases de cálculo* e *contribuintes*. Por fim, não é demais lembrar, essa é hipótese que se aplica apenas aos impostos já previstos na Constituição originária.

A União recebe ainda competência para definir os *tributos* e *suas espécies* (art. 146, III, "a", da CF). Para essa possibilidade a norma geral deverá ater-se aos caracteres gerais, tipificando as características dos tributos, nas suas várias espécies. Nessa hipótese a União limita-se mutuamente, tal qual as demais pessoas políticas, porquanto ao tecer os elementos caracterizadores do empréstimo compulsório, da contribuição de melhoria, contribuição de intervenção no domínio econômico, taxa de exercício de poder de polícia ou taxa de serviço, por exemplo, disporá limitações e exigências que concorrerão para ampliar as limitações ao poder de tributar. Nesta função serão inconstitucionais todas aquelas normas gerais que visem a qualificar, particularizadamente, específicas situações com exclusão de outras; ou que se afastem dos aspectos fundamentais ou básicos, descendo a pormenores ou detalhes, e que impliquem interferências nas competências alheias.

Na seqüência, temos que compete à União, na qualidade de legislador nacional, harmonizar os procedimentos de cobrança e fiscalização dos tributos, tratando de *obrigação, lançamento* e *crédito* (arts. 146, III, "b", e 155, § 2º, XII, da CF); e ainda uniformizar os prazos de *decadência* e *prescrição*. Decerto que a própria lei complementar poderá dispensar específicos tributos do regime geral, adotando prazos distintos, mas somente lei complementar terá essa faculdade. A razão é que tanto este quanto o anterior, ambos encontram-se fundados na premissa de que a Constituição deve primar pela redução de divergências. É o que se dessume do art. 151, I, ao vedar à União instituir tributo que não seja uniforme em todo o território nacional ou que implique distinção ou preferência em relação a Estado, ao Distrito Federal ou a Município, em detrimento de outro. Mesmo sendo um dispositivo que aparentemente seria aplicável apenas à União, na instituição de seus tributos, não poderíamos deixar de considerá-lo no exercício da competência em matéria de normas gerais. Por decorrência, temos que serão inconstitucionais quaisquer leis editadas a título de normas gerais que caiam em particularismos ou que se afastem dos aspectos fundamentais ou básicos, descendo a pormenores ou detalhes, pelo risco de implicar interferências nas competências alheias. Vale ressaltar que, para esses aspectos, as normas gerais serão sempre vinculantes para todas as espécies de receitas públicas qualificadas como tributo, às quais deva ser aplicado o regime jurídico tributário.

Por fim, merece destaque o preceito segundo o qual cabe à lei complementar o papel de fomentar, de modo harmonizado, adequado tratamento tributário ao ato cooperativo praticado pelas sociedades cooperativas, mediante o uso de normas gerais. Nesses termos, dados a importância e o interesse social envolvido,[12] e porque qualquer tratamento tributário concedido em regime geral às cooperativas, na medida em que elas podem ter como objeto fornecer bens ou prestar serviços, poderia implicar afetação a tributos estaduais ou municipais, não se limitando aos tributos federais, somente lei complementar, na qualidade de veículo introdutor de normas gerais, teria o condão de estipular condições harmonizadas de tributação. Sendo assim, a legislação preexistente pertinente ao tratamento jurídico-tributário conferido ao ato cooperativo, ao ser alçada à condição de norma geral, somente poderá ser alterada por lei complementar, mas apenas naquilo que for de matéria tributária.[13] Vedada, contudo, a concessão de isenções (totais ou parciais) por esse meio, haja vista as limita-

12. Como se dessume da própria Constituição Federal, em diversos artigos; como exemplos:

"Art. 174. Como agente normativo e regulador da atividade econômica, o Estado exercerá, na forma da lei, as funções de fiscalização, incentivo e planejamento, sendo este determinante para o setor público e indicativo para o setor privado.

"(...).

"§ 2º. A lei apoiará e estimulará o cooperativismo e outras formas de associativismo."

"Art. 187. A política agrícola será planejada e executada na forma da lei, com a participação efetiva do setor de produção, envolvendo produtores e trabalhadores rurais, bem como dos setores de comercialização, de armazenamento e de transportes, levando em conta, especialmente:

"(...);

"VI – o cooperativismo;

"(...)."

"Art. 192. O sistema financeiro nacional, estruturado de forma a promover o desenvolvimento equilibrado do país e a servir aos interesses da coletividade, será regulado em lei complementar, que disporá, inclusive, sobre:

"(...);

"VIII – o funcionamento das cooperativas de crédito e os requisitos para que possam ter condições de operacionalidade e estruturação próprias das instituições financeiras."

13. Nesse sentido, também: Renato Lopes Becho, *Tributação das Cooperativas*, São Paulo, Dialética, 1998, Capítulo 9.

ções dos arts. 150, § 6º, e 151, III, da Constituição Federal.

2.2.3 A hierarquia da lei complementar na função de veículo de normas gerais. Posição do Código Tributário Nacional no sistema de fontes

Mencionadas as funções que a lei complementar poderá desempenhar para os fins de introduzir normas gerais no sistema tributário vigente, passamos a cuidar da posição hierárquica que essas normas devem ocupar na escala normativa. E, como já salientamos, a relação hierárquica que eventualmente possa existir entre lei complementar e leis ordinárias, ou mesmo outras leis complementares, dependerá, tão-só, da função que ela exerça no sistema, isto é, das competências. E, assim, caso a função seja constitutiva de algum fundamento de validade, formal ou material, a lei complementar sempre terá prevalência sobre qualquer outra lei.

Como dito acima, às normas gerais aplica-se também o primado da *reserva de lei complementar*, e, pelas funções pertinentes à "Constituição Nacional", impõe-se a necessária preeminência dessas leis complementares em relação às demais leis, mesmo que complementares, quando tenham por objeto o exercício de competência para instituição de tributos. Por conseguinte, prevalecerão, sempre, sobre a legislação federal, estadual distrital ou municipal, na medida em que estas legislações passam a ter que admiti-las (as leis complementares que veiculam normas gerais) como fundamento de validade material.

Corolário dessa conclusão, somente lei complementar, na função de "norma geral", poderá revogar uma outra "norma geral". Não basta ser lei complementar, portanto. É preciso que esteja dirigida para o fim de modificar a norma com essa função no ordenamento. Como exemplo: mesmo que o imposto sobre grandes fortunas seja instituído, o que é reserva de lei complementar, caso esta traga prazos próprios de decadência e prescrição, diversos, portanto, do quanto se encontra no Código Tributário Nacional, será inconstitucional nesse particular.

Evidente, pois, que não estando a razão de hierarquia na vigência ou na eficácia da norma, a única posição questionável será aquela do plano da validade. Por isso mesmo, tomando em conta a natural submissão do Código aos preceitos constitucionais, independentemente de se tratar de uma lei ordinária,[14] a Lei 5.172/1966, enquanto "lei nacional"[15] que é, naquilo que for fundamento de validade material para a construção da legislação do "sistema tributário nacional", terá preeminência sobre todas as demais leis, ordinárias ou complementares, não importa, elaboradas por qualquer uma das pessoas políticas.

Não há relevância para a discussão sobre ser o Código Tributário Nacional uma lei ordinária, e não complementar, como exigido por esse artigo, na medida que o art. 34, § 5º, dos Atos das Disposições Constitucionais Transitórias lhe garantiu força de recepção, alçando-a ao patamar funcional de sobrenorma em matéria de legislação tributária, somente podendo ser revogada, a partir de então, por lei complementar, nos moldes do art. 146, quando instituída exclusivamente para essa função. É dizer, a partir da Constituição Federal/1988 qualquer dispositivo do Código Tributário Nacional somente poderá ser modificado

14. José Souto Maior Borges, *Lei Complementar Tributária*, pp. 54 e ss.; Luciano Amaro, *Direito Tributário Brasileiro*, São Paulo, Saraiva, 1997, p. 163.

15. No dizer de Geraldo Ataliba: "Basta deixar afirmado que o Código Tributário Nacional é uma lei nacional e não uma expressão do Poder Legislativo da União, enquanto ordem jurídica parcial – central, mas sim expressão da ordem jurídica nacional – global. Portanto, é uma lei que não cria tributos, que não está comprometida com os interesses da União, é uma lei de interesse nacional, acima das esferas parciais federal, estadual e municipal" (Rubens Gomes de Sousa, Geraldo Ataliba e Paulo de Barros Carvalho, *Comentários ao Código Tributário Nacional (Parte Geral)*, 2ª ed., São Paulo, Ed. RT, 1984, p. 78).

por lei complementar dirigida especialmente para esse fim, pelo princípio da reserva de lei complementar referido no art. 146.

E repare-se bem: a Constituição Federal não fala mais em normas gerais de "direito tributário", como constava da Constituição anterior, mas em normas gerais "em matéria de legislação tributária". A razão disso é que as normas gerais "de direito tributário" (como um todo), cujo subsistema marca as competências e define os princípios aplicáveis, são de natureza exclusivamente constitucional – são as normas que instituem o sistema tributário nacional, portanto; ficando as regras sobre a delimitação das regras-matrizes de incidência dos tributos, faculdades da Administração, procedimentos de lançamento, de constituição, suspensão e extinção do crédito, decadência, prescrição etc. qualificadas como "normas gerais em matéria de legislação tributária".

Feitas estas considerações sobre as funções da lei complementar e a posição formal do Código Tributário Nacional no Direito interno, mister discorrer agora sobre o papel dos códigos a respeito da segurança jurídica e outros princípios decorrentes, por ser este também o papel das normas gerais.

3. *Codificação do direito tributário como paradigma sistêmico para o conteúdo das normas gerais*

Como é de entendimento universal, o processo de codificação consiste numa tentativa de ordenar, mediante uma sistematização racional, a unidade essencial de um determinado ramo do Direito. Por isso, o mundo dos códigos é o mundo da busca pela segurança, traduzida numa seqüência de capítulos e artigos e consolidando os valores mais relevantes que a sociedade quer ver preservados sobre uma dada matéria. Tudo sob a égide do espírito constitucional que deve reger todo o sistema.

A codificação envolve vários princípios importantes, os quais, em grande parte, correspondem ao processo de positivação de diversos princípios e regras constitucionais, prestando-se à tarefa de garantir um razoável teor de estabilidade e segurança às relações jurídicas e atos de criação de normas no sistema.

Em matéria tributária esta garantia dada aos valores dominantes significa estabilidade para o cálculo sobre o futuro, por meio de uma absoluta previsibilidade de condutas devidas pelos detentores de competência legislativa na elaboração da legislação tributária, bem como pelas autoridades administrativas e particulares nos atos de aplicação do direito tributário.

Bem sabemos que a experiência jurídica dos diversos países não é uniforme e que precisamos sempre ter bem claras tais diferenças. A começar pela análise constitucional de cada um deles. E, nesse particular, tanto vamos encontrar países cuja forma de Estado é unitária – o que é a maioria dos casos – como países organizados sob a forma de uma Federação. Essas são peculiaridades que influenciam por demais a necessidade e o papel de um Código Tributário, predisposto para conferir maior certeza do Direito, pela redução das divergências de tratamento. E aqui surge o primeiro fundamento para sua necessária posição de superioridade hierárquica no sistema em relação às demais leis, na medida em que serve como fundamento de validade material destas.

Como a maioria dos países não dispõe de uma constituição analítica em matéria tributária – antes, trazem pouquíssimas disposições a respeito, normalmente os princípios consagrados de maior realce, como princípio da reserva de lei em matéria tributária, isonomia, capacidade contributiva, não-confisco, apenas para citar os mais freqüentes –, resta para o Código a suma tarefa de ordenar os princípios basilares do sistema, dispor o estatuto dos contribuintes, instituir tanto os limites do legislador, nos atos de criação de leis, quanto os da Administração, no que tange às formalizações de obrigações tributárias, fiscalizações e cobranças de créditos, bem como todos os demais procedimentos formais.[16]

Por essa razão, dizia Valdés Costa: "A enumeração dos princípios fundamentais de Direito que devem ser recolhidos nos Códigos Tributários não é certamente rígida, nem unanimemente compartilhada. A meu ver, em razão de sua universalidade e importância, sob o aspecto jurídico, podem resumir-se em quatro princípios: igualdade das partes, legalidade, jurisdicionalidade ou tutela jurisdicional e igualdade dos contribuintes, em face dos encargos públicos. Esta enumeração não pretende ser taxativa, uma vez que existem outros princípios de grande importância, como o do devido processo e o da culpabilidade em matéria punitiva e o da capacidade contributiva, recolhido em tantas Constituições".[17]

Para o direito tributário o *princípio da centralidade*[18] reserva-se à Constituição, que dispõe as *regras gerais de direito tributário*, instituindo o sistema tributário da respectiva nação e preservando o respeito àqueles direitos fundamentais referidos.[19] Mas, numa expansão concêntrica, o fenômeno da codificação deve concretizar-se como uma continuação sistêmica da Constituição, respeitando todo o conteúdo desta e condensando os preceitos que consistam em critérios de validade material e formal para a criação das demais normas do sistema total.[20] Mormente quando se trata de sistemas dotados de uma Constituição analítica em matéria tributária, como é o caso do Brasil.

Destarte, sob a égide constitucional, um código em matéria tributária deve ter como objetivo a sistematização de todo o esquema dos procedimentos de tributação,[21] a coordenação dos distintos tributos

16. "Todo proceso codificador, y consiguientemente también el tributario, se caracteriza por dos notas: primero, reduce a unidad lo que estaba disperso; y segundo, como derivación lógica de lo anterior, proporciona seguridad a sus destinatarios" (Eusebio González García, "Los principios generales de la imposición y la codificación tributaria", *Anais das XX Jornadas do ILADT*, Salvador, ABDF, dezembro/2000, p. 1.644).

17. "A codificação tributária na América Latina", in Brandão Machado (coord.), *Direito Tributário – Estudos em Homenagem ao Prof. Ruy Barbosa Nogueira*, São Paulo, Saraiva, 1984, p. 251.

18. Fábio Siebeneichler de Andrade, *Da Codificação – Crônica de um Conceito*, Porto Alegre, Livraria do Advogado, 1997, p. 148.

19. O melhor estudo comparado sobre os princípios constitucionais de direito tributário encontra-se em Víctor Uckmar, *Princípios Comuns de Direito Constitucional Tributário*, 2ª ed., trad. de Marco Aurélio Greoo, São Paulo, Malheiros Editores, 1999, 145 pp.

20. Com esta finalidade, estatui critérios materiais de aplicação do Direito, na criação positiva de normas gerais e concretas ou gerais e abstratas (legislação tributária), pelo legislador, ou individuais e concretas, pelos agentes administrativos (lançamentos tributários, autos de imposição de multas etc.).

21. Sobre as vantagens oferecidas pela codificação para o direito tributário, e em especial ao mecanismo de lançamento tributário (norma individual e concreta), disse Enzo Vanoni: "a) dal punto de vista formale, si attua un ordinamento armonico dell'Amministrazione, cui consegne la possibilità di utilizzare rispetto a più tributi la stessa attività amministrativa e di ridurre al minimo i doveri ausiliari del singolo (...); b) dal punto di vista sostanziale, si eliminano le contraddizioni e le descontinuità tra i vari instituti d'imposta, riducendo le divergenze a quelle realmente imposte dalla realtà delle cose; c) la futura legislazione fiscale resta notevolmente semplificata. La parte generale tende a porsi come ordinamento formale del rapporto tributario non facilmente modificabile. Il legislatore, in occasione della introduzione di nuove imposte o della variazione delle esistenti, non è più chiamato ad occuparsi dello svolgimento del rapporto d'imposta, ma unicamente delle caratteristiche sostanziali del nuovo tributo. Per lo svolgimento formale servono gli schemi predisposti nella parte generale; d) la giusrisprudenza trova quel sostegno e quella guida logica che la molteplicità dei testi legislativi regolanti situazioni analoghe rispetto a tributi diversi lascia spesso desiderare (...); e) la scienza del diritto tributario viene indirizzata più decisamente a lasciare le sterili vie del commento delle singole leggi, per volgersi alla elaborazione dogmatica degli istituti giuridici di imposta" ("Il problema della codificazione tributaria", *Rivista di Diritto Finanziario e Scienza delle Finanze* I/448, Milão, Giuffrè, 1938). Mas tudo isso pode ser resumido em três aspectos básicos, como menciona F. Sainz de Bujanda: "Una reforma que se proponga obtener un perfeccionamiento del ordenamiento fiscal vigente tiene que actuar en una triple dirección: 1º) sistematización formal de los instrumentos de imposición; 2º) coordinación de los distintos impuestos; y 3º) refundición de las normas que

e a regulação dos direitos dos contribuintes[22] no campo dos procedimentos, como uma *parte geral da legislação tributária*, pressupondo o mecanismo de funcionamento do direito tributário, sua linguagem, seus conceitos e sua terminologia.

A especialidade da matéria tributária exige essa expansão às normas gerais, como uma pauta para delimitar o espaço da própria juridicização, isto é, a escolha política de condutas para que, mediante leis, possam fazer parte do catálogo de condutas reguladas pelo Direito, mediante a lógica da definição de hipóteses de incidência e atribuição de efeitos típicos, por imputação deôntica. Com isso, o legislador fica ainda mais coartado na sua atividade de produtor de regras inovadoras do ordenamento jurídico, pois, além de dever obediência à Constituição, às "normas gerais de direito tributário", passa a dever, na elaboração de leis, também, respeito às regras contidas no Código, às "normas gerais em matéria de legislação tributária".[23]

Essa idéia de centralidade, por expansão concêntrica em relação à Constituição, geradora de segurança[24] para os partícipes da relação jurídica tributária, aliada a uma pretensão de regular, por meio de cláusulas gerais, um repertório de figuras e disciplinas típicas, com o fim de garantir à Fazenda Pública maior certeza, celeridade e eficiência na percepção dos créditos tributários, e aos particulares os meios necessários para que estes possam fazer valer seus direitos, baliza a natureza dos códigos e de qual deve ser o modo de compreensão da sua ação em relação às demais leis e atos tributários em geral.

Todavia, trabalharíamos fora da realidade se não tomássemos em conta a crescente "erosão" da importância dos códigos modernos, sob os mais diversos ângulos.[25] A codificação, que foi sempre considerada como um dos processos mais acabados do Iluminismo e da cultura ocidental moderna, e cujo produto – os códigos – sempre funcionou como paradigma sistêmico da

reglamentan cada tributo" (*Hacienda y Derecho*, Madri, IEP, 1975, p. 57).

22. "Contrariamente a la creencia popular predominante en nuestro medio, el Código Tributario no es el Código de la Administración Tributaria, es más bien la norma que regula las relaciones entre los sujetos que rodean el fenómeno tributario y sus consecuencias económicas y jurídicas, a los cuales denominamos como operadores del sistema tributario" (Jorge Antonio Bravo Cucci e David Enrique Bravo Sheen, *Analisis y Propuestas de Cambio al Código Tributario Peruano: su Adecuacion a las Tendencias que Inspiran el Fin de Siglo*, Lima, inédito, p. 1).

23. Como bem salienta o professor José Juan Ferreiro Lapatza: "(...) el Código ha de contener también, de acuerdo con la experiencia común a nuestros países, la normativa general o básica de todas las relaciones directamente derivadas del tributo y la normativa general o básica del procedimiento para hacer efectivos los derechos y obligaciones que dan contenido a estas relaciones, con la definición de los conceptos propios del derecho tributario indispensables para toda esta regulación pues, de acuerdo asimismo con nuestra experiencia, uno de sus fines primarios es introducir certeza, precisión y claridad en la terminología a emplear en las leyes, que regulan los distintos tributos" ("La codificación en América Latina – Análisis comparativo de los modelos OEA/BID (1967) y CIAT (1997) – Relatorio Generale", *Anais das XX Jornadas do ILADT*, Salvador, ABDF, dezembro/2000, p. 1.182). Nessa mesma linha, afirma também o professor Eusebio González García: "(...) la codificación suele proceder a una regulación de los conceptos tributarios fundamentales de los distintos impuestos, esto es, de aquellos conceptos que inexcusablemente han de repertirse en cada figura tributaria concreta (hecho imponible, sujeto pasivo, base imponible, liquidación, tipo impositivo y cuota, fundamentalmente), por ello se dice que la codificación en cuestión opera en el area de los principios" (Los principios ...", *Anais das XX Jornadas do ILADT*, p. 1.647).

24. "La *sicurezza* non riguarda il raggiungimento del fine (legato sempre alle incognite del mercato ed al mutevole mondo della produzione), ma le 'regole del gioco', ossia le condizioni per le quali ciascuno può contare su un dato contegno altrui o attendere un certo uso del potere coercitivo dello Stato. Il Diritto fissa appunto le regole del giuoco: regole generali ed astratte, che saranno utilizzate da persone ignote, per scopi ed in circonstanze particolari che non conosciamo né siamo in grado di conoscere" (Natalino Irti, *L'Età della Decodificazione*, 3ª ed., Milão, Giuffrè, 1989, p. 5).

25. Cf. Carlos Ramos Núñez, *Codificación, Tecnología y Postmodernidad – la Muerte de un Paradigma*, Lima, PUC/Peru, 2000, pp. 23 e ss.; também *El Código Napoleónico y su Recepción en América Latina*, Lima, PUC/Peru, 1997, pp. 44 e ss.

legislação e da aplicação normativa, entrou em crise com a tendência microssistêmica do Direito, de leis especiais que passaram a regular amplamente toda uma específica matéria, de tal sorte que o monossistema teria sido superado pelo plurissistema, por uma espécie de êxodo normativo daquele para este. É o que certos autores chamam de "descodificação", fruto da crise dos valores da sociedade moderna.

Mas, se isso se verificou em alguns ramos jurídicos – o do direito civil por exemplo –, nos limites do direito tributário não alcançou maior importância, exatamente porque a "crise legislativa" nos angustos limites dessa seara possui distinta significação,[26] na medida que a inflação legislativa, acumulando leis e mais leis sobre a matéria, razão da "descodificação" em outras, apresenta-se exatamente como motivo para o enaltecimento da importância e necessidade de codificação,[27] como elemento de estabilização e segurança nas relações tributárias.

3.1 Codificação e segurança jurídica: a função "certeza" dos códigos

A virtude da codificação é servir aos princípios de segurança e certeza do Direito, em face da sua forma de comparecimento na teoria das fontes do Direito em posição intercalar entre a Constituição e a legislação, como meio de gerar maior estabilidade no câmbio de expectativas normativas.

A segurança jurídica visa a conferir previsibilidade na regular positivação do Direito, o que somente será atendido se houver certeza do Direito,[28] isto é, a exata determinação do conteúdo jurídico aplicável, e manutenção da igualdade[29] de trata-

26. Tomando em conta a inquestionável importância dos códigos, mesmo em épocas de descodificação, diz Ramos Núñez: "Si la centralidad y el protagonismo de los códigos han cedido ante la acelerada producción normativa de carácter especial, éste parece ser un dato más bien registrado por el jurista con sensibilidad sociológica, antes que por los finos cultores de la Dogmática y su numeroso séquito de abogados, jueces y estudiantes. A la vez que se habla de la crisis de los códigos, se publican colecciones completas y se organizan congresos, seminarios, simposiums y certámenes de todo tipo, destinados a exaltar hasta el delirio las bondades técnicas de un Código dado o para poner en tela de juicio sus imperfecciones. Contra lo que pudiera pensarse, en una era de apogeo de los microsistemas y de predominio de la tecnología, las ediciones se agotan y los auditorios se repletan, lo que, por añadidura, no podrá hacer nunca culquiera de las ramas que se independizaron de los códigos o que se formaron al margen de éstos" (*Codificación, Tecnología y Postmodernidad – la Muerte de un Paradigma*, Lima, ARA, 1996, p. 72).

27. Na Itália, país que não dispõe de um Código Tributário, nada obstante a aspiração de vários autores, numa exigência que se vai reforçando a cada dia. Tratando dos problemas dessa incompreensível ausência, diz Corrado Magnani: "L'accennato quadro normativo da luogo a gravi incovenienti facilmente identificabili: 1) nell'esistenza di regole differenti oggettivamente ingiustificate con conseguenti problemi di legittimità costituzionale per violazione del principio di uguaglianza; 2) nelle lacune riscontrabili nella disciplina dell'accertamento di molti tributi, con conseguenti problemi di integrazione di essa mediante il ricorso a 'principi' di controversa individuazione; 3) nell'inesistenza, comunque, di norme-principio senza le quali la soluzione di molte questioni di ordine applicativo presenta, come attestato dalla giurisprudenza, oggettivi margini di incertezza" ("Accertamento tributario e codificazione", in Víctor Uckmar (coord.), *L'Evoluzione dell'Ordinamento Tributario Italiano*, Pádua, CEDAM, 2000, p. 554).

28. Eusebio González García, ao tratar desse princípio, menciona como manifestação típica deste, "en primer lugar, la estabilidad del Derecho, en segundo término, el suficiente desarrollo normativo dentro de la jerarquía de las fuentes, finalmente, la certidumbre sobre los remedios jurídicos a disposición del contribuyente, caso de incumplirse las previsiones del ordenamiento" ("Relaciones entre los principios de seguridad jurídica y legalidad", in IBET, *Justiça Tributária*, São Paulo, Max Limonad, 1998, p. 151).

29. "A desigualdade decorre também da injustiça sistêmica. A igualdade estará comprometida se o sistema tributário não for justo em sua totalidade, com equilíbrio entre impostos diretos e indiretos e entre princípios e valores" (Ricardo Lobo Torres, *Os Direitos Humanos e a Tributação – Imunidades e Isonomia*, Rio de Janeiro, Renovar, 1995, p. 269; cf. Geraldo Ataliba, *República e Constituição*, São Paulo, Ed. RT, 1985, p. 142; Pedro M. Herrera Molina, *Capacidad Económica y Sistema Fiscal*, Madri, Marcial Pons, 1998, pp. 84-87; José Casalta Nabais, *O Dever Fundamental de Pagar Impostos*, Coimbra,

mento por parte das autoridades competentes nos respectivos atos de aplicação do Direito. Temos, assim, a segurança como resultante de duas variáveis axiológicas que se complementam: a certeza e a igualdade.[30]

Interessa-nos, aqui, a função certeza da segurança jurídica, entendendo-se por "certeza" a determinação permanente dos efeitos que o ordenamento jurídico atribui a um dado comportamento, de modo que o cidadão saiba ou possa saber, de antemão, a conseqüência jurídica de suas próprias ações. E essa função é atendida pelos códigos, porquanto a tipificação (regulação normativa de ação-tipo),[31] tarefa que lhes é própria, constitui-se numa garantia dessa certeza, ao pretender oferecer a indicação explícita dos tipos e demais elementos compositivos da regra-matriz de incidência, o que acaba por reforçar o alcance e conteúdo dos dispositivos constitucionais, pelo processo de positivação.[32]

Isso não quer dizer que os códigos tenham apenas um papel de reiteração de matéria já previamente fixada pela Constituição. Atendendo à função "certeza", os códigos devem ampliar seus desdobramentos na regulação do funcionamento do sistema tributário para permitir efetividade às regras constitucionais, sem que isso signifique restringir direitos dos contribuintes, limitando o que a Lei Maior ofertou sem limitações, ou ampliação de competências estatais. Por isso, situar nos códigos matéria típica de direito constitucional tem efeito meramente repetitivo do quanto já foi ali assentado.

Contudo, voltamos a enfatizar. O que acima se expôs não se dá em todos os sistemas, principalmente quando a Constituição de um país não contempla uma gama muito ampla de preceitos típicos de direito tributário, quando, então, o código cumpre um papel fundamental no ordenamento: o de veicular as "normas gerais de direito tributário", os princípios e primados de maior dimensão, além daquelas que já lhes são próprias, as "normas gerais em matéria de legislação tributária".

Vale lembrar que estamos trabalhando com o conceito mais amplo possível de "codificação", numa visão de Direito Comparado, envolvendo a análise de Constituições de países unitários e países com regimes federativos; de Constituições com am-

Almedina, 1998, pp. 394-421; também o importante estudo de José Osvaldo Casás, "Seguridad jurídica, legalidad y legitimidad en la imposición tributaria", in IBET, *Justiça Tributária*, São Paulo, Max Limonad, 1998, pp. 329-413).

Nota da Redação: v. Geraldo Ataliba, *República e Constituição*, 2ª ed., 2ª tir., São Paulo, Malheiros Editores, 2001.

30. Para maiores considerações, cf.: Tércio Sampaio Ferraz Júnior, "Segurança jurídica – Normas gerais tributárias", *RDTributário* 17-18/52, São Paulo, Ed. RT, 1981.

31. Como ensina Paulo de Barros Carvalho, ao tratar do princípio da tipologia tributária, enquanto princípio constitucional tributário: "No direito positivo brasileiro, o tipo tributário é definido pela integração lógico-semântica de dois fatores: hipótese de incidência e base de cálculo. Ao binômio, o legislador constitucional outorgou a propriedade de diferençar as espécies tributárias entre si, sendo também operativo dentro das próprias subespécies" (*Curso de Direito Tributário*, 10ª ed., São Paulo, Saraiva, 1998, p. 116). Por isso, ao tratar do princípio da estrita legalidade, acrescenta: "O veículo introdutor da regra tributária no ordenamento há de ser sempre a lei (sentido lato), porém o princípio da estrita legalidade diz mais do que isso, estabelecendo a necessidade de que a lei adventícia traga no seu bojo os elementos descritores do fato jurídico e os dados prescritores da relação obrigacional. Este *plus* caracteriza a *tipicidade tributária*" (idem, p. 114). Para uma apreciação da aplicação dos "conceitos classificatórios", ao invés da noção de "tipo", no direito tributário, cf. Misabel Abreu Machado Derzi, *Direito Tributário, Direito Penal e Tipo*, São Paulo, Ed. RT, 1988, 302 pp.

32. Como assinala C. García Novoa: "A la pretensión de definitividad de la norma hay que unir la pretensión de estabilidad de la misma, expresión formal de la confianza del ciudadano en el Derecho, lo que debe servir para reprobar los cambios normativos excesivos e injustificados. Y finalmente, la plenitud de la norma. La regulación normativa ha de expresarse de tal manera que la definición de los supuestos de hecho comprenda un ámbito de la realidad normada lo más amplio posible, de forma que se aminoren las lagunas" (*El Principio de Seguridad Jurídica en Materia Tributaria*, Madri, Marcial Pons, 2000, p. 77). Parece difícil para um sistema conseguir alcançar estes objetivos desprovido de um Código Tributário estável e bem-estruturado.

pla regulação do respectivo sistema tributário e de Constituições desprovidas de regras sobre essa matéria.

3.2 O equívoco da "descodificação" no direito tributário

Como foi dito acima, o protagonismo dos códigos continua a ser questionado como modelo legislativo neste momento de produção acelerada de legislações e constitucionalização de várias matérias, numa tentativa de acompanhar a evolução do Homem e dos seus valores, presentes numa dada coletividade. Essa é uma das causas principais da chamada "descodificação", com grandes repercussões para a interpretação e aplicação do direito positivo. Mas esse não é um fenômeno universal em face do mundo jurídico, pois não se trata de um fenômeno que se encontra instalado em todas as áreas do Direito, como querem ou pensam alguns.

É certo que em países cuja Constituição estabelece o poder de tributar ou a distribuição de competência tributária, identifica as espécies de tributos e predispõe os princípios e limites à atividade tributária do Estado, fixando o campo de possibilidades destas, como ocorre no Brasil, nesse caso, o Código perde em importância, pela inexorável submissão deste à Constituição,[33] dando-se, em certa medida, uma espécie de "esvaziamento" do Código e, por conseguinte, uma "descodificação" por "avocação" de matéria, mesmo se não chegue ao alcance de desfigurá-lo e torná-lo desprovido de importância. Eis o que poderíamos chamar de *descodificação ascendente*.

Além dessa forma de descodificação ascendente, do Código para a Constituição, temos a *descodificação descendente*: pela formação de microssistemas de normas, no chamado "processo de expansão legislativa", cujos particularismos, aparentemente, superam as disposições do Código.[34]

Todavia, a codificação ter por reduzida sua importância não quer dizer ter por eliminadas suas sobranceiras funções no sistema. E por isso mesmo tal "descodificação" só ocorre de modo aparente, pois ambos, Constituição e Código, ocupam-se de conteúdos diversos: aquela, das "normas gerais de direito tributário", definindo o poder de tributar e seus limites, bem como os princípios gerais; e o Código, das "normas gerais em matéria de legislação tributária", dispondo sobre as regras exigidas pela Constituição para explicitar as matérias tributáveis e gerar redução de divergências na configuração dos mecanismos formais de exigibilidade dos tributos.

A constitucionalização da matéria tributária gera uma conseqüente *descodificação*, mas só aparente, como foi dito. A construção dos elementos compositivos da obrigação tributária, a caracterização do fato jurídico tributário, a qualificação dos deveres formais, a demarcação dos contornos da sujeição passiva, dos atos de lançamento e exigência do crédito, de suspensão e extinção do crédito tributário, dos prazos de decadência e prescrição, da Administração e da Fiscalização de tributos, além de outros preceitos necessários para dar ense-

33. "(...) es cierto que una ley ordinaria como la Ley General Tributaria no tiene como función exclusiva o típica la de regular derechos y garantías fundamentales sino la de regular los mecanismos jurídicos de aplicación de los tributos procurando, eso sí, que dicha regulación sea respetuosa con los derechos y garantías constitucionales de los ciudadanos" (María Teresa Soler Roch, "Reflexiones sobre la descodificación tributaria en España", *Revista Española de Derecho Financiero* 1998/97, p. 11).

34. Há países, como a Espanha, onde se observa uma tendência – aparentemente transitória (espera-se) – à descodificação, por atos legislativos que regulam, de forma separada, aspectos fundamentais da relação tributária. É o caso da *Ley de Derechos y Garantías de los Contribuyentes*, n. 1, de 26.2.1998, cuja Exposição de Motivos declara expressamente: "La regulación en un texto legal único dotará a los derechos y garantías en él recogidos de mayor fuerza y eficacia y permitirá la generalización de su aplicación al conjunto de las Administraciones Tributarias, *sin perjuicio de su posible integración en un momento ulterior en la Ley General Tributaria en cuanto constituye el eje vertebrador del ordenamiento tributario*".

jo ao processo de positivação das regras constitucionais, não encontram outro universo senão o do Código Tributário, como o melhor lugar para constar e informar todo o conteúdo das leis dos diversos tributos, como complemento dos dispositivos constitucionais e, desse modo, fazendo-se um círculo concêntrico, a partir daquele núcleo constitucional, que confere sistematização à matéria,[35] na construção do sistema tributário nacional.

Somente o Código, na qualidade de "norma geral", pode ampliar a estabilidade sistêmica desejada pela Constituição, devendo as demais leis ser a ele também subordinadas, por necessária compatibilidade vertical de conteúdo. Por essa razão, dizemos que só aparentemente tal hipótese de descodificação pode ser alegada, porque as "normas gerais em matéria de legislação tributária" é que vão informar os valores que devem ser obedecidos,[36] como garantia de segurança jurídica para os contribuintes, ficando para as regras codificadas o papel ordenador dos procedimentos formais de constituição, fiscalização, arrecadação e extinção do crédito tributário, as quais deverão ser atendidas por qualquer outro subsistema que se crie.

Como disse Aliomar Baleeiro: "Os fatos – para lembrar livro que faz época – passam adiante dos códigos. Mas os códigos, mesmo condenados à mutilação ou à ancilose do tempo, põem ordem, estimulam a elaboração do estudo científico do Direito e facilitam a tarefa dos aplicadores e o conhecimento das regras pelo povo, mormente em assunto impregnado de tecnicismo como é o tributo moderno".[37]

Enquanto em outros ramos é atual o discurso que discute a existência de uma "descodificação", como é o caso do direito civil; no direito tributário, contrariamente, a codificação é um reclamo de segurança e certeza jurídica, cujo aperfeiçoamento representa a melhoria de todo o sistema tributário vigente em um dado país, ao permitir a construção de uma legislação harmônica, dotada de regras claras e submetidas a critérios formais comuns.[38]

Por tal razão é que na atualidade já se faz sentir um fenômeno inverso, de recodificação, ou seja, de "devolução" de matérias aos códigos, dantes subtraídas por legislação especial (pela "descodificação descendente"), com natureza de princípios ou paradigmas imprescindíveis para a constru-

35. "De Norte a Sul, seja o tributo federal, estadual ou municipal, o fato gerador, a obrigação tributária, seus elementos, as técnicas de lançamento, a prescrição, a decadência, a anistia, as isenções etc. obedecem a uma mesma disciplina normativa, em termos conceituais, evitando o caos e a desarmonia. Sobre os prolegômenos doutrinários do federalismo postulatório da autonomia das pessoas políticas prevaleceu a praticidade do Direito, condição indeclinável de sua aplicabilidade à vida. A preeminência da norma geral de direito tributário é pressuposto de possibilidade do Código Tributário Nacional (veiculado por *lei complementar*)" (Sacha Calmon Navarro Coêlho, *Curso* ..., 2ª ed., 801 pp.).

36. "Na verdade, não é mais possível trabalhar com um conceito oitocentista de código. (...). Alterado substancialmente esse quadro, isto não significa que deva ser rejeitado o conceito de código, pois ele favorece a preservação dos valores essenciais do ordenamento jurídico. Até porque o código não é apenas mais uma lei, mas um valor cultural do ordenamento jurídico. A luta por sua manutenção constitui uma manifesta aplicação do princípio da continuidade. (...). Acrescente-se que a preservação do código favorece a obtenção de uma maior certeza do Direito" (Fábio Siebeneichler de Andrade, *Da Codificação* – ..., p. 157).

37. *Direito Tributário Brasileiro*, 11ª ed., Rio de Janeiro, Forense, 1999, p. 19.

38. "O interesse da unidade nacional, a segurança e a comodidade dos contribuintes, a eficiência da Administração clamam por essa codificação" (Aliomar Baleeiro, *Direito* ..., 11ª ed., p. 14 – este é o mais completo trabalho sobre codificação do direito tributário brasileiro, às pp. 11-46). Como diz José Juan Ferreiro Lapatza: "Los cambios muy frecuentes de la normativa y las normas demasiado minuciosas contribuyen a la opacidad del Derecho y dificultan su aplicación. Atentan contra la claridad de la norma, privan de certeza el ordenamineto y significan, por tanto, un ataque directo al principio de seguridad. Principio que postula normas claras y sencillas y, en el medida de lo posible, estables, de tal forma que los ciudadanos puedan, sin grandes esfuerzos, medir las consecuencias fiscales de sus actuaciones" (*Ensayos sobre Metodología y Técnica Jurídica en el Derecho Financiero y Tributario*, Madri, Marcial Pons, 1998, p. 29).

ção, interpretação ou aplicação das demais normas do sistema. Como assinala Ramos Núñez: "La recodificación no es un dato aislado que corresponda a la experiencia política de un sólo país. En realidad, se trata de una tendencia que se registra en todos los países de tradicion romanista".[39]

No enfrentamento dos problemas relacionados com a suposta "descodificação", vemos que uma das hipóteses desta situação decorre da relação entre a Constituição e o Código Tributário (descodificação ascendente), que, se não nos legitima a falar numa espécie de perda de conteúdo, ao menos nos confere condições para dizer sobre uma perda de importância quando essa Constituição, expressamente, não disponha sobre qual a posição hierárquica a ser ocupada pelo Código no ordenamento jurídico. A ausência de um dispositivo como esse enfraquece o Código, ao mesmo tempo que instaura um clima de desconfiança sobre o efetivo alcance e a eficácia das normas nele contidas. É o caso do Brasil, nada obstante o art. 146 da Constituição Federal, cuja interpretação não tem recebido um sentido uniforme por parte da doutrina.

4. *Considerações finais*

Considerando tudo quanto foi dito acima, no atual quadro de exigências de aperfeiçoamento da legislação tributária, particularmente do Código Tributário Nacional, precisamos isolar com clareza suas funções constitucionais no sistema jurídico vigente.

A Constituição Federal (art. 146, III) exige que o sistema de legislações (União, Estados, Distrito Federal e Municípios) submeta-se às chamadas "normas gerais de direito tributário", como forma de (i) *regular as limitações constitucionais ao poder de tributar*, aplicando-se estritamente àquelas que exigem lei específica para surtir efeitos (arts. 146, II, 150, VI, "c", 195, § 7º, e 156, § 3º, da CF); (ii) evitar eventuais *conflitos de competência* entre as pessoas tributantes, quando deverá dispor sobre *fatos geradores, bases de cálculo* e *contribuintes* dos impostos já identificados na Constituição (arts. 146, I e III, "a", e 155, § 2º, XII, da CF); (iii) definir os *tributos* e *suas espécies* (art. 146, III, "a", da CF); (iv) harmonizar os procedimentos de cobrança e fiscalização dos tributos, tratando de *obrigação, lançamento* e *crédito* (art. 146, III, "b", da CF); e (v) uniformizar os prazos de *decadência* e *prescrição* (art. 146, III, "b", da CF).

Para criar tais normas gerais, o Congresso Nacional, na qualidade de legislador nacional, deve usar de leis complementares, que são figuras do ordenamento que se diferenciam dos demais atos legislativos por encontrarem no sistema constitucional o respectivo campo material predefinido (competência), sob a forma de matérias sujeitas ao *princípio de reserva de lei complementar* (pressuposto material), e aprovadas por maioria absoluta (pressuposto formal – art. 69 da CF).

Desse modo, apreciando as hipóteses de cabimento de lei complementar em matéria tributária, temos que, no ordenamento constitucional vigente, são matérias de *reserva de lei complementar*, em duas das funções legislativas do Congresso Nacional:

1) o *exercício de competência da União* (lei complementar federal), a qual se subdivide em:

(i) exercício de competências privativas específicas (arts. 148 e 153, VII, da CF); e

(ii) exercício de competência residual (arts. 154, I, e 195, § 6º, da CF);

2) a criação das *normas gerais em matéria de legislação tributária* (lei complementar nacional – arts. 24, I, e 146 da CF), as quais se encontram expressas nas seguintes possibilidades:

(i) *regular as limitações constitucionais ao poder de tributar*, restritamente àquelas que exigem lei específica para surtir efeitos (arts. 146, II, 150, VI, "c", 195, § 7º, e 156, § 3º, CF);

39. *Codificación, ...*, 1996, p. 76.

(ii) evitar eventuais *conflitos de competência* entre as pessoas tributantes, quando deverá dispor sobre *fatos geradores, bases de cálculo* e *contribuintes* dos impostos já identificados na Constituição (arts. 146, I e III, "a", 156, III, e 155, § 2º, XII, da CF);

(iii) definir os *tributos* e *suas espécies* (art. 146, III, "a", da CF);

(iv) harmonizar os procedimentos de cobrança e fiscalização dos tributos, tratando de *obrigação, lançamento* e *crédito* (redução de divergências) (arts. 146, III, "b", e 155, § 2º, XII, da CF);

(v) uniformizar os prazos de *decadência* e *prescrição* (art. 146, III, "b", da CF).

No primeiro caso o exercício da competência será legítimo se acompanhado de lei complementar, por ser matéria reservada tipicamente para essa espécie de lei. Exercida a competência, quer dizer, instituído o tributo, sua função cessa, ingressando no sistema jurídico nacional no mesmo plano das leis ordinárias e mantendo-se, assim, em relação de coordenação com estas. Nesse caso não há que se falar em qualquer *hierarquia* entre a lei complementar e os demais atos legislativos, porquanto sua função exaure-se com a instituição do tributo, cessando com o próprio exercício de competência. Por conseguinte, nada impede que lei ordinária posterior modifique ou mesmo ab-rogue lei complementar com tais funções.

Corolário dessa conclusão, somente lei complementar, na função de "norma geral", poderá revogar uma outra "norma geral". Não basta ser lei complementar, portanto. É preciso que esteja dirigida para o fim de modificar a norma com essa função no ordenamento.

Evidente, pois, que, não estando a razão de hierarquia na vigência ou na eficácia da norma, a única posição questionável será aquela do plano da validade. Por isso mesmo, tomando em conta a natural submissão do Código aos preceitos constitucionais, independentemente de se tratar de uma lei ordinária, a Lei 5.172/1966, enquanto "lei nacional" que é, naquilo que for fundamento de validade material para a construção da legislação do "sistema tributário nacional" terá preeminência sobre todas as demais leis, ordinárias ou complementares – não importa –, elaboradas por qualquer uma das pessoas políticas.

CADERNOS DE DIREITO TRIBUTÁRIO

AS INFLUÊNCIAS ITALIANAS NO DIREITO TRIBUTÁRIO BRASILEIRO

RICARDO LOBO TORRES
Professor de Direito Financeiro na Faculdade de Direito da Universidade do Estado do Rio de Janeiro (UERJ)

1. Histórico da influência italiana. 2. Características: 2.1 Recepção eclética – 2.2 A positivação da doutrina. 3. Problemas: 3.1 Lei complementar – 3.2 Relações entre direito tributário e ciência das finanças – 3.3 Conceito de tributo – 3.4 Obrigação tributária – 3.5 Responsabilidade tributária – 3.6 Penalidades pecuniárias – 3.7 Interpretação. 4. Conclusões. 5. Bibliografia.

1. Histórico da influência italiana

O direito tributário brasileiro sofreu grande influência da doutrina italiana, principalmente da elaborada no período fundacional da disciplina – décadas de 20 a 40 do século XX.

Mas em épocas anteriores também se pode detectar certa influência peninsular sobre as finanças brasileiras. Assim é que as idéias do Cameralismo no século XVIII tornaram-se conhecidas pela obra de Muratori (1672-1750), que, sendo amigo do iluminista português Verney, com ele manteve permanente contato.[1] Outros juristas e filósofos iluministas italianos, como Genovesi (1713-1769) e Martini (1726-1800), igualmente influenciaram o pensamento luso-brasileiro, eis que seus compêndios chegaram a ser adotados em Portugal e no Brasil.[2]

No início do século XX fez-se forte a influência dos economistas e financeiros italianos, entre os quais Luigi Cossa, Frederico Flora, Augusto Graziani e Ricca Salerno, sobre seus colegas brasileiros e até sobre os juristas.[3] Veiga Filho, Viveiros de Castro, Dídimo da Veiga e Rui Barbosa in-

1. Ludovico Antonio Muratori publicou, no ano de 1749, o livro *Della Pubblica Felicità* (republicado em Bolonha em 1941, por Nicole Zanichelli Editore), no qual desenvolve as idéias cameralistas sobre a felicidade do povo garantida pelo Estado. Dedica diversas passagens à questão do tributo, que encontra sua justificativa no fato de permitir ao Príncipe acudir às necessidades do povo, mas que não deve ser cobrado em excesso (p. 204).

2. Cf. Ricardo Lobo Torres, *A Idéia de Liberdade no Estado Patrimonial e no Estado Fiscal*, Rio de Janeiro, Renovar, 1991, p. 58.

3. Para o levantamento minucioso dessa recepção v. Alcides Jorge Costa, "A doutrina tributária italiana e sua influência no direito tributário brasileiro", *Princípios Tributários no Direito Brasileiro e Comparad.– Estudos Jurídicos em Homenagem a Gilberto de Ulhôa Canto*, Rio de Janeiro, Forense, 1988, p. 25.

cluem no seu referencial teórico as obras principais daqueles financeiros.[4]

Mas é sobretudo a geração de juristas italianos que? escreve nas décadas de 30 e 40 que obtém notável repercussão no Brasil. Coube a Ascarelli – que, resistindo ao Fascismo, veio para São Paulo em 1940, onde foi colega de escritório de Advocacia de Ruy Barbosa Nogueira – divulgar a doutrina italiana entre nós.[5] Embora não fosse rigorosamente um tributarista, Ascarelli escreveu livros e artigos sobre a matéria,[6] lecionou-a em São Paulo e influenciou brasileiros que atuavam em outros campos do saber jurídico, como foi o caso de Miguel Reale.[7] A geração contemporânea à elaboração do Código Tributário Nacional pôde, assim, chegar às fontes italianas, como se vê na obra de Rubens Gomes de Souza, Gilberto de Ulhôa Canto, Amílcar de Araújo Falcão e Ruy Barbosa Nogueira. Após a década de 60 diminui sensivelmente a recepção dos novos autores italianos no Brasil, embora ainda se note até hoje a força do pensamento dos tributaristas da fase áurea dos anos 30 e 40 sobre a doutrina brasileira.

A ascendência do pensamento italiano se faz sentir também na Espanha[8] e nos países da América Latina,[9] no mesmo período.

2. *Características*

Duas são as características marcantes da recepção da doutrina italiana: o ecletismo e a positivação na lei tributária das posições teóricas.

2.1 *Recepção eclética*

A recepção de institutos e normas do Direito estrangeiro pode ser eclética, o que acontece quando simultaneamente penetram no Direito do país importador a legislação ou a doutrina de diferentes origens nacionais, muitas vezes conflitantes. Essa recepção eclética tem sido a regra entre nós.[10]

A doutrina italiana das décadas de 30 e 40 sofreu extraordinária influência do direito tributário alemão. As novas normas introduzidas na *Reichsabgabenordnung* de 1919 e os trabalhos inovadores dos juristas alemães repercutiram intensamente na Itália. A vertente da tributarística alemã ligada à jurisprudência dos interesses e ao positivismo sociológico (E. Becker) inspirou a obra dos italianos B. Griziotti, Vanoni e

4. Cf. Ricardo Lobo Torres, "Rui tributarista", in Margarida Maria Lacombe Camargo (org.), *A Atualidade de Rui Barbosa*, Rio de Janeiro, Casa de Rui Barbosa, 2001, p. 63.

5. Ruy Barbosa Nogueira, "A contribuição de Tulio Ascarelli para a formação da doutrina jurídico-tributária do Brasil", *Direito Tributário Atual* 10/2.734, 1990: "A falta de livros doutrinários básicos era absoluta entre nós, porém Ascarelli não só dominava vários idiomas, mas conhecia a literatura jurídica mundial. Aconselhava a estudar línguas e ia indicando bibliografia (...). Da Itália indicou as *Instituições* de Mario Pugliese, inclusive na tradução castelhana editada no México, e ainda os *Principi di Diritto Tributario* de Tesoro, como ainda as obras de Vanoni, de Giannini, de Griziotti e de tantos outros".

6. Entre os principais livros e artigos escritos por Ascarelli em Português, durante sua estada no Brasil (1940-1949), podem ser mencionados: *O Conceito de Rendimento Tributável e o Projeto do Novo Regulamento do Imposto de Renda*, parecer, São Paulo, FIESP, 1941; "O imposto de renda, as participações de terceiros e os lucros da firma", *Revista Industrial de São Paulo*, 1943, pp. 65-67; *Lucros Extraordinários e Imposto de Renda*, São Paulo, Livraria Martins, 1944 (em colaboração com Rubens Gomes de Souza e João Baptista Pereira de Almeida Filho). Para o estudo detalhado da obra de Tulio Ascarelli cf. Elisa Caldeira de Alvarenga Lames, *As Principais Contribuições do Professor Tulio Ascarelli na Formação da Ciência do Direito Tributário Brasileiro*, dissertação de Mestrado, Rio de Janeiro, Universidade Cândido Mendes (mim.), 2001. A rica biblioteca do jurista italiano foi doada por sua família, após seu falecimento, à Faculdade de Direito da USP.

7. "La teoria dell'interpretazione nel pensiero di Tulio Ascarelli", *Rivista Internazionale di Filosofia del Diritto* 60(2)/231-246, 1983.

8. Francisco Escribano (*La Configuración Jurídica del Deber de Contribuir. Perfiles Constitucionales*, Madri, Civitas, 1988, p. 80) chega a detectar o "monopolio intelectural gianniniano en España".

9. Cf. Ramón Valdés Costa, "La codificación tributaria en América Latina", *Civitas – Revista Española de Derecho Financiero* 33/96, 1982.

10. Cf. Ana Lúcia de Lyra Tavares, "A Constituição Brasileira de 1988: subsídios para os comparatistas", *Revista de Informação Legislativa* 109/87, 1991.

Jarach (que posteriormente se radicou na Argentina), principalmente; a corrente ligada ao positivismo conceptualista (O. Mayer e Nawiaski) foi recepcionada por A. D. Giannini, A. Berliri e, ulteriormente, também por Vanoni.[11] De modo que, ao se estudar a influência italiana sobre o Direito Brasileiro, fica muito difícil separar o que é originalmente italiano e o que é imitação do Direito Germânico. Esse itinerário intelectual do direito tributário italiano mesclado com o alemão ou do direito germânico filtrado na Itália, que passa pela Espanha e por alguns países da América Latina até chegar ao Brasil, já foi objeto de análise de diversos juristas brasileiros,[12] espanhóis[13] e de outros países latino-americanos.[14] Recorde-se que o dito itinerário é comum a alguns ramos do Direito, como o processual civil,[15] e ocorreu em outros períodos históricos, como no Iluminismo e no Cameralismo do século XVIII.[16] A partir da década de 70, aproximadamente, a doutrina italiana enveredou pelo Formalismo e pelo Procedimentalismo, afastando-se das fontes alemãs, e deixou de influenciar o Direito Brasileiro e o dos demais países latinos.[17]

Uma outra circunstância que tornou importante o contato com a cultura italiana foi a tradução de algumas obras de autores que se expressavam em Alemão, como Hensel[18] e Blumenstein.[19] A partir dos anos 60 os italianos deixaram de traduzir os alemães, o que ocasionou o maior distanciamento entre os Direitos dos povos latinos e as fontes germânicas.

Esse ecletismo quanto às fontes faz com que haja também certa contradição normativa e doutrinária. Regras e dispositivos do Código Tributário Alemão penetram no Brasil juntamente com opiniões doutrinárias italianas que lhe são opostas, o que gera no Código Tributário Nacional normas e princípios antinômicos. Autores italianos contraditórios, como Vanoni, são recepcionados acriticamente.[20]

2.2 *A positivação da doutrina*

Fenômeno digno de atenção é a positivação de pontos de vista da doutrina italia-

11. Vanoni é figura extremamente ambígua: no campo da interpretação do direito tributário filiava-se à corrente da consideração econômica, ligada ao positivismo sociológico e economicista; em outros pontos seguia o conceptualismo e a idéia de ordenamento. Rubens Gomes de Souza deixou-se afetar pela contradição: sendo ele próprio um conceptualista no final de sua carreira, traduziu, antes, o livro de Vanoni sobre a interpretação jurídica (*Natureza e Interpretação das Leis Tributárias*, Rio de Janeiro, Financeiras, 1952).

12. Cf. Rubens Gomes de Souza, "Normas de interpretação no Código Tributário Nacional", in Bernardo Ribeiro de Moraes *et alii*, *Interpretação no Direito Tributário*, São Paulo, EDUC/Saraiva, 1975, p. 371: "Da Alemanhã *[a tese da interpretação finalística]* passou para a Itália, porque, estudando os currículos dos autores italianos, vê-se que, praticamente, todos eles são de formação germânica (...). Mas o fato é que Vanoni, Berliri, Jarach, todos são de filiação germânica. Talvez o único que não adote tal orientação seja Giannini (...). E, também, por influência do nosso amigo Jarach, passou para a América Latina, principalmente para a Argentina".

13. Fernando Sainz de Bujanda (*Sistema de Derecho Financiero*, I, v. 2, Madri, Universidad Complutense, 1985, p. 25) traça a *trajectoria intelectural* do direito tributário a partir da *Reichsabgabenordnung* de 1919.

14. Cf. Valdés Costa, "La codificación ...", *Civitas – Revista Española de Derecho Financiero* 33/90.

15. Cf. José Carlos Barbosa Moreira, "A influência do direito processual civil alemão em Portugal e no Brasil", *Revista Brasileira de Direito Comparado* 9/27, 1990.

16. L. Cabral de Moncada, *Estudos Filosóficos e Históricos*, v. II, Coimbra, Universidade de Coimbra, 1959, p. 469: "(...) se a fonte e origem do nosso Iluminismo pombalino devem ser procuradas, mais diretamente, em Viena, talvez menos direta e mais remotamente o devam ser, porém, em Roma". E conclui: "Será aí – precisamente no foco do reformismo católico italiano da primeira metade do século XVIII, abstraindo de outras correntes secundárias – que devemos procurar a origem comum do *josefinismo* austríaco e do nosso *josefinismo* ou *pombalismo* português".

17. Sainz de Bujanda (*Sistema* ..., I, v. 2, p. 137) afirma: "Con egregias excepciones, puede afirmarse que ambas literaturas se desconocen hoy entre si, y recorren, altaneras y solitarias, su propio camino".

18. *Diritto Tributario*, trad. de Dino Jarach, Milão, Giuffrè, 1956.

19. *Sistema di Diritto delle Imposte*, trad. de Francesco Forte, Milão, Giuffrè, 1954.

20. V. nota 11.

na no Brasil. O Direito Comparado moderno não se reduz mais à legislação comparada, senão que examina também as fontes doutrinárias e jurisprudenciais.[21] Mas não é incomum a transmigração de idéias de juristas diretamente do texto de seus livros para as normas legisladas de outros países, sem que antes se tenham positivado no país exportador.[22] Conhecem-se no direito constitucional brasileiro inúmeros exemplos: o poder moderador saiu da obra do francês Benjamim Constant para a Constituição de 1824 e por isso mesmo não sobreviveu nos textos ulteriores; o mandado de injunção, que aparece na Constituição Federal/1988, foi copiado da construção jurisprudencial e doutrinária americana sem que antes fosse filtrado pelo Legislativo dos Estados Unidos.

Servem para exemplificar essa recepção, como adiante veremos, sobretudo a definição de tributo (art. 3º do CTN), a estruturação da obrigação tributária (art. 113) e as normas sobre a interpretação jurídica (arts. 108-112) e a responsabilidade tributária (arts. 128-135).

3. Problemas

3.1 Lei complementar

O tema da lei complementar no Brasil, aprovada por *quorum* especial, é extremamente controvertido, seja quanto ao âmbito material de incidência, seja quanto à posição hierárquica. Não é menos discutível no que concerne à ascendência estrangeira: alguns querem buscá-la na Constituição Austríaca, outros pretendem fazê-la repousar na *loi organique* francesa, não obstante o fato de esta não possuir superioridade hierárquica.

Parece, todavia, que não há dúvida de que em sua origem está entrelaçada às normas financeiras e tributárias. E, sendo assim, não se pode descartar a influência italiana, tão forte no direito tributário.

De feito, na Constituição/1946 é que aparece a competência da União para legislar sobre "normas gerais de direito financeiro". Embora tal competência não se exercesse por *quorum* qualificado, a similitude com a lei complementar tributária é grande, posto que lhe compete estabelecer "normas gerais de direito tributário" (art. 146 da CF/1988). Aliomar Baleeiro,[23] ao introduzir o dispositivo na Constituição Federal/1946, justificou-o com o exemplo do Código Tributário Mexicano, influenciado pelo italiano Pugliese.

A Comissão de Reforma do Ministério da Fazenda elaborou, em 1965, o Projeto de Emenda Constitucional "A", prevendo a expedição de lei complementar, cujo projeto seria votado, "sucessivamente, pela Câmara dos Deputados e pelo Senado Federal, ou vice-versa, em duas discussões com o intervalo mínimo de 10 (dez) dias, considerando-se aprovado, rejeitado, ou emendado, pelo voto da maioria absoluta dos respectivos membros" (art. 6º). Na justificativa do Anteprojeto dizia a Comissão: "Faltam, porém, na Constituição, normas capazes de situar as leis complementares na posição hierarquicamente superior à das ordinárias, que lhes compete em sua qualidade de leis nacionais e não meramente federais, além de distingui-las formalmente destas".[24] Alcides Jorge Costa vislumbra em tal proposta a influência de Vanoni e do Relatório da Comissão Econômica apresentado à Assembléia Constituin-

21. Cf. Helmut Coing, "Aufgaben der Rechtsvergleichung in unserer Zeit", *Neue Juristische Wochenschrift* 1981, p. 2.604.

22. Cf. John Gilissen, *Introdução Histórica ao Direito*, Lisboa, Fundação Calouste Gulbenkian, 1988, p. 28.

23. *Alguns Andaimes da Constituição*, Rio de Janeiro, Livraria Principal, 1950, p. 152: "Acentua-se, nos países civilizados, a tendência para a codificação do direito financeiro e a sua interpretação e aplicação segundo a concepção autonômica. É o caso da codificação alemã – *Reichsabgabenordung* –, de 1919, cometida a Eno Becker, ou da mexicana recente, inspirada pela obra de Mário Pugliese, tão difundido entre nós".

24. *Reforma da Discriminação Constitucional de Rendas.* (*Anteprojeto*), Rio de Janeiro, FGV, 1965, p. 11.

te Italiana logo após a II Guerra Mundial. Realmente, é bem oportuna a hipótese levantada pelo ilustre professor da Faculdade de Direito do Largo de S. Francisco, tanto mais que no Direito Italiano havia a preocupação de hierarquizar as fontes legislativas.[25]

3.2 Relações entre direito tributário e ciência das finanças

Problema que repercutiu intensamente na cultura brasileira foi o do relacionamento entre direito tributário e ciência das finanças, por influência dos estudos dos autores italianos e franceses. A solução positivista, assim na linha do Causalismo que do Formalismo, foi adotada simultaneamente pelos juristas brasileiros.

O Positivismo causalista reduzia a ciência do direito tributário à descrição das normas reguladoras das relações jurídicas privadas, que forneceriam assento aos tributos na forma proposta pela ciência das finanças ou pela política financeira. Griziotti[26] estabelecia entre a ciência das finanças e o direito financeiro a relação de complementaridade, cabendo à primeira estudar a essência, as funções e os efeitos da atividade financeira, enquanto o direito financeiro estuda as normas legais que governam a atividade financeira e os princípios para sua aplicação. Explicitavam juristas e financistas que a ciência do direito financeiro não emite juízos de valor, nem tem propósitos políticos, já que toda a valoração política deve ser reservada à política financeira, disciplina que ora colocavam no conjunto maior da ciência das finanças ao lado da ciência do direito financeiro,[27] ora situavam paralelamente à ciência do direito financeiro e à ciência das finanças.[28] No Brasil defendeu essa posição o jurista Rubens Gomes de Souza: o Direito é instrumental e não normativo, pois deve fornecer aos fatos sociais, econômicos, financeiros e políticos a técnica adequada ao seu desenvolvimento, donde se segue que "o Direito que pretende inverter a ordem dos fatores, e sobrepor a normatividade à instrumentalidade, estará fadado à frustração";[29] a ciência do direito financeiro é definida como "a disciplina que atribui obrigatoriedade jurídica às conclusões especulativas da economia financeira que tenham sido adotadas, em cada caso particular, pela política financeira".[30] De observar que a separação entre ciência do direito financeiro e ciência e política financeiras, que esvazia o pensamento jurídico das considerações valorativas, traduz, no plano metodológico, a separação que, no plano fático, os Positivismos estabelecem entre Direito, Economia e Política, o que transforma o Direito em mero subsistema, superestrutura ou projeção do econômico ou do político, independentemente do valor ou desvalor desses sistemas econômicos ou políticos. Aliomar Baleeiro, mesmo sem aderir às teses extremadas do Positivismo causalista e economicista, deixou-se influenciar por algumas idéias do Cientificismo, até porque o Liberalismo seu contemporâneo era utilitarista; é interessante

25. "'Diritto all'Imposta e Formazione delle Leggi Finanziarie', Capitolo I del *Rapporto della Comissione Economica presentado all'Assemblea Constituente* (1946)", in Ezio Vanoni, *Opere Giuridiche*, v. II, Milão, Giuffrè, 1962, p. 495: "A esta lei fundamental se deveria assegurar uma certa permanência no tempo, seja dando-lhe o caráter de lei constitucional ou fundamental, se uma hierarquia de leis devesse ser acolhida pela Constituição, seja dandolhe forma particular e garantia para sua modificação".

26. *Principios de Ciencia de las Finanzas*, Buenos Aires, Depalma, 1949, p. 6.

27. Cf. Celestino Arena, "Per una teoria politico-economica della finanza", *Rivista di Diritto Finanziario e Scienza della Finanze* 1940, p. 11.

28. Cf. Benvenuto Griziotti, "Nuova postilla alla teoria politico-economica delle finanze", *Rivista di Diritto Finanziario e Scienza delle Finanze* 1940, p. 150; "Per l'unità della cattedra di Diritto Finanziario e Scienza delle Finanze e per il prestigio degle studi finanziari in Italia", *Rivista di Diritto Finanziario e Scienza delle Finanze* 1942, p. 206.

29. *Estudos de Direito Tributário*, São Paulo, Saraiva, 1950, p. 401.

30. Rubens Gomes de Souza, *Compêndio de Legislação Tributária*, Rio de Janeiro, Financeiras, s/d.

observar que Baleeiro, que a rigor não possuía formação matemática e econômica especializada, derivou para a ciência das finanças à procura de um conteúdo jurídico e de um embasamento para o justo fiscal que a ciência do direito financeiro daquela época não lhe poderia oferecer; o estudo e o magistério de ciência das finanças serviam-lhe de instrumento para alcançar os pressupostos axiológicos que o Positivismo insistia em retirar do campo do Direito.[31]

Na vertente do Positivismo formalista, que prestou inestimáveis serviços à formação científica do direito tributário,[32] não se buscava síntese alguma, senão que se separava rigidamente a abordagem da ciência do direito tributário e da ciência das finanças, paralelamente ao corte a que se procedia entre os sistemas objetivos do Direito e da Economia.[33] A posição firmada pelos juristas italianos influenciou sobremodo a doutrina brasileira, devendo se destacar, pelo rigor formalista, a obra de Alfredo Augusto Becker.[34]

Outra influência italiana ocorreu no campo da Pedagogia financeira. Até como decorrência das teses do Sociologismo e do Positivismo causalista, o ensino do direito financeiro e da ciência das finanças se fazia de modo unitário, diluindo-se aquele nas explicações desta. Na Itália havia a cátedra de *Scienza delle Finanze e Diritto Finanziario*, denominação que Griziotti tentou inverter,[35] coisa que acontecia também na França, onde se ensinava *Science et Législation Financières*, em contraponto com as disciplinas unificadas, em 1954, de *Droit Constitutionnel et Institutions Politiques*. A mais prestigiosa publicação especializada italiana era a *Rivista di Diritto Finanziario e Scienza delle Finanze*. No Brasil os estudos de direito tributário se iniciaram nas cátedras de "Ciência das Finanças" criadas nas Faculdades de Direito. Coube a Aliomar Baleeiro instituir na Faculdade de Direito da UERJ, em 1963, ao lado da cátedra de "Ciência das Finanças", por ele exercida, a de "Direito Financeiro", que viria a ser ocupada logo a seguir por Amílcar de Araújo Falcão e, posteriormente, por Flávio Bauer Novelli, mas que só de longe segue o modelo italiano, posto que se abria para a pesquisa interdisciplinar e para as valorações políticas. Na mesma época, em São Paulo, o professor Ruy Barbosa Nogueira procurava também direcionar o ensino daquelas matérias para a interdisciplinaridade, primeiro na Pontifícia Universidade Católica (1954-1968), e depois na Faculdade de Direito do Largo de S. Francisco, que em 1963 criou a cátedra de "Direito Tributário", por ele obtida em concurso.[36]

3.3 Conceito de tributo

A definição de *tributo* que aparece no art. 3º do Código Tributário Nacional ins-

31. Baleeiro foi muito influenciado pelo reducionismo econômico em suas obras iniciais, nas quais separava o direito financeiro da política fiscal, retirando daquele e transferindo para esta as considerações valorativas: "A atividade financeira é exercida dentro de um sistema legal, que necessita de ser conhecido em suas linhas gerais como um dado de fato" (*Cinco Aulas de Finanças e Política Fiscal*, Salvador, Livraria Progresso, 1959, p. 22). Mais tarde procurou a síntese no estudo dos aspectos éticos, econômicos e políticos (cf. *Limitações Constitucionais ao Poder de Tributar*, Rio de Janeiro, Forense, 1977, p. 9).

32. Para a análise da brilhante corrente do Positivismo conceptualista italiano, que no curto período de cinco anos (1937-1942) renovou as bases científicas do direito tributário, v. Salvatore La Rosa, "Scienza politica del Diritto e sato normativo nella disciplina dell'acertamento dei redditi", *Rivista di Diritto Finanziario e Scienza delle Finanze* 1981, p. 562.

33. Cf. Antonio Berliri, *Principios de Derecho Tributario*, v. 1, Madri, Editorial de Derecho Financiero, 1964, p. 32: "O direito tributário, por conseguinte, é uma ciência jurídica, a ciência das finanças, ao contrário, é uma ciência econômica: o primeiro estuda as leis jurídicas que regem uma determinada atividade da Administração Pública e dos contribuintes; a segunda estuda, pelo contrário, as leis econômicas que regulam determinados fenômenos".

34. *Teoria Geral do Direito Tributário*, São Paulo: Saraiva, 1972, p. 20.

35. "Per l'unitá ...", *Rivista di Diritto Finanziario e Scienza delle Finanze* 1942, p. 201.

36. Cf. Ruy Barbosa Nogueira, "Dados para avaliação científica do desempenho das instituições de ensino superior", *Direito Tributário Atual* 7-8/1.683, 1987/1988.

pirou-se na doutrina italiana. Recorde-se que o Código Tributário da Alemanha, de 1919, que tanto influenciou o Código Tributário Nacional em outros aspectos, não continha a definição de tributo, mas apenas a de imposto (*Steuer*), prevendo sua destinação pública, tendo em vista ser exigido "para a obtenção de receita" (*zur Erzielung von Einkünften*). Prevaleceu no Brasil, entretanto, a orientação formalista desenvolvida inicialmente na Alemanha por O. Mayer e Nawiasky e adotada a seguir pelos juristas italianos, principalmente A. D. Giannini e Berliri, que excluia da definição de tributo os elementos teleológicos e contenutísticos,[37] máxime a referência à destinação pública. De modo que se podem detectar algumas influências marcantes da doutrina italiana sobre a definição de tributo. A própria Comissão Especial do Código Tributário Nacional reconheceu haver se inspirado em Tesoro e Giannini.[38] Mas decisiva foi a obra de Berliri para a definição do art. 3º do Código Tributário Nacional; a fim de evitar que a falta de referência às necessidades financeiras do Estado na definição do tributo levasse a confundi-lo com as penalidades, o jurista italiano acrescentou que o imposto "não constitui sanção de um ato ilícito"[39] – expressão incorporada *ipsis litteris* pelo Código Tributário Nacional. De observar que, em obra mais recente, Berliri abandonou inteiramente a ressalva de que o imposto "não constitui sanção de ato ilícito", eis que incluiu na definição "o objetivo de concorrer para a despesa pública", dando relevo à "função do imposto" e à capacidade contributiva.[40] Quer dizer: a ressalva meramente doutrinária de que o tributo não constitui sanção de ato ilícito positivou-se no Direito Brasileiro e nele permanece até hoje para marcar uma posição nitidamente formalista, embora já tenha desaparecido do modelo teórico estrangeiro.

3.4 *Obrigação tributária*

A disciplina da obrigação tributária no Código Tributário Nacional reflete o prestígio da doutrina italiana.

A caracterização da relação tributária como vínculo de natureza obrigacional e a opção pela tese da eficácia declaratória do lançamento encontraram apoio na obra de Pugliese, Tesoro e A. D. Giannini, como reconhecido pela própria Comissão Especial do Código Tributário Nacional,[41] embora a origem remota desse entendimento radicasse no Direito Germânico.

Também o conceito de *obrigação acessória*, desenvolvido por Rubens Gomes de Souza[42] e adotado pelo Código Tributário Nacional, pode ser derivado das noções desenvolvidas por A. D. Giannini em torno da natureza complexa da relação jurídica tributária.[43]

3.5 *Responsabilidade tributária*

No tema da responsabilidade tributária, tanto na obra de Rubens Gomes de Souza quanto no Código Tributário Nacional, também deixou marcas a influência italia-

37. Cf. Ricardo Lobo Torres, *Sistemas Constitucionais Tributários*, Rio de Janeiro, Forense, 1986, p. 175.

38. *Trabalhos da Comissão Especial do Código Tributário Nacional.* Rio de Janeiro, IBGE, 1954, p. 115.

39. Eis a definição completa de Berliri (*Principios* ..., v. 1, p. 341): "O imposto é a obrigação de dar ou de fazer, coativamente imposta em virtude de uma lei ou de um ato expressamente autorizado por esta, a favor de um ente público, que tem por objeto uma soma de dinheiro ou um efeito timbrado e não constitui a sanção de um ato ilícito, salvo se a sanção consistir na extensão a cargo de um terceiro de uma obrigação tributária".

40. *Corso Istituzionale di Diritto Tributario*, v. 1, Milão, Giuffrè, 1980, p. 49: o imposto pode se definir como "a relação jurídica (de natureza obrigatória) entre um ente público dotado de supremacia tributária e aqueles que realizam uma situação que o legislador considera reveladora de capacidade contributiva, relação que tem por objetivo concorrer para a despesa pública do primeiro".

41. *Trabalhos* ..., p. 189.

42. *Compêndio* ..., p. 58.

43. *Istituzioni di Diritto Tributario*, Milão, Giuffrè, 1948, p. 51.

na, principalmente de A. D. Giannini e Tesoro, que, por seu turno, se deixaram sensibilizar pela doutrina alemã.[44]

3.6 Penalidades pecuniárias

A doutrina brasileira e o próprio Código Tributário Nacional receberam a influência italiana na questão da natureza das penalidades pecuniárias.

De início proclamou-se na Itália a natureza *civil* das penalidades. A Lei Italiana 4, de 7.1.1929, adotou o critério de classificar as sanções conforme o órgão incumbido de aplicá-las e a legislação que as houvesse positivado. Se as sanções estivessem previstas no Código Penal, incumbindo ao juiz sua aplicação, teriam a natureza penal. Se incluídas nas leis fiscais, competindo à autoridade administrativa aplicá-las, seriam classificadas como penalidades de natureza administrativa ou civil.

A legislação italiana exerceu influência direta sobre inúmeros administrativistas e fiscalistas daquele país, como, entre outros, Zanobini[45] e Giannini,[46] passando daí a influenciar a doutrina francesa[47] e a dos países latino-americanos[48] e, como não poderia deixar de acontecer, a brasileira, especialmente através da obra de Rubens Gomes de Souza.[49] De modo que o Código Tributário Nacional acabou por denotar aquela inspiração, que só com as leituras ulteriores passou a ser minimizada. A conseqüência inevitável desse tipo de pensamento era confundir a penalidade pecuniária com o tributo. Dizia A. D. Giannini[50] que as penalidades pecuniárias têm "la medesima natura e struttura giuridica del debito d'imposta", aplicando-se-lhes os mesmos privilégios do crédito tributário. O nosso Código Tributário Nacional pareceu comungar desse entendimento, com declarar, no art. 113, § 3º, que a "obrigação acessória, pelo simples fato da sua inobservância, converte-se em obrigação principal relativamente à penalidade pecuniária".

Hoje prepondera a corrente doutrinária que defende a natureza penal das multas fiscais, mesmo daquelas aplicadas pela autoridade administrativa. Assiste-se a um labor intenso da doutrina e da legislação estrangeiras no sentido de atribuir às penalidades pecuniárias a disciplina penal, cuja influência já se começa a sentir no Brasil, especialmente na jurisprudência. Na Alemanha o Código Tributário de 1977 (*AO* 77) passou a distinguir entre os atos delituosos tributários (*Steuerstraftaten*), definidos no art. 369, e as infrações administrativas tributárias (*Steuerordnungswidrigkeiten*), previstas no art. 377; a diferença entre os atos delituosos tributários e as infrações fiscais e as respectivas sanções é de grau na escala que vai do crime contra a Fazenda até as pequenas infrações contra os regulamentos.[51] Na Itália inúmeras leis cuidaram das penalidades pecuniárias, retirando-lhes o caráter civil atribuído pelo art. 3º da lei de 7.1.1929. Anota G. Giuliani[52] que a pena pecuniária adquiriu *colorazione penalistica* através do art. 54 do decreto sobre o lançamento, do art. 73 da lei do registro, do art. 54 da lei sobre su-

44. Cf. Alberto Xavier, "Contribuinte e responsável no imposto de renda sobre juros pagos a residentes no Exterior", *RDTributário* 55/86, 1991.

45. *Corso di Diritto Amministrativo*, v. 4, Milão, Giuffrè, 1945, p. 294.

46. *Istituzioni* ..., p. 226.

47. Cf. L. Trotabas, *Finances Publiques*, Paris, Dalloz, 1969, p. 538.

48. Cf. Juan Ramallo, "La elaboración corporativa del derecho tributario en América Latina", *Civitas – Revista Española de Derecho Financiero* 29/93, 1981, que faz ampla resenha das posições dos juristas latino-americanos sobre o assunto; cf. também Héctor B. Villegas, *Derecho Penal Tributario*, Buenos Aires, Lerner, 1965, pp. 177 e 183.

49. *Compêndio* ..., p. 114 – que classifica as infrações tributárias em infrações de caráter criminal, contravencional ou civil.

50. *Istituzioni* ..., p. 227.

51. Cf. Heinz Paulick, *Lehrbuch des allgemeinen Steuerrechts*, Köln, Carl Heymanns Verlag, 1977, p. 457.

52. *Violazioni e Sanzioni delle Leggi Tributarie*, Milão, Giuffrè, 1981, p. 28. Cf. também Gaetano Paciello, "As sanções do direito tributário", *Sanções Tributárias – Cadernos de Pesquisas Tributárias* 4/175, 1979.

cessões etc. Mas foi sobretudo com a Lei 1.507, que revogou o dispositivo da lei de 1929 – que subordinara o início da ação penal ao lançamento administrativo –, que se abriu o caminho para a modificação do sistema de sanções e para sua adaptação aos princípios constitucionais, posto que a doutrina e a Corte Constitucional vinham dando pela ilegitimidade constitucional da prejudicialidade do processo administrativo fiscal.[53] No Brasil a legislação pouco tem contribuído para afirmar a natureza penal das penalidades pecuniárias, pois o Código Tributário Nacional, pelos conselhos de Rubens Gomes de Souza, seguira a orientação da lei italiana de 1929. Mas a doutrina e especialmente a jurisprudência de alguns tribunais estaduais e do Supremo Tribunal Federal vêm se encarregando de reinterpretar os dispositivos do Código Tributário Nacional, deles oferecendo uma compreensão mais consentânea com a natureza penal das multas. O Pretório Excelso, que fixara a distinção entre penalidades de caráter moratório e penal em sua jurisprudência mais antiga,[54] modificou posteriormente aquela orientação, eliminando a distinção.[55] Claro está que o Direito Brasileiro sofreu influência do estrangeiro, inclusive do Italiano, nessa passagem da concepção civilista para a penalista.

3.7 *Interpretação*

Em tema de interpretação do direito tributário a doutrina e as normas do Código Tributário Nacional denotam a recepção do Direito Italiano. A característica dessa importação, como das demais que examinamos, é o *ecletismo*, em seu duplo significado: a fonte italiana se mescla com a alemã, sendo difícil em alguns casos separá-las; as correntes doutrinárias são recebidas em bloco e às vezes acriticamente, o que leva a posições contraditórias e ambíguas pelo afã de harmonizar o inconciliável, o que também acontece no modelo italiano.

Examine-se a questão pela vertente da doutrina. Tanto o Positivismo formalista, na linha do pensamento de A. D. Giannini, quanto o causalista, com Griziotti e Jarach, exerceram influência aqui. Em alguns casos a contradição aparece num mesmo autor: Vanoni, que na maturidade se aproxima do Formalismo, adotou inicialmente posições ligadas à corrente da consideração econômica do fato gerador, capitaneada por E. Becker, ao escrever, no início da década de 30, sob o influxo das idéias prevalecentes na Alemanha, onde estudou, seu livro sobre a interpretação jurídica, que no Brasil foi traduzido por Rubens Gomes de Souza,[56] que àquela época (1952) ainda sofria a influência da passagem de Ascarelli por São Paulo, mas que depois (1975) proclamou a sua "predileção" pelo formalista A. D. Giannini.[57] O Código Tributário Nacional, por seu turno, denota diversas influências italianas.[58]

Assim acontece com o art. 108, que pretende estabelecer a hierarquia dos métodos de integração. Inspirou-se na norma italiana que prevê que nos casos omissos se considerem a analogia e os princípios gerais do ordenamento jurídico do Estado.[59] Sucede que não existe fundamento

53. Cf. Franco Gallo, "I problemi di riforma del sistema penale tributario", *Rivista di Diritto Finanziario e Scienza delle Finanze* 1981, p. 233.

54. Cf. verbetes da *Súmula da Jurisprudência Predominante do Supremo Tribunal Federal* : "191. Inclui-se no crédito habilitado em falência a multa fiscal simplesmente moratória"; "192. Não se inclui no crédito habilitado em falência a multa fiscal com efeito de pena administrativa".

55. Cf. verbete 565: "A multa fiscal moratória constitui pena administrativa, não se incluindo no crédito habilitado em falência".

56. *Natureza* ..., 1952.

57. Rubens Gomes de Souza, "Normas de interpretação ...", in Bernardo Ribeiro de Moraes *et alii, Interpretação* ..., p. 371.

58. Norberto Bobbio ("Principi generali di Diritto", *Novissimo Digesto Italiano*, v. XIII, Turim, UTET, 1966, p. 888) anota a avassaladora influência italiana, desde o Código Albertino e a Lei Preliminar ao Código Civil de 1865, sobre as codificações latino-americanas em tema de integração do Direito.

59. Art. 12, II, das *Disposizioni sulla Legge in Generale*: "Se una controversia non può essere decisa con una precisa disposizione, si ha riguardo alle

jurídico, lógico ou filosófico para a hierarquização dos métodos, ponto de vista apenas defendido pelos autores italianos influenciados pelo direito positivo peninsular.[60]

A pretensa hierarquia do art. 108 culmina com "os princípios gerais do direito tributário" e os "princípios gerais do direito público". Percebe-se claramente a semelhança com a norma do art. 12 das *Disposições sobre a Lei em Geral*,[61] que só permite o preenchimento de lacunas através dos "princípios gerais do ordenamento jurídico" – o que leva constantemente à conclusão positivista de que está vedado o recurso aos princípios não expressos nas leis vigentes, isto é, aos princípios suprapositivos.[62]

O art. 109 do Código Tributário Nacional estabelece que os princípios gerais do direito privado são utilizados para pesquisa da definição, do conteúdo e do alcance de seus institutos, conceitos e formas, "mas não para definição dos respectivos efeitos tributários". Na Itália o art. 8º da Lei 3.269/1923 continha dispositivo semelhante: "Le tasse sono applicate secondo l'intrinseca natura e gli effetti degli atti o dei trasferimenti, se anche non si corrisponde il titolo o la forma apparente". No Brasil[63] como na Itália[64] a doutrina nunca chegou a acordo sobre a natureza *jurídica* ou *econômica* dos *efeitos tributários* ou dos *efeitos dos atos*. É bem verdade que a Comissão Especial do Código Tributário Nacional interpretava o dispositivo no sentido de que "o direito privado regula a validade jurídica dos atos, o direito tributário investiga o seu conteúdo econômico";[65] mas acabou por prevalecer a orientação formalista do art. 110 do Código Tributário Nacional, tendo em vista que o sistema tributário brasileiro radica por inteiro na Constituição: "A lei tributária não pode alterar a definição, o conteúdo e o alcance de institutos, conceitos e formas de direito privado, utilizados, expressa ou implicitamente, pela Constituição Federal, pelas Constituições dos Estados ou pelas leis orgânicas do Distrito Federal ou dos Municípios, para definir ou limitar competências tributárias". A solução adotada, sob a influência do italiano Dino Jarach, então radicado na Argentina, pelo Modelo de Código Tributário para a América Latina[66] e pela legislação argentina[67] foi diferente, pois privilegiou o aspecto econômico.

A própria introdução de normas sobre a interpretação jurídica no Código Tributário Nacional denota a influência germânica e italiana. Parcela importante da doutrina peninsular, motivada pelos textos positivos de longa tradição na Itália, defende a obrigatoriedade dessas normas, que já tra-

disposizioni che regolano casi simili o materie analoghe; se il caso rimane ancora dubbio, si decide secondo i principi generali dell'ordinamento giuridico dello Stato".

60. É o caso de Emilio Betti, *Interpretazione della Legge e degli Atti Giuridici*, Milão, Giuffrè, 1949, p. 152; Vezio Crisafulli, "I principi costituzionali dell'interpretazione ed applicazione delle leggi". *Scritti Giuridici in Onore di Santi Romano*, v. 1, Pádua, CEDAM, 1940, p. 683.

61. V. nota 59.

62. Cf.: Francesco Ferrara, *Interpretação e Aplicação das Leis*, Coimbra, Arménio Amado Editor, 1978, p. 160: "(...) princípios de *direito* e portanto de *direito positivo*, de normas da legislação vigente"; Gian Antonio Micheli ("Appunti sull'interpretazione e l'integrazione delle legge tributarie", *Studi in Onore di Giuseppe Chiarelli*, t. 4, Milão, Giuffrè, 1974, p. 3.723) diz que desses princípios do ordenamento jurídico do Estado não pode exsurgir uma disciplina da *fattispecie* impositiva, mas apenas do processo tributário.

63. Cf. Ricardo Lobo Torres, *Normas de Interpretação e Integração do Direito Tributário*, Rio de Janeiro, Renovar, 2000, p. 193.

64. Cf. G. A. Micheli, "Appunti ...", *Studi* ..., t. 4, p. 3.726.

65. *Trabalhos* ..., p. 183.

66. "Quando las formas jurídicas sean manifestamente inapropiadas a la realidad de los hechos gravados y ello se traduzca em una disminución de la cuantía de las obligaciones, la ley tributaria se aplicará prescindiendo de tales formas."

67. Art. 1º da Lei 11.683/1968, de acordo com o texto ordenado pelos Decretos 821/1998 e 1.334/1998: "En la interpretación de las disposiciones de esta Ley o de las leys impositivas sujetas a su régimen, se atenderá al fin de las mismas y a su significación económica".

zem em si as diretrizes para sua interpretação e que, por isso, prescindem de outra norma que as interprete.[68]

4. Conclusões

Resta examinar se foi positivo o saldo da influência italiana sobre o direito tributário brasileiro.

Parece-me que sim. Permitiu a modernização da legislação e abriu novas perspectivas para a doutrina, que era incipiente até a década de 50. Teve o defeito imenso de ser positivista; mas dessa característica não se afastavam, àquela época, outros modelos estrangeiros.

Brandão Machado anotou que o atraso do direito tributário brasileiro esteve ligado ao afastamento das fontes alemãs.[69] Não creio que esse fato tivesse tanto peso, ainda mais que, como se viu, a doutrina alemã foi absorvida totalmente pela italiana, e, dessa forma eclética, chegou ao Brasil.

O grande problema trazido pela influência italiana direta e pela repercussão indireta da alemã foi o Positivismo, que marcou profundamente a doutrina brasileira, levando-a a se afastar dos valores, a pretender se manter neutra diante do autoritarismo das décadas de 60 e 70 e a persistir no formalismo após a Constituição/1988.

Em síntese, a influência dos brilhantes tributaristas italianos das décadas de 30 e 40 sobre a geração contemporânea à elaboração do Código Tributário Nacional teve extraordinária importância para o desenvolvimento do direito tributário brasileiro, que não seria, hoje, melhor se recepcionados outros modelos estrangeiros. A insistência, todavia, no século XXI, em repetir as velhas idéias italianas daquela fase representa atraso considerável, posto que se torna necessário o estudo do direito tributário sob a perspectiva dos direitos humanos e da justiça, orientação que os atuais juristas italianos vêm adotando, com pouca repercussão ainda no Brasil.

68. Cf.: Norberto Bobbio, *Studi per una Teoria Generale del Diritto*, Turim, Giappichelli, 1970, p. 192; E. Betti, *Interpretazione* ..., p. 139.

69. "Apresentação". in *Direito Tributário – Estudos em Homenagem ao Professor Ruy Barbosa Nogueira*, São Paulo, Saraiva, 1984, p. XIV.

5. Bibliografia

ARENA, Celestino. "Per una teoria politico-economica della finanza". *Rivista di Diritto Finanziario e Scienza della Finanze* 1940 (pp. 3-16).

ASCARELLI, Tulio. *O Conceito de Rendimento Tributável e o Projeto do Novo Regulamento do Imposto de Renda* (parecer). São Paulo, FIESP, 1941.

————. "O imposto de renda, as participações de terceiros e os lucros da firma". *Revista Industrial de São Paulo* 1943 (pp. 65-67).

ASCARELLI, Tulio, SOUZA, Rubens Gomes de, e ALMEIDA FILHO, João Baptista Pereira de. *Lucros Extraordinários e Imposto de Renda*. São Paulo, Livraria Martins, 1944.

BALEEIRO, Aliomar. *Alguns Andaimes da Constituição*. Rio de Janeiro, Livraria Principal, 1950.

————. *Cinco Aulas de Finanças e Política Fiscal*. Salvador, Livraria Progresso, 1959.

————. *Limitações Constitucionais ao Poder de Tributar*. Rio de Janeiro, Forense, 1977.

BARBOSA MOREIRA, José Carlos. "A influência do direito processual civil alemão em Portugal e no Brasil". *Revista Brasileira de Direito Comparado* 9/27. 1990.

BECKER, Alfredo Augusto. *Teoria Geral do Direito Tributário*. São Paulo, Saraiva, 1972.

BERLIRI, Antonio. *Corso Istituzionale di Diritto Tributario*. v. 1. Milão, Giuffrè, 1980.

————. *Principios de Derecho Tributario*. v. 1. Madri, Editorial de Derecho Financiero, 1964.

BETTI, Emilio. *Interpretazione della Legge e degli Atti Giuridici*. Milão, Giuffrè, 1949.

BLUMENSTEIN, Ernst. *Sistema di Diritto delle Imposte*. Trad. de Francesco Forte. Milão, Giuffrè, 1954.

BOBBIO, Norberto. "Principi generali di Diritto". *Novissimo Digesto Italiano*. v. XIII. Turim, UTET, 1966 (p. 888).

__________. *Studi per una Teoria Generale del Diritto*. Turim, Giappichelli, 1970.

CABRAL DE MONCADA, L. *Estudos Filosóficos e Históricos*. v. II. Coimbra, Universidade de Coimbra, 1959.

COING, Helmut. "Aufgaben der Rechtsvergleichung in unserer Zeit". *Neue Juristische Wochenschrift* 1981 (p. 2.604).

COMISSÃO DE REFORMA DO MINISTÉRIO DA FAZENDA. *Reforma da Discriminação Constitucional de Rendas (Anteprojeto)*. Rio de Janeiro, FGV, 1965 (p. 11).

COMISSÃO ESPECIAL DO CÓDIGO TRIBUTÁRIO NACIONAL. *Trabalhos da Comissão Especial do Código Tributário Nacional*. Rio de Janeiro, Ministério da Fazenda, 1954 (p. 183).

COSTA, Alcides Jorge. "A doutrina tributária italiana e sua influência no direito tributário brasileiro". *Princípios Tributários no Direito Brasileiro e Comparado – Estudos Jurídicos em Homenagem a Gilberto de Ulhôa Canto*. Rio de Janeiro, Forense, 1988 (p. 25).

CRISAFULLI, Vezio. "I principi costituzionali dell'onterpretazione ed applicazione delle leggi". *Scritti Giuridici in Onore di Santi Romano*. v. 1. Pádua, CEDAM, 1940 (p. 683).

ESCRIBANO, Francisco. *La Configuración Jurídica del Deber de Contribuir. Perfiles Constitucionales*. Madri, Civitas, 1988.

FERRARA, Francesco. *Interpretação e Aplicação das Leis*. Coimbra, Arménio Amado Editor, 1978.

GALLO, Franco. "I problemi di riforma del sistema penale tributario". *Rivista di Diritto Finanziario e Scienza delle Finanze* 1981 (pp. 227-247).

GIANNINI, A. D. *Istituzioni di Diritto Tributario*. Milão, Giuffrè, 1948.

GILISSEN, John. *Introdução Histórica ao Direito*. Lisboa, Fundação Calouste Gulbenkian, 1988.

GIULIANI, G. *Violazioni e Sanzioni delle Leggi Tributarie*. Milão, Giuffrè, 1981.

GRIZIOTTI, Benvenuto. "Nuova postilla alla teoria politico-economica delle finanze". *Rivista di Diritto Finanziario e Scienza delle Finanze* 1940 (pp. 148-151).

__________. "Per l'unità della cattedra di Diritto Finanziario e Scienza delle Finanze e per il prestigio degle studi finanziari in Italia". *Rivista di Diritto Finanziario e Scienza delle Finanze* 1942 (pp. 201-208).

__________. *Principios de Ciencia de las Finanzas*. Buenos Aires, Depalma, 1949.

HENSEL, Albert. *Diritto Tributario*. Trad. de Dino Jarach. Milão, Giuffrè, 1956.

LA ROSA, Salvatore. "Scienza politica del Diritto e sato normativo nella disciplina dell'acertamento dei redditi". *Rivista di Diritto Finanziario e Scienza delle Finanze* 1981 (pp. 558-593).

LAMES, Elisa Caldeira de Alvarenga. *As Principais Contribuições do Professor Tulio Ascarelli na Formação da Ciência do Direito Tributário Brasileiro*. Dissertação de Mestrado. Rio de Janeiro, Universidade Cândido Mendes (mim.), 2001.

MACHADO, Brandão. "Apresentação". In: *Direito Tributário – Estudos em Homenagem ao Professor Ruy Barbosa Nogueira*. São Paulo, Saraiva, 1984 (p. XIV).

MICHELI, Gian Antonio. "Appunti sull'interpretazione e l'integrazione delle legge tributarie". *Studi in Onore di Giuseppe Chiarelli*. t. 4. Milão, Giuffrè, 1974 (pp. 3.718-3.733).

MURATORI, Ludovico Antonio. *Della Pubblica Felicità*. Bolonha, Nicole Zanichelli Editore, 1941.

NOGUEIRA, Ruy Barbosa. "Dados para avaliação científica do desempenho das instituições de ensino superior". *Direito Tributário Atual* 7-8/1.683. 1987/1988.

__________. "A contribuição de Tulio Ascarelli para a formação da doutrina jurídico-tributária do Brasil". *Direito Tributário Atual* 10/2.734. 1990.

PACIELLO, Gaetano. "As sanções do direito tributário". *Sanções Tributárias – Cadernos de Pesquisas Tributárias* 4. 1979 (pp. 27-193).

PAULICK, Heinz. *Lehrbuch des allgemeinen Steuerrechts*. Köln, Carl Heymanns Verlag, 1977.

RAMALLO, Juan. "La elaboración corporativa del derecho tributario en América Latina". *Civitas – Revista Española de Derecho Financiero* 29/33-94. 1981.

REALE, Miguel. "La teoria dell'interpretazione nel pensiero di Tulio Ascarelli". *Rivista Internazionale di Filosofia del Diritto* 60(2)/231-246. 1983.

SAINZ DE BUJANDA, Fernando. *Sistema de Derecho Financiero*. I, v. 2. Madri, Universidad Complutense, 1985.

SOUZA, Rubens Gomes de. *Compêndio de Legislação Tributária*. Rio de Janeiro, Financeiras, s/d.

——————. *Estudos de Direito Tributário*. São Paulo, Saraiva, 1950.

——————. *Natureza e Interpretação das Leis Tributárias*. Rio de Janeiro, Financeiras, 1952.

——————. "Normas de interpretação no Código Tributário Nacional". In: MORAES, Bernardo Ribeiro de, *et alii*. *Interpretação no Direito Tributário*. São Paulo, EDUC/Saraiva, 1975 (pp. 361-382).

TAVARES, Ana Lúcia de Lyra. "A Constituição Brasileira de 1988: subsídios para os comparatistas". *Revista de Informação Legislativa* 109/87. 1991.

TORRES, Ricardo Lobo. *A Idéia de Liberdade no Estado Patrimonial e no Estado Fiscal*. Rio de Janeiro, Renovar, 1991.

——————. *Normas de Interpretação e Integração do Direito Tributário*. Rio de Janeiro, Forense, 1994.

——————. "Rui tributarista". In: CAMARGO, Margarida Maria Lacombe (org.). *A Atualidade de Rui Barbosa*. Rio de Janeiro, Casa de Rui Barbosa, 2001 (p. 63).

——————. *Sistemas Constitucionais Tributários*. Rio de Janeiro, Forense, 1986.

TROTABAS, L. *Finances Publiques*. Paris, Dalloz, 1969 (p. 538).

VALDÉS COSTA, Ramón. "La Codificación Tributaria en AmÉrica Latina". *Civitas – Revista Española de Derecho Financiero* 33/96. 1982.

VANONI, Ezio. "'Diritto all'Imposta e Formazione delle Leggi Finanziarie'. Capitolo I del *Rapporto della Comissione Economica presentado all'Assemblea Constituente* (1946)". *Opere Giuridiche*. v. II. Milão, Giuffrè, 1962 (p. 495).

VILLEGAS, Héctor B. *Derecho Penal Tributario*. Buenos Aires, Lerner, 1965.

XAVIER, Alberto. "Contribuinte e responsável no imposto de renda sobre juros pagos a residentes no Exterior". *RDTributário* 55/86. 1991.

ZANOBINI, Guido. *Corso di Diritto Amministrativo*. v. 4. Milão, Giuffrè, 1945 (p. 294).

CADERNOS DE DIREITO TRIBUTÁRIO

PRIME OSSERVAZIONI SULLA PROPOSTA DI FEDERALISMO FISCALE IN ITALIA

FRANCO GALLO

Ex-Ministro das Finanças da Itália. Professor da Universidade de Roma. Advogado

1. Considerazioni introduttive. 2. Principio di legalità e autonomia tributaria. 3. Il coordinamento del sistema tributario come materia di legislazione concorrente. 4. I principi fondamentali riservati allo Stato in materia di coordinamento del sistema tributario. 5. Le fonti di finanziamento delle spese delle Regioni e degli enti locali e la perequazione fiscale.

1. Considerazioni introduttive

La Legge Costituzionale 3, del 18.10. 2001, ha riscritto il Titolo V della Costituzione, ridisegnando posizioni e rapporti di Regioni, Province e Comuni e dello stesso Stato anche sotto il profilo finanziario-tributario che a noi qui interessa.

Ancora si ha l'impressione che pochi si siano resi conto dell'ampiezza di questa riforma e del forte impatto che è destinato ad avere sulla struttura e sulla gestione dei Pubblici Poteri, centrali e periferici, e sulla stessa vita economica e sociale. Si va ben oltre le pur significative innovazioni introdotte dalle c.d. Leggi Bassanini nell'area delle funzioni amministrative (specie sulla base della Legge 59/1997). Emergono, infatti, dalla operata revisione costituzionale forti tratti di vero e proprio "federalismo"[1] specie con riguardo al notevole accrescimento della potestà legislativa ed all'ampia autonomia finanziaria delle Regioni e degli enti locali (sul versante sia della spesa che dell'entrata). Al sensibile ritiro dello Stato dalle funzioni legislative ed amministrative si accompagna anche la scomparsa dei controlli sulle Regioni e sugli enti locali, prima previsti dalla Costituzione, e spariscono quindi sia i Commissari di Governo per il controllo sulle Regioni sia i noti Co.re.co.

Le riforme che vanno tenute presenti in via preliminare, al fine di meglio approfondire nei paragrafi che seguono il tema del federalismo fiscale, riguardano soprattutto l'organizzazione istituzionale della Repubblica e la ripartizione della potestà legislativa tra Stato e Regioni.

1.1 Quanto alla prima, rilevo che il nuovo testo dell'art. 114 fa riferimento alla *Repubblica* (intesa quale Stato-ordinamento), "costituita dai Comuni, dalle Province, dalle Città metropolitane (qualificati come enti autonomi con propri statuti, poteri e

1. Almeno nel senso da me inteso in "Federalismo fiscale", in *Enciclopedia Giuridica*, v. V, Roma, 1996, pp. 1-5.

funzioni secondo i principi fissati dalla Costituzione), dalle Regioni e dallo Stato" (quale Stato-persona). Di tutti gli enti menzionati viene, quindi, a sottolinearsi sul piano costituzionale la posizione di "pariteticità". Il vecchio testo dell'art. 114 non menzionava invece lo Stato, limitandosi ad affermare che "la Repubblica si riparte in Regioni, Province e Comuni". Risultava perciò sottintesa la coincidenza tra la Repubblica e lo Stato, il quale, anche in forza dell'art. 5 e di alcune disposizioni della seconda parte della Costituzione ora soppresse, appariva comunque in posizione di preminenza.

Di rilievo nel nuovo testo del Titolo V sono dunque le posizioni dei Comuni, delle Province e delle Città metropolitane, che, specie con riguardo all'autonomia finanziaria, sono poste dall'art. 119 sullo stesso piano delle Regioni. Le Città metropolitane erano addirittura sconosciute alla Costituzione e i Comuni e le Province esercitavano, secondo gli artt. 128 e 129 ora soppressi, solo "funzioni *determinate* da leggi generali della Repubblica" ed erano anche "circoscrizioni di decentramento statale e regionale". Come risulta dai nuovi artt. 114, 118 e 119, detti enti risultano ora assistiti da ben salde garanzie costituzionali (anche e soprattutto) contro il rischio di centralismo. Il Comune in particolare, l'ente più vicino al cittadino, diventa il primo punto di riferimento, il primo "mattone" della Repubblica, e si presenta come un ente dotato di ampia autonomia con competenza amministrativa generale. Ad esso sono attribuite in base al principio di sussidiarietà, *ex* art. 118, "tutte" le funzioni amministrative, tranne quelle che per assicurarne l'esercizio unitario sono conferite alle Province, alle Città metropolitane, alle Regioni e allo Stato.

1.2 Quanto alla potestà legislativa, la riforma dell'ottobre/2001 cambia assetto e rango delle funzioni legislative ponendo anche qui sullo stesso piano di pariteticità il pertinente potere dello Stato e quello delle Regioni.

Il potere legislativo delle Regioni era già riconosciuto, ma la forte innovazione è che, oltre ad equiordinare espressamente tale potere con quello legislativo dello Stato(-persona), si è cambiato il sistema di attribuzione delle competenze rovesciando l'indicazione delle materie. Dal precedente testo della Costituzione risultava la competenza legislativa generale dello Stato, mentre alle Regioni era riconosciuta la competenza solo in determinate materie espressamente indicate (e nei limiti dei principi fondamentali stabiliti dalle leggi dello Stato). Ora viene sostanzialmente stabilito il contrario: alle Regioni spetta la potestà legislativa in ogni materia non espressamente riservata alla legislazione dello Stato. Questa inversione è in genere tipica delle Costituzioni Federali (Svizzera, Germania, Stati Uniti) ed è, assieme al richiamato nuovo profilo organizzativo della nostra Repubblica, un indubbio tratto di federalismo che supera e modifica il tenue "regionalismo" della precedente previsione.

Questo è il connotato essenziale, ma, per inquadrare meglio la riforma dal punto di vista del "federalismo fiscale", occorre procedere ad ulteriori più specifiche indicazioni relativamente ai rapporti tra la potestà dello Stato e quella delle Regioni, sempre nell'area della legislazione.

Come si è detto e si dirà meglio più avanti, in linea di principio entrambe queste potestà sono ora pariteticamente esercitate con i soli limiti del rispetto della Costituzione e dei vincoli derivanti dall'ordinamento comunitario e dagli obblighi internazionali (art. 117, 1º comma). Nei soli tassativi casi in cui è prevista la legislazione "concorrente" delle Regioni (art. 117, 3º comma), è riservata alla legislazione dello Stato la determinazione di "principi fondamentali".

In questa logica di equiordinazione e con riferimento alla materia tributaria, l'art. 117:

– al 2º comma, sancisce la *potestà legislativa esclusiva dello Stato* in un ristretto nucleo di materie specificamente elencate, tra le quali spicca "il *sistema tributario* e contabile *dello Stato*";

– al 3º comma, indica le materie in cui si esercita *la potestà legislativa concorrente delle Regioni*, cioè quella che, come appena accennato, trova limiti in principi fondamentali che devono essere determinati da leggi dello Stato. Si tratta di un'area, ora molto estesa, che comprende tra le altre, per ciò che a noi interessa, "il *coordinamento* della finanza pubblica e *del sistema tributario*";

– al 4º comma, individua la *competenza legislativa c.d. residuale*, che ha carattere primario in quanto non è condizionata dai "principi fondamentali". Come si è già detto, rientrano in particolare in tale potestà tutte le altre materie che non risultano riservate alla competenza esclusiva dello Stato (art. 117, 4º comma) e quindi, per quanto attiene la materia tributaria, i *tributi regionali* e *quelli locali*.

Quanto finora seppur sinteticamente esposto consente di svolgere, nelle pagine che seguono, alcune più diffuse considerazioni in ordine al nuovo assetto delle autonomie sotto il profilo delle entrate (art. 119, 1º e 2º comma) e con riferimento al principio di legalità (art. 23) e ai c.d. "principi di coordinamento" della finanza pubblica e del sistema tributario (art. 117, 3º comma, e art. 119, 2º comma).

2. *Principio di legalità e autonomia tributaria*

2.1 La ricordata nuova organizzazione costituzionale in distinte entità equiordinate come lo *Stato*, le *Regioni*, le *Province*, i *Comuni* e le *Città metropolitane* (art. 114, 1º comma) e l'attribuzione della potestà legislativa esclusiva, *allo Stato*, limitatamente ai tributi erariali (art. 117, 2º comma, lett. "e"), e *alle Regioni*, per quanto riguarda tutti gli altri tributi regionali e locali (art. 117, 4º comma), inducono, innanzitutto, a ritenere il sistema tributario dello Stato come autonomo e separato rispetto a quello delle Regioni. Differentemente dalla previgente disciplina costituzionale, il nuovo Titolo V della Costituzione conosce, quindi, due sistemi tributari primari e un sistema tributario "secondario", quello locale, che si iscrive a sua volta all'interno di quello regionale.

In secondo luogo, la suddetta ripartizione della potestà legislativa fatta dall'art. 117 citato ci fornisce la conferma che l'organizzazione duale della Repubblica che ne è conseguita si regge, ai fini dell'applicazione del principio di legalità, oltre che sul principio di sussidiarietà, anche e soprattutto su quello di competenza, equiordinazione e pariteticità di cui si è già detto, piuttosto che sul principio di gerarchia delle fonti.

Più in particolare, il principio di competenza trova ora la sua piena realizzazione nei più volte richiamati commi 2º e 4º dell'art. 117, attributivi della competenza esclusiva allo Stato e alle Regioni *ratione materiae*, ed ha saldi referenti teorici – ben conosciuti dalla dottrina costituzionalistica – che la riforma ha avuto il merito di recuperare. Se si tiene, infatti, presente la ricordata classica distinzione tra Stato-persona e Stato-ordinamento, e se si considera che sia lo Stato-persona che le Regioni derivano i loro poteri dall'ordinamento generale repubblicano (Stato-ordinamento), si capisce come le Regioni siano in questo contesto "indipendenti" rispetto allo Stato-persona e, quindi, abbiano una potestà normativa d'imposizione primaria e non secondaria. Da ciò il nuovo Costituente con l'art. 117 ha tratto coerentemente la conseguenza che lo Stato e le Regioni sono, ciascuno per proprio conto, "ordinamenti particolari" con propria *competenza* finanziaria e, quindi, con propria potestà normativa di imposizione da esercitare nell'ambito delle loro *competenze* sostanziali.

In questo contesto costituzionale sono, quindi, da superare quelle interpretazioni dell'art. 23 – si ricordi che la prima parte della Costituzione non ha subito alcun ritocco – che hanno inteso la riserva di legge in materia di prestazioni imposte esclusivamente come riserva di legge statale.[2] Tale riserva, infatti, dovrebbe ora ritenersi estesa anche alla legge della Regione, in considerazione della attribuzione ad essa della legislazione esclusiva in tema di tributi regionali e locali e alla sua formale equiordinazione con la legge statale: come sussiste, ai sensi dell'art. 23, una riserva di legge statale per i tributi statali, deve perciò sussistere, ai sensi dello stesso articolo e dell'art. 117, 4º comma, una riserva di legge regionale per i tributi regionali e per quelli locali.

Nell'ambito della ripartizione tra Stato e Regioni della potestà legislativa, l'autonomia tributaria delle Regioni – sancita dall'art. 119, 1º comma, insieme a quella dei Comuni, Province e Città metropolitane – assume, dunque, il contenuto molto ampio consentitole dal carattere esclusivo e primario della potestà legislativa (tributaria) attribuita alle Regioni stesse dall'art. 117, 4º comma. E trova un limite solo nella stessa Costituzione, nei principi fondamentali fissati dallo Stato e, intrinsecamente, nel principio di "continenza"; quest'ultimo da intendersi come principio secondo il quale è posto a carico delle Regioni, che vogliono esercitare la potestà legislativa d'imposizione, l'obbligo di previamente valutare la "continenza" dell'interesse espresso dall'elemento materiale del presupposto (che vanno a scegliere) negli interessi compresi nell'elencazione costituzionale delle competenze regionali. Naturalmente dal principio di continenza consegue, come necessario corollario e specificazione, l'ulteriore limite costituito dal fatto che la Regione non può individuare una base imponibile sovrapposta ad una materia già gravata dai tributi statali.

2.2 Il fatto che – come si è visto – la potestà legislativa delle Regioni si estenda, ai sensi dell'artt. 117, 4º comma, e 23, anche alla materia dei tributi locali non significa però che gli enti locali non abbiano anch'essi una rilevante autonomia (normativa) tributaria. Significa solo che la loro autonomia, garantita dallo stesso art. 119, 1º comma ("... i Comuni, le Province, le Città metropolitane ... *hanno autonomia finanziaria di entrata* ..."), è di qualità diversa perché si svolge *ex* art. 23 nell'ambito della potestà legislativa regionale e si esercita, appunto, solo con lo strumento normativo (seppur) secondario del regolamento. Essa ha come limiti gli stessi che incontra la potestà legislativa delle Regioni e in più – come vedremo meglio più avanti – quello "particolare" derivante dalla legge regionale (anche) in sede di coordinamento di cui appresso si dirà.

In questa ottica è probabilmente, se non errato, quanto meno discutibile l'aver posto, con l'art. 119, 1º e 2º comma, formalmente sullo stesso piano Regioni ed enti locali ai fini dell'autonomia tributaria. Infatti, come si è visto, per le prime l'autonomia tributaria *si accompagna alla* (ed ha la sua fonte nella) potestà legislativa loro attribuita in via primaria dall'art. 117, 4º comma (e dall'art. 23 Cost.). Per i secondi, invece, l'autonomia tributaria *si colloca* – ed altrimenti non poteva essere vigendo l'art. 23 – *all'interno* della potestà legislativa delle Regioni e, quanto ai principi fondamentali, di quella dello Stato.

Ciò nonostante, resta il fatto che l'avvento del nuovo art. 119 ha avuto comunque l'effetto di espandere il contenuto dell'autonomia tributaria degli enti locali e, quindi, di restringere simmetricamente l'ambito precettivo della legge regionale che ha per oggetto l'imposizione locale. È infatti mia opinione che la riserva di legge regionale derivante dal combinato disposto degli artt. 23 e 117, 4º comma, proprio in quanto "relativa", non sia di stretto dettaglio e, quindi, non si estenda fino alla determinazione analitica dei singoli elementi strutturali dei tributi locali (presupposto, soggetti passivi e aliquota tra un minimo e un massimo); come invece si è rite-

2. Con l'eccezione – si consenta l'autocitazione – già nella vigenza del vecchio testo costituzionale, di chi scrive, "Federalismo fiscale e principio di autonomia", in *Rass. Parlamentare*, 1996, fasc. 4, pp. 784 e ss.

nuto finora in base all'art. 23 con riferimento alle leggi statali che disciplinavano tributi locali. L'esplicita attribuzione agli enti locali di una espressa "autonomia finanziaria di entrata e di spesa" (1º comma) e, soprattutto, del conseguente potere di stabilire e applicare "tributi propri in armonia con la Costituzione" (2º comma) dovrebbe offrire agli enti stessi un margine di "discrezionalità" e di autonomia nella determinazione di detti elementi maggiore di quello che consentiva il previgente regime costituzionale, privo com'era di un espresso riconoscimento dell'autonomia tributaria degli enti locali (che non fosse quello, generale ed astratto, della promozione delle autonomie enunciato dall'art. 5 e quello, implicito, della preesistenza alla Costituzione del sistema di un sistema di finanza locale). E se l'autonomia tributaria così espressamente sancita si risolve, come deve, nell'autodeterminazione normativa delle entrate tributarie (in funzione dello svolgimento di un libero indirizzo politico e politico-amministrativo dell'ente), è evidente che, pur permanendo la riserva di legge regionale *ex* art. 23, i suddetti disposti dell'art. 119, 1º e 2º comma, hanno tuttavia l'inevitabile effetto di restringere l'ambito della riserva stessa e di giustificare, appunto, una più ampia autonomia tributaria agli enti locali.

Il di più di autonomia garantito dalla nuova disciplina dovrebbe risolversi, in particolare, non certo nella potestà legislativa, piena e primaria, dell'ente locale di imporre il tributo proprio (vietandolo, come si è visto, espressamente il disposto dell'art. 23), bensì nel potere sia di deciderne l'istituzione e l'applicazione sia di "stabilirne" (individuare) in via regolamentare gli elementi strutturali *nell'ambito delle materie e nella sfera dei soggetti indicati "genericamente" dalla legge regionale*. In tale prospettiva quest'ultima si presenta, perciò, come la "base" legislativa su cui l'ente locale fonda il suo potere d'imposizione o, se si preferisce, come una vera e propria legge-cornice o legge-quadro che, in quanto espressione della riserva di legge "relativa" di cui all'art. 23, delimita l'ambito entro il quale può esplicarsi la potestà normativa tributaria dell'ente locale che insiste nel territorio della Regione. Una legge, dunque, che si limita a definire l'area o il settore o la tipologia dell'imposizione al cui interno è consentito all'ente locale di "concepire" e costruire il tributo proprio (ad esempio, un tributo c.d. "corrispettivo" o "controprestazione" ispirato al criterio del beneficio o un tributo "di scopo" mirato al finanziamento di un'opera locale).

Queste considerazioni ci introducono ai temi centrali del coordinamento del sistema tributario e della individuazione dei principi fondamentali da parte dello Stato.

3. Il coordinamento del sistema tributario come materia di legislazione concorrente

Si è visto che l'art. 119, 2º comma, dispone espressamente che gli enti locali e le Regioni "stabiliscono e applicano" i tributi propri "secondo i principi di coordinamento della finanza pubblica e del sistema tributario", presupponendo così il richiamato art. 117, 3º comma, che, come si è pure visto, ricomprende il coordinamento tra le materie oggetto di legislazione concorrente.

A differenza del precedente art. 119 – in cui la legislazione ripartita era intesa nel senso che l'autonomia finanziaria regionale era subprimaria in quanto svolta nelle forme e nei limiti della legge statale che la coordinavano –, detto art. 117, 3º comma, attribuisce ora la materia del coordinamento alla potestà legislativa (e quindi alla iniziativa) delle Regioni. L'ultima parte del 3º comma dispone, infatti, espressamente che "nelle materie di legislazione concorrente (e quindi anche in materia di coordinamento del sistema tributario, n.d.r.) spetta alle Regioni la potestà legislativa, salvo che per la determinazione dei principi fondamentali, riservata alla legge dello Stato".

Come si interpreta questo duplice ordine di norme in tema di coordinamento, collocate qua e là nel contesto dei nuovi artt. 117 e 119?

A mio avviso, dal complesso delle indicate disposizioni dovrebbe sicuramente conseguire che lo strumento della *legge statale* "quadro" o "cornice" o di "principio" è adottabile solo per la determinazione dei "principi fondamentali". Il che vuol dire che il coordinamento non riconducibile a detti principi va effettuato, ai sensi del più volte citato art. 117, 3º comma, solo dalla *legge regionale* nei confronti degli enti locali. Il coordinamento, infatti, presupporrebbe, per sua natura ed essenza, un soggetto che, nell'interesse generale dell'ordinamento, ha il compito di allineare gli interessi delle Regioni, dello stesso Stato e degli enti locali; un soggetto cioè che esercita un potere, appunto, di coordinamento. E con il nuovo art. 117, 3º comma, questo potere, diversamente dal precedente art. 119, 1º comma, non spetta più allo Stato per quanto riguarda le materie estranee ai principi fondamentali, proprio perché la potestà legislativa in tema di coordinamento è ora espressamente attribuita alla Regione dallo stesso 3º comma.

Il coordinamento realizzato fuori dai principi fondamentali può riguardare, dunque, solo il rapporto tra Regioni ed enti locali e non il rapporto tra Stato, le Regioni e gli enti locali. Lo Stato, in quanto non sovraordinato alle Regioni nelle materie di legislazione concorrente (e, quindi, in materia di coordinamento), resta di conseguenza titolare di un potere di coordinamento nei confronti delle Regioni e degli enti locali solo per quanto attiene alla determinazione dei principi fondamentali. E tale potere svolge non in quanto Stato-persona – e cioè come ente equiordinato rispetto agli ordinamenti coordinati (tra i quali è compreso lo stesso Stato-persona) –, bensì quale Stato-ordinamento e cioè in nome e nell'interesse (non della finanza statale, ma) della finanza pubblica nel suo complesso. I limiti alla "competenza" finanziaria regionale imposti dalla legge statale derivano, quindi, solo dalla tutela di interessi pubblici generali che fanno capo all'ordinamento generale e non all'ordinamento particolare concorrente dello Stato(-persona).

In conclusione, da una lettura sistematica dell'artt. 117, 3º comma, e 119, 2º comma, si desume che:

– l'unico coordinamento possibile in senso tecnico tra Stato e Regioni è quello realizzato dallo Stato applicando i principi fondamentali;

– il coordinamento del sistema tributario (oggetto di legislazione ripartita) che non si fonda sui principi fondamentali riguarda, invece, il rapporto tra le Regioni e gli enti locali ed avviene per iniziativa legislativa delle Regioni in quanto titolari del potere di coordinamento;

– il potere di coordinamento delle Regioni deve svolgersi all'interno del territorio regionale con riferimento agli enti locali che in esso insistono e, ovviamente, nel rispetto dei principi fondamentali posti previamente dallo Stato o, in mancanza – come si vedrà meglio più avanti –, desumibili dall'ordinamento giuridico generale.

Questa ricostruzione dell'art. 117, 3º comma, trova puntuale rispondenza nel più volte richiamato 2º comma dell'art. 119, il quale, nell'affermare che le Regioni e gli enti locali svolgono la loro potestà d'imposizione "secondo i principi di coordinamento", sottintende che i principi di coordinamento cui tali enti devono sottostare sono quelli fissati dallo Stato con riferimento ai principi fondamentali e dalle stesse Regioni *versus* gli enti locali con riferimento agli altri principi e criteri non considerabili fondamentali. Ben si comprende, quindi, come un passaggio decisivo del processo di adeguamento della vigente legislazione al nuovo Titolo V sia quello della individuazione dei principi di coordinamento. Per quel che finora si è detto, questi possono a volte identificarsi con quelli fondamentali, e in tal caso spetta allo Stato fissarli; e a volte essere ispirati solo a criteri "politici", e in tale caso spetta alle Regioni stabilirli nell'ambito della loro competenza. Ne consegue, comunque, un sistema abbastanza macchinoso e di non facile realizzazione, sul quale aleggia il nodo irrisolto della mancata istituzione della Camera delle Regioni, la cui funzione di coordinamento e di reciproca consultazione e di formazione di una volontà collegiale difficilmente potrà essere surrogata dal Consiglio delle autonomie locali (la cui istituzione, ai sensi dell'art. 123 Cost., ogni statuto regionale deve prevedere quale organo di consultazione fra Regioni e gli enti locali) o dalla Commissione parlamentare per le questioni regionali (che, ai sensi dell'art. 11 della Legge cost. 3/2001, in esame, dovrebbe essere integrata in sede legislativa statale da rappresentanti delle Regioni, delle Province autonome e degli enti locali).

4. *I principi fondamentali riservati allo Stato in materia di coordinamento del sistema tributario*

4.1 Un problema pregiudiziale, che si prospetta in tema di fissazione dei principi fondamentali in materia di coordinamento del sistema tributario, riguarda il rapporto tra la legislazione statale "quadro", che tali principi devono stabilire, e la legislazione regionale tributaria, che agli stessi principi di coordinamento deve attenersi. Tale problema si risolve nel seguente interrogativo: qualora lo Stato non dovesse fissare – o non abbia ancora fissato – con propria legge dei principi fondamentali di coordinamento in materia tributaria, potrebbe ammettersi ugualmente l'iniziativa legislativa della Regione in campo tributario *ex* art. 117, 4º comma? A tale quesito sono state date, in via di prima lettura, risposte diverse. Sembra, comunque, prevalere una risposta positiva fondata sulla considerazione che, non enunciando i principi fondamentali di coordinamento, lo Stato bloccherebbe arbitrariamente l'esercizio della potestà legislativa delle Regioni in materie, come quella dei tributi regionali e locali, di competenza esclusiva delle Regioni stesse. Il che avrebbe l'effetto – non solo pratico, ma anche giuridico – inaccettabile di paralizzare *sine die* l'entrata in vigore di quella parte rilevantissima della riforma del Titolo V che attiene alla legislazione in materia di tributi regionali e locali, ancorché questa legislazione sia di competenza esclusiva delle Regioni. Per evitare questo effetto ed essendo impensabile rinunciare al coordinamento del sistema tributario in base ai principi fondamentali, non resta probabilmente – perdurando l'inattività dello Stato – porre a carico delle stesse Regioni il non facile onere di desumere tali principi dall'ordinamento giuridico generale e, in particolare, dalla vigente normativa statale di settore.

4.2 In qualunque modo si risolva il problema, resta comunque il fatto che dei "principi fondamentali" – e cioè dei principi in qualche modo legati alla tutela dell'unità dell'ordinamento e ricavabili da parametri costituzionali – dovranno essere individuati e che sarebbe meglio che essi fossero fissati espressamente dallo Stato, seppur non in via tassativa, avendo come obiettivo il coordinamento preventivo del sistema tributario nel suo complesso e, comunque, la delimitazione di una *guideline* cui le Regioni (e gli enti locali) devono attenersi nello svolgimento della loro potestà d'imposizione.

La puntuale fissazione di tali principi è importante perché:

– da un lato, è funzionale alla realizzazione da parte dello Stato delle più opportune politiche macro-economiche nell'interesse nazionale (e, quindi, anche delle Regioni e degli stessi enti locali), avendo di mira soprattutto l'equità e la progressività del sistema e la non-sovrapposizione delle basi imponibili dei tributi regionali e locali a quelle dei tributi statali;

– dall'altro, dovrebbe preservare lo svolgimento della autonomia tributaria degli enti locali dal rischio di una eccessiva, indebita ed invasiva espansione della potestà legislativa tributaria delle Regioni medesime (penso, ad esempio, alla fissazione di un principio che precluda alle Regioni di ledere l'autonomia tributaria degli enti locali attraverso l'imposizione ad essi di politiche fiscali che alterano la coerenza o non sono in sintonia con le caratteristiche peculiari dei sistemi di finanza locale).

L'opportunità della espressa individuazione, con legge dello Stato, di tali principi consegue inoltre dalla constatazione che, in una materia delicata come quella tributaria, è del tutto sconsigliabile realizzare un sistema puro di "doppio binario" tra legge statale e legge regionale lasciando alle sole Regioni di individuare esse stesse, in sede legislativa, i principi fondamentali desumendoli dall'ordinamento giuridico statale (salvo poi lasciare *a posteriori* alla Corte Costituzionale di verificare se i principi medesimi siano stati correttamente individuati e rispettati).

Ad una prima sommaria e molto generale riflessione, i principi fondamentali riservati alla potestà legislativa dello Stato potrebbero individuarsi in particolare:

a) nella razionalità e coerenza dei singoli istituti tributari e del sistema tributario nel suo complesso;

b) nella omogeneità tra loro dei tributi che le Regioni potranno distintamente disciplinare nello svolgimento della loro potestà legislativa;

c) nella semplificazione sia dei sistemi tributari sia degli adempimenti posti a carico dei contribuenti;

d) nella limitazione dei trattamenti fiscali agevolativi, previsti dalle leggi regionali o regolati dagli enti locali, che si rivelino gravemente distorsivi della concorrenza sul mercato nazionale;

e) nella trasparenza delle decisioni di entrata (e di spesa) e nell'efficienza che ogni Amministrazione, regionale o locale, deve garantire in termini di costi e benefici quanto all'amministrazione dei tributi.

Come si è detto, altri principi potrebbero essere desunti dall'ordinamento giuridico con riferimento anche alle stesse caratteristiche geo-economiche degli enti impositori e alla loro competenza specifica (ad esempio, un principio fondamentale potrebbe essere quello di riservare la tassazione immobiliare ai Comuni in funzione della loro specializzazione urbanistica e del loro "dominio" sul territorio). Ma, ribadisco, per le ragioni sopra esposte sarebbe intanto opportuno che alcuni principi tributari fondamentali – come quelli appena enunciati – più facilmente enucleabili, di portata più generale e più certi, siano subito stabiliti dalla legge statale. In una fase, come questa, di iniziale incerta attuazione del "federalismo fiscale" sarebbe davvero pericoloso, per l'armonia del sistema tributario nel suo complesso, lasciare alle singole Regioni di enucleare dall'ordinamento i principi fondamentali della materia tributaria e di distinguerli interpretativamente da quelli supremi, costituzionali, istituzionali e generali.[3] Sarebbe meglio correre il rischio che lo Stato "crei" dei principi fondamentali considerando tali anche principi che forse, ad una più attenta analisi teorica, non lo sarebbero e rimettendo alla Corte Costituzionale di stabilire se la loro fissazione da parte dello Stato contrasti con il principio costituzionale di autonomia e sia intrusiva della sfera di legislazione esclusiva delle Regioni.

5. *Le fonti di finanziamento delle spese delle Regioni e degli enti locali e la perequazione fiscale*

5.1 Dalla lettura del 2º e 3º comma dell'art. 119 sembra scaturire un sistema di finanziamento delle spese per le funzioni pubbliche attribuite alle Regioni e agli enti locali imperniato su:

a) i tributi e le entrate propri, che, si è visto, essi possono stabilire e applicare alle condizioni di cui si è detto (art. 119, 2º comma) e che costituiscono il nucleo dell'autonomia tributaria di tali enti;

b) le compartecipazioni al gettito di tributi erariali "riferibile al loro territorio",

3. Sulla non-facile distinzione tra i diversi tipi di principi si rinvia a S. Bartole, voce "Principi generali del diritto, a) diritto costituzionale", in *Enciclopedia del Diritto*, XXXV, Milano, 1986, pp. 509 e ss.

attribuite direttamente a detti enti senza confluire in un fondo perequativo, come invece è adesso (art. 119, 2º comma, ultima parte);

c) un fondo perequativo, senza vincoli di destinazione, istituito dalla legge dello Stato, finanziato a carico della collettività e dallo Stato stesso ripartito, che ha la funzione di riequilibrare le finanze delle Regioni e degli enti locali con riferimento ai "territori con minore capacità fiscale per abitante" (art. 119, 3º comma).[4]

Essendomi già soffermato sulle entrate e i tributi propri di cui alla lett. "a" e sui limiti e i contenuti dell'autonomia tributaria, non resta che verificare come, ai sensi delle richiamate norme, dovrebbe attuarsi la compartecipazione al gettito dei tributi crariali di cui alla lett. "b" ed operare il meccanismo perequativo di cui alla lett. "c" affidato alle scelte e alle "cure" dello Stato.

E dico subito al riguardo che, almeno ad una prima lettura, il quadro normativo non appare affatto chiaro e porrà perciò gravi problemi interpretativi in sede di adeguamento dell'attuale legislazione ordinaria. Non sembra, comunque, che da esso emerga una struttura finanziaria di facile attuazione, in qualche modo adeguata sia a far fronte alle spese relative alle materie oggetto di legislazione esclusiva e concorrente delle Regioni, sia ai nuovi e maggiori compiti di amministrazione affidati ai Comuni.

5.2 Quanto al finanziamento delle *funzioni oggetto della legislazione esclusiva*, il tenore testuale del richiamato 2º comma dell'art. 119 consente di abbozzare un modello secondo cui le strutture deputate a tale finanziamento dovrebbero basarsi soprattutto su tributi propri eventualmente integrati dal gettito delle compartecipazioni ai tributi statali. Di conseguenza, la perequazione dello Stato dovrebbe essere fondata solo sulla riduzione – che non dovrebbe essere eccessiva – dei differenziali nelle capacità fiscali a livello regionale.

Quanto al finanziamento delle *attività riguardanti le materie attribuite alle Regioni in regime di legislazione concorrente (con lo Stato)*, esso dovrebbe realizzarsi attraverso modelli di perequazione più articolati, che facciano riferimento non solo alla riduzione dei differenziali di capacità fiscale, ma – probabilmente – anche agli indicatori di fabbisogno analiticamente definiti per ciascuna delle materie considerate nell'art. 117, 3º comma. Trattandosi di materia oggetto di legislazione concorrente con lo Stato, le capacità fiscali e i fabbisogni settoriali, così come i parametri di correzione dei differenziali delle capacità medesime, dovrebbero essere definiti in relazione anche al peso che l'interesse nazionale, rappresentato dallo Stato, potrà avere nelle leggi-quadro statali di cui si è detto e che definiranno i principi fondamentali cui dovranno attenersi le legislazioni regionali.[5]

5.3 Ciò considerato in via generale, vanno per prime sottolineate alcune non irrilevanti lacune che traspaiono da una prima lettura de 2º e 3º comma dell'art. 119.

La prima lacuna è costituita dalla mancata indicazione nel 3º comma delle differenze interregionali ritenute accettabili in applicazione della riforma. Questo silenzio è del tutto ingiustificato, dato che la riforma, per quanto si è finora detto, è sicuramente orientata verso una più ampia

4. L'art. 119, 3º comma, si ricollega così all'art. 117, 2º comma, lett. "e", che riserva alla legislazione esclusiva dello Stato "la perequazione delle risorse finanziarie". Si tratta di una perequazione di esclusiva pertinenza statale e perciò verticale, che – come si è visto – si accompagna ad una competenza esclusiva delle Regioni in tema di finanza regionale e locale e che pone, perciò, qualche delicato problema di compatibilità. Infatti la perequazione statale opera a tutti i livelli (locale, regionale, interregionale e intraregionale) e, quindi, anche a quei livelli, come quello intraregionale, che, ai fini della potestà di imposizione e del suo coordinamento, sono di esclusiva spettanza delle Regioni (salvo la fissazione dei principi fondamentali).

5. Sul punto rinvio alle puntuali considerazioni di P. Giarda, *Le Regole del Federalismo Fiscale nell'Art. 119: un Economista di Ffronte alla Nuova Costituzione*, 23.11.2001, in corso di pubblicazione, pp. 12-20 del dattiloscritto.

autonomia delle Regioni e degli enti locali e verso una maggiore diversità nelle prestazioni che saranno offerte dalle Regioni e dagli enti locali stessi.

La seconda lacuna è data dal fatto che non sembra risolto il problema del finanziamento delle funzioni amministrative assegnate agli enti locali. Indipendentemente dal silenzio delle norme, sembra comunque difficile al riguardo che ci si possa sottrarre alla scelta di prevedere contributi specifici trasferiti dalle Regioni e dallo Stato.

La terza lacuna attiene al problema del finanziamento dell'autonomia differenziata di cui all'art. 116, 3º comma. Tale articolo prevede *ex novo* il c.d. "regionalismo differenziato" che potrà comprendere, oltre le Regioni a statuto speciale, anche le Regioni che abbiano raggiunto intese con lo Stato per godere di ulteriori forme e condizioni particolari di autonomia da attribuire con legge dello Stato (approvata dalle Camere a maggioranza assoluta dei componenti). Sul versante della potestà legislativa, ad esempio, l'autonomia differenziata potrà consentire il passaggio dalla competenza concorrente a quella esclusiva. Ebbene, l'art. 119 non offre al riguardo alcuna indicazione al legislatore ordinario sui criteri da utilizzare in sede di perequazione quando singole Regioni otterranno più ampie competenze legislative. Dice bene Giarda al riguardo[6] che queste regole dovrebbero essere costruite in via prioritaria rispetto all'avvio di possibili iniziative di singole Regioni. E si dovrà anche evitare che, per effetto della mancanza di norme finanziarie, si sviluppino gli incentivi a moltiplicare iniziative di singole Regioni dirette al passaggio di materie dal regime della competenza concorrente a quello della competenza esclusiva.

5.4 A prescindere dalle suddette lacune, tento ora di chiarire in via interpretativa quale significato e quale portata abbiano le diverse espressioni contenute nell'art. 119, 2º e 3º comma (e riportate sub § 5.1) relative alla disciplina delle fonti di finanziamento diverse dai tributi propri.

C'è innanzitutto da domandarsi cosa intenda il legislatore costituzionale con la richiamata espressione "i Comuni, le Province, le Città metropolitane e le Regioni ... dispongono di compartecipazioni al gettito dei tributi erariali *riferibile al loro territorio*" (comma 2º).

Viene, innanzitutto, il dubbio al riguardo che con tale espressione si sia voluto cancellare l'istituto della c.d. riserva di aliquote (a meno che, beninteso, non si sia fatta la scelta, tecnicamente opinabile, di considerare la riserva di aliquote come un vero e proprio tributo proprio e, quindi, come una fonte di finanziamento ancora valida, ma non riconducibile alle compartecipazioni): una cosa è infatti il finanziamento realizzato con la mera "compartecipazione al gettito" di tributi erariali e una cosa è il finanziamento realizzato tramite l'attribuzione di "quote di tributi erariali". Solo quest'ultimo comprende anche l'attribuzione di una frazione dell'aliquota erariale.

In secondo luogo, non avrei dubbi che il riferimento del gettito dei tributi compartecipati al territorio significa che, ai fini dell'attribuzione delle compartecipazioni alle Regioni e agli enti locali, si deve avere riguardo letteralmente al gettito derivante dai tributi in qualche modo collegati al territorio regionale o dell'ente locale. Se poi si debba fare riferimento ai tributi "riscossi" nel territorio piuttosto che ai tributi gravanti sui redditi prodotti nello stesso (o al gettito derivante dalle imposte che colpiscono le attività localizzate nella regione) è una scelta che va rimessa in definitiva alla legge statale che disciplinerà il meccanismo e l'entità delle compartecipazioni.

5.5 C'è, inoltre, da domandarsi quale significato abbia il passaggio, quanto all'attuazione del fondo perequativo, dall'espressione (contenuta nel precedente testo dell'art. 119) "sono attribuiti tributi propri e quote di tributi erariali *in relazione ai bisogni delle Regioni per le spese necessa-*

6. V. ancora P. Giarda, *Le Regole* ..., pp. 44-47.

rie ad adempiere alle loro funzioni normali" alle seguenti distinte frasi (contenute nel nuovo più volte richiamato art. 119):

– "*la legge dello Stato istituisce un fondo perequativo (...) per i territori con minore capacità fiscale per abitante* (3º comma)";

– "*le risorse derivanti dalle fonti di cui ai commi precedenti* (tributi propri, compartecipazioni e fondo perequativo) *consentono ai Comuni, alle Provincie, alle Città metropolitane e alle Regioni, di finanziare integralmente le funzioni pubbliche loro attribuite* (4º comma)".

Escluse, come si è detto, le funzioni amministrative – che dovrebbero essere finanziate con trasferimenti quando non sono connesse a funzioni pubbliche attribuite in via originaria –, parrebbe, con riferimento alle Regioni, che con le suddette proposizioni si sia voluto abbandonare il parametro, molto flessibile e ampio, del riferimento alle "spese necessarie per adempiere alle funzioni normali". Il quadro che ne esce, in particolare, potrebbe essere il seguente:

– quanto alle compartecipazioni, esse, dovendo essere ancorate al gettito dei tributi erariali riferibile al territorio, affluiscono direttamente alle Regioni dove i gettiti sono prodotti e non più – come finora è avvenuto – al fondo perequativo accantonato nel bilancio statale da ripartire tra le Regioni stesse a cura dello Stato;

– il nuovo fondo perequativo, di conseguenza, è alimentato da altre risorse tratte dalla fiscalità generale ed è destinato a correggere solo le diversità delle entrate nelle diverse Regioni con riferimento ai "territori con minore capacità fiscale per abitante". Si badi bene che quest'ultima frase sta ad indicare solo la minore idoneità dei contribuenti residenti nel territorio a concorrere alle pubbliche spese e, perciò, esprime un parametro di ripartizione ben più ristretto e meno pregnante di quello finora adottato dal vecchio art. 119 e costituito, come si è visto, dall'entità dei "bisogni per le spese necessarie ad adempiere le funzioni normali";

– il fatto che i tributi propri, le compartecipazioni e il fondo perequativo devono consentire da soli, ai sensi del successivo 4º comma dell'art. 119, di finanziare integralmente le funzioni pubbliche attribuite alle Regioni (e agli enti locali), costituisce una sorta di clausola di autosufficienza posta a chiusura della disciplina delle fonti di finanziamento ordinarie, clausola che esclude, appunto, il ricorso ad altre fonti di finanziamento ordinarie che non siano quelle indicate nel 2º e 3º comma o, comunque, l'assunzione di modelli di compartecipazione e di perequazione diversi da quelli indicati dagli stessi commi.

5.6 Il sottolineato passaggio di enfasi dal "finanziamento dei bisogni" alla "perequazione delle capacità fiscali" e l'introduzione della richiamata clausola generale di "autosufficienza" del sistema di finanziamento delineato dai comma 2º, 3º e 4º producono, a mio avviso, tre effetti fortemente limitativi delle tradizionali politiche solidaristiche.

Il primo è che, perequando solo le capacità fiscali, non si elimina più, ma solo si riduce, il divario di entrate causato dalle differenze interregionali nella capacità fiscale.

Il secondo effetto è che la suddetta clausola di autosufficienza – per come è scritta ("le risorse ... consentono di finanziare integralmente le funzioni pubbliche loro attribuite") e per come va coordinata con la già esaminata disciplina delle compartecipazioni e del fondo perequativo – difficilmente può legittimare un'interpretazione nel senso di riferire l'autosufficienza al finanziamento delle spese sostenute distintamente da ciascuna Regione. Con la conseguenza che, nell'ipotesi in cui una singola regione spendesse di più (di quanto spendeva lo Stato) per lo svolgimento delle funzioni pubbliche ad essi attribuite, l'aumento delle singole spese imputabile alla loro gestione verrebbe a porsi a carico del fondo perequativo e delle compartecipazioni. Privilegerei, invece, un'interpretazione della clausola nel senso inverso, e cioè nel senso che l'autosufficienza va riferita al finanziamento delle spese delle Regioni nel loro complesso e, quindi, nel senso che il trasferimento delle funzioni dallo Stato alle Regioni debba avvenire senza guadagni per lo Stato, ma anche senza aumento delle spese a carico delle compartecipazioni e del fondo perequativo (e a favore del sistema delle Regioni).

A tale conclusione si giunge, a mio avviso, ragionando sulla base della seguente silloge: se il criterio per la attribuzione delle compartecipazioni ai tributi erariali è solo quello, ristretto, del riferimento al territorio (senza che avvenga alcun passaggio attraverso il fondo statale perequativo) e se il fondo perequativo è ripartito con riferimento alla sola capacità fiscale, è allora molto difficile interpretare la più volte ricordata espressione conclusiva del 4º comma ("le riserve derivanti dalle fonti di cui ai precedenti commi ... consentono di finanziare integralmente alle funzioni pubbliche loro attribuite") nell'ottica di una perequazione per bisogni e cioè nel senso che le compartecipazioni e il fondo perequativo devono concorrere a finanziare indiscriminatamente i bisogni delle singole Regioni. Ad essere più chiari, ciò non significa che le Regioni non siano libere di deliberare e sostenere spese per far fronte ai loro bisogni (per le spese necessarie ad adempiere alle funzioni normali). Significa solo che il relativo finanziamento non può essere posto né a carico del fondo perequativo (che ha riguardo solo alle capacità fiscali e al massimo, in caso di legislazione concorrente, agli indicatori di fabbisogni settoriali) né a carico delle compartecipazioni (che afferiscono tutte al territorio in cui sono riscossi i tributi o insiste la base imponibile), ma deve essere posto a carico solo della autonomia tributaria regionale.[7]

Se – come credo – questa interpretazione in termini di "perequazione per capacità fiscale" dovesse essere confermata in sede di adeguamento legislativo, il cambiamento rispetto alla precedente disciplina della "perequazione per bisogni" sarebbe indubbiamente molto rilevante e certamente sfavorevole alle Regioni meno sviluppate. Queste non potrebbero fruire né di un sufficiente gettito da compartecipazioni, né di quote del fondo perequativo adeguate a far fronte alle maggiori spese sostenute per lo svolgimento delle funzioni pubbliche loro attribuite.

Il terzo effetto negativo è un pò il corollario dei primi due e riguarda l'applicazione combinata del 4º comma dell'art. 119 appena esaminato, del 5º comma dello stesso articolo, per la parte in cui dispone che "lo Stato destina risorse aggiuntive (...)" e speciali "(...) per favorire l'effettivo esercizio del diritto della persona (...)", e dell'art. 117, 2º comma, lett. "m", per la parte che rimette alla legislazione esclusiva dello Stato la "determinazione dei livelli essenziali delle prestazioni concernenti i diritti civili e sociali che devono essere garantiti in tutto il territorio nazionale".

Considerato che, come si è più volte ricordato, per espressa disposizione dell'art. 119, 4º comma, solo i tributi propri, le compartecipazioni al gettito dei tributi erariali e il fondo perequativo devono consentire di "finanziare integralmente le funzioni pubbliche attribuite alle Regioni (e agli enti locali)", ci si deve domandare in particolare:

– come si attui il finanziamento dei c.d. diritti di cittadinanza, di cui all'art. 117, 2º comma, lett. "m", nell'ipotesi in cui la competenza riguardo a tali diritti sia attribuita alla legislazione esclusiva delle regioni e le indicate risorse delle Regioni medesime non siano sufficienti a garantire il livello essenziale di tali diritti (eventualmente) fissato dalla legge statale ai sensi dello stesso art. 117, 2º comma, lett. "m";

– se il riferimento fatto dall'art. 119, 5º comma, alle risorse aggiuntive destinate

7. Un discorso in gran parte simile può essere fatto, in via generale anche per gli enti locali, con le dovute differenze indotte dalla diversità dei meccanismi perequativi in atto.

dallo Stato per favorire il diritto della persona sia sufficiente per consentire l'attuazione del 2º comma, lett. "m", dell'art. 117 e, quindi, per porre a carico dello Stato il finanziamento delle funzioni attribuite alle Regioni e che le Regioni stesse non sono in grado di assicurare entro i livelli stabiliti dallo Stato medesimo.

A tale domanda credo si debba e si possa dare in prima approssimazione risposta positiva, nel senso che in tali casi lo Stato può e deve intervenire per integrare le risorse a disposizione delle Regioni superando la richiamata clausola di autosufficienza. Non avrei dubbi, infatti, sulla circostanza che la garanzia a tutti i cittadini di un certo livello dei diritti civili e sociali rientri tra gli impegni della Repubblica – indicati nell'art. 119, 5º comma – a "favorire l'effettivo esercizio dei diritti alla persona" e a "promuovere la coesione e la solidarietà". Rimane però il fatto in sé limitativo che, dato il suo carattere aggiuntivo e speciale (e perciò straordinario), l'intervento *ex* art. 119, 5º comma, ai fini del finanziamento dei livelli essenziali di suddetti diritti possa ridursi ad essere il risultato dell'applicazione non di un meccanismo legislativo solidaristico, automatico e fisiologico, bensì di una incerta, quanto opinabile dialettica politica e rivendicazionistica, in cui lo Stato potrebbe rivestire la sgradevole figura dell'elemosiniere di ultima istanza.

CADERNOS DE DIREITO TRIBUTÁRIO

LEGALIDADE TRIBUTÁRIA OU LEI DA SELVA: SONHO OU PESADELO

JOSÉ ROBERTO VIEIRA
Professor de Direito Tributário da Universidade Federal do Paraná

1. Lei do Estado ou Lei da Selva. 2. República e Democracia. 3. Legalidade: 3.1 Legalidade genérica – 3.2 Legalidade tributária. 4. Sonho ou pesadelo.

1. Lei do Estado ou Lei da Selva

Numa obra tão concisa e didática quanto inspirada, Régis Debray, o professor e filósofo da França, ao explicar à sua filha adolescente o que é uma República, mais especificamente, ao falar daquilo que ele chama *el coraje de la ley*, diante da pergunta de sua jovem interlocutora – *Cuál?* –, assim lhe responde: "*Hay sólo dos. La ley del Estado y la ley de la jungla.* La ley para todos o la ley de la calle, es decir, cuando el grande se come al pequeño"[1] (grifamos).

Não se trata, aqui, de estabelecer um radicalismo absoluto: ou a regra estatal ou, fatalmente, a regra da jângal. A humanidade e a vida, inclusive a jurídica e a política, não são maniqueístas assim. Há numerosos, talvez inúmeros, graus de legalidade e de legitimidade. Há fartas, talvez intermináveis, gradações republicanas e democráticas. Trata-se – isso, sim – de *uma opção de tendência* no evolver do Estado, de *uma escolha de direção* no quotidiano da vida pública: ou nos inclinamos, a cada passo, no sentido da legalidade, inclusive a tributária, no sentido republicano e democrático, ou – e aqui se trata de alternativa efetivamente extremada e drástica – caminhamos, a cada passo, em direção à mata original, melhor dizendo, "de volta" à floresta primitiva.

2. República e Democracia

Eis dois portos inevitáveis antes de atracarmos na terra da legalidade, sob pena de ignorarmos o amplo contexto em que ela se localiza.[2]

1. *La República Explicada a Mi Hija*, trad. de Sandra Garzonio, Buenos Aires, Fondo de Cultura Económica, 1999, p. 45. No que tange ao título, preferimos a versão argentina à espanhola – *El Civismo Explicado a Mi Hija*, trad. de Manuel Serrat Crespo, Barcelona, Muchnik, 2000 –, por uma questão de precisão, que principia pelo título original – *La République Expliquée à Ma Fille*, Paris, Seuil, 1998 – e encontra definitiva razão de ser no seu conteúdo, que, embora igualmente "cívico", é caracteristicamente "republicano".

2. Reproduzimos, aqui, parte da meditação que desenvolvemos acerca dessas noções em artigo hoje no prelo da *Revista Trimestral de Direito Público* – "República e Democracia: óbvios ululantes e não-ululantes" –, porque as julgamos adequadas à preparação zelosa do terreno da legalidade, a ser adiante cultivado.

Uma palavra inicial quanto à importância desses temas, essenciais à Política e ao direito público, irônica e saborosamente ilustrada por Fernando Savater, o filósofo da Universidade Complutense de Madri, quando nos lembra que os antigos gregos chamavam aos desinteressados na Política de *idiotés*, significando pessoa isolada, que nada tinha a oferecer aos demais. E completa: "Desse *idiotés* grego deriva nosso *idiota* atual, que não preciso explicar o que significa". Parafraseando Savater, e de forma até "um pouco agressiva e irreverente", como ele a define, mas perfeitamente lógica e etimológica, diríamos que *só não se interessam por esses temas aqueles que se aproximam da idiotice*![3]

Embora falando da República, Debray enuncia idéia plenamente aplicável também à Democracia: "(...) nunca se realiza. Seguramente es irrealizable. *Todas las Repúblicas que existen son esbozos* relativos, inferiores a sus principios"[4] (grifamos). Trata-se de certeza antiga. Já em meados do século XVIII afirmava Jean-Jacques Rousseau, aqui se referindo à Democracia, mas novamente numa idéia comum a ambas: "(...) no rigor da acepção, jamais existiu, jamais existirá uma Democracia verdadeira", cuja força o filósofo bem exprime pela hipérbole de reservá-la a uma eventual sociedade divina: "Se existisse um povo de deuses, governar-se-ia democraticamente".[5] Por isso, Juan Ramón Capella, o catedrático de Barcelona, entre outros, observa que "os processos de democratização são ainda embrionários nas sociedades contemporâneas".[6] Aqui, aliás, presente já a noção de *Democracia (república também, diríamos) como processo*, sublinhada por José Afonso da Silva, que revela certa impaciência com a "tese pessimista, se não de fundo elitista, segundo a qual a Democracia nunca fora realizada em sua pureza em lugar algum", assentando: "Os que assim pensam não concebem que a Democracia seja um processo (...). Como tal a Democracia nunca se realizará inteiramente (...)".[7]

Com efeito, República e Democracia são noções que indubitavelmente funcionam como "ideais-limites", na expressão confiável de Norberto Bobbio.[8] E ideais-limites nitidamente perseguidos pelo movimento jurídico e político dos homens e seus Estados, mas num compasso assim descrito, em 1886, por Friedrich Nietzsche, cujo verbo filosoficamente profundo e estilisticamente belo era certamente livre, solto e ousado como o de poucos: "(...) o seu ritmo é demasiado vagaroso e sonolento para os mais impacientes (...) atestam os uivos cada vez mais raivosos, o ranger de dentes cada vez mais ostensivo dos cães anarquistas (...)".[9] Aliás, já em 1878, referindo-se a um sistema político em que o governo fosse um órgão do povo, Nietzsche afirmava tratar-se – num vaticínio que o tempo demonstraria demasiado otimista – de um novíssimo conceito que se apoderaria de todas as cabeças, acrescentando, po-

3. *Política para Meu Filho*, trad. de Eduardo Brandão, São Paulo, Martins Fontes, 1996, pp. 16-17. Trata-se de obra curiosamente semelhante à de Debray, em sua concepção, na qual o autor escreve a seu filho, *Amador*, também adolescente, explicando-lhe o que é Política (no original espanhol: *Política para Amador*, Barcelona, Ariel, 1992); e que vem, aliás, na esteira de outro trabalho de Savater, este ainda mais admirável, fazendo o mesmo com a noção de Ética: *Ética para Meu Filho*, trad. de Mônica Stahel, São Paulo, Martins Fontes, 1993 (no original espanhol: *Ética para Amador*, Barcelona, Ariel, 1991), do qual há reedição recente, acrescida de um apêndice (*Ética para Amador*, 3ª ed., Buenos Aires, Ariel, 2001).

4. *La República* ..., p. 81.

5. *Do Contrato Social ou Princípios do Direito Político, in Rousseau*, trad. de Lourdes Santos Machado, São Paulo, Abril Cultural, 1973 (*Os Pensadores*-XXIV), pp. 90 e 92.

6. *Os Cidadãos Servos*, trad. de Lédio Rosa de Andrade e Têmis Correia Soares, Porto Alegre, Sérgio Antônio Fabris Editor, 1998, p. 69.

7. *Poder Constituinte e Poder Popular (Estudos sobre a Constituição)*, São Paulo, Malheiros Editores, 2000, p. 45.

8. *Igualdade e Liberdade*, 3ª ed., trad. de Carlos Nélson Coutinho, Rio de Janeiro, Ediouro, 1997, p. 8.

9. *Além do Bem e do Mal: Prelúdio a uma Filosofia do Futuro*, 2ª ed., trad. de Paulo César de Souza, São Paulo, Cia. das Letras, 1992, p. 102.

rém: "(...) para o quê, no entanto, talvez necessite de mais um século".[10]

Em termos republicanos e democráticos encontramo-nos também nós, brasileiros, em tenra idade, pois, na palavra inspirada de Cármen Lúcia Antunes Rocha, nossa República (e Democracia, agregaríamos) foi "proclamada, conquanto não efetiva, nem definitivamente (...) realizada (...)"; pior, trata-se de "uma República ainda muito mal-praticada (...)"; e, pior ainda, confessemos possuir uma "parca República vivida pelo Brasil".[11]

Perante nossa infância republicano-democrática, nada mais adequado do que olhar para a primeira dessas noções com intuitos minimamente conceptuais. *República*, do Latim *res publica*, significa "coisa pública", "coisa comum", como esclarece o etimologista (Antônio Geraldo da Cunha)[12] e confirma o filósofo (Régis Debray), adicionando este: "Es el término genérico que empleaban los antiguos filósofos (...) para designar a cualquier 'Estado regido por leyes'".[13] Tal confirmação já é secular, como se vê em Rousseau: "Chamo pois de *República* todo o Estado regido por leis (...)"; que aditava, elucidativamente: "(...) pois só nesse caso *governa o interesse público e a coisa pública* (...)"[14] (grifamos). Tamanha a importância da idéia, que não admira que Emmanuel Kant, o velho filósofo de Königsberg, a tenha anunciado como primeiro artigo de um eventual acordo pela paz perpétua: "(...) a constituição de cada Estado deve ser republicana";[15] e não admira que Fernando Savater, o filósofo contemporâneo de Madri, tenha registrado que "o mínimo que um país no século XX merece é um regime republicano".[16]

Voltemo-nos para a realidade nacional. Nosso Estatuto Magno não só afirma, logo no primeiro momento do texto, o princípio da República (art. 1º), mas também erige seu núcleo essencial em *cláusula imutável* (art. 60, § 4º, II), apenando sua inobservância com a severidade da *intervenção federal nos Estados* (art. 34, VII, "a").[17]

É este "o princípio mais importante e decisivo do nosso direito público", "a síntese de todas as nossas instituições", na apreciação de Geraldo Ataliba, insuperável na acuidade com que mergulhou em

10. *Humano, Demasiado Humano: um Livro para Espíritos Livres*, trad. de Paulo César de Souza, São Paulo, Cia. das Letras, 2000, p. 243.

11. *República e Federação no Brasil: Traços Constitucionais da Organização Política Brasileira*, Belo Horizonte, Del Rey, 1997, pp. 17, 73 e 85.

12. *Dicionário Etimológico Nova Fronteira da Língua Portuguesa*, 2ª ed., Rio de Janeiro, Nova Fronteira, 1996, p. 677.

13. *La República* ..., p. 19.

14. *Do Contrato Social* ..., p. 61.

15. *Apud* Norberto Bobbio, *O Futuro da Democracia: uma Defesa das Regras do Jogo*, 3ª ed., trad. de Marco Aurélio Nogueira, Rio de Janeiro, Paz e Terra, 1986, p. 38.

16. *Política* ..., p. 199.

17. Conquanto a doutrina constitucional brasileira, após o advento do texto de 1988, incline-se no sentido de que a República não mais constitui cláusula intocável, é evidente que vencida, em 21.4.1993, a possibilidade de revisão constitucional a respeito (art. 2º do ADCT), a sua idéia nuclear de representação (voto direto, secreto e universal – art. 60, § 4º, II) segue presente, assim como a de temporariedade (voto periódico – art. 60, § 4º, II), e até mesmo a de igualdade, para aqueles que a entendem integrante da noção republicana (entre os direitos individuais – art. 60, § 4º, IV); donde crermos que, se a razão não se encontra com Geraldo Ataliba ("O Autor entende que o princípio republicano, muito embora não expresso diretamente ... foi mantido na Constituição de 1988 como 'cláusula pétrea' (dependente apenas do resultado do plebiscito), eis que está ele consagrado nos demais princípios estabelecidos no § 4º do art. 60 ..." – *República e Constituição*, 2ª ed., atualizada por Rosolea Miranda Folgosi, São Paulo, Malheiros Editores, 1998, p. 39, Nota de Atualização n. 1), certamente encontrar-se-á com Pinto Ferreira ("A essência da República está no voto direto, secreto, universal e periódico ..." – *Comentários à Constituição Brasileira*, v. 3, São Paulo, Saraiva, 1992, p. 212). Para Cármen Lúcia Antunes Rocha, entre a promulgação constitucional e o plebiscito de 1993 a República não foi cláusula pétrea, pela possibilidade de sua modificação pela via revisional, após o quê recobrou sua condição de imodificável, como limite material implícito (*República e Federação no Brasil:* ..., pp. 70, 86 e 88-89). Roque Antônio Carrazza prefere ver no dispositivo constitucional a petrificação dos reflexos republicanos (*Curso de Direito Constitucional Tributário*, 16ª ed., São Paulo, Malheiros Editores, 2001, pp. 68-70).

todos os meandros e escaninhos da complexa noção.[18]

Define-o a pena do mestre como "o regime político em que os exercentes de funções políticas (executivas e legislativas) representam o povo e decidem em seu nome, fazendo-o com responsabilidade, eletivamente e mediante mandatos renováveis periodicamente". Não obstante pôr friso na idéia de igualdade, não é discrepante a visão de Roque Antônio Carrazza, para quem "República é o tipo de governo, fundado na igualdade formal das pessoas, em que os detentores do poder político exercem-no em caráter eletivo, representativo (de regra), transitório e com responsabilidade".[19]

Destarte, pode-se inferir que *caracterizam a República*: a *representatividade*, decorrente da eletividade, a *transitoriedade* e a *responsabilidade*. Traços entre os quais cumpre conceder relevo ao primeiro deles, pois a República é, antes e acima de tudo, aquele regime de governo em que as autoridades são meros administradores da coisa pública – *res publica* – a título de mandatários do povo, que detêm a sua propriedade.

Daí assistir integral razão a Geraldo Ataliba quando coloca a *idéia de mandato* como "pedra de toque do sistema (...) ponto de referência dos demais institutos informadores da República (...)", localizando-o "no centro de toda construção jurídica da República".[20]

Os poderes atribuídos aos mandatários do povo só descobrem sentido na idéia de função, na idéia de meios para a realização do interesse público. A ênfase em tais poderes, marco de uma época que já deixamos para trás, deve ceder espaço ao acento posto nos seus *deveres* em relação às *finalidades* consagradas na lei. Somente para cumpri-los e para atingi-las é que se lhes outorgam *poderes*. Daí a inclinação de muitos autores modernos – recorda Marcello Caetano – denominando-os *poderes-deveres*, nomenclatura que ganhou divulgação a partir de Santi Romano, como lembra Celso Antônio Bandeira de Mello.[21] Nenhum, porém, meditando à luz da noção funcional, logrou projetar tão longe suas conseqüências como o fez Celso Antônio, chegando a propor *uma inversão do binômio: "deveres-poderes" mais do que "poderes-deveres"*.[22] Não obstante a questionabilidade dessas expressões híbridas perante a Lógica Jurídica,[23] é forçoso reconhecer a irrecusável coerência da proposta desse eminente publicista, uma vez que os *poderes* não passam de simples instrumentos conferidos ao administrador público, de sorte a equipá-lo na incessante procura do atender às finalidades legais. Aí seus *deveres* inafastáveis.

Este é o momento e o local para aduzirmos ao tema a *teoria da relação de ad-*

18. *República e Constituição*, São Paulo, Ed. RT, 1985, pp. XI e XIV; na 2ª ed., atualizada, pp. 15 e 18.

19. Geraldo Ataliba, idem, ibidem, p. IX; na 2ª ed., atualizada, p. 13; Roque Antônio Carrazza, *Curso* ..., 16ª ed., p. 40.

20. *República e Constituição*, pp. 64-65; na 2ª ed., atualizada, pp. 90-91.

21. Marcello Caetano, *Princípios Fundamentais do Direito Administrativo*, Rio de Janeiro, Forense, 1977, p. 141; Celso Antônio Bandeira de Mello, *Elementos de Direito Administrativo*, 2ª ed., São Paulo, Ed. RT, 1990, p. 53, e *Curso de Direito Administrativo*, 12ª ed., São Paulo, Malheiros Editores, 2000, p. 69.

22. "Controle judicial dos atos administrativos", *RDP* 65/31, São Paulo, Ed. RT, janeiro-março/1983; "Princípios fundamentais de direito administrativo", in Celso Antônio Bandeira de Mello (coord.), *Curso de Direito Administrativo*, São Paulo, Ed. RT, 1986, p. 22; "Legalidade, motivo e motivação do ato administrativo", *RDP* 90/60, São Paulo, Ed. RT, abril-junho/1989; *Elementos* ..., 2ª ed., pp. 23 e 52-55; e *Curso* ..., 12ª ed., pp. 32 e 68-70.

23. São questionáveis perante a Lógica Jurídica essas expressões, *poderes-deveres* ou *deveres-poderes*, uma vez que nas normas jurídicas ocorre a tripartição do universo da conduta nos chamados "modais deônticos", *obrigatório*, *permitido* e *proibido*, na lição de Lourival Vilanova (*Lógica Jurídica*, São Paulo, José Bushatsky Editor, 1976, pp. 124-126; *As Estruturas Lógicas e o Sistema do Direito Positivo*, São Paulo, Ed. RT/EDUC, 1977, pp. 37-38). Em verdade, cremos que na versão tradicional (*poderes-deveres*) concede-se destaque ao primeiro membro do binômio, e estamos em presença do modal *permitido*; enquanto na versão mais recente (*deveres-poderes*) o friso posto nos deveres revela o modal *obrigatório*.

ministração, que, a despeito de formulada no âmbito do direito administrativo, exprime com precisão a representatividade republicana, opondo o dono da coisa pública (o povo) ao seu administrador (governante, representante, mandatário).[24] Essa teorização foi virtuosamente urdida e composta por aquele que os mestres apresentam como seu mestre. Não é prudente mais do que transcrever com respeito as asserções geniais que faz – ao opor as idéias de propriedade e de administração, esta típica do direito público, aquela característica do direito privado – o grande Ruy Cirne Lima, jurista dos pampas e do Brasil, para o nosso justo orgulho: "A palavra *administração* (...) designa geralmente *a atividade do que não é proprietário – do que não é senhor absoluto* (...). Administração, segundo o nosso modo de ver, é a atividade (...) do que não tem a disposição da cousa ou do negócio administrado (...). *Na administração, o dever e a finalidade são predominantes*; no domínio, a vontade (...). *O fim* - e não a vontade - *domina todas as formas de administração* (...). Supõe, destarte, a atividade administrativa a preexistência de uma regra jurídica, reconhecendo-lhe uma finalidade própria (...). À *relação jurídica que se estrutura ao influxo de uma finalidade cogente*, chama-se relação de administração (...)" (*sic* – grifamos).[25]

Em lugar de nossa avaliação pessoal, de pouco significado, lançamos mão das palavras daquele publicista que, com tanto brilho, versou o tema da República, e cujo depoimento acerca da *relação de administração*, tal como vista por Cirne Lima, é dos mais expressivos: "Na verdade, *a idéia de representação e o instituto do mandato, como fulcros da concepção republicano-democrática* - do ponto de vista jurídico – *explicam-se pela relação de administração*, que entre nós encontrou seu expositor máximo em Ruy Cirne Lima (...)"[26] (grifamos) – Geraldo Ataliba.

Apertemos agora o olhar para a idéia de *representação*, ainda navegando em águas republicanas, e no centro delas, mas já lhes reconhecendo, aqui, o influxo da correnteza democrática.

A *aproximação entre as noções de República e de Democracia* data dos antigos, como se pode ver em Cícero (Nicolla Matteucci e Cármen Lúcia Antunes Rocha).[27] Considere-se, por exemplo, do século XVIII, a referência de James Madison, nos célebres comentários à Constituição Norte-Americana – *O Federalista*: "(...) la confusión de los conceptos de República y Democracia (...)".[28] E considere-se também, dos nossos dias, a conclusão de Cármen Lúcia Antunes Rocha, voltada para o nosso caso: "Os princípios republicano e democrático modelam-se e condicionam-se reciprocamente (...). Os dois princípios estão fundidos e condenados a serem tomados como uma expressão única e indissociável enquanto vigorar o atual sistema: República Democrática".[29]

Antes de nos debruçarmos sobre a segunda dessas noções, registremos que, a exemplo do que ocorreu com a Filosofia, como já tivemos oportunidade de consignar, *também a Democracia constitui uma invenção dos gregos*.[30] Fernando Savater

24. Geraldo Ataliba, *República* ..., pp. 64 e 68; na 2ª ed., atualizada, pp. 90 e 94.

25. *Princípios de Direito Administrativo*, 6ª ed., São Paulo, Ed. RT, 1987, pp. 20, 22, 52, 22 e 51.

26. *República* ..., p. 64; na 2ª ed., atualizada, p. 90.

27. Nicola Matteucci, "República", in Norberto Bobbio, Nicola Matteucci e Gianfranco Pasquino, *Dicionário de Política*, 3ª ed., v. 2, trad. de Cármen C. Varrialle *et alii*, Brasília, UnB/Linha Gráfica, 1991, pp. 1.107-1.108; Cármen Lúcia Antunes Rocha, *República e Federação no Brasil*: ..., p. 22.

28. "El Federalista-XIV", in Alexander Hamilton, James Madison e John Jay, *El Federalista*, México, Fondo de Cultura Económica, 2000, p. 53.

29. *República e Federação no Brasil*: ..., p. 69.

30. Quanto à precedência grega na Filosofia invocamos, para defendê-la, as reflexões insuspeitas de Friedrich Nietzsche, de Guillermo Fraile e de Marilena Chauí – "A noção de sistema no Direito", *Revista da Faculdade de Direito da UFPR* 33/55, Porto Alegre, Síntese, 2000.

recorre a um episódio da Guerra de Tróia, quando Aquiles, o grande guerreiro grego, afasta-se dos combates, por zangar-se com Agamenon, que chefiava o famoso cerco, como rei e cunhado da bela Helena, a quem os gregos buscavam recuperar dos troianos. Estabelecida a discussão entre os chefes aqueus, com a participação de Ulisses, para acolher a decisão da maioria; assinala Savater que, nessa passagem da *Ilíada*, "o que no fundo Homero está contando são os albores da Democracia".[31] Nada mais do que uma experiência incipiente e muito restrita, a dos gregos, pois entre eles ficavam de fora das decisões as mulheres, os escravos e os estrangeiros residentes – anota o autor, em outra obra; "Lo cual en nada disminuye la importancia radical, incomparable, del primer paso";[32] que exigiu nada menos que uma "certa loucura" – "Felizmente, os gregos eram meio loucos e de sua genial loucura ainda agora nos alimentamos".[33]

Curioso que, seja qual for o posicionamento ou matiz ideológico, dentro do mais largo espectro imaginável, todos, sem exceção, tendem hoje a se proclamar democráticos. E, não raro, diante do seu estranho fascínio (Ignácio da Silva Telles[34]), "se entredevoram pela Democracia", como depõe Manoel Gonçalves Ferreira Filho.[35] Tão elevado é o *grau de polissemia do termo*, como confirmam Lourival Vilanova e Misabel de Abreu Machado Derzi,[36] a ponto de Luís Alberto Warat dizê-lo contaminado por uma "anemia significativa"[37] ou "anemia semântica".[38]

Mais do que nunca, pois, abre-se espaço para o "processo de elucidação" que pregava Rudolf Carnap, integrante do Círculo de Viena e ex-professor da Universidade de Chicago.[39] Processo em que, numa primeira etapa, surpreendemos, na origem grega de Democracia, o significado etimológico de *governo ou poder do povo*;[40] confirmado pela investigação filosófico-política do século XX, desde Hans Kelsen[41] até Régis Debray e Juan Ramón Capella.[42] Um passo adiante, Norberto Bobbio aponta-a como a forma de governo em que "o poder não está nas mãos de um só ou de poucos, mas de todos, ou, melhor, da maior parte (...) da maioria (...)".[43]

No que diz respeito à *evolução histórica desse conceito*, fiquemos com este mesmo eminente teórico geral do Direito e filósofo político italiano, que distingue a Democracia dos antigos (direta) da Democracia dos modernos (representativa);[44] no que é seguido por vasta doutrina, da qual citamos, exemplificativamente, Francisco Rubio Llorente, o constitucionalista da Uni-

31. *Política* ..., pp. 71-73.

32. Savater, *Diccionario Filosófico*, México, Planeta, 1999, pp. 80-81.

33. *Política* ..., pp. 74-84.

34. *A Experiência da Democracia Liberal*, São Paulo, Ed. RT, 1977, p. 75.

35. *Curso de Direito Constitucional*, 17ª ed., São Paulo, Saraiva, 1989, p. 84.

36. Lourival Vilanova, "Novo Poder Executivo para o Brasil", in Aurélio Wander Bastos *et alii*, *Uma Nova Organização Político-Constitucional para o Brasil de Hoje*, Fortaleza, UFC, 1982, p. 115; Misabel Derzi, Nota de Atualização n. 2 ao art. 96, in Aliomar Baleeiro, *Direito Tributário Brasileiro*, 11ª ed., Rio de Janeiro, Forense, 1999, p. 610.

37. *Apud* Lenio Luiz Streck e José Luiz Bolzan de Morais, *Ciência Política e Teoria Geral do Estado*, Porto Alegre, Livraria do Advogado, 2000, p. 97.

38. *Apud* Eurico Marcos Diniz De Santi, *Decadência e Prescrição no Direito Tributário*, São Paulo, Max Limonad, 2000, p. 71.

39. *Apud* Luís Alberto Warat, *O Direito e sua Linguagem*, Porto Alegre, Sérgio Antônio Fabris Editor, 1984, p. 57.

40. Antônio Geraldo da Cunha, *Dicionário* ..., 2ª ed., pp. 246 e 224-225.

41. *A Democracia*, trad. de Ivone Castilho Benedetti *et alii*, São Paulo, Martins Fontes, 1993, p. 140; *Escritos sobre la Democracia y el Socialismo*, trad. de Juan Ruiz Manero *et alii*, Madri, Debate, 1988, p. 208.

42. Régis Debray, *La República* ..., p. 19; Juan Ramón Capella, *Os Cidadãos* ..., p. 68 – que cogita de "autogoverno das populações pelas populações mesmas".

43. *Liberalismo e Democracia*, 3ª ed., trad. de Marco Aurélio Nogueira, São Paulo, Brasiliense, 1990, pp. 7 e 31.

44. Bobbio, *Liberalismo* ..., 3ª ed., pp. 31-36.

versidade Complutense de Madri.[45] Pouco diversa é a visão de Manoel Gonçalves Ferreira Filho, que aponta três fases diversas: Democracia Antiga (direta), Democracia Moderna (representativa) e Democracia Contemporânea (participativa) – fase, esta última, para a qual o constitucionalista do Largo de S. Francisco prefere a denominação de *Poliarquia*, no sentido de "o governo de muitos", acatando sugestão de Robert Dahl.[46]

Em face, contudo, dos limites estreitos do presente trabalho, contentemo-nos com a identificação do *mínimo semântico da voz "Democracia"*. E o fazemos, uma vez mais, em honrosa companhia: "(...) forma pela qual o poder (cuja suprema manifestação está em fazer leis) é exercido pelo povo ou por seus representantes eleitos" (Misabel Derzi); "(...) Democracia existirá (...) ali onde a vontade estatal (...) contenha mediata ou imediatamente a participação do povo" (Lourival Vilanova).[47]

Ora, é no procedimento legislativo, nos atos da produção legislativa, que, indiscutivelmente, se surpreende a realização por excelência dessa dimensão participativa popular. Eis que nessa porção mínima da noção conceptual de Democracia identifica-se uma indefectível *conexão com o princípio da legalidade*; e evidente que, se não o bastante para o desabrochar democrático em sua plenitude, mais do que o suficiente para lhe reconhecer uma manifestação efetivamente substancial.

Afinal, entre as decisões democráticas cuja tomada cabe originariamente ao povo, via representação política, ergue-se magnífica e soberana a *decisão primordial da elaboração legislativa*, nas palavras de Savater, "(...) antes privilegio inamovible de los dioses o capricho indiscutible de los tiranos"; consubstanciadora da autonomia política pela qual se recusam inapelavelmente todas as leis cuja promulgação não advenha dos representantes legitimamente habilitados.[48] Com efeito, como proclamou Victor Hugo, o literato de *Os Miseráveis*: "Quem vota reina"![49]

E complete-se a referência a essa noção mínima de Democracia invocando, de conformidade com as lições kelsenianas, o *princípio da maioria* na determinação da ordem social. Trata-se, no dizer de Bobbio, de "regra fundamental da Democracia (...)".[50] Entretanto, regra majoritária que convive com o *direito da minoria*: "A maioria pressupõe (...) a existência de uma minoria (...). Se a minoria não for eliminada do procedimento no qual é criada a ordem social, sempre existe uma possibilidade de que a minoria influencie a vontade da maioria" (Hans Kelsen[51]). Direito da minoria, este, que deve seguir inatacável e intocável, sob pena de inconsistência democrática, porque *a regra majoritária sozinha não faz Democracia*: "Las decisiones democráticas son mayoritarias, pero no toda decisión mayoritaria es democrática. Ninguna mayoría tiene derecho democrático a votar a favor de la sumisión sin derechos de las minorías (...)" (Fernando Savater[52]); "La Democracia no es el reino de la mayoría. Hay Democracia cuando la minoría conserva sus derechos de expresión y de organización" (Régis Debray[53]).

45. "Estado e Democracia na construção da Europa", trad. de Fernando Aurélio Zilveti e Ana Marta C. de Barros Zilveti, in Sérgio Resende de Barros e Fernando Aurelio Zilveti (coords.), *Direito Constitucional: Estudos em Homenagem a Manoel Gonçalves Ferreira Filho*, São Paulo, Dialética, 1999, p. 127.

46. *A Democracia no Limiar do Século XXI*, São Paulo, Saraiva, 2001, pp. 1-36.

47. Misabel Derzi, Nota de Atualização n. 2 ao art. 96, in Aliomar Baleeiro, *Direito* ..., 11ª ed., p. 611; Lourival Vilanova, "Novo Poder ...", in Aurélio Wander Bastos *et alii*, *Uma Nova Organização* ..., pp. 113-114.

48. *Diccionario Filosófico*, pp. 80 e 89.

49. No original francês: "Qui vote règne" – *apud* Juan Ramón Capella, *Os Cidadãos* ..., p. 135, nota 184.

50. *O Futuro da Democracia* ..., 3ª ed., p. 19.

51. *Teoria Geral do Direito e do Estado*, trad. de Luís Carlos Borges, São Paulo/Brasília, Martins Fontes/UnB, 1990, pp. 280-281.

52. *Diccionario Filosófico*, p. 95; e *Política* ..., p. 183.

53. *La República* ..., p. 23.

Sem enveredar pelo aprofundamento do conceito democrático – tarefa que extravasaria as nossas, no particular, pouco ambiciosas fronteiras –, limitemo-nos ao registro da convicção que partilhamos com Misabel Derzi no sentido de que a Democracia que o legislador da Carta de 1988 nela consagrou vai além desse miolo significativo mínimo, ultrapassando a legalidade formal e firmando *compromisso de ordem material com a liberdade e a igualdade.*[54] Cogita-se, aqui, da realização mais radical desses valores – fundamentos irrecusáveis da Democracia (Norberto Bobbio[55]) – de forma a transcender a mera liberdade assegurada pela igual participação na gestão pública, mediante, principalmente, o exercício da liberdade da igual participação nas decisões legislativas; para galgar patamar substancialmente superior, em que a todos seja assegurada a possibilidade de realização de suas capacidades, através de uma efetiva igualdade de oportunidades, de modo que a ninguém seja recusado o exercício de sua cidadania por força das amarras econômicas que o mantenham refém de suas necessidades vitais básicas.[56]

Demo-nos por satisfeitos, aqui, com a identificação do nosso próximo passo, a estação primeira onde deságua incontida a representatividade republicano-democrática – a *legalidade*.

Antes, contudo, ponhamos friso em uma idéia que já sobressai nesse mínimo essencial da Democracia, valendo-nos da voz privilegiada de Octavio Paz, o soberbo escritor mexicano, Prêmio Nobel de Literatura de 1990, para quem "*la Democracia (...) es un método de convivencia civilizada* (...) pide que cada uno sea capaz de convivir con su vecino, que la minoría acepte la voluntad de la mayoría, que la mayoría respete a la minoría y que todos preserven y defiendan los derechos de los individuos"[57] (grifamos). De fato, democracia é, sem dúvida, o convívio pacífico das discordâncias e a convivência serena das divergências. Não por outra razão, Marilena Chauí apresenta a Democracia como "a única sociedade e o único regime político que *considera o conflito legítimo*";[58] e diverso não calharia ser, porque o conflito é intimamente próprio do humano.

Ao fim do segmento, a sábia eloqüência do filósofo espanhol do Vitalismo, que encontra um *índice seguro de vida civilizada já nessa noção menor de Democracia*, tão admirável que lhe parece beirar a incompreensão. Com a palavra Ortega y Gasset:

"Civilização é, antes de tudo, vontade de convivência. É-se incivil e bárbaro na medida em que não se conte com os demais. A barbárie é tendência à dissociação (...).

"A forma que na Política representou a mais alta vontade de convivência é a Democracia Liberal (...) o Poder Público, não obstante ser onipotente, limita-se a si mesmo e procura, ainda à sua custa, deixar espaço no Estado que ele impera para que possam viver os que nem pensam nem sentem como ele, quer dizer, como os mais fortes, como a maioria (...) é a suprema generosidade: é o direito que a maioria outorga à minoria e é, portanto, o mais nobre grito que soou no Planeta. Proclama a decisão de conviver com o inimigo; mais ainda, com o inimigo débil. Era inverossímil que a espécie humana houvesse chegado a uma coisa tão bonita, tão paradoxal, tão elegante, tão acrobática (...).

"Conviver com o inimigo! Governar com a Oposição! Não começa a ser já incompreensível semelhante ternura?"[59] (*sic*).

54. Misabel Derzi, Nota de Atualização n. 2 ao art. 96, in Aliomar Baleeiro, *Direito* ..., 11ª ed., p. 611.

55. *Igualdade e Liberdade*, 3ª ed., p. 8.

56. Fernando Savater, *Diccionario Filosófico*, pp. 86-91; Régis Debray, *La República* ..., p. 78.

57. *Apud* Fernando Savater, *Diccionario Filosófico*, p. 94.

58. *Convite à Filosofia*, 4ª ed., São Paulo, Ática, 1995, p. 433.

59. *A Rebelião das Massas*, trad. de Herrera Filho, Rio de Janeiro, Ibero-Americano, 1959, pp. 120-121.

3. Legalidade

3.1 Legalidade genérica

A melhor reflexão, talvez, relativa à controvérsia que se instaurou na doutrina sobre a *natureza do princípio da legalidade* coube a André Gonçalves Pereira,[60] eminente publicista lusitano, da qual encontramos boa síntese em Weida Zancaner,[61] subsídios dos quais já nos valemos no passado.[62]

Discorre o jurista luso a respeito de uma *concepção restritiva* do princípio da legalidade (não infringir a lei), já ultrapassada; bem como a respeito de uma *concepção ampliativa* (agir nos termos da lei), a que dá sua adesão, fazendo-a remontar a Guido Zanobini.

Socorre-se Gonçalves Pereira – como o fazemos, agora, nós – da bem-construída teoria de Charles Eisenmann, ex-professor da Faculdade de Direito e de Ciências Econômicas de Paris, para identificar a concepção restritiva do princípio com uma *relação de não-contrariedade ou de compatibilidade* (agir de modo não-contrário ou compatível com a lei, que só fixa limites – o que não é proibido é permitido), numa noção mínima de legalidade; e para identificar a concepção ampliativa com uma *relação de conformidade* (agir conforme a lei, que fixa limites e permissões expressas – o que não é permitido é proibido), numa noção máxima de legalidade.[63]

A visão restritiva do princípio da legalidade (relação de compatibilidade) consubstancia na doutrina alemã o que se denomina *princípio da preeminência da lei*, enquanto a visão ampliativa (relação de conformidade) identifica-se com o *princípio da reserva da lei* – como noticia Alberto Xavier.[64]

Por seu turno, Renato Alessi, o admirável publicista italiano, refere-se ao ângulo restritivo (relação de compatibilidade) como o *sentido negativo do princípio da legalidade*, e como *sentido positivo do princípio* ao ângulo ampliativo (relação de conformidade). Aliás, calha oportuno transcrevê-lo, não só para mostrar-lhe a terminologia, mas especialmente para frisar sua opção, que ilustra a de toda a boa doutrina: "(...) tal subordinação, que concretiza o princípio da necessária *legalidade* (...) é entendida antes de tudo em *sentido negativo*: vale dizer, no sentido de que a atividade (...) encontra um limite formal insuperável na lei, a qual pode estabelecer proibições a determinadas atividades (...) mas entendida, também e sobretudo, em *sentido positivo* (...) no sentido de que, como melhor se verá a seu tempo, a Administração, particularmente no que concerne à atividade de caráter jurídico, pode fazer apenas *o que a lei consente*".[65]

A menção ao fato de que a percepção do princípio deve ser em sentido negativo, mas "também e sobretudo" em sentido positivo, traz à tona o *problema das conexões entre uma e outra relação*. Na verdade, a interpretação ampliativa do princípio da legalidade aceita e abrange a interpretação

60. *Erro e Ilegalidade no Acto Administrativo*, Lisboa, Ática, 1962, pp. 20-29 e 38-40.

61. *Da Convalidação e da Invalidação dos Atos Administrativos*, São Paulo, Ed. RT, 1990, pp. 17-18.

Nota da Redação: v. 2ª ed., 3ª tir., São Paulo, Malheiros Editores, 2001.

62. José Roberto Vieira, "Princípios constitucionais e Estado de Direito", *RDTributário* 54/96-97, São Paulo, Ed. RT, outubro-dezembro/1990; "O princípio da legalidade da Administração", *RDP* 97/143-149, São Paulo, Ed. RT, janeiro-março/1991.

63. "O direito administrativo e o princípio da legalidade", *RDA* 56/54-57, Rio de Janeiro, FGV, abril-junho/1959.

64. *Os Princípios da Legalidade e da Tipicidade da Tributação*, São Paulo, Ed. RT, 1978, pp. 13-16.

65. *Sistema Istituzionale del Diritto Amministrativo Italiano*, 3ª ed., Milão, Giuffrè, 1960, p. 9. No original italiano: "(...) tale subordinazione che concreta il principio della necessaria legalità (...) va intesa anzitutto in senso negativo: vale a dire, nel senso che l'attività (...) trova un limite formalmente insuperabile nella legge, la quale può porre divieti a determinate attività (...) va intesa inaltro e soprattuto, in senso positivo: (...) nel senso che, come meglio si vedrà a suo tempo, l'Amministrazione, particolarmente per quanto concerne l'attività di carattere giuridico, può fare soltanto ciò che la legge consente".

restritiva, adicionando, porém, novo e relevante conteúdo ao princípio. Tal implicação não escapou a Eisenmann, que assim dela cuidou: "O caráter de conformidade inclui em si mesmo o de compatibilidade: o objeto conforme é, por essência, compatível (...). Mas a recíproca não é verdadeira: o caráter de compatibilidade não inclui de forma alguma o de conformidade, é distinto, e suscetível de uma existência autônoma e isolada".[66]

No Direito pátrio não hesitamos em proclamar o *princípio da legalidade* como uma *relação de conformidade com a lei em sentido formal*, ato oriundo do órgão que detém a competência constitucional para legislar e revestido da forma estabelecida para as leis, e não só em sentido material, como regra de comportamento genérica e coativa.

Prescreve o Estatuto Constitucional brasileiro, em seu *art. 5º, II*, que "ninguém será obrigado a fazer ou deixar de fazer alguma coisa senão em virtude de lei". E mais, no *art. 84, IV*, que "compete privativamente ao Presidente da República: sancionar, promulgar e fazer publicar as leis, bem como expedir decretos e regulamentos para sua fiel execução"; ou seja, até aos mais eminentes atos administrativos, decretos e regulamentos presidenciais não é dado ir além da humilde execução da lei.

Definitivamente afastados, pois, os regulamentos autônomos, que não desfrutam do mínimo espaço jurídico em face do nosso direito positivo. Aliás, Diógenes Gasparini foi talvez quem melhor advogou, entre nós, a causa dos regulamentos independentes.[67] Muito significativo, por conseguinte, que, sete anos depois de tê-lo feito, haja empreendido recuo, admitindo expressamente a impropriedade da afirmação de tais regulamentos na ordem jurídica nacional.[68]

São eloqüentes os *testemunhos de apoio* de que dispomos, no tema: o de Roque Antônio Carrazza, seguido por Humberto Bergmann Ávila, asseverando que esses regulamentos "não existem no Brasil";[69] o de Clèmerson Merlin Clève, recusando-lhes lugar em nosso ordenamento;[70] o de José Eduardo Soares de Melo, entendendo-os inconcebíveis;[71] o de Celso Antônio Bandeira de Mello, dizendo-os "visceralmente incompatíveis com o Direito Brasileiro";[72] e o de Geraldo Ataliba, num primeiro momento condenando-os, por incabíveis, noutro, posterior, considerando o comportamento de quem lhes dedique estudo entre nós, para taxá-lo de cientificamente "ridículo".[73]

Valemo-nos, linhas atrás, da expressão "princípio da reserva da lei", veiculando posicionamento doutrinário germânico que assim se refere à interpretação ampliativa da legalidade (relação de conformidade). Entretanto, é apropriado o momento para acusar o *vezo de boa parte da doutrina brasileira, que faz uso da mesma expressão como sinônimo de princípio da le-*

66. "O direito administrativo ...", *RDA* 56/57.

67. *Poder Regulamentar*, 2ª ed., São Paulo, Ed. RT, 1982, especialmente pp. 123-156.

68. *Direito Administrativo*, São Paulo, Saraiva, 1989, p. 95 – posicionamento mantido em edição posterior dessa obra: 3ª ed., São Paulo, Saraiva, 1993, pp. 112-114.

69. Roque Antônio Carrazza, *O Regulamento no Direito Tributário Brasileiro*, São Paulo, Ed. RT, 1981, p. 12, n. 19, e *Curso* ..., 16ª ed., p. 313; Humberto Bergmann Ávila, *Medida Provisória na Constituição de 1988*, Porto Alegre, Sérgio Antônio Fabris Editor, 1997, p. 63.

70. *Medidas Provisórias*, 2ª ed., São Paulo, Max Limonad, 1999, p. 34; e *Atividade Legislativa do Poder Executivo*, 2ª ed., São Paulo, Ed. RT, 2000, pp. 293-294.

71. *Curso de Direito Tributário*, 2ª ed., São Paulo, Dialética, 2001, p. 133.

72. *Elementos* ..., 2ª ed., p. 59, e *Curso* ..., 12ª ed., p. 74.

73. *Apontamentos de Ciência das Finanças, Direito Financeiro e Tributário*, São Paulo, Ed. RT, 1969, p. 119: "Não tem cabimento, no nosso regime, o regulamento autônomo. Os que expõem as explicações para sua existência fazem, cientificamente, demonstração de erudição em matéria de direito alienígena e ignorância do nosso direito constitucional; didaticamente, prestam um desserviço, por induzirem em erro aos mais inadvertidos; politicamente contribuem para reforçar o caráter ditatorial dos nossos governos, amesquinhando nossas conquistas jurídicas" (*sic*) (*República* ..., p. 121; na 2ª ed., atualizada, p. 148).

galidade. O procedimento seria legítimo se nossa Constituição, como a da França, por exemplo, guardasse para a lei um taxativo rol de matérias, estabelecendo que: "(...). A lei estabelece as regras concernentes a: (...). A lei estabelece igualmente as regras concernentes a: (...)" – *reserva de lei* (art. 34); e preservasse outra lista exaustiva de assuntos ou, como no caso francês, um campo residual para o regulamento, estabelecendo que: "As outras matérias, fora do domínio da lei, terão caráter regulamentar" – *reserva regulamentar* (art. 37);[74] no que fazemos coro com Luciano Ferreira Leite.[75] Vimos, porém, pelos comandos constitucionais a que há pouco recorremos, que *outra é a nossa realidade normativa, onde é plena a competência da lei*, dependendo os decretos e regulamentos unicamente da preexistência de lei cuja execução fiel motive sua expedição. Identificamos aí, tal como no caso dos regulamentos autônomos, a transposição acrítica de doutrina forasteira, que não se harmoniza em absoluto com nosso ordenamento.[76]

É que o alcance da lei e dos atos normativos em geral varia de um para outro ordenamento na exata proporção do desenho que lhe riscou o respectivo legislador. Registrou-o Manuel Afonso Vaz: "(...) o princípio da legalidade e os problemas com ele conexos dependem da estrutura de cada ordenamento constitucional (...)".[77]

Tão robusto é o papel do princípio da legalidade no Brasil, que Pontes de Miranda viu-se impelido a lhe cunhar novo rótulo, dada sua especificidade e a despeito de riqueza da língua-mãe. Batizou-o de "legalitariedade".[78]

3.2 Legalidade tributária

Legalitariedade que se projeta no capítulo tributário, configurando o *princípio da estrita legalidade da tributação*: "É vedado à União, aos Estados, ao Distrito Federal e aos Municípios: (...) exigir ou aumentar tributo sem lei que o estabeleça" (art. 150, I). Trata-se, na concepção de Alberto Xavier, da "mais importante de todas as limitações constitucionais ao poder de tributar", reclamando *lex scripta* (que afasta o direito consuetudinário) e *lex stricta* (que arreda os atos de degrau inferior ao da lei, como os regulamentos).[79] Trata-se, na visão de Diva Prestes Marcondes Malerbi, do princípio "que melhor edificou o arcabouço do sistema tributário brasileiro".[80]

Não se satisfez o legislador constitucional com a disposição genérica do art. 5º, II, indo além no detalhismo característico dos temas constitucionais tributários e formulando, na especificidade do art. 150, I, a exigência de lei para a instituição ou majoração de exações tributárias. Ora, *que significa **instituir** tributo*? Antes de tudo o mais, lembremos – com Paulo de Barros Carvalho – que a aptidão constitucionalmente deferida para fazê-lo, vale dizer, a *competência tributária, é uma competên-*

74. "Constitución de la República Francesa", in Francisco Rubio Llorente e Mariano Daranas Peláez, *Constituciones de los Estados de la Unión Europea*, Barcelona, Ariel, 1997, pp. 238-239. No original francês: "Art. 34. (...). La loi fixe les règles concernant: (...). La loi fixe également les règles concernant: (...)"; "Art. 37. Les matières autres que celles qui sont du domaine de la loi ont un caractère réglementaire" (*La Constitution Française – A Constituição da França*, trad. da Embaixada da França, rev. por Dulcydides de Toledo Piza, Rio de Janeiro, Embaixada da França, 1983, pp. 24-26).

75. *Discricionariedade Administrativa e Controle Judicial*, São Paulo, Ed. RT, 1981, pp. 18-19.

76. Conquanto de acordo com essa reflexão, césar a. Guimarães pereira, em recente e valiosa contribuição científica, mantém a terminologia tradicional, estabelecendo, porém, a convenção de que o faz para aproveitar "lições centenárias sobre os limites impostos à Administração pelo princípio da legalidade construído como reserva absoluta de lei formal" (*Elisão Tributária e Função Administrativa*, São Paulo, Dialética, 2001, p. 148).

77. *Lei e Reserva da Lei: a Causa da Lei na Constituição Portuguesa de 1976*, Porto, Universidade Católica Portuguesa, 1992, p. 398.

78. *Comentários à Constituição de 1967 com a Emenda n. 1 de 1969*, 3ª ed., t. V, Rio de Janeiro, Forense, 1987, p. 1.

79. *Os Princípios* ..., pp. 4, 19-20 e 37-38.

80. *Elisão Tributária*, São Paulo, Ed. RT, 1984, p. 77.

cia legislativa. É legislando que se institui um tributo.[81] E sigamos adiante com Roque Antônio Carrazza, para completar: é *editar, com suas minúcias todas, a norma jurídica tributária de incidência*.[82]

O estudo da norma jurídica tributária, e especificamente da norma tributária de incidência, tem, entre nós, débitos vultosos irrecusáveis com juristas como Alfredo Augusto Becker e Geraldo Ataliba.[83] Mas *foi em Paulo de Barros Carvalho que a estrutura da norma tributária encontrou sua mais precisa e sofisticada elaboração*. Sua proposta teórica foi mais extensamente formulada na *Teoria da Norma Tributária*, de 1974, por diversas vezes retomada nas sucessivas reedições do seu *Curso de Direito Tributário* (Capítulos IX-XI), encontrando sua última versão na obra *Fundamentos Jurídicos da Incidência Tributária*, de 1996.[84]

Assumimos, como Paulo de Barros, a visão kelseniana quanto à enunciação do Direito a partir da norma complexa, composta pela norma primária (a conduta desejada) e pela norma secundária (a sanção), nos termos da *Teoria Geral das Normas*, último posicionamento desse teórico do Direito que marcou indelevelmente este século.[85] Ambas as normas portadoras da mesma estrutura sintática de um juízo hipotético, cujos segmentos desempenham diversas funções semânticas: a hipótese como descritora de um fato e a conseqüência como prescritora de uma relação jurídica. Fixando o olhar especificamente na norma jurídica de incidência tributária – ou, na terminologia de Paulo de Barros, na *regra-matriz de incidência tributária* –, teremos, na hipótese de incidência tributária, um comportamento de pessoas (critério material), subordinado a uma condição de lugar (critério espacial) e a uma condição de tempo (critério temporal); e, na conseqüência tributária, os sujeitos ativo e passivo (critério pessoal), a base de cálculo e a alíquota (critério quantitativo).

Visceralmente ligada aos princípios da República e da Democracia, pela ponte da representatividade popular, também a legalidade, inclusive a tributária, como irrecusável direito e garantia individual do cidadão-contribuinte que constitui, nos termos expressos do art. 150, *caput*, encontra-se seguramente protegida entre as *cláusulas de pedra da Lei Maior* (art. 60, § 4º, IV).

Apenas pelo caminho da lei é que o Direito brota espontâneo da sociedade – como quer Ortega y Gasset.[86] Exclusivamente por essa via é que se realiza à quase-perfeição a proclamada soberania popular (art. 1º, parágrafo único). Somente por essa estrada é que o Direito ganha a dimensão da reflexividade e o *homo juridicus* salta das planícies da "imposição" para as altitudes da "auto-imposição". Bem acentua o mestre Geraldo Ataliba: "O apanágio do cidadão, no regime republicano, está exatamente na circunstância de só obedecer-se a si mesmo, pelos preceitos que seus representantes, em

81. Paulo de Barros Carvalho, *Curso de Direito Tributário*, 13ª ed., São Paulo, Saraiva, 2000, p. 212.

82. *Curso* ..., 16ª ed., p. 215.

83. Alfredo Augusto Becker, *Teoria Geral do Direito Tributário*, 2ª ed., São Paulo, Saraiva, 1972; Geraldo Ataliba, *Hipótese de Incidência Tributária*, 5ª ed., São Paulo, Malheiros Editores, 1993.

84. *Teoria da Norma Tributária*, 3ª ed., São Paulo, Max Limonad, 1998; Curso ..., 13ª ed., pp. 239-349; *Fundamentos Jurídicos da Incidência Tributária*, São Paulo, 1996, Tese – Titular de Direito Tributário – Universidade de São Paulo; esta última editada como *Direito Tributário: Fundamentos Jurídicos da Incidência*, 2ª ed., São Paulo, Saraiva, 1999.

85. *Teoria Geral das Normas*, trad. de José Florentino Duarte, Porto Alegre, Sérgio Antônio Fabris Editor, 1986, p. 181. Tal revisão kelseniana do seu próprio pensamento não encontra acolhida inteiramente pacífica: Marcos Bernardes de Mello, apontando contradições internas da obra no tema, e lembrando sua publicação póstuma, organizada pelo Instituto Hans Kelsen, de Viena, põe em dúvida o grau de convicção do autor, recomendando reservas na sua aceitação (*Teoria do Fato Jurídico (Plano da Existência)*, 11ª ed., São Paulo, Saraiva, 2001, pp. 29-31, n. 35-A); argumento, este último, retomado por Marçal Justen Filho, *apud* Octávio Campos Fischer, *A Contribuição ao PIS*, São Paulo, Dialética, 1999, p. 27, n. 78.

86. *A Rebelião* ..., p. 23: "(...) o Direito (...) é, se me permitem a expressão barroca, secreção espontânea da sociedade, e não pode ser outra coisa".

seu nome, hajam consagrado formalmente em lei".[87] Afinal: "Si tu haces la ley, es normal que la cumplas. En caso contrario, no te respetas a ti misma(o)" (adaptamos) (Régis Debray[88]). Em matéria de tributos o princípio da legalidade possibilita e realiza a idéia de *autotributação*.

4. *Sonho ou pesadelo*

Se vigiamos o cumprimento dos comandos que realizam a representatividade republicano-democrática. Mais: *se* velamos pelo respeito às regras que implementam a efetiva participação popular nas decisões legislativas. Mais ainda: *se* denunciamos o menoscabo pelas normas que prestigiam os valores fundamentais da liberdade e da igualdade, inclusive e especialmente quando além do simplesmente formal. Por exemplo, em matéria tributária, *se* esclarecemos e apontamos os mandamentos que menosprezam o estreito compromisso do ordenamento com o princípio da capacidade contributiva, desdenhando, por decorrência, o magno princípio da igualdade tributária; como os da legislação do ICMS ou do IPI, que agridem a seletividade, ou os da legislação do imposto de renda ou do IPTU, que insultam a progressividade.

Se nossas respostas a esses e tantos outros semelhantes "se" são indecisas, vacilantes, titubeantes, hesitantes, então não só não nos encontramos imbuídos de autêntico espírito republicano-democrático como, pelo contrário, acabamos nos voltando para a direção oposta e *elegendo como caminho e destino o domínio da Lei da Selva*, a barbárie e a animalidade pré-histórica. *Aí o pesadelo!*

Se, em contrapartida, nossas respostas a esses e outros "se" similares são firmes, decididas, determinadas, resolutas, então, ademais de revelarmos consciência republicana e democrática, mantemos o bom rumo, *escolhendo como itinerário e porto de chegada o âmbito da legalidade*, a civilização e a humanidade de um porvir iluminado. *Aí o sonho!*

Hoje, quando findamos essas reflexões, vivemos a *Páscoa* de 2002. E Páscoa, do Hebreu *Pessah*, tanto na tradição judaica do Antigo Testamento, festejando a passagem da escravidão no Egito para a liberdade da busca da Terra Prometida, quanto na tradição cristã do Novo Testamento, festejando a passagem da escravidão da morte para a liberdade da Ressurreição, tem sempre o sentido de uma auspiciosa celebração libertadora.[89] Que esta Páscoa, igualmente venturosa, nos inspire no sentido da passagem jurídico-política para uma visão mais consentânea com as exigências republicanas e democráticas de nossa Lei Mãe. Que ela nos estimule no sentido da *passagem da tendência pela Lei da Selva para a inclinação pela legalidade, inclusive tributária*. Que ela nos incite no sentido da *passagem do pendor pelo pesadelo para a propensão pelo sonho*.

E é cuidando do sonhar que concluímos; sonhar, para cuja exaltação tomamos emprestada a expressão literariamente cintilante de Friedrich Nietzsche, que nos convoca com exuberância para a missão de *sonhadores e andarilhos das alturas*: "Oh, esses homens de outrora sabiam *sonhar*, e nem precisavam antes adormecer ! – e também nós, homens de hoje, ainda sabemos fazê-lo muito bem (...) o espírito e a força do sonho vêm sobre nós, e de olhos abertos e indiferentes ao perigo escalamos os mais perigosos caminhos, rumo aos telhados e torres da fantasia, sem qualquer vertigem, como que nascidos para escalar – nós, sonâmbulos diurnos! Nós, artistas! (...). Nós, maníacos da Lua e de Deus! Nós, incansáveis e silenciosos andarilhos, em alturas que não vemos como alturas, mas como planícies, nossas certezas!"[90]

87. *República* ..., p. 99; na 2ª ed., atualizada, p. 125.

88. *La República* ..., p. 46.

89. Hugo Schlesinger e Humberto Porto, *As Religiões Ontem e Hoje*, São Paulo, Paulinas, 1982, pp. 206-207.

90. *A Gaia Ciência*, trad. de Paulo César de Souza, São Paulo, Cia. das Letras, 2001, p. 97.

CADERNOS DE DIREITO TRIBUTÁRIO

FISCALIDAD DEL COMERCIO ELECTRÓNICO

CÉSAR GARCÍA NOVOA

Professor Titular de Direito Tributário da Universidade de Santiago de Compostela, Espanha

1. Sociedad de la información, Internet y ordenación jurídica. 2. Internet y fiscalidad. 3. Propuestas para afrontar la fiscalidad a través de Internet; OCDE y UE. 4. Internet como "duty free" o espacio libre de tributación. 5. La propuesta del "bit-tax". 6. La fiscalidad de las operaciones a través de Internet y los conceptos tributarios clásicos: 6.1 Internet y la imposición directa: 6.1.1 Internet y puntos de conexión. La problemática del establecimiento permanente – 6.1.2 La calificación de determinados rendimientos – 6.1.3 Precios de transferencia – 6.2 La imposición indirecta. 7. Conclusión.

1. Sociedad de la información, Internet y ordenación jurídica

Los avances en el campo de la Informática suponen la mayor revolución tecnológica de nuestros tiempos. Baste como muestra señalar que el primer ordenador conocido, que data del año 1955, ocupaba un edificio entero y precisaba de refrigeración constante porque cualquier alteración en la temperatura afectaba a su sistema. A mediados de 1970, los "PC", que incorporaban el *chip* de minituarización, eran ya de un tamaño similar a los actuales y las prestaciones que ofrecían ponían de manifiesto un progreso impresionante, producido en tan solo 15 años.[1] Si la Informática ha sido el avance más importante en el mundo de la tecnología, *Internet* ha sido el avance más importante en el campo de la computación. Surgida en plena Guerra Fría, Internet nace como una red que interconectaba los ordenadores del Pentágono, pasando a generalizarse su uso con fines no-militares a mediados de los 90.

Hoy el desarrollo de Internet es sobrecogedor. Su implantación crece de modo exponencial, aunque de manera desigual; según Goolsbee (1998), el 50% de los norteamericanos mayores de 18 años acceden de forma ordinaria a la red, cifras éstas que son superadas por Estados europeos como los Países Bajos. Del trabajo de este autor se desprende, también, que el acceso a la red es claramente desigual entre los distintos estratos sociales.[2] Este uso generalizado, aunque desigual, de la red constituye el

1. J. L. Villas Palasi, "Implicaciones jurídicas de Internet", *Anales de la Real Academía de Jurisprudencia y Legislación* 28/493, Madrid, 1998.

2. La media de usuarios de Internet tendría dos años más de instrucción escolar por encima de los no-usuarios y 22.000 $ de renta familiar por encima de los no usuarios (A. Goolsbee, *In a World without Borders: the Impact of Taxes on Internet Commerce*, NBER Working Paper, 1998, p. 6.863).

emblema de lo que se ha dado en llamar la *Sociedad de la Información*, la cual se proyecta, especialmente, en el ámbito de las relaciones económicas.[3]

La posibilidad de concretar transacciones comerciales a través de la red presenta una serie de ventajas inusitadas para los distintos operadores económicos. Cabría destacar lo que podríamos definir como *relativización del tamaño de los operadores económicos*. La red significa una gran oportunidad para las pequeñas y medianas empresas. En el ciberespacio se puede operar en contacto directo con el consumidor final, lo que supone una reducción de costes para todos los operadores económicos y, al mismo tiempo, unas mejores condiciones de competividad para empresas de pequeño y mediano tamaños. Lo relevante en la red no es tanto la magnitud del operador económico, como otros factores a tener en cuenta, como el tipo de servicio que se presta, la innovación, la creatividad... Internet, como escenario de la actividad económica, es un factor de igualación, hasta el punto de que podríamos afirmar que las empresas son ingrávidas en el ciberespacio, por lo que su tamaño no es relevante. Además de la optimización de la gestión y de la reducción de costes, el comercio electrónico amplía los mercados y crea áreas de actividad totalmente orientadas hacia los productos intangibles, lo que deberá traducirse en una oportunidad inmejorable de crecimiento.[4]

Y todo ello por un dato que nos parece trascendental. En la red se puede generar un tipo de comercio que podríamos calificar de *inmaterial*. Como medio de comunicación a distancia, la red propicia el comercio sin presencia física de las partes. Pero también permite unas relaciones económicas sin estructura comercial, sin presencia física de bienes, lo que en sí mismo supone una auténtica revolución en lo que es el régimen tradicional de las transacciones económicas. Así, las principales innovaciones del comercio electrónico con relación a las formas tradicionales de tráfico de bienes y servicios se resumirían en los siguientes puntos.

a) *Deslocalización de la actividad económica*: la red constituye un medio idóneo para concretar relaciones económicas a distancia. Aunque ello no suponga una novedad determinante en relación con otros medios de comunicación a distancia, lo cierto es que estamos ante un instrumento para las relaciones económicas respecto al que se presume el acceso masivo del consumidor medio – lo que, por otro lado, va a significar el acceso de consumidores residentes en regiones periféricas a mercados más amplios –, que abre enormes posibilidades respecto a la promoción o venta de determinados productos; especialmente productos en formato digital (música, libros, *software*, videoclips...), dentro de lo que se llaman transacciones *on line* o comercio electrónico directo.[5] Todo ello hace de Internet un campo idóneo para la venta de productos susceptibles de ser objeto de digitalización. Ello queda reflejado en el espectacular crecimiento del comercio electrónico, mucho más acusado en Estados Unidos que en Europa.[6]

Esta posibilidad de generalizar un modo de relación comercial a distancia va a

3. Sobre las consecuencias de la *Sociedad de la Información* en todos los ámbitos, puede consultarse, en la propia red, T. Miller, *The US Information Society Update*, 1997, *http:/europa/eu.int/comm/dg03/publicat/isco-op/year97/year97.htm.abril.1999*.

4. Como señala A. Lopez Diaz, "el comercio electrónico abre un campo nuevo para las pequeñas y medianas empresas" ("Fiscalidad del comercio electrónico: principios del derecho comunitario", *Informática y Derecho Tributario*, Valencia, Tirant lo Blanch, 2000, p. 247).

5. A. De Juan Ledesma, "Internet y nuevas tecnologías en telecomunicaciones: nuevos retos de la fiscalidad internacional", *Impuestos*, II, 1998, p. 1.192).

6. El "Informe Josten", publicado en 1999, estima que en el año 1998 el volúmen de transacciones económicas en la red ascendió a 7,8 billones de Dólares, estimándose que esa cifra en el año 2003 puede acercarse a los 108 billones (v. R. Josten, "E-commerce taxation: issues in search of answers", *Executive Summary*, setiembre/1999).

suponer una internacionalización del comercio. La territorialización de la actividad económica y las fronteras comerciales perderán importancia, con lo que ello va a tener de trascendental tanto para las empresas como para los consumidores. Para las primeras lo fundamental es la posibilidad de vender productos en cualquier parte del mundo sin necesidad de presencia física. En el campo económico y comercial ello puede suponer la pérdida de importancia de la filial o la sucursal (*branch office*). La innecesariedad de una presencia material para operar en un determinado mercado supone el no-sometimiento a su regulación interna, tanto en el campo económico – licencias, controles de calidad, horarios comerciales... – como, sobre todo, en el aspecto fiscal. La consecuencia evidente es que el ejercicio de la soberanía económica, atribuida al Estado o a las organizaciones supranacionales, deviene inoperativa respecto a un sector de la actividad económica de creciente importancia. Ello favorece la deslocalización de actividades económicas, especialmente en lo relativo a la prestación de servicios que no requieran la presencia material del prestador; piénsese en servicios jurídicos o actividades bancarias *off-shore*. Todo ello puede abocar a que los operadores económicos abandonen sus emplazamientos tradicionales – normalmente en los Estados desarrollados – para situarse en Estados de conveniencia con mejores condiciones fiscales o laborales.

b) *Desintermediación*: como señalan J. Hortala I Vallve, F. Roccatagliata y P. Valente, una de las grandes ventajas del comercio electrónico es la eliminación de intermediarios. Así, por ejemplo, un productor de *software*, de música o de otro producto *digitalizable*, operando a través de Internet, podrá vender y enviar sus productos directamente al consumidor final, que, incluso, podrá pagar sin contar con la colaboración de un banco u otra institución financiera.[7]

c) *Desmaterialización de bienes y productos*: la red no supone una gran novedad respecto a las transacciones de bienes materiales, más allá de significar un nuevo medio de comunicación, más rápido, global y accesible. Su importancia radica fundamentalmente en ser un instrumento apropiado para la transmisión de información, en permitir un flujo constante de *bits*, imágenes y textos en lenguaje binario. Respecto a los productos susceptibles de su prestación *on line*, la red puede por tanto llevar a presumir no sólo una mayor competitividad general, con la consiguiente ventaja del consumidor, sino también una progresiva tendencia a desmaterializar bienes tradicionalmente ofertados en el mercado en formato convencional. Si el comercio eléctronico es especialmente favorable para las transacciones relativas a bienes en formato digital, ello provoca, en primer lugar, una discriminación a favor de los operadores que ofrecen *on line* determinados productos – música o una obra literaria, por ejemplo –, frente a quienes los venden en formato libro o CD. Si las condiciones para esta venta son comparativamente mejores, es factible pensar que muchos empresarios acaben decidiendo vender la mayor parte de sus productos a través de Internet, convirtiendo los productos en intangibles, y, por tanto, procediendo a *desmaterializarlos*.[8]

La combinación de estos tres factores (deslocalización, desintermedición y desmaterialización) junto con otros de no menor importancia, como la descentralización del comercio, con la consiguiente ausencia de control, o la imposibilidad o dificultad de determinar la identidad del operador económico, han colaborado a consolidar la idea de la red como un "espacio libre". Ello, sobre todo, teniendo en cuenta la circunstancia de que la red no se encuentra bajo la

7. *La Fiscalidad del Comercio Electrónico*, Ciss Valencia, 2000, pp. 199.

8. C. Garbarini, "La disciplina fiscale del commercio elettronico: principi ispiratori, problematiche applicative e prospettive di siviluppo", *Diritto e Pratica Tributaria*, Pádua, CEDAM, setiembre-octubre/2000, p. 1.206.

jurisdicción de ningún Estado.[9] La ausencia de un orden jurídico, propiciado por un poder institucional, genera un verdadero "vacío jurídico". El vacío jurídico en lo relativo a las operaciones a través de la red fue, en su momento, valorado en el sentido de considerar a Internet como una "zona de no-Derecho". La propuesta de entender el ciberespacio como ajeno a la ordenación jurídica parte de la obra de Kaplan, *Internet, Zone de non-Droit*, publicada en 1995. Esta obra se inspira en diversos trabajos de la Sociología Jurídica, y en las aportaciones de Carbonnier, quien en 1972 publicó *L'hypothese de Non-Droit*, basándose en las ideas de Hegel relativas al *Unrecht*.[10] Lo que se está auspiciando es considerar el ciberespacio como zona de no-Derecho, donde la mayoría de los conflictos podrían resolverse por métodos arbitrales. El "no-Derecho", desembocaría, como manifiesta Villar Palasi, en la tolerancia; las propuestas acerca de una actitud tolerante de los Poderes Públicos respecto a la actividad de los particulares, si bien no alcanza a actuaciones consideradas delictivas, sí ha tenido cierto predicamento, como veremos, en relación con la fiscalidad.[11]

Pero si esta falta de regulación puede ser interpretada como una ausencia de cortapisas, y ensalzada como expresión de la libertad en el ciberespacio, la misma también encierra la explicación de porqué el grado de expansión del comercio electrónico no es, sobre todo en Europa, todo lo extenso que sería deseable.[12] No es sólo el dato ya destacado de su implantación desigual tanto entre sectores económicos dentro de un mismo Estado, como entre Estados desarrollados y subsesarrollados, que está provocando un *gap* tecnológico,[13] lo que explica un cierto estancamiento del uso del comercio a través de Internet. Es sobre todo por la gran incertidumbre generada por el vacío jurídico respecto a la red.

No es de extrañar que este vacío jurídico se intentase paliar, tanto a nivel internacional (Conferencia de Ottawa de la OCDE, en los días 7 a 9.10.1998 o la Declaración Ministerial sobre Comercio Electrónico Mundial de la OMC, de 20.5.1998, así como, respecto a la Unión Europea, la Directiva 2000/31/CE, de 8.6.2000), como a través de la adopción de normas jurídicas por los propios Estados. En este sentido, destaca en el supuesto español, el Decreto-ley 14/1999, de 17 de septiembre, sobre firma electrónica, y el Anteproyecto de Ley de Servicios de la Sociedad de la Información.

9. En tanto que los ordenamientos jurídicos surgen siempre al socaire de la existencia de un Estado. V., al respecto, C. Mortati, para quien el Estado es una especie del *genus* "ordenamiento jurídico", con el carácter especial de su supremacía respecto a los demás ordenamientos jurídicos subsistentes (*Istituzioni di Diritto Pubblico*, Pádua, CEDAM, 1991, p. 22).

10. Frente al panjurismo de la Sociología Jurídica tradicional, Carbonnier reconoce que hay espacios "libres de Derecho", tal y como en su momento se manifestó Hegel distinguiendo entre *Nichrecht* y *Unrecht*. V. al respecto J. L. Villar Palasi, "Implicaciones jurídicas de Internet", *Anales de la Real Academía de Jurisprudencia y Legislación* 28/506-508.

11. Según J. L. Villar Palasi, "la visión maximalista del no-Derecho simplemente acepta esta hipótesis allí donde no se manifiesta un contencioso, no precisamente judicial, allí donde la vida común discurre sin sobresaltos de fuera, por reglas internas que son acatadas. Gran parte de los conflictos interbancarios o entre compañías aseguradoras no llegan a los tribunales: se solucionan con arbitrios jurídicos propios" ("Implicaciones jurídicas de Internet", *Anales de la Real Academía de Jurisprudencia y Legislación* 28/509).

12. Existe un frenazo en la generalización del comercio electrónico, especialmente en Europa en relación con Estados Unidos. El caso español es paradigmático al respecto. Según el *II Estudio sobre el Comercio Electrónico en España*, elaborado en 1999 por la Asociación Española de Comercio Electrónico (AECE), el comercio electrónico representaba a finales de 1999 sólo el 0,042% del total facturado por el comercio minorista, que había ascendido a 20 billones de Pesetas.

13. *MCI WorldCom, Inc.*, publicó una Estadística en mayo de 1999, recogida en *Informe sobre el Impacto del Comercio Electrónico en la Fiscalidad Española*, elaborado por la Secretaría de Estado de Hacienda, IEF, Madrid, 2000. En esta Estadística se señala que mientras en Estadios Unidos y Canadá hay 90 millones de internautas, en Europa hay poco más de 40. Casi 27 millones en Asia y el Pacífico. Por el contrario, Latinoamérica cuenta con 5.290.000 y Africa sólo con 1.140.000.

Todos estos caracteres referentes al comercio electrónico tienen especial incidencia en un campo concreto del mismo, como son sus consecuencias fiscales.

2. Internet y fiscalidad

En tanto instrumento de comunicación, la realidad de Internet puede incidir, en primer lugar, en las relaciones entre los contribuyentes y la Administración. Así, en lo referente a cuestiones como la mejora del cumplimiento voluntario de las obligaciones tributarias como consecuencia del uso de nuevas tecnologías – presentación telemática de declaraciones – o el empleo de las mismas como instrumentos de asistencia al sujeto pasivo.[14] El uso de la red puede afectar también a la disponibilidad de información tributaria por las Administraciones, a efectos de garantizar el cumplimiento de los deberes fiscales.[15] La OCDE, en su informe *Electronic Commerce: Taxation Framework Conditions*, ha valorado muy positivamente la incorporación de nuevas tecnologías a la relación contribuyente/Fisco, en lo que puede suponer de mejoría desde la perspectiva del acceso a la información de las Administraciones Fiscales y de la rapidez de sus acciones destinadas a la asistencia a los contribuyentes.[16] También el *Informe sobre el Impacto del Comercio Electrónico en la Fiscalidad Española*, elaborado por la Comisión constituida al efecto en el seno de la Secretaría de Estado de Hacienda, concluye, en su Recomendación 177, que "deben aprovecharse la experiencia y grado de avance alcanzados por las Administración Tributaria Española en la aplicación de técnicas electrónicas a la gestión tributaria, evitando estancamientos e incorporando sin interrupción técnicas y mejoras que incrementen la eficiencia del sistema en el nuevo entorno económico".[17]

Si bien es importante el impacto de Internet en el mundo de la tributación en lo que concierne a la comunicación entre contribuyente y Administración Tributaria, la gran cuestión es otra. Como ya hemos expuesto, la utilización de la red va a conllevar radicales innovaciones en la forma de llevar a cabo relaciones económicas, en especial en lo que puede suponer de deslocalización de la actividad económica y desmaterialización de los bienes. La red aparece así como un medio a través del cual determinados hechos imponibles tradicionalmente contemplados por las legislaciones tributarias de los Estados pueden realizarse en unas condiciones radicalmente distintas a como tienen lugar en el comercio *off line*. Condiciones que dificultan enormemente el control tributario, y, por consiguiente, abren la puerta al fraude.

Y no sólamente por lo que supone de novedad el comerciar con bienes inmaterializados, lo que puede plantear un problema que es recurrente en el derecho tributario moderno; la necesidad de adaptar hechos o situaciones novedosas – en este caso, las transacciones a través de Internet – a las categorías acuñadas en algunas normas tributarias, las cuales están pensadas para situaciones de hecho distintas. Así, la desmaterialización de bienes plantea problemas respecto a la calificación de las operaciones de comercio *on line*, en especial en el IVA,

14. V. al respecto J. Hortala I Vallve, F. Roccatagliata, y P. Valente, *La Fiscalidad del Comercio Electrónico*, pp. 196-197. También D. Elvira Benito, "El concepto de establecimiento permanente ante el comercio electrónico. Una revisión necesaria", *Impuestos* 23/9, 2000. Este último autor expone el ejemplo del *Internal Revenue Service* americano, como pionero.

15. Sobre la cuestión de la información tributaria en poder de la Administración, v. J. Arrieta Martinez de Pison, "Derecho tributario e Informática", *Informática y Derecho Tributario*, Valencia, Tirant lo Blanch, 2000, pp. 15-16. Sobre el uso de datos automatizados por parte de la Administración española, v. la Instrucción 6/2000, de 4 de diciembre, de la Dirección General de la Agencia Estatal de Administración Tributaria, de ejercicio de los derechos de acceso, rectificación y cancelación de Ficheros Automatizados de la Agencia Estatal de Administración Tributaria.

16. OCDE – Comité de Asuntos Fiscales, *Electronic Commerce: Taxation Framework Conditions*, Box 1, 8.10.1998 (Anexo 12).

17. El Informe de la Comisión así como el correspondiente *Resumen* actualizado pueden consultarse en *http://www.minhac.es/Comfisc/inicio.htm*.

acerca de si las mismas deben calificarse como entregas de bienes o prestaciones de servicios. Aunque esto será algo que, normalmente, habrá de resolverse acudiendo a las técnicas interpretativas y calificadoras, teniendo en cuenta la necesidad de interpretar las normas atendiendo a la realidad social del tiempo en que han de ser aplicadas.[18] Son, más bien, los rasgos propios de la caracterología del comercio electrónico los que van a determinar las singularidades de su tratamiento fiscal.

Así, por un lado, el comercio electrónico supone la posibilidad de eliminar intermediarios entre los productores y los consumidores. La eliminación de intermediarios significa también la eliminación de sujetos que, bien por su calificación como sustitutos o responsables,[19] bien a través de sus eventuales obligaciones de colaboración con la Hacienda Pública, podrían ayudar a controlar fiscalmente los movimientos económicos en la red.[20] Por otro lado, las dificultades de identificación de los operadores económicos cuando actúan a través del ámbito difuso de la red conducen a lo que Elvira Benito denomina "opacidad de las operaciones" a través de Internet.[21] Esta presumible opacidad adquiere tal relevancia que el Comité de Asuntos Fiscales de la OCDE (Conferencia de Turkú) propuso como cuestiones previas a cualquier pretensión de afrontar la fiscalidad del comercio electrónico el determinar la identidad del operador económico, identificar el lugar en que el operador económico desarrolla efectivamente su actividad, asegurar a las autoridades fiscales el acceso a la información, encontrar alternativas válidas a la reducción de los intermediarios, y seguir de cerca el incremento de la actividad bancaria *off shore*.

Pero sobre todo, es la deslocalización de la actividad económica que Internet faculta el principal dato a tener en cuenta a la hora de afrontar la fiscalidad de las operaciones en la red. Internet *globaliza*, lo que, en suma, viene a significar que rompe los límites territoriales, relativizando uno de los principales elementos del ejercicio del poder del Estado, y, por ende, de la formación de órdenes jurídicos internos.

Ello vale también para el ordenamiento tributario, que en su acepción primaria es resultado del orden jurídico del Estado. Si el Derecho es sobre todo un fenómeno vinculado al poder del Estado, el derecho tributario lo es también. Internet va a hacer *normales* las manifestaciones extraterritoriales de riqueza. Y si el derecho tributario hace tiempo que se viene enfrentando a estas manifestaciones extraterritoriales, a través, sobre todo, de la extensión de la ley tributaria en el territorio y de los puntos de conexión (territorio, residencia...), el problema es si las categorías tra-

18. Sobre la técnica interpretativa y la función calificadora de hechos, v. G. Casado Ollero, "Legalidad tributaria y función calificadora de la Administración Fiscal", *Los Negocios Anómalos ante el Derecho Tributario Español, Boletín del Ilustre Colegio de Abogados de Madrid* 16/34-35, 2000.

19. Efectivamente, a través de la red tiene lugar, como hemos dicho, la realización de hechos imponibles relacionados con las transacciones económicas, que también pueden tener lugar por medios convencionales. Como en su momento senalo D. Jarach (*El Hecho Imponible*, Buenos Aires, Abeledo-Perrot, 1971, pp. 177-178), es imprescindible que los sujetos pasivos no-contribuyentes sostengan una relación con el hecho imponible. La proximidad con el hecho imponible permite definir sustitutos, y eso podría tener lugar también en los hechos imponibles consumados a través de la red. La desaparición de sujetos intermediarios impide la configuración de sustitutos.

20. Tal es así, que algunas de las propuestas más serias sobre la tributación de las ventas en Internet en la imposición indirecta proponen la colaboración de las entidades emisoras de tarjetas de crédito. Es el caso de la propuesta de Michel Leavitt, profesor de la Universidad de Utah, en *Streamlined Sales Tax system for the 21 Century*, para quien las emisoras de tarjetas deberían recaudar los tributos indirectos sobre las ventas en Internet, siendo responsables de recibir de los vendedores la información necesaria sobre las ventas, y preparar un *software* para determinar el impuesto sobre el consumo a pagar por el comprador y después remitir el importe al Estado responsable del impuesto.

21. "El concepto de establecimiento permanente ante el comercio electrónico. Una revisión necesaria", *Impuestos* 23/10.

dicionales sirven para la nueva realidad del comercio a través de la red.

La inmaterialidad de las transacciones que tienen lugar a través de Internet diluye la dimensión territorial de los hechos imponibles a ellas vinculados – obtención de renta, entregas de bienes, prestaciones de servicios. De ahí las dificultades de los modelos clásicos de imposición directa e indirecta para enfrentarse al comercio electrónico. Destaca la dificultad de la sujeción a gravamen de las rentas obtenidas como consecuencia de las transacciones *on line*, respecto a las cuales se disipa la territorialidad en su acepción más elemental; la que entiende que el impuesto sólamente se exige cuando hay una conexión del hecho imponible con el Estado que ha establecido tal impuesto. En el comercio electrónico directo no existe esa conexión territorial en lo concerniente a los rendimientos obtenidos por la venta de bienes, si la misma se realiza a través de un servidor. Internet permite a las compañías operar desde cualquier parte del mundo, y ofrecer sus productos desde territorios de baja tributación.[22] Como dice R. Falcon y Tella, "el ciberespacio permite vender desde cualquier lugar, y por tanto, una editorial extranjera no necesitará ya comprar una filial en España, o abrir librerías, sino que podría vender sistemáticamente sus productos, en muchos casos a consumidores finales, desde paraísos fiscales, y a través de los terminales de los clientes que imprimirían las correspondientes obras literarias, científicas, musicales... cargándose la factura en una cuenta radicada en un banco *off-shore*".[23]

Las ventas a través de Internet constituyen, pues, una nueva forma de actuación de las empresas en más de una "jurisdicción fiscal". Y es un tipo de actuación que se caracteriza por las peculiaridades de las formas subjetivas de presencia en esas jurisdicciones, ya que, a diferencia de los modos tradicionales de actuar en otros países, en los supuestos en que se opere a través de la red, en principio, no será necesaria la articulación de la empresa en una pluralidad de centros de gestión, ni la adquisición de la residencia de terceros Estados.[24]

Conviene recordar que respecto a rentas obtenidas "sobre bases internacionales", las normas internas "establecen los criterios de conexión de los elementos subjetivos o materiales con el ordenamiento o el territorio del Estado". Y también es sabido que la existencia de este tipo de normas responde a la necesidad de los Estados de disciplinar jurídicamente aquellos hechos que podemos calificar como "dotados de elementos de extranjería", para los que será necesario tener en cuenta las conexiones de naturaleza real (situación o localización del bien o fuente de la renta) o personal (residencia, domicilio o nacionalidad), con más de un territorio u ordenamiento jurídico.[25] Partiendo de estas bases, los Estados pueden adoptar medidas legislativas unilaterales a la hora de modular la extensión de la norma en el territorio, o, lo que es lo mismo, a la hora de concretar los puntos de conexión.[26] Pero los puntos de conexión de carácter territorial se vuelven difícilmente

22. A. Agullo Agüero, "El marco internacional de la fiscalidad del comercio electrónico", *Actualidad Informática* 33/3, 1999.

23. "Tributación e 'Internet': aplicación de las reglas generales, con adaptaciones en su caso, como alternativa al *bit-tax*", *Quincena Fiscal* 10/8, 1998. Resulta curioso como se ofrece en algunas páginas *web* – "con absoluto descaro", como dice el propio Falcon y Tella – la posibilidad de operar a través de Internet en paraísos fiscales. Así en *mgfiscal@mgabogados.com* se señala que "la constitución de sociedades *off-shore* es, pues, una alternativa cada vez más común en una sociedad globalizada".

24. V. C. Garbarini, "La tassazione dei redditi di impresa multinazionale", en V. Uckmar, *Corso di Diritto Tributario Internazionale*, Pádua, CEDAM, 1999, p. 183.

25. H. Torres, *Pluritributação Internacional sobre as Rendas de Empresas*, São Paulo, Ed. RT, 2001, p. 95.

26. Como señala C. M. Lopez Espadafor, en su acepción material, la territorialidad "se refiere a la delimitación de los puntos de conexión con el territorio del Estado impositor (*Fiscalidad Internacional y Territorialidad del Tributo*, Monografía, Ciencias Jurídicas, Madrid, McGraw Hill, 1995, p. 76).

operativos en el supuesto de rentas obtenidas como consecuencia de la venta de bienes *on line*, si de lo que se trata es de garantizar una cierta recaudación a los Estados de residencia de los compradores. Desde la perspectiva de la territorialidad como "criterio de política económica",[27] los Estados de residencia de los compradores, en los que operan las empresas que actúan a través de Internet, tendrían que acudir al criterio de la fuente – *source principle* –, que legitima la imposición en aquel Estado con cuyo territorio el hecho imponible presenta una conexión económica, lo cual resulta especialmente complicado en las transacciones de productos digitalizados, retribuidos a través de medios electrónicos de pago y a través de servicios bancarios *off shore*. Tampoco el recurso unilateral al criterio de la renta mundial resulta útil. Y es que estos principios tradicionalmente aceptados en el marco de la tributación internacional están basados en la presencia física del contribuyente en una singular área territorial para desarrollar una actividad convencional, presencia física que se opone frontalmente a los procesos de inmaterialización, deslocalización y desintermediación a que aboca el comercio electrónico.[28]

Las cuestiones referentes a la fiscalidad del comercio electrónico difícilmente pueden afrontarse desde la perspectiva unilateral de cada Estado. Internet, como fenómeno mundial, ha puesto de relieve las carencias de los ordenamientos jurídicos nacionales para regular un comercio mundial que rebasa los estrechos márgenes de sus fronteras. No es de extrañar que las primeras propuestas para hacer frente al problema de la tributación de las operaciones a través de Internet hayan partido de organismos internacionales o supranacionales. El propio Departamento del Tesoro Americano, a finales de 1996, y ante las dificultades para aplicar al comercio electrónico los principios generales de la tributación internacional – recogidos en el *Internal Revenue Code* de 1986 –, propuso el mayor consenso internacional para su adaptación a la nueva realidad del tráfico comercial a través de Internet.

3. *Propuestas para afrontar la fiscalidad a través de Internet; OCDE y UE*

Como se dijo, las proposiciones para afrontar fiscalmente la realidad del comercio electrónico parten, sobre todo, de instituciones internacionales.[29] Al margen de algunas propuestas provenientes del sector privado – como el *Diálogo Empresarial Global* o la *Alianza para el Negocio Global* –, son instituciones públicas como la OCDE, o, en el ámbito europeo, la UE, quienes más se han distinguido en el estudio de la tributación de las manifestaciones de riqueza derivadas del uso de Internet.

Entre las propuestas más destacables para hacer frente, desde una perspectiva internacional, a la nueva realidad del comercio electrónico destacan el Informe *The Emergence of Electronic Commerce*, publicado por la OCDE el 1.11.1997.[30] La OCDE se ha preocupado de estudiar la incidencia de la utilización de Internet en la fiscalidad de las rentas de las empresas, y en este Informe apunta ya su decidida apuesta por mantener los principios de la tributación internacional existentes hasta el momento, aunque sometidos a las revisiones que sean necesarias como consecuencia de las innovaciones que introducen la ausencia de presencia física y la desmaterialización de productos y medios de pago,

27. C. Sacchetto, "Territorialità (diritto tributario)", *Enciclopedia del Diritto*, XLIV, 1992, p. 305.

28. V. al respecto las manifestaciones de F. M. Horner y J. Owens, "Tax and the web: new technology, old problems", *Bulletin, International Bureau of Fiscal Documentation*, noviembre-diciembre/1996, p. 517.

29. C. Garbarini, "La disciplina fiscale del commercio elettronico: principi ispiratori, problematiche applicative e prospettive di siviluppo", *Diritto e Pratica Tributaria*, p. 1.207.

30. Se puede consultar en Internet, acudiendo a la siguientes dirección: *http://www.oedc.org/subject/eletronic_commerce/documents/taxation/htm.*

características de las transacciones a través de la red. Principios como la tributación en la fuente, residencia, establecimiento permanente o precios de transferencia deben ser adaptados a la nueva realidad del comercio electrónico.

Los aspectos fiscales del comercio electrónico serían posteriormente estudiados con mucho mayor detenimiento por el Comité de Asuntos Fiscales de la OCDE, en las Conferencias de Turkú (1997) y Ottawa (1998). En la primera de éstas se propusieron los principios que, según la OCDE, deberían regir la ordenación de la fiscalidad a través de Internet, y que pueden resumirse en la neutralidad, la seguridad jurídica, la eficiencia en la prevención y combate del fraude y la evasión, así como la justicia tributaria – entendida, eso sí, desde el peculiar prisma de la "proporcionalidad del reparto de impuestos entre los distintos países", a lo que hay que unir la simplicidad, en el sentido de que las exigencias fiscales no pueden constituir una traba excesiva que dificulte la implantación generalizada del comercio electrónico.[31] También se propusieron medidas concretas, algunas de ellas ya mencionadas, de cara a garantizar el control de las operaciones a través de la red, como puede ser la fiscalización de los instrumentos de pago *off-shore*, o el acceso de las Administraciones a la información disponible sobre las transacciones electrónicas.

En la Conferencia de Ottawa de 1998 se aprobó el Informe sobre exigencias tributarias del comercio electrónico.[32] En este Informe se vuelve a insistir en los principios ya expuestos, pero ya se hacen algunas propuestas concretas. Así, se propone someter a revisión determinados principios de la tributación internacional, contenidos en el Modelo OCDE de Convenio para evitar la Doble Imposición Internacional, como el punto de conexión *establecimiento permanente*, la calificación de determinadas rentas derivadas de la cesión de *software*, o los precios de transferencia. También se propone (y esto es muy importante) estudiar los supuestos de competencia fiscal perniciosa que pudieran derivarse del uso del comercio electrónico, desde la perspectiva del Informe OCDE sobre Competencia Fiscal Perniciosa.[33] La OCDE ratificaría estas intenciones en el Foro de París, que daría lugar al Informe de 26.11.1999.[34]

Y si la OCDE se ha preocupado de la fiscalidad sobre las rentas derivadas del comercio electrónico, en el ámbito europeo destacan los trabajos de la UE acerca de la incidencia de las transacciones a través de Internet en el IVA, impuesto que ha sido objeto de una mayor armonización. Como antecedentes, podemos situar la declaración resultado de la Conferencia Ministerial Europea de Bonn de julio/1997, donde se propuso una fiscalidad no-discriminatoria en lo relativo a las transacciones a través de la red y el trascendental Acuerdo, entre la Unión Europea y Estados Unidos, celebrado en Washington en 1997, en el cual se proponen cuatro características esenciales de la tributación indirecta de operaciones a través de Internet: claridad, consistencia, neutralidad y no-discriminación.

Pero sin duda han sido, en primer lugar, la Comunicación de la Comisión al Consejo, al Parlamento y al Comité Económico y Social "Comercio Electrónico y Fiscalidad Indirecta" (Com. 98/374), de 17.6.1998,[35] y en segundo lugar la Propuesta de Directiva del Consejo por la que se modifica la Directiva 77/388/CEE (Sexta Directiva),[36]

31. C. Garbarini resume estos principios en los de eficiencia, certidumbre y simplicidad, efectividad y flexibilidad ("La disciplina fiscale del commercio elettronico: principi ispiratori, problematiche applicative e prospettive di siviluppo", *Diritto e Pratica Tributaria*, pp. 1.211-1.214).

32. Se puede consultar en *http://www.oecd.org/daf/fa/e_com/ottawa.htm.*

33. R. Casero Barron, "El comercio electrónico y la tributación internacional", *Informática y Derecho Tributario*, Valencia, Tirant lo Blanch, 2000, p. 74.

34. Se puede consultar en *http://www.oecd.org/dsti/sti/it/ec/act/paris_ec/index.htm.*

35. Se puede consultar en *http://europa.eu.int/comm/dgs/taxation customs.*

36. La Propuesta ha sido aprobada por el Consejo de Ministros de Economía y Finanzas (ECOFIN)

respecto al régimen del impuesto sobre el valor añadido aplicable a algunos servicios prestados por vía electrónica – aprobada por el Parlamento Europeo en diciembre/2000, pendiente de aprobación por el Consejo ECOFIN[37] – los documentos hasta ahora más importantes respecto a la imposición indirecta de las operaciones a través de Internet. En ellos, la UE dejó muy claros los principios de la tributación indirecta a través de Internet, principios que se asientan en una aceptación de muchas de las reglas propuestas por la OCDE en la Conferencia de Ottawa.[38] E insiste, también, en la necesidad de traducir esos principios a reglas jurídicas.

De ahí la propuesta de modificación de la Sexta Directiva, que gira en torno a tres reglas elementales: la imposición en relación con las transacciones en Internet no puede dar lugar a la creación de nuevos tributos – lo cual va a ser importante, a la hora de valorar propuestas, como por ejemplo, el *bit-tax* –, las entregas de productos en forma electrónica no deben considerarse mercancías, y en tercer lugar, sólamente la prestación de estos servicios consumidos en Europa debería gravarse en Europa, es decir debería optarse por aplicar el impuesto en el territorio en que se produce el consumo.

A partir de estos principios vamos a exponer las distintas soluciones que se han propuesto para afrontar la fiscalidad de las manifestaciones de riqueza llevadas a cabo a través de Internet.

4. Internet como "duty free" o espacio libre de tributación

Se trata de la propuesta más extravagante, en el sentido de *fuera de lo común*, o si se quiere, *original* o *peculiar*. Y sin embargo no debería sorprender tanto, si tenemos en cuenta que se ha defendido la consideración de la red como una *zona de no-Derecho*, por lo qué esta concepción podría extenderse también al ejercicio del poder tributario, que se traduce en la formulación de un ordenamiento creador de obligaciones tributarias.

La idea de convertir la red en un *duty free* es una proposición de cuño norteamericano, y en un principio, limitada a la imposición indirecta. Para entender su génesis quizás haya que hacer referencia al sistema de imposición sobre las ventas que existe en USA, basado en un impuesto sobre las ventas, a favor de los Estados, que grava sólo la fase minorista – *sale tax* –, y que se basa en la idea de que el impuesto se exige en el lugar donde tenga lugar el consumo. El ordenamiento constitucional americano otorga a los Estados la facultad de regular el *sale tax*,[39] de manera que un Estado puede gravar libremente las compras efectuadas por residentes en ese Estado. Pero, como explica C. McLure, el Tribunal Supremo Americano viene estableciendo límites en cuanto al gravamen por un Estado de las compras efectuadas a empresas residentes en otros Estados, no establecidas en el Estado del consumo.[40] Es el problema de los límites fiscales a las ventas por catálogo, límites que podrían colisionar con las competencias federales exclusivas en materia de comercio – principio del *Interstate commerce* o *cláusula de comercio*.[41] Ello puede

celebrado recientemente en Barcelona – febrero/2002. Faltan la aprobación por el Consejo y publicación.

37. La aprobación de la Propuesta en el Parlamento Europeo tuvo lugar por 331 votos a favor, 102 en contra y 99 abstenciones. El texto de la Propuesta de Directiva se puede consultar en *http://europa.eu.int/eur-lex/es/com/dat/2000/es_500PC0349_02.html.*

38. Así lo puso de relieve el Consejo ECOFIN, de 6.7.1998.

39. V. al respecto Peñuelas y L. Rexach, *Poder Financiero y Federalismo en los EEUU*, Madrid, IEF, 1989, pp. 150 y ss.

40. "Electronic commerce, State sales and intergovernamental fiscal relations", *National Tax Journal*, 1997, pp. 20 y ss.

41. E. García Llovet señala que "la finalidad de la claúsula de comercio parece evidente: garantizar la libre circulación de mercancías, bienes y servicios, el libre comercio, en el interior de un mercado dado" ("La doble cláusula de comercio en el ordenamiento español. Su proyección sobre el sistema competencial", *XVI Jornadas de Estudio de la Dirección General del Servicio Jurídico del Estado*, v. II, Centro de Publicaciones, Secretaría General Técnica, 1995, p. 1.317).

provocar, y de hecho así está ocurriendo, pérdidas de recaudación a los Estados respecto a los consumos de productos adquiridos vía Internet, que algunos han intentado paliar creando tasas de acceso a la red (es el caso, por ejemplo de Arizona, Nevada o Texas). Ante estos problemas, entre las muchas propuestas que se han barajado, tenemos la del congresista por Ohio, John Kasich, que defiende la exención de la tributación de todas las ventas *on line*; o la del profesor de Berkeley, Hal Varian, quien propone la anulación de los impuestos sobre las ventas y el aumento de los impuestos estatales sobre la renta, o, incluso, la aplicación de un nuevo "impuesto único sobre el consumo" basado en la renta anual individual menos el ahorro.[42] Estas propuestas han tenido cierto éxito en algunos Estados; así, en Massachussets, desde el 1.9.1990 las ventas a través de Internet están exoneradas de tributación.

Pero no es la solución de un problema puntual relativo a la recaudación de un impuesto monofásico estatal sobre las ventas el argumento primordial para la defensa de la no-tributación de las ventas a través de Internet. Los razones que se esgrimen son fundamentalmente, las relativas a "facilitar" o "no obstaculizar" la implantación y generalización de las relaciones ecónomicas a través de la red, y por ende, las de estimular el desarrollo de la *Sociedad de la Información*. Las propuestas de exención total de las operaciones a través de la red se deben a las presiones de grupos económicos, en la línea de un sistema fiscal como el americano, donde las exenciones y no sujeciones – gráficamente denominadas *loopholes* o agujeros fiscales –, lejos de responder a motivaciones de interés general o capacidad económica, como en el modelo continental europeo, son normalmente fruto del *lobby* político y económico.[43] Como consecuencia de ello, se ha conseguido que el Congreso Americano aprobase, con fecha 21.10.1998, la *Internet Tax Freedom Act*, que prohibe, durante el trienio 1999-2001, la creación de nuevos impuestos que graven las operaciones en la red. No se trata de una declaración terminante sobre la inaplicación de impuestos indirectos sobre la tributación en Internet, por lo que no podemos entender que supone una victoria definitiva de los partidarios del no-gravamen de las operaciones *on line*, si no más bien de una moratoria, hasta que una Comisión Gubernamental elabore una serie de recomendaciones respecto al comercio electrónico.

El argumento fundamental para negar el gravamen de las operaciones en Internet es, como se dijo, favorecer la implantación del comercio electrónico. Esta puede ser una postura que tenga cierto arraigo en Estados Unidos, sobre todo para resolver un problema que afecta al poder tributario de los distintos Estados y a la competencia fiscal desleal que se puede generar, estimulando al mismo tiempo el uso de la red para operaciones comerciales, algo en el que la realidad norteamericana lleva un notorio adelanto sobre la experiencia europea.[44] Por eso una propuesta de este estilo sólo podría prosperar en la realidad interna norteamericana. Es prácticamente imposible que a nivel internacional tuviese éxito una propuesta de exención, ni siquiera temporal, del comercio electrónico. Fundamentalmente porque sería claramente contradictoria con la mayoría de los principios que se han venido exponiendo; en especial con el principio de neutralidad, formulado por la OCDE, en las Conferencias de Turkú (1997) y Ottawa (1998), por el Acuerdo entre la Unión Europea y Estados Unidos,

42. H. Varian, en la obra colectiva *Establishing a Framework to Evaluate E-Commerce Tax Policy Options*, Deloite & Touche, 1999.

43. Para J. Hortala I Vallve, F. Roccatagliata y P. Valente (*La Fiscalidad del Comercio Electrónico*, pp. 257-258), "en contra del sometimiento a imposición de las operaciones comerciales realizadas en la red se han manifestado las grandes sociedades multinacionales, que operan en el ámbito de la venta de productos por correspondencia o a través de televisión".

44. V. el *White Paper*, aprobado por el Departamento del Tesoro el 1.7.1997.

celebrado en Washington en 1997, y por la Comunicación de la Comisión Europea al Consejo, al Parlamento y al Comité Económico y Social "Comercio Electrónico y Fiscalidad Indirecta" (Com. 98/374) de 17.6.1998.[45] El sistema fiscal no debe interferir en la competencia y consolidar una situación como la que en la actualidad se apunta, y en la que, al amparo de un evidente vacío normativo, vender a través de Internet determinados productos en formato digital es fiscalmente más *rentable* que hacerlo en formato tradicional y por los canales convencionales. Como señala R. Casero Barron, el principio de neutralidad, basilar en el régimen futuro de la fiscalidad del comercio electrónico, significa que "las decisiones empresariales deben descansar más en factores económicos que en factores de índole tributaria".[46] Es decir, si no se gravan las operaciones a través de Internet se generaría una competencia desleal hacia otras formas de comercio y de prestación de servicios, que van a coexistir con las que se ofrecen a través de la red.[47]

Dado el carácter global de Internet, sería sencillamente impensable adoptar una decisión de exención verdaderamente operativa. La decisión de fijar una exención es algo íntimamente vinculado al ejercicio del poder tributario por una entidad territorial. Y es una decisión que en la cultura jurídica europea sólo tiene razón de ser si está apoyada en motivaciones de indole constitucional. La dispensa del pago del tributo es aparentemente contraria a las exigencias de la justicia tributaria, y, como en su momento manifestó F. Sainz de Bujanda, estos menoscabos a los principios de justicia tributaria sólo podrían admitirse en atención a otros fines que pueda cubrir el tributo, expresivos siempre de un interés público y con suficiente respaldo constitucional.[48] Y, a nuestro juicio, una declaración de exención para todos los empresarios que obtienen rendimientos como consecuencia de realizar una actividad económica a través de Internet, o para la totalidad de los consumidores que adquieren productos en la red, sin diferenciar si se trata de productos materiales o digitalizados, no parece tener una justificación convincente, ni siquiera al amparo de una genérica invocación al fomento de la *Sociedad de la Información*, pues ello, en todo caso, facultaría a habilitar algún *incentivo a la inversión*,[49] pero no a *desfiscalizar*, ni siquiera temporalmente, todo un sector de la actividad económica. No creemos, por tanto, que sea necesario perder más tiempo rechazando la configuración de Internet como un espacio libre de tributación.

5. La propuesta del "bit-tax"

La propuesta de establecer un gravamen sobre las transacciones a través de red adquirió especial fuerza a partir de las aportaciones del economista canadiense Arthur Cordell, quien en 1994, y en una reunión del Club de Roma celebrada en Buenos Aires, sentó las bases de lo que posteriormente sería su propuesta sobre *bit-tax*. Cordell, que tituló sus aportaciones *The New Welth of Nations*, entendió que el sistema fiscal internacional debería plantearse la necesidad de gravar la principal expresión de riqueza de nuestro tiempo: los millones de informaciones que en secuencia digital circulan por la red.[50] En concreto, el *bit-*

45. Se puede consultar en *http://europa.eu.int/comm/dgs/taxation customs*.

46. "El comercio electrónico y la tributación internacional", *Informática y Derecho Tributario*, p. 72.

47. Para J. Hortala I Vallve, F. Roccatagliatay P. Valente (*La Fiscalidad del Comercio Electrónico*, p. 246), "si un libro 'real' puede ser, y con razón, considerado como un bien sustitutivo de un libro 'electrónico' (*ciber-libro*), no parece aceptable que tales bienes sean sometidos a regímenes impositivos distintos. En otro caso, nos hallaríamos ante una evidente distorsión del mercado producida por el sistema tributario".

48. "Teoría jurídica de la exención", *XI Semana de Estudios de Derecho Financiero*, Madrid, 1964, p. 415.

49. Sobre la cuestión, M. T. Soler Roch, *Incentivos a la Inversión y Justicia Tributaria*, Madrid, Civitas, 1983, en especial pp. 128-129 y 139.

50. Las tesis de Arthur Cordell, bajo el epígrafe *New Taxes for a New Economy*, pueden consultarse

tax se exigiría por los Estados de residencia de los compradores de bienes y servicios ofrecidos en la red, a través de un formato digitalizado. Su base imponible sería un típico ejemplo de "base no-monetaria" y vendría constituida por el número de *bits* de los ficheros descargados desde la red, sobre la cual se aplicaría un tipo de gravamen específico.[51] La cantidad a pagar estaría en función del tamaño de los archivos *bajados* de la red.

Esta propuesta es de formulación muy simple, y está amparada por la intención de asegurar a los Estados de residencia de los compradores un cierto nivel de recaudación, ante la previsible reducción que puede suponer que un número importante de empresas sustituyan su actividad comercial tradicional por ventas a través de la red.

Sin embargo, entendemos que el *bit-tax*, tal y como se formuló por Cordell, Soete, Kamp y otros autores, no resulta admisible. Como señala R. Falcon y Tella, autor que ha sido especialmente crítico con esta nueva forma de gravar las transacciones a través de la red, el *bit-tax* supone, en el fondo, "que el Estado en que está situado el comprador opte por gravar a éste al margen de cualquier índice directo o indirecto de capacidad contributiva, con la sola finalidad de asegurarse el mantenimiento de la recaudación, y renunciando a cualquier pretensión de gravar la renta del vendedor".[52]

Si la no-tributación de las operaciones a través de Internet nos parecía contraria a los principios de neutralidad y justicia tributaria, tampoco podemos admitir la propuesta del *bit-tax*. Respecto a la misma, asumimos plenamente la crítica de Falcon y Tella, quien la califica como contraria al principio de capacidad económica. Para este autor resultaría inconstitucional, desde la perspectiva interna del Derecho Español, un tributo como el *bit-tax*, basado en el número de *bits*, tiempo de conexión o criterios similares, ajenos tanto a los índices directos de capacidad contributiva, como al valor del consumo. Un impuesto basado en el tamaño de los ficheros descargados resultaría "profundamente injusto", porque "haría pagar más por enviar un videoclip a un amigo, sin valor comercial alguno, que por descargar una base de datos u obtener un informe, a través de un fichero comprimido con alto valor comercial, pero con relativamente pocos *bits*".[53]

A ello hay que añadir otras posturas críticas, como la de R. Miselli, para quien la exigencia de un *bit-tax* respecto a las adquisiciones de bienes y servicios a través de la red supondría una sobreimposición, en el sentido de que tanto la adquisición de ordenadores y *modems* como la factura telefónica – la conexión a la red se realiza a través de la red telefónica – ya están gravados por IVA.[54] Y también opiniones como la de J. Hortala I Vallve, F. Roccatagliata y P. Valente, para quienes el *bit-tax* atentaría contra las reglas de la neutralidad a la hora de afrontar la tributación en Internet, especialmente la indirecta. Y sería una violación de la neutralidad, en este caso, en detrimento de las transacciones a través de la red; "una nueva forma de imposición para una incipiente tecnología productiva, tal y como puede considerarse el uso de Internet, correría el riesgo de provocar una importante distorsión en la asignación de recursos: la aplicación de un *bit-tax* provocaría un aumento, por reducido que este sea, de los precios para los usuarios de la red que podría disuadirles de utilizar esta tecnología...".[55]

Por todo ello, la Comisión Europea, a través de la Comunicación "Comercio Elec-

en *http://www.usak.ca/library/gic/v2n4/cordell/cordell.html.*

51. En concreto, A. Cordell proponía 0,000001 centavos de Dólar por *bit* descargado.

52. "Tributación e 'Internet': aplicación de las reglas generales, con adaptaciones en su caso, como alternativa al *bit-tax*", *Quincena Fiscal* 10/5, 1998.

53. Idem, p. 6.

54. "The *bit-tax*: economia della miseria o miseri degli economisti?", 1998, en *http://www.hes-computer.com/ivm/spazio/bictax.html.*

55. *La Fiscalidad del Comercio Electrónico*, p. 251.

trónico y Fiscalidad Indirecta", de 17.6.1998, señaló que la forma más idónea de afrontar la fiscalidad indirecta de los productos vendidos a través de Internet es por medio de la "clarificación, simplificación y adaptación del sistema fiscal actual, excluyendo cualquier forma impositiva novedosa y alternativa sobre las prestaciones de servicios, incluidos los que se lleven a cabo a través de Internet".

6. La fiscalidad de las operaciones a través de Internet y los conceptos tributarios clásicos

De lo expuesto hasta el momento, podemos sacar la conclusión de que ni la exención generalizada, ni la adopción de nuevas figuras tributarias es la vía más idónea para afrontar la fiscalidad de las operaciones en la red. Lo más adecuado será el respeto a las categorías y figuras existentes, las cuales deben ser sometidas a las necesarias adaptaciones para su aplicación a las manifestaciones de riqueza producidas por medio de Internet. Vamos a examinarlas diferenciando entre imposición directa e indirecta.

6.1 Internet y la imposición directa

A la hora de abordar la incidencia de la fiscalidad directa respecto a las operaciones en Internet, la cuestión a tratar es la del gravamen de las rentas percibidas como consecuencia de esas operaciones, especialmente rentas obtenidas por sujetos, sean personas físicas o jurídicas, que desarrollan a través de la red una actividad de carácter empresarial o profesional. El problema se plantea cuando los sujetos que intervienen en una operación llevada a cabo a través de la red residen en Estados diferentes. El derecho tributario internacional clásico, especialmente a través de los convenios de doble imposición, ha venido proponiendo soluciones. La cuestión es si esas mismas soluciones son aplicables, en la forma y manera en que tradicionalmente han venido siendo acuñadas, a una realidad nueva como es el comercio electrónico. Vamos a verlo en relación con tres cuestiones concretas: los puntos de conexión y la categoría de establecimiento permanente, la calificación de los pagos por cesiones de *software* y el tratamiento de los precios de transferencia.

6.1.1 Internet y puntos de conexión. La problemática del establecimiento permanente

Como ya hemos apuntado, la fiscalidad de las rentas generadas a través de Internet plantea un problema de tributación internacional, para cuya resolución resulta imprescindible referirnos a los puntos de conexión. Sean estos puntos de conexión de base material, como el criterio de la fuente efectiva de renta – *sourcing income ruling* –, o criterios de base subjetiva en conexión con el Estado de permanencia, como el criterio de residencia. Es este criterio de residencia, como ha explicado P. Adonnino, el que juega un papel fundamental en la determinación de la sujeción al poder tributario de un Estado, sobre todo en la determinación de si se ha de aplicar un régimen de territorialidad pura, que se referirá normalmente a los no-residentes, o de renta universal, que se reserva para los residentes.[56] En relación con las empresas que actúan bajo forma societaria, los Modelos ONU y, sobre todo, el Modelo OCDE de Convenio de Doble Imposición (art. 4, 3º) optan por el criterio de entender que una sociedad es residente donde se sitúa la "dirección efectiva" o "sede de administración" de la misma, criterio éste que en opinión de H. Torres otorga más certeza y seguridad a las relaciones jurídicas, pues

56. "La residenza quale strumento di attribuzione della soggettività passiva tributaria in relazione a diversi ordinamenti giuridici", *Estudios en Memoria de Ramón Valdés Costa*, Montevideo, Fundación de Cultura Universitaria, v. II, 10/1999, pp. 636-654. Afirma H. Torres, por su parte, que "el concepto de residencia funciona como un criterio de conexión personal, al lado del criterio de conexión material, que debe estar siempre vinculado con el concepto de materialidad de la hipótesis de incidencia de los tributos" (*Pluritributação Internacional sobre as Rendas de Empresas*, p. 129).

atiende al lugar donde está situada la sede efectiva y real de la sociedad.[57]

La aplicación de estos puntos de conexión tradicionales a las rentas obtenidas por empresas que ofertan sus productos y servicios a través de la red es una de las grandes dificultades con que nos podemos encontrar. Respecto a una sociedad que vende a través de Internet puede ser muy difícil determinar la sede efectiva de su dirección; no es de extrañar, como expone A. De Juan Ledesma, que en estas empresas los directivos tengan su domicilio real en diversos Estados, el Consejo de Administración se reúna por videoconferencia y sus discusiones se lleven a cabo a través del correo electrónico. Que la mayoría de sus activos se reduzcan a unos *bits* almacenados en un servidor. Que la Junta de Accionistas tome sus decisiones a través de Internet y que los libros de contabilidad se conserven en formato digital. Ante este cúmulo de circunstancias se han propuesto diversas soluciones para adaptar los clásicos puntos de conexión a la nueva realidad de las rentas generadas por actividades en Internet.[58]

Así, se ha propuesto crear nuevos criterios de residencia para las sociedades, como el de la legislación bajo la cual se ha constituido la sociedad[59] o el de la residencia del *autor intellectualis*, que supone que la tributación de los rendimientos obtenidos a través de una empresa virtual tenga lugar exclusivamente en el lugar de residencia del autor de la idea. Aunque es evidente que este criterio no supone ninguna novedad, pues significa acudir al principio de residencia, y bastará que el autor de la idea cambie de residencia. Inclusive se ha propuesto que sea la propia empresa que opera a través de Internet la que señale una sede principal, lo que no soluciona el problema, puesto que es de imaginar que se busquen las soluciones de conveniencia de los paraísos fiscales.

Si complicado resulta aplicar los criterios tradicionales de conexión territorio-residencia con relación a las rentas generadas por actividades desarrolladas en la red, más difícil supone reconocer la aplicación de una figura como el "establecimiento permanente", asumida en el ámbito internacional como parte integrante y decisiva de los convenios de doble imposición.

Desde el punto de vista institucional, podemos decir que el establecimiento permanente constituye un criterio subjetivo de conexión, que tiene como finalidad vincular a la persona no-residente con el territorio del Estado donde la misma tenga una instalación. Desde el punto de vista socioeconómico, el establecimiento permanente permite a los Estados en los que operan las empresas transnacionales gravarlas en condiciones de relativa igualdad respecto a los Estados de residencia de las mismas.

La técnica jurídica de la que se valen las normas, y, en especial, los convenios de doble imposición, para articular el funcionamiento de los establecimientos permanentes consiste en tomar en consideración esa realidad fáctica constituida por las instalaciones que el residente de un Estado puede tener en el territorio de otro Estado, para "prolongar la personalidad de la entidad extranjera actuante".[60] De ahí que el art. 7 del Modelo de Convenio de OCDE establezca como regla general para el gravamen de la imposición de los rendimientos de las empresas que los rendimientos per-

57. *Pluritributação Internacional sobre as Rendas de Empresas*, p. 152.

58. A. De Juan Ledesma, "Internet y nuevas tecnologías en telecomunicaciones: nuevos retos de la fiscalidad internacional", *Impuestos*, II, p. 1.203.

59. Se propone, incluso, que ese Estado sea el de la "sede de la dirección" de la sociedad que vende a través de la red. Para ello se toma como referente lejano el art. 8 del Modelo de Convenio OCDE, según el cual las actividades relacionadas con la explotación de buques o aeronaves se someterán a tributación en el Estado donde se halle ubicada la sede de dirección (D. Elvira Benito, "El concepto de establecimiento permanente ante el comercio electrónico: una revisión necesaria", *Impuestos* 23/28).

60. J. M. De La Villa Gil, "Convenios de doble imposición", en *Comentarios a las Leyes Financieras y Tributarias*, v. XIV, Madrid, Edersak, 1983, p. 102.

cibidos en uno de los Estados contratantes se gravará exclusivamente en ese Estado. Tales rendimientos sólo se gravarán en el otro Estado contratante en la medida en que se vinculen a una "organización estable".[61] La única excepción, aunque prevista para rendimientos de artistas y deportistas, es la establecida en el art. 17, que dispone que las rentas obtenidas por estos sujetos pueden someterse a tributación en los países donde realicen sus actuaciones sin necesidad de que exista un establecimiento permanente.

Desde el punto de vista del derecho internacional tributario, los establecimientos permanentes, en la línea de lo que es el objeto de este tipo de normas, tienen como función limitar la soberanía fiscal y distribuir el poder tributario. Como señala A. García Prats, el concepto de establecimiento permanente "responde al deseo de limitar la jurisdicción fiscal del Estado de generación de los rendimientos empresariales, justificado por la conveniente expansión del comercio y las relaciones económicas y empresariales internacionales".[62] Es lo que se conoce como la "función negativa" de los establecimientos permanentes; estamos ante una forma de limitación de la competencia fiscal del Estado de residencia respecto a los rendimientos obtenidos por un residente en otro Estado, pero que tiene en el de la fuente una instalación fija.[63]

Tanto en su regulación actual como en su evolución histórica,[64] la noción de "establecimiento permanente" aparece indefectiblemente unida a la idea de "instalación fija", que habrá que entender, como viene señalando A. García Prats, en el sentido de "vínculo geográfico" entre la actividad desarrollada y el establecimiento permanente, a los efectos de poner de manifiesto una conexión cualificada entre dicho establecimiento y el territorio del Estado.[65] Por tanto, la idea de establecimiento conlleva una exigencia de presencia física.[66] Así ha ocurrido respecto al Modelo de Convenio propuesto por la OCDE. El art. 5 del Modelo de Convenio de Doble Imposición de la OCDE, en su versión de 1992, define el establecimiento permanente asumiendo la teoría de la pertenencia económica, según la cual es *establecimiento permanente* cualquier instalación permanente que se integre en la economía del país.[67] La "fijeza" del establecimiento, como signo distintivo característico de su "organización estable", ha sido uno de los rasgos de esta categoría que ha generado una mayor conflictividad,[68] y así se recoge en el Modelo de Con-

61. A. De Juan Ledesma, "Internet y nuevas tecnologías en telecomunicaciones: nuevos retos de la fiscalidad internacional", *Impuestos*, II, p. 1.199.

62. *El Establecimiento Permanente. Análisis Jurídico-Internacional de la Imposición Societaria*, Madrid, Tecnos, 1996, p. 397.

63. H. Torres, *Pluritributação Internacional sobre as Rendas de Empresas*, p. 217.

64. Señala J. F. Hurtado Gonzalez ("La aplicación del concepto de 'establecimiento permanente' a la tributación del comercio electrónico", *Civitas REDF* 107/381-382, 2000) que el criterio de "fijeza" ya se encuentra en los modelos de convenios promovidos desde principios de siglo por la Sociedad de Naciones, en concreto, desde el año 1923, y a través de su Comité de Asuntos Fiscales. Ya en la versión de 1928 se hablaba de "lugar fijo de actividad que tenga carácter productivo (...)". Sobre el tema, H. Torres, *Pluritributação Internacional sobre as Rendas de Empresas*, p. 494.

65. *El Establecimiento Permanente. Análisis Jurídico-Internacional de la Imposición Societaria*, p. 112.

66. Así, el origen histórico remoto del instituto se sitúa en el concepto, reflejado en el Código Mercantil Prusiano, de "actividad estable" – *stehendes Gewerbe* – y de instalación fija – *Betriebstätte*. V. C. Garbarini, "La disciplina fiscale del commercio elettronico: principi ispiratori, problematiche applicative e prospettive di siviluppo", *Diritto e Pratica Tributaria*, pp. 1.238-1.239. También A. Skaar, *Permanent Establishment*, Deventer, Kluwer, 1992, pp. 71 y ss.

67. La doctrina señala que a la hora de definir qué es un establecimiento permanente pueden plantearse dos opciones: la teoría de la realización, según la cual constituye un *establecimiento permanente* cualquier instalación que permita la realización de un beneficio, y la teoría de la pertenencia económica, según la cual es *establecimiento permanente* cualquier instalación permanente que se integre en la economía del país (D. Carbajo Vasco, "El concepto de 'establecimiento permanente' en el Modelo de Convenio de la OCDE: consideraciones y crítica", *Crónica Tributaria* 52/43, 1985).

68. V. al respecto P. Baker, *Double Taxation Conventions and International Tax Law*, Londres,

venio OCDE, con la casi-exclusiva salvedad del art. 5, 5, que considera *establecimiento permanente* a un agente, persona física o jurídica, dependiente de una empresa, que actúa por cuenta de ésta y contrata en su nombre y de forma habitual en un Estado distinto al de su residencia.[69] En esa línea de centrar la definición del establecimiento permanente se han situado las legislaciones nacionales; es, por ejemplo, el caso español del art. 12 de la Ley 41/1998, de 9 de diciembre, sobre la renta de no-residentes.

Fuera del diseño de este concepto que ha llevado a cabo el Modelo de Convenio de la OCDE, en Estados Unidos han sido los Tribunales los que, interpretando las normas 871, "b", y 882 del *Internal Revenue Code*, han acuñado el requisito de "suficiente presencia" de una empresa, para que se pudieran sujetar sus ingresos a tributación en Estados Unidos, siendo al efecto muy conocida y clásica la sentencia "Piedras Negras Broadcasting Co. *vs.* Commissioner".[70]

La cuestión será, pues, la de si las características del establecimiento permanente, como categoría destinada a garantizar un nivel de recaudación al Estado donde se obtienen unos rendimientos por medio de unos vínculos geográficos, puede aplicarse a la nueva realidad del comercio electrónico. Y especialmente a si es posible acomodar el concepto de *establecimiento permanente* a la actuación de una empresa que ofrece bienes y servicios *on line* en un Estado distinto al de su residencia, a través de un servidor y de una página *web*. Conviene recordar que un servidor (*Internet service provider*) permite a los usuarios acceder a la red, y puede estar situado en cualquier lugar, incluso carecer de localización fija al vincularse a un ordenador personal. La página *web*, que es el instrumento a través del que la empresa ofrece sus productos al cliente, "y éste formaliza el contrato y da la orden de pago por la compra realizada",[71] no es más que una combinación de *software* y datos electrónicos fácilmente modificables y *transportables* de un servidor a otro. Aparentemente ninguno de los caracteres que tradicionalmente se han asignado para definir el instituto del establecimiento permanente – estabilidad de la instalación, disponibilidad no meramente temporal, conexión de la instalación con el ejercicio normal de la empresa ... – concurre en el supuesto en que una empresa tenga una *web site* memorizada en un servidor como único lugar de *presencia* en el Estado de la fuente. La *web* no es una instalación fija. A través de la misma se dispensa una información y su contenido puede ser modificado sin ninguna dificultad. Tampoco un servidor constituye una organización estable en los términos del art. 5 del Modelo OCDE. Cabría plantearse en este último caso, sin embargo, si en tanto un servidor, propiedad de una empresa proveedor de Internet, realiza la actividad de *web site hosting* para una pluralidad de empresas, desarrollando a través de programas informáticos funciones de "mediación" en la contratación, no podría equipararse a un agente independiente, y, por tanto, reconducirse a uno de los supuestos que permitirían calificarlo como establecimiento permanente. Sin embargo – y como ya recordó el Comité de Asuntos Fiscales de la OCDE, en las conclusiones presentadas a la Con-

Sweet & Maxwell, 1994, p. 140: "The words *permanent establishment* postulate the existence of a substantial element of an enduring or permanent nature of a foreing enterprise in another country which can be attributed to a fixed place of bussines in that country (...)".

69. J. F. Hurtado Gonzalez, "La aplicación del concepto de 'establecimiento permanente' a la tributación del comercio electrónico", *Civitas REDF* 107/386.

70. El caso "Piedras Negras" contemplaba el supuesto de una emisora que operaba en Estados Unidos desde territorio fronterizo mexicano, a pesar de lo cual se entendió que la emisora no tenía "suficiente presencia" en USA, como para poder ser sujetada a tributación.

71. J. F. Hurtado Gonzalez, "La aplicación del concepto de 'establecimiento permanente' a la tributación del comercio electrónico", *Civitas REDF* 107/394.

ferencia de Ottawa de 1998 – la carencia de entidad personal, tanto en la *web site*, como en el servidor, lleva a que no puedan equipararse, bajo ningún concepto, a un agente. Parece que la contratación a través de la red resulta claramente contradictoria con la figura del *agente*, pues en Internet los contratos tienen lugar de modo directo entre la empresa y el cliente.

El establecimiento permanente es, en suma, un instituto que surge en una época caracterizada por una economía "fija y corporal" y su aplicación conceptual resulta inapropiada cuando se actúa a través de una página *web*.[72]

Teniendo en cuenta esto, las soluciones serían sólo dos. O el criterio del establecimiento permanente no sirve para afrontar la fiscalidad internacional de las rentas obtenidas a través de Internet o hay que conservar este concepto, sometiéndolo a las pertinentes modificaciones. Modificaciones que podrían ser de tal entidad que supusieran la acuñación de un nuevo término de *establecimiento permanente* para las operaciones de comercio electrónico.

Si admitido que la idea de establecimiento permanente no resulta operativa para enfrentarse a la problemática de la tributación en Internet, habremos perdido un eficaz arma para reconocer a los Estados de la fuente capacidad para gravar las rentas obtenidas en su territorio por las empresas multinacionales que operan a través de la red. De ahí las posturas interesadas en promover un abandono del concepto de *establecimiento permanente* con vistas a la tributación de las rentas generadas a través de Internet. Ello supondría que el Estado de residencia del cliente se abstendría de gravar dicha transacción en lo relativo a las rentas obtenidas en su territorio por la empresa vendedora, rentas que se gravarían sólo en el país de residencia. Y este sería un Estado *exportador* de bienes y servicios a través de la red – *net-exporter* –, siendo los Estados Unidos el principal exponente. Por eso no es de extrañar que el Departamento Americano del Tesoro, en su *Selected Tax Policy Implications of Global Electronic Commerce*, haya defendido que los criterios de territorialidad resultan obsoletos para su aplicación en la red, debiendo limitarse la tributación a la del Estado de residencia.[73] De esa manera, la provisión de bienes y servicios por empresas americanas a través de Internet no se gravaría en los Estados donde esas empresas operan. A lo que hay que unir la corriente doctrinal existente en Norteamérica tendente a mitigar, cuando no a suprimir, el gravamen de las operaciones a través de la red, y que, incluso, al amparo de la sentencia "Piedras Negras", defiende que en los operadores económicos que actúan a través de la red no concurre el requisito de la "suficiente presencia" de la empresa.

Este posicionamiento resulta claramente rechazable. La solución, a nuestro juicio, no pasa por desechar la aplicabilidad de un instrumento tan eficaz como la categoría del *establecimiento permanente*, sino, en primer lugar, por combinar su aplicación con otros criterios, como por ejemplo que el proveedor de servicio a través de Internet sea gravado aplicando el art. 8 del Modelo OCDE, es decir, como si se tratase de un establecimiento permanente y los POP o conexiones en otros paises siguiendo el criterio del art. 17, el cual, como vimos, no exige para artistas y deportistas un establecimiento permanente. Y, en segundo lugar, se debe redefinir la categoría del establecimiento permanente para hacer frente al nuevo reto de la fiscalidad a través de Internet. Redefinición que puede exigir crear un concepto de establecimiento *ad hoc* para el

72. D. Elvira Benito, "El concepto de establecimiento permanente ante el comercio electrónico: una revisión necesaria", *Impuestos* 23/19.

73. "(...) in the world of cyberspace, it is often difficult, if not impossible, to apply traditional source concepts to link an item of income with a specific geographical location. Therefore, source based taxation could lose its rationale and rendered obsolete by electronic commerce (...) as traditional source principles lose their significance, residence-based taxation can step in and take their place (...)".

comercio electrónico. Esta es la postura por la que se ha inclinado la OCDE en su documento DAFFE/CFA/WP (98) 12/REV1, sobre organización del seguimiento del Grupo de Trabajo n. 1. La adaptación del concepto *establecimiento permanente* no se llevaría a cabo a través de una revisión completa del mismo, sino añadiendo unos párrafos al art. 5 del Modelo de Convenio.[74]

Para promover una revisión del concepto, y como ejemplo del esfuerzo de adaptar la categoría a la realidad, se suele poner como ejemplo la sentencia del *Bundesfinanzhof* de 30.10.1996 – sentencia "Pipeline" –, que ha considerado *establecimiento permanente* en Alemania a un complejo integrado por un oleoducto de una empresa holandesa que discurre por territorio alemán, aunque se maneja desde Holanda a través de un sistema informático. En realidad esto es posible, si tenemos en cuenta que el art. 5, 10, del Modelo de Convenio OCDE acepta con carácter excepcional la posibilidad de que exista un establecimiento permanente cuando las actividades empresariales se ejerzan mediante un equipo automático, limitándose el personal de la empresa al montaje, funcionamiento, control y entrega de dicho equipo.[75] Por el contrario, y en el ámbito estrictamente comunitario, la sentencia del TJCE "Gunther Berkholz c/ Finanzamt Hamburg-Mitte-Atstadt", As. 168/1984, de 4.7.1985, no considera *establecimiento* un conjunto de máquinas recreativas instaladas en un ferry que cubre la ruta entre un puerto alemán y otro danés.[76] Y la razón estriba en que no estaríamos ante una "reunión permanente de medios humanos y técnicos", imprescindible, según el TJCE, para que se pueda hablar de *establecimiento permanente.*

Resoluciones como éstas, que no fueron seguidas, por ejemplo en España,[77] sirven para defender la ductilidad del concepto *establecimiento permanente*, y para promover la adaptación de éste a la nueva realidad.[78]

A nuestro juicio, un replanteamiento del concepto de *establecimiento permanente* debe partir de un cambio de filosofía de la institución. Si queremos aplicar esta figura a las nuevas formas de hacer negocio, habrá que adaptarla a la realidad. Si basar la idea de *establecimiento permanente* en un vínculo físico tenía sentido en el marco de una economía fundada en el intercambio de bienes materiales, la progresiva *desmaterialización* de la economía a partir de la generalización del uso de la red impone no tanto tener en cuenta la presencia física, sino fijarse más bien el grado de implantación de una empresa que actúa en un Estado distinto al de residencia.

Si el dato-clave para entender que nos hallamos ante un establecimiento perma-

74. Se trata del primer borrador elaborado por la OCDE, con la finalidad de modificar los *Comentarios* al art. 5 del Modelo de Convenio que, sin embargo, no contiene su punto de vista oficial.

75. De todas formas, existen serias discrepancias en orden a considerar que puede haber un establecimiento permanente sin la intervención de personas físicas. En este sentido hay que decir que, efectivamente, tal intervención debe existir, aunque bastará que tenga lugar donde radique la empresa matriz; v. *Informe sobre el Impacto del Comercio Electrónico en la Fiscalidad Española*, p. 423. El *Borrador de la OCDE sobre Comercio Electrónico* de 1999 ya defendía explícitamente la irrelevancia, a efectos de determinar la existencia de establecimiento permanente en el ámbito del comercio electrónico, de que tenga lugar o no tal intervención humana.

76. Sobre la sentencia, P. Herrero De La Escosura, *El IVA en la Jurisprudencia del Tribunal de Justicia de las Comunidades Europeas*, Madrid, Servicio de Publicaciones de la Universidad de Oviedo/Marcial Pons, 1996, pp. 319. También A. Martinez Lafuente, "El lugar de prestación de servicios en el impuesto sobre el valor añadido. El concepto de 'establecimiento permanente'", *Noticias CEE* 9/63-65, 1985.

77. No encontramos otros pronunciamientos partidarios de una línea tan extensiva, pues en España el TEAC, en resolución de 28.11.1988, se ha limitado a decir que se puede hablar de *establecimiento permanente* incluso cuando se dispone de un simple "emplazamiento" que no constituye local para el ejercicio de la actividad.

78. En este sentido se manifiesta J. F. Hurtado Gonzalez, para quien "el concepto de establecimiento permanente es dinámico (...)" ("La aplicación del concepto de 'establecimiento permanente' a la tributación del comercio electrónico", *Civitas REDF* 107/405).

nente es la presencia física, nunca podríamos considerar como tal a una página *web*. La mera disponibilidad de una página *web* no sería un establecimiento permanente, ya que la misma, como recuerda la OCDE, no es más que un conjunto de datos electrónicos manejados por un servidor, faltando las mínimas condiciones materiales para que se pudiera hablar de un establecimiento permanente.[79] Sin embargo, si atendemos al criterio de la presencia económica en el mercado de otro Estado, resulta también evidente que la página *web* es un conjunto de datos que, manejados por un navegador de *Internet*, se convierten en imágenes y texto que permiten poner en contacto a quien oferta unos productos y a quien desea adquirirlos. Quien vende productos en otro Estado a través de Internet es evidente que tiene una presencia económica continuada, aunque no sea un presencia física.

Más fácil resulta, en principio, considerar como establecimiento permanente el servidor.[80] Cierto es que un servidor constituye un mero soporte técnico de *software* y de datos, y que la actividad vinculada al mismo puede no tener la entidad suficiente para constituir un lugar de negocios. Pero la propiedad de un *server* en un Estado distinto al de la residencia tiene las características mínimas que se han venido atribuyendo a la categoría del *establecimiento permanente*, entendida en un sentido amplio. La actuación en otro Estado mediante un *server* puede equipararse a situaciones como las actividades empresariales ejercidas mediante equipos automáticos.

Sin embargo, la calificación de un servidor como *establecimiento permanente* no soluciona la cuestión-clave, que no es otra que facilitar la tributación de las empresas que operan por medio de Internet en el Estado donde realizan sus ventas. Así, no se evitaría, como señala D. Elvira Benito, "la masiva ubicación de *servers* en Estados de baja tributación", puesto que, como hemos visto, el *server* puede ser cambiado de ubicación con relativa facilidad.

Por otro lado, se plantea la cuestión de si sólo debemos considerar que existe establecimiento permanente en el lugar donde se encuentra el servidor, o, en cambio, en los lugares en los que a través de la *web site* se puede acceder a los bienes y servicios que la empresa ofrece y que es dónde realmente la empresa que vende a través de Internet tiene presencia económica. Ello llevaría, como reconoce el *Informe sobre el Impacto del Comercio Electrónico en la Fiscalidad Española*, a la "dificultad de tener establecimientos permanentes en prácticamente cualquier lugar del mundo".[81] Ante un resultado aparentemente tan desproporcionado, se ha propuesto limitar esa "presencia económica" atendiendo a un elemento cuantitativo. Se entiende que tratándose de bienes y servicios vendidos a través de Internet sólo será posible evaluar ese grado de implantación en función de criterios cuantitativos. Así, se propone establecer un volumen mínimo de operaciones durante un año, recurriendo a una técnica que ya se utiliza, por ejemplo en el IVA, para fijar la tributación de las ventas a distancia en origen o en destino y que, como veremos, se quiere implantar también respecto a la fiscalidad indirecta de las ventas a través de Internet de empresarios no establecidos en la Unión Europea. A partir de una determinada cuantía de ventas en un Estado debe entenderse que existe implantación económica, y admitir el gravamen por parte de ese Estado.

79. D. Elvira Benito, "El concepto de establecimiento permanente ante el comercio electrónico: una revisión necesaria", *Impuestos* 23/20.

80. El servidor, como equipo informático que es, podría tener, *a priori*, la condición de establecimiento permanente, salvo que el mismo, y de acuerdo con lo establecido en el art. 5, 4, del Modelo de Convenio OCDE, llevara a cabo simples labores preparatorias de las allí enumeradas. Esta exclusión de las actividades preparatorias no se da, por cierto, respecto a la Ley Española 41/1998, sobre el impuesto de la renta de no-residentes. V. C. Checa Gonzalez, *Ley del Impuesto sobre la Renta de No-Residentes*, p. 68.

81. *Informe sobre el Impacto del Comercio Electrónico en la Fiscalidad Española*, pp. 420-421.

Pero esta solución tampoco está exenta de dificultades muy serias. Ni la determinación de ese volumen mínimo de operaciones es fácil – existe multitud de factores que relativizarían la cuantía del mismo atendiendo a las especificidades del mercado, el tipo de bien o servicio ... –, ni la verificación de que se ha sobrepasado ese umbral mínimo sería posible sin unos exhaustivos controles, muy difíciles de llevar a cabo cuando de transacciones electrónicas se trata.

Para ello sería necesario delimitar las ventas de un sitio *web* por territorios, lo que conlleva la dificultad de averiguar desde qué terminal se ha producido la adquisición del bien o producto digital. Así, J. F. Hurtado Gonzalez propone como primera medida la elaboración de un "censo de empresas que sin ser residentes en nuestro territorio o poseer un establecimiento permanente en sentido tradicional operen ofreciendo sus productos a través de una página *web*",[82] al estilo de lo que se propone, respecto al IVA, para empresas radicadas fuera de la Unión Europea. Para elaborar ese censo, en función de un volumen de ventas, hay que verificar esas ventas, para lo cual sería necesario controlar los pagos de los bienes y servicios efectuados por quienes adquieren productos en el Estado de la fuente. A las exigencias de emisión de facturas y justificantes que pueden hacerse por sistemas telemáticos – en España, Orden de 22.3.1996 – habría que unir los controles destinados a verificar los pagos *off shore*. Para ello se han propuesto distintas soluciones, algunas de muy complicada realización práctica, como la de obligar a que todos los ingresos obtenidos por la actividad de una empresa que opera en otro Estado se verifiquen a través de unas cuentas autorizadas al efecto, que deberían estar abiertas en una entidad financiera radicada en el Estado donde se realiza la venta. Por su parte, el Comité de Asuntos Fiscales de la OCDE propuso centrar el control sobre las entidades de emisión de medios de pago electrónico, e incluso llegar en el futuro a configurarlas como responsables y obligarlas a practicar una retención o *withholding tax*, posibilidad ésta absolutamente rechazada por las entidades financieras y el sector crediticio y bancario en general.

En suma, por todo lo que se ha expuesto se puede entender que el concepto de *establecimiento permanente* tal y como se define actualmente en el Modelo de Convenio OCDE resulta claramente inoperativo para garantizar que las empresas que actúan a través de Internet en el territorio de otro Estado sean gravadas en ese Estado. Dentro de las enormes dificultades que la fiscalidad de este tipo de operaciones conlleva, la idea de *establecimiento* que debemos utilizar, aun manteniendo el requisito de la *permanencia*, debe desprenderse del sustrato físico que tradicionalmente viene caracterizando a esta institución. Si la presencia física deja de ser fundamental para definir la idea de *establecimiento permanente* a favor de la idea de "presencia económica relevante", será más fácil, en el plano teórico, poder considerar a una página *web* como establecimiento permanente. Por tanto, frente al vínculo geográfico que tradicio-

82. "La aplicación del concepto de 'establecimiento permanente' a la tributación del comercio electrónico", *Civitas REDF* 107/408. El control de las páginas *web* podría establecerse a partir de la información del ICANN (*Internet Corporation for Assigned Names and Numbers*), organismo autorreglamentario internacional privado sin ánimo de lucro, responsable de la administración y gestión, en el ámbito mundial, de los nombres y direcciones numéricas de Internet. A pesar de lo cual resulta evidente que se trata de un control imperfecto, puesto que el sistema actual de atribución de nombres de dominio no siempre consiste en individualizar a la empresa que opera. Con relación a la utilización del sistema de asignación de nombres de dominio como vía de control fiscal, destaca al respecto la *Comunicación de la Comisión al Consejo y al Parlamento Europeo sobre la organización y gestión de Internet – Aspectos de Política Internacional y Europea 1998-2000*, que resalta la necesidad de definir y localizar las operaciones comerciales en la red. Para ello se pretende implicar al ICANN, a través de la recogida y puesta a disposición de informaciones suficientes para identificar de manera segura a los titulares y explotadores de nombres de ámbitos.

nalmente caracterizó al establecimiento permanente, debe prevalecer la idea de "presencia económica relevante" o *actively targeted market*, consistente en una actividad comercial intencionalmente dirigida a un mercado determinado.

El criterio de una presencia económica relevante en un Estado, en la medida en que la empresa que vende a través de Internet dirija preferentemente su actividad hacia ese Estado, va a imponer un análisis *in casu* de cada situación individual y va a exigir tener en cuenta una combinación de circunstancias que, en su conjunto, permitirán deducir la presencia de una empresa en el mercado de un determinado país. Alguno de estos datos relevantes han sido propuestos, a nuestro juicio, con acierto, por el *Informe sobre el Impacto del Comercio Electrónico en la Fiscalidad Española*. Así, la verificación de si la publicidad está específicamente dirigida a un mercado o mercados determinados, la cuestión de en qué Estado radican los servicios *post-venta*, a través de qué entidades se efectúa el pago, la sumisión a órganos jurisdiccionales o arbitrales de un determinado país, la vinculación estable con empresas de transporte o mensajería de un Estado, la existencia de depósitos o almacenes en cierto Estado o Estados... Estos elementos a tener en cuenta no excluyen otros criterios ya mencionados, como un determinado volumen de operaciones en ese Estado, o la existencia de un agente o intermediario.

Una propuesta de estas características conlleva numerosas dificultades técnicas, como la imputación y distribución de rentas y la de los gastos generados por el sitio *web*, cuya evaluación se complica al tratarse de *establecimientos permanentes* que se basan en una penetración económica y no en una presencia física. Se plantea también la necesidad de conceder un crédito de impuesto por lo pagado en el Estado de consumo a computar en el Estado de residencia, para evitar que se generen situaciones de doble imposición internacional. Y, previendo que en el país de residencia la cuantía del tributo a satisfacer por las rentas obtenidas a través de la red sea escasa o nula, cabría plantearse si sería conveniente limitar a una alícuota relativamente baja el gravamen en el Estado del consumo.[83]

A todo ello hay que unir las resistencias que generaría una redefinición del concepto de *establecimiento permanente* en el sentido expuesto, en tanto sería preciso un amplio consenso internacional, siendo predecible la oposición de los Estados *net-exporter*, y en particular de los Estados Unidos.

Además, desde el punto de vista estrictamente jurídico-dogmático, una redefinición en estos términos supone erosionar la esencia del *establecimiento permanente*. Basar la idea de *establecimiento permanente* en la realización de actividades, en lugar de en una presencia continuada, supone abrir paso a la posibilidad de que una empresa tenga establecimiento en otro Estado sin consolidarse materialmente en su territorio, como por otra parte ya venía ocurriendo con los contradictorios "establecimiento permanentes de actividad esporádica".[84] Y supone un paso atrás en el empeño del propio Modelo OCDE de diferenciar entre los supuestos en que simplemente se realiza una actividad, que no constituiría por sí sola establecimiento permanente (ventas por comisionistas e intermediarios), de los casos en los que hay verdadera vinculación con la soberanía fiscal del Estado donde se vende, para la cual el propio Modelo exige, de modo prioritario, la presencia física.

83. C. Garbarini ("La disciplina fiscale del commercio elettronico: principi ispiratori, problematiche applicative e prospettive di siviluppo", *Diritto e Pratica Tributaria*, p. 1.257) propone un porcentaje del 10%.

84. Requisito que A. García Prats considera fundamental, al definirlo como "elemento intrínseco a toda existencia de un establecimiento permanente", y que no se aprecia en los llamados "establecimientos permanentes de actividad esporádica" (*El Establecimiento Permanente. Análisis Jurídico-Internacional de la Imposición*, pp. 75-76). También V. Gonzalez Poveda, *Tributación de No-Residentes*, Madrid, La Ley, 1989, p. 120.

6.1.2 La calificación de determinados rendimientos

Un segundo problema, de no menor trascendencia que el anterior, es el relativo a cómo se califican determinados rendimientos que se pueden generar como consecuencia de la actividad de las empresas a través de Internet. Siendo el problema de la fiscalidad de las rentas obtenidas a través de Internet una cuestión de fiscalidad internacional, que ha de resolverse también al amparo de los convenios de doble imposición, la doctrina viene destacando que tales convenios, como normas jurídico-tributarias que son, plantean problemas desde la perspectiva de su aplicación. Y entre esos problemas destaca, como ocurre con todas las normas jurídico-tributarias, las cuestiones relativas a la interpretación de normas y la calificación de hechos.[85]

La calificación de rentas es un problema muy importante en la operatividad de los tratados de doble imposición, sobre todo en lo relativo a la necesidad de que las partes contratantes califiquen de manera similar el rendimiento, a efectos de evitar lo que Calderon Carrero llama "disfunción de todo el sistema previsto en el convenio", que puede llevar a que no se elimine la doble imposición. Y los principales problemas relativos a la calificación de rentas se dan, precisamente, en las transferencias de tecnología. Sobre los mismos cabe la calificación como rendimientos de actividades empresariales, al amparo del art. 7 del Modelo OCDE, que sólo pueden someterse a imposición en el país de residencia salvo que concurra establecimiento permanente en el otro país. O la calificación como cánones, aplicando el art. 12 del Modelo, por lo que se podrían gravar a un tipo reducido en la fuente.[86] Señalemos que, con relación a los cánones, el art. 12 del Modelo de Convenio OCDE dispone, para rendimientos de este tipo satisfechos entre residentes de Estados contratantes, la tributación en el Estado de residencia del perceptor, en una posición claramente favorecedora de los Estados exportadores de tecnología, y que contrasta con el Modelo Pacto Andino, que sigue el "Criterio ONU", fijando la tributación por *royalties* en el Estado de la fuente. Por eso, los Estados de la OCDE, en los convenios bilaterales – es el caso de España –,[87] han introducido un sistema de tributación compartida, disponiendo el gravamen limitado en la fuente, de forma muy similar a lo que ocurre con dividendos e intereses.[88]

La cuestión de si los pagos por determinadas cesiones de tecnología, y en concreto de productos informáticos, deben calificarse como rendimientos de actividades económicas independientes o como *royalties* es, por tanto, una *vexata quaestio* en el ámbito del derecho fiscal internacional. Desde un punto de vista estrictamente jurídico, la respuesta que en cada caso se adopte, como explica R. Casero Barron, dependerá "de la naturaleza de los derechos que el cesionario adquiere, de acuerdo con las cláusulas contractuales concretas relativas al uso y explotación del programa informático".[89] Cuando se dice que se adquiere *software*, normalmente se hace re-

85. Sobre la distinción entre las funciones calificadoras y de interpretación, G. Casado Ollero, "Legalidad tributaria y función calificadora de la Administración Fiscal", *Los Negocios Anómalos ante el Derecho Tributario Español, Boletín del Ilustre Colegio de Abogados de Madrid* 16/48. En concreto, A. Xabier, "El problema de la calificación en el derecho tributario internacional", *RDFHP* 225-226/669, 1993.

86. J. M. Calderon Carrero, *La Doble Imposición Internacional en los Convenios de Doble Imposición y en la Unión Europea*, Pamplona, Aranzadi Editorial, 1997, p. 83.

87. V. al respecto A. Vazquez Del Rey, "Convenios de doble imposición y rentas derivadas de programas de ordenador", *Derecho Tributario e Informática*, Valencia, Tirant Lo Blanch, 2000, pp. 98-99.

88. V. J. M. Tovillas Moran, *Estudio del Modelo de Convenio sobre Renta y Patrimonio de la OCDE de 1992*, Madri, Marcial Pons, 1996, pp. 150-151. También H. Torres, *Pluritributação Internacional sobre as Rendas de Empresas*, p. 551.

89. "El comercio electrónico y la tributación internacional", *Informática y Derecho Tributario*, p. 79.

ferencia tanto al programa, que incorpora un *copyright* o derecho de propiedad intelectual, como al soporte material.[90] Aunque el objeto de un contrato sea el *software*, habrá que fijarse en las concretas cláusulas contractuales, ya que la adquisición de un programa puede suponer la compra de todos los derechos de propiedad intelectual del programa, pudiendo utilizar esa información digitalizada cuantas veces se quiera – será lo que se conoce como "*software* personalizado" –, o puede suponer la adquisición de un producto – *software standard*. En el primer caso, parece que se pagará por el uso o concesión de uso de un derecho de propiedad intelectual, tratándose de un *royaltie* o regalía.[91] En el segundo, se está pagando un precio por la adquisición de un producto, que para la empresa que lo vende será un beneficio empresarial.

Ahora bien, esta polémica acerca de la posible clasificación de un ingreso como rendimiento empresarial o regalía se acentúa en lo concerniente a bienes transferidos por vía telemática, y, en concreto, cedidos en formato digital. La doctrina se ha encargado de exponer muy gráficamente los problemas que al respecto se pueden generar; el "bajar" un programa informático de la red a cambio de un precio, ontológicamente, es la misma transacción que la compra de dicho programa en el soporte físico tradicional. Pero téngase en cuenta que la adquisición de ese programa a través de Internet supone el derecho a copiar el producto en el disco duro del ordenador del adquirente, lo que puede significar un uso de *copyright*, aun cuando esta copia suponga una parte incidental en la transacción, no relevante a efectos de calificación de la misma.[92] No obstante, el objeto económico de la transacción es, en este caso y sin lugar a dudas, el derecho a utilizar de modo pleno y exclusivo un producto digital, y no el derecho a utilizar el *copyright* del producto. Esto se ve de manera más clara en lo relativo a la adquisición de productos diferentes a los programas informáticos en sentido estricto, pero que pueden ser suministrados en formato digital, como películas, música u obras literarias. Parece que el hecho de que se adquieran *on line* no debe suponer que nos encontremos ante la adquisición de bienes inmateriales; como dice A. De Juan Ledesma, "un libro digitalizado no es ni más ni menos que el sustituto de dicho libro". Ahora bien, esta evidencia tampoco puede esconder la necesidad de una readaptación del concepto de *canon*, teniendo en cuenta que la cesión de productos en formato digital permite alterar y manipular la información recibida.[93]

La incertidumbre que esta situación generaba hacía necesario clarificar el contenido real del término "canon". Lo que estaba realmente en juego era aclarar qué supuestos de adquisición de productos digitalizados a través de la red podían caber en ese concepto, y por tanto, en qué casos el Estado de la fuente, a través del oportuno convenio, podría gravar la renta obtenida por esas adquisiciones. Todo esto llevó a que la OCDE propusiese modificar la definición de "canon" en los convenios de

90. Se trata de una vieja distinción acuñada por la doctrina mercantilista. Por ejemplo, T. Ascarelli, *Teoría de la Concurrenciia y de los Bienes Inmateriales*, trad. de E. Verdera y L.Suárez-Llanos, Barcelona, Bosch, 1978, pp. 319-320, que diferencia en todos los bienes inmateriales una entidad protegida por el Derecho – *corpus mysticum* – y un soporte material físico – *corpus mechanicum*.

91. A. Vazquez Del Rey, "Convenios de doble imposición y rentas derivadas de programas de ordenador", *Derecho Tributario e Informática*, pp. 113-114.

92. C. Garbarini, "La disciplina fiscale del commercio elettronico: principi ispiratori, problematiche applicative e prospettive di siviluppo", *Diritto e Pratica Tributaria*, p. 1.217. Por su parte, señala A. Vazquez Del Rey, "de cualquier forma, con independencia de su origen legal o contractual, resulta evidente que la reproducción del programa en el disco duro o en la memoria RAM constituye un requisito esencial para la utilización del programa ("Convenios de doble imposición y rentas derivadas de programas de ordenador", *Derecho Tributario e Informática*, p. 107).

93. A. De Juan Ledesma, "Internet y nuevas tecnologías en telecomunicaciones: nuevos retos de la fiscalidad internacional", *Impuestos*, II, p. 1.206.

doble imposición para incluir los programas de ordenador y la información y productos en general suministrados en formato electrónico. En relación con ello, su Comité de Asuntos Fiscales elaboró, con ocasión de la Conferencia de Ottawa, un *dossier* cuya finalidad era realizar propuestas para modificar los §§ 12 a 17 de los *Comentarios* al art. 12 del Modelo de Convenio OCDE, relativo a los *royalties*.[94] Estas propuestas se hicieron realidad en febrero/2000, para introducir un nuevo § 12, 2, en el que se aclara el criterio a seguir para concretar la tipología de las rentas derivadas de las cesiones de *software*.[95]

A partir de esta modificación de los *Comentarios al Modelo de Convenio OCDE* se introduce una diferenciación aparentemente clara; estaremos ante "cánones" cuando la adquisición del programa suponga obtener el derecho a *usar* los derechos de propiedad intelectual de carácter económico, manteniendo el cedente su propiedad, en los términos similares a los que también se manifiesta la Propuesta de Directiva del Consejo CEE relativa a un régimen fiscal común aplicable a los intereses y cánones efectuados entre sociedades asociadas de diferentes Estados-miembros,[96] según la cual los pagos relativos a la cesión de *software* son cánones si se transfiere cualquier cosa, "menos la plena propiedad del *software*".[97] Así, en el supuesto en que se adquiera el derecho (licencia) a reproducir y distribuir *software* que incorpore el programa protegido o a "modificar y exhibir públicamente el programa",[98] se estará pagando por usar derechos de propiedad intelectual, esto es, por facultades que, de no haber mediado cesión, sólo podría utilizar el titular del derecho de propiedad intelectual.

También estaremos ante *cánones* cuando lo que se transmita al comprador sea información sobre lenguajes de programación, que pueda equipararse al *know-how*, puesto que lo que se está retribuyendo realmente es el derecho a utilizar "información (fórmulas, algoritmos, técnicas, procesos ...) relativa a experiencias de carácter industrial, comercial o científico". El *know-how*, definido en los *Comentarios al Modelo de Convenio OCDE* como "conjunto no divulgado de informaciones técnicas (...) necesarias para la reproducción industrial", tiene un tratamiento similar a la transferencia de tecnología y los ingresos derivados del mismo se califican como "cánones".[99]

94. F. M. Giuliani, "L'interpretazione delle convenzioni internazionali contro le doppie imposizioni sui redditi", en V. Uckmar (coord.), *Corso di Diritto Tributario Internazionale*, Pádua, CEDAM, 1999, pp. 296-299. Para este autor, la decisión de intervenir sobre los *Comentarios al Modelo* vino impulsada por la necesidad de lograr la inmediata aplicabilidad de tales modificaciones en todos los tratados de doble imposición vigentes.

95. El texto original de este nuevo parágrafo es el siguiente: "The character of payments received in transactions involving the transfer of computer software depends on the nature of the rights that the transfere acquires under the particular arrangement regarding the use and explotation of the program (...)".

96. Presentada a la Comisión el 6.3.1998; COM (1998)67 final – 98/0087 (CNS). Se puede consultar en *http://europa.eu.int/eur-lex/es/com/dat/1998/es_598PC0067.html.*

97. Estamos ante el llamado *software house*. La Ley Española de Propiedad Intelectual, aprobada por R. Decreto Legislativo 1/1996, de 12 de abril, incluye entre las obras objeto de protección "los programas de ordenador" – art. 10, 1). La Sección 2ª del Capítulo III de la ley, al referirse al contenido de del derecho a la propiedad intelectual, incluye los derechos de explotación que abarcan los derechos de participación económica y remuneración por copia privada. Lo obtenido por estas retribuciones es un "cánon", en opinión que en España ha ratificado la DGT en Consulta de 22.7.1998. Los rendimientos catalogables como "cánones", que tributan en España según las reglas de los arts. 23, 24 y 25 de la Ley del IRPF de No-Residentes, incluyen lo obtenido por la cesión del uso del programa, pero no los rendimientos de la venta de aplicaciones que incorporan el *software*.

98. R. Casero Barron, "El comercio electrónico y la tributación internacional", *Informática y Derecho Tributario*, p. 80.

99. V. en el ordenamiento interno español la Ley 41/1998, del Impuesto sobre la Renta de los No-Residentes, que, en sus arts. 23, 24 y 25, sujeta a la asistencia técnica que abarca transferencia de tecnología al régimen de los cánones, y, por tanto, a la tributación ordinaria de las rentas obtenidas sin mediación de establecimiento permanente (A. Vazquez Del Rey, "Convenios de doble imposición y rentas

Por el contrario, se tratará de una mera compra, que para el vendedor reportará ingresos ordinarios referidos a su actividad económica, cuando el objeto de la cesión sea el uso personal de un determinado *software*, lo que tendrá lugar a través de una mera adquisición de una copia del mismo. Incluso cuando la adquisición del *software* o cualquier otro producto digital lo sea por un determinado período de tiempo, transcurrido el cual todas las copias del producto devengan inutilizables.[100]

Esta será la situación más normal en el supuesto de adquisición de programas a través de la red; el usuario copía el programa en el disco duro de su ordenador siendo a estos efectos irrelevante que tal uso sea haya adquirido por vía electrónica o que el producto incorporado al *hardware* del adquirente pueda ser reproducido o modificado. Esta última circunstancia no es más que una peculiaridad vinculada al modo de adquisición del producto informático, pero no supone que se esté haciendo uso de ningún derecho de propiedad intelectual. Estas copias, que normalmente se contemplan en los contratos de cesión de este tipo de productos informáticos ("licencias de sitio"), tendrán como única finalidad hacer operativo el programa en el marco de la actividad del adquirente, por lo que las rentas obtenidas por el suministrador de *software* serán de una actividad comercial y se gravarán en el Estado donde éste resida.

También se estará retribuyendo una actividad económica (en este caso, una prestación de servicios) en aquellos casos en los cuales el suministrador de *software*, titular de unos conocimientos que podrían calificarse como *know-how*, elabora un producto informático adecuado a las necesidades del cliente, quien a través de la red le encarga tal elaboración. En este caso se aplicará el mismo criterio de localización que en el caso anterior.

Otros supuestos más polémicos han generado cierto debate como la prestación *on line* de servicios accesorios de actualización que se suministran a todos los adquirentes de un determinado producto informático. El Grupo de Trabajo denominado *Technical Advisory Group on Treaty Characterisation of Electronic Commerce Payments*, que ha elaborado un informe en el año 2000 por encargo del Comité de Asuntos Fiscales de la OCDE,[101] calificaba estos rendimientos como *royalties*, aunque la opinión prevalente en la doctrina es que en este caso se trata de rendimientos de actividades empresariales, pues prestar los servicios auxiliares de actualización vía *on line* a todos los adquirentes de *software* forma parte de la actividad de las empresas que venden en la red estos productos informáticos.[102]

También deben considerarse prestaciones de servicios, que quedarían sometidas a los principios reflejados en el art. 7 del Modelo OCDE – y, por tanto, tributarían en el Estado de residencia del prestador, salvo que se aprecie la existencia de un establecimiento permanente o una "presencia relevante" en el Estado donde venden sus bienes o prestan sus servicios –, diversos servicios que pueden prestarse *on line*. Destacamos, someramente, los servicios de asistencia técnica *on line* prestados a clientes o suscriptores, a través de los cuales se envía a través de Internet documentación técnica o se ponen los medios para hacer frente a diversas contingencias sobre el funcionamiento de estos productos previamente vendidos, sin que estos servicios puedan considerarse *know-how*. También los rendimientos *application hosting*, en los

derivadas de programas de ordenador", *Derecho Tributario e Informática*, p. 108).

100. V. al respecto de la polémica en este caso C. Garbarini, "La disciplina fiscale del commercio elettronico: principi ispiratori, problematiche applicative e prospettive di siviluppo", *Diritto e Pratica Tributaria*, p. 1.223.

101. *Treaty Characterisation Issues arising from Electronic Commerce*, de 1.9.2000.

102. C. Garbarini, "La disciplina fiscale del commercio elettronico: principi ispiratori, problematiche applicative e prospettive di siviluppo", *Diritto e Pratica Tributaria*, p. 1.221.

cuales el cliente adquiere el derecho a acceder a uno o más programas de *software house*, siendo el objeto del contrato la obtención de una clave o trámite de acceso. Los contratos *appplication service provider*, en los que se pone a disposición del cliente el acceso a un *software* memorizado, que no tiene autorización a copiar ni a usar para finalidades distintas a las estipuladas en el contrato. O, por último, los contratos de servicio *web site hosting*, en los que el proveedor ofrece espacio para que el cliente puede fijar su *web*, cuyos ingresos son siempre rendimientos empresariales del proveedor. Lo mismo cabría decir con relación a los servicios *data warehousing* (el proveedor facilita al cliente espacio en un servidor para memorizar información) o *data retrieval* (se pone a disposición del cliente un banco de datos). Tampoco en el supuesto de servicios de *data retrieval* o puesta a disposición de bancos de datos, aun en el caso de que los datos ofrecidos fuesen de un valor elevado, cabría entender que nos encontramos ante un supuesto de *know-how* equiparable a los cánones. Los datos ofertados difícilmente encajarían en las características que los conocimientos deben tener para equivaler a un verdadero *know-how*.

Si no cabe ninguna vacilación respecto a que en estos casos nos encontramos ante retribuciones de actividades empresariales, la sombra de la duda la ha sembrado el art. 12, 2, del Modelo de Convenio OCDE en su redacción de 1977 con su definición amplísima de *canon*, que todavía subsiste en convenios bilaterales de doble imposición y también en la Propuesta de Directiva del Consejo CEE sobre régimen fiscal de intereses y cánones. Esta definición de *canon* incluye las remuneraciones por la cesión de derechos de uso de "equipos industriales, comerciales o científicos". Y cabría la posibilidad de que alguno de los contratos expuestos pudieran incluirse en esta dicción de la norma. La modificación que tiene lugar en el año 1992 lleva a entender que los ingresos por estas cesiones tienen la condición de beneficios empresariales, subsumibles en las reglas del art. 7 del Modelo de Convenio OCDE, ya que estos ingresos se obtienen habitualmente en el marco de una actividad empresarial, lo cual tendrá gran importancia cuando los Estados compartan el derecho a gravar los cánones y permitan, vía convenio internacional, hacerlo al Estado de la fuente.[103]

Por último, diversos ingresos derivados de servicios ofertados por empresas que operan en la red, en cuanto tales servicios (publicidad en la red, servicios de consulta *on line*, accesos a portales comerciales o de entretenimiento, transmisión de radiotelevisión en tiempo real ...), generan, sin lugar a dudas, rendimientos de actividades empresariales para el perceptor.

6.1.3 Precios de transferencia

Las ventas de bienes y prestaciones de servicios a través de la red, y en general el uso de las nuevas tecnologías en las transacciones comerciales, conlleva también novedades sustanciales respecto a otras cuestiones. Es el caso, por ejemplo, de la transparencia fiscal internacional (*Controlled Foreing Corporation*), que deberá ser objeto de una profunda reforma.[104] Y también, como ha manifestado Owens, Presidente del Comité de Asuntos Fiscales de la OCDE, pueden llegar a ponerse en duda los sistemas o métodos tradicionales de determinación de los precios de transferencia.[105]

103. V. J. M. Farre Español, *La Doble Imposición, Modelo OCDE 1992*, Barcelona, Einia, 1994, p. 224.

104. El mecanismo habitual de diferir impuestos y trasladar la base imponible, mediante la interposición de sociedades en territorios de baja tributación, que se afronta con la solución – recogida en el art. 75 de la Ley 40/1998 reguladora del IRPF – de imputar las rentas de la sociedad no-residente en el impuesto personal sobre la renta de la persona física socio mayoritario de la misma, podrá eludirse con la realización de la actividad comercial de la sociedad a través de servidores localizados en paraísos fiscales. Ello obligará a un profundo replanteamiento de la transparencia fiscal internacional.

105. V. al respecto R. Casero Barron, "El comercio electrónico y la tributación internacional", *Informática y Derecho Tributario*, p. 83. La opinión

En efecto, en el tratamiento que hemos dispensado hasta ahora a la espinosa cuestión relativa a los establecimientos permanentes hemos simplemente apuntado uno de los problemas de mayor calado que los mismos plantean, que es el de la imputación de rentas a tales establecimientos, problema que se reproduce cuando se quiere configurar como tal *establecimiento permanente* a un servidor o a un sitio *web*. En lo relativo a esta cuestión, uno de los temas más controvertidos es, sin lugar a dudas, el de los precios de transferencia, pues esta imputación de rendimientos debe llevarse a cabo atendiendo a los criterios relativos a los mismos. Así se pronuncia el art. 9 del Modelo de Convenio OCDE, fijando como pauta para establecer los precios de transferencia el principio de libre concurrencia (*arm's length*), según el cual en las transacciones entre empresas debe regir un precio que sería el que tendría lugar entre entidades independientes y para transacciones idénticas o similares, efectuadas en un mercado de libre concurrencia. Los métodos de valoración propuestos por la OCDE, en su Informe de julio de 1995, que actualiza la *Guía sobre Precios de Transferencia*[106] (que son los que, sustancialmente, se recogen en el art. 16, 3, de la Ley Española 43/1995, del impuesto sobre sociedades[107]) son fundamentalmente los de "precio comparable" de mercado – *comparable uncontrolled price method*. Este es el método preferido por la OCDE, puesto que es el que mejor encarna el principio de libre concurrencia, aunque la propia Organización internacional reconoce sus dificultades, especialmente a la hora de llevar a cabo las comparaciones. De ahí la necesidad de precisar y mejorar el método de comparación, y de tener en cuenta las diferencias entre las empresas comparadas que puedan afectar al precio final – como el posicionamiento en el mercado y la eficiencia en general –, para, de esta manera, practicar los ajustes correspondientes. Como consecuencia de ello, la posición de la OCDE puede ser calificada como de "compromiso". Junto el método comparable, que preserva mejor que ningún otro la regla de la libre concurrencia, se abre la posibilidad de acudir a otros métodos, como el coste incrementado (*cost plus method*) o el precio de venta (*resale price method*), que deberían aplicarse de modo subsidiario y respetando la regla de la libre concurrencia.

Junto a estos métodos que descansan en las transacciones, la OCDE ha introducido los métodos de distribución de beneficio (*profit split method*). Estos últimos son resultado del recurso a los métodos de distribución del beneficio, impulsado por Estados Unidos, y del convencimiento acerca de la insuficiencia de los otros métodos para tratar todos los casos posibles que en la realidad pueden darse, "porque, los mismos, descansan de un modo sustancial sobre la similitud de las transacciones".[108] En cualquier caso, la OCDE rechaza aquellos métodos basados "en fórmulas de distribución de los beneficios entre sociedades del grupo en función de reglas preestablecidas" (regla de "asignaciones formularias" o *global formulary apportionment*). Y ello porque son métodos que, en la práctica, no tienen en cuenta el régimen del valor normal de mercado y, por tanto, se alejan del principio de libre concurrencia.[109]

de J. Owens puede verse reflejada en "La tributación de las empresas multinacionales", *Cuadernos de Formación, Escuela de Hacienda Pública* 30, 1995. También, J Owens y F. M. Horner, "Tax and the web: new tecchnology, old problems", *IBFD Bulletin*, noviembre-diciembre/1996.

106. M. A. Avestany Manzanedo, "Los precios de transferencia en la nueva Ley del Impuesto sobre Sociedades, desde las perspectiva de las directrices de la OCDE de julio de 1995", *Carta Tributaria* 245/3, 1996.

107. Así, J. I. Moreno Fernandez, *La Tributación de las Operaciones Vinculadas*, Pamplona, Aranzadi Editorial, 1999, p. 67.

108. R. Casero Barron, "El comercio electrónico y la tributación internacional", *Informática y Derecho Tributario*, p. 84.

109. M. A. Avestany Manzanedo, "Los precios de transferencia en la nueva Ley del Impuesto sobre Sociedades, desde las perspectiva de las directrices de la OCDE de julio de 1995", *Carta Tributaria* 245/3. De hecho, y como recuerda R. Casero Barron, "los

Planteadas así las cosas, la aparición de operaciones vinculadas a través de Internet, especialmente como consecuencia del uso creciente de las *intranets* o redes privadas entre las sociedades del mismo grupo[110] para el traslado de beneficios en empresas multinacionales y los consiguientes trasvases de valor por medio de las mismas. Las *intranets*, como reconoce el *Informe sobre el Impacto del Comercio Electrónico en la Fiscalidad Española*,[111] producen una confusión entre las operaciones realizadas, la titularidad de los medios utilizados para realizarlas y los gastos en que se haya incurrido.

Pero el gran problema de la determinación del valor en las operaciones vinculadas es la dificultad creciente de implementar análisis de comparación fiables.[112] Si la fijación de un precio de mercado, con el que poder comparar el posible precio de transferencia, es complicada, por no existir, respecto a determinadas transacciones, un mercado claramente definido, este problema se agudiza extraordinariamente en relación con las operaciones que tienen lugar a través de la red. Por un lado, estas operaciones consisten en productos altamente especializados, bienes inmateriales de carácter exclusivo o servicios personalizados que hacen muy difícil, por no decir imposible, encontrar una transacción llevada a cabo por terceras personas de la que exista suficiente información disponible, con el fin de compararla con la realizada por medios electrónicos. Además, como recuerda R. Casero Barron, si las transacciones tienen lugar en el marco de redes privadas, son además difíciles de perseguir e identificar.[113]

Por ello, el futuro de los precios de transferencia plantea, con la irrupción de Internet, una serie de interrogantes, que, podemos pronosticar, permanecerán abiertas largo tiempo. Por un lado, se abrirá la brecha que está llevando a cuestionar los métodos basados en la transacción y en la comparación, que constituyen la esencia del principio de libre concurrencia. Por ello, es de esperar que de la mano de la aparición de precios de transferencia como consecuencia de operaciones en la red se aviven las propuestas favorables a los métodos de distribución de beneficio, e incluso a fórmulas fundadas en reglas preestablecidas. Solución que tiene muchos detractores, por lo que supone de superación del principio de libre concurrencia y por la dificultad práctica de evaluar cuestiones como los datos de filiales cuando carezcan de un sistema contable común o de ajustar los gastos a la operación correspondiente.

Como alternativa a los métodos basados en la transacción aislada, y dada la dificultad de individualizar las transacciones por medio de la red, por su velocidad y composición, cabría la agregación de transacciones "íntimamente conectadas o que suponen una solución de continuidad", atendiendo a las reglas de agregación del Capítulo I de las Directrices de la OCDE de 1995.[114]

métodos basados en el beneficio han sido ampliamente criticados en un contexto donde rige el principio de libre concurrencia", añadiendo que "los oponentes han alegado que los Estados que usan estos métodos pueden llegar a reclamar una proporción excesiva de la base imponible correspondiente a las operaciones fronterizas" ("El comercio electrónico y la tributación internacional", *Informática y Derecho Tributario*, p. 85).

110. Cuya utilización generalizada en el seno de empresas multinacionales es calificada por A. De Juan Ledesma como "solapada y silenciosa revolución" ("Internet y nuevas tecnologías en telecomunicaciones: nuevos retos de la fiscalidad internacional", *Impuestos*, II, p. 1.025).

111. *Informe sobre el Impacto del Comercio Electrónico en la Fiscalidad Española*, p. 432.

112. Situación ésta reconocida en España, por el TEAC, en resolución del 25.10.1995 (*JT* 1995/1.584), donde se dice "que la fijación de un precio de mercado, con el que poder comparar el posible precio de transferencia, es difícil dado que, a veces, las transacciones entre sociedades vinculadas son tan peculiares que no existe un mercado claramente definido de las mismas en el ámbito de las empresas independientes (...)".

113. "El comercio electrónico y la tributación internacional", *Informática y Derecho Tributario*, p. 87.

114. A. De Juan Ledesma, "Internet y nuevas tecnologías en telecomunicaciones: nuevos retos de

Por otro lado, es de esperar, como señala el *Informe sobre el Impacto del Comercio Electrónico en la Fiscalidad Española,*[115] una vigorización de los sistemas de acuerdos previos (*advance pricing arrangements*) "que determinen cuál debe ser la distribución intragrupo de los beneficios, de forma que se establezca un volumen de base imponible razonable en función de la actividad realizada en cada territorio y el beneficio con ello obtenido, basándose en los precios que se hubieran practicado entre partes independientes".[116]

6.2 La imposición indirecta

Al tratar la fiscalidad indirecta en relación con el comercio electrónico, es imprescindible referirse al régimen del IVA, tributo indirecto por naturaleza, y que, por su requisito de generalidad, recae sobre todas las entregas de bienes y prestaciones de servicios realizadas por empresarios o profesionales, que en la actualidad pueden, en buena medida, llevarse a cabo a través de la red.

Como ya hemos señalado, las transacciones a través de la red pueden referirse a bienes materiales, en cuyo caso Internet es un simple medio de comunicación para relacionar comercialmente a un empresario con otro sujeto, que puede ser un consumidor final. O puede tratarse de transacciones *on line*, respecto a las cuales la red no será solo una vía de comunicación sino el instrumento para que determinados bienes, ofertados tradicionalmente en formato convencional, pasen a ser vendidos en formato digital.

Frente a este tipo de transacciones, y, en especial, las que forman parte del comercio *on line*, la norma armonizadora del IVA vigente en la actualidad, la Directiva 77/388/CEE, de 17.5.1977 (Sexta Directiva), se revela claramente inadecuada. Téngase en cuenta, además, que el IVA se encuentra en la actualidad en una fase de clara evolución, como consecuencia del denominado "régimen transitorio", que se implantó a través de la Directiva 91/680/CEE, del Consejo, de 16.12.1991, régimen transitorio que estaba destinado a aplicarse entre el 1.1.1993 hasta el 31.12.1996.[117] El incumplimiento de los plazos para la entrada en vigor del sistema definitivo – que, en sustancia, consistiría en la tributación en "origen" – dio lugar a la presentación del Programa para el Mercado Unico, COM 96 (328), denominado *Programa Monti*, presentado por la Comisión el 22.7.1996. Pues bien, el propio *Programa Monti* propone, para la tercera fase de su calendario, determinadas vías de modernización del impuesto. Algunas de estas líneas de modernización, como señala J. Calero Gallego, deben "dar respuesta a las nuevas condiciones en que pueden desenvolver su actividad los operadores económicos como consecuencia de los avances tecnológicos",[118] poniéndose como ejemplo la Decisión del Consejo de 17.3.1997, y la posterior Directiva de 17.6.1999 (n. 1999/59/CE), que modifica el art. 9 de la Sexta Directiva, para localizar los servicios de telecomunicaciones en la sede del destinatario cuando tales servicios se presten a un empresario ubicado en un Estado distinto al del prestador o a un empresario o consumidor final no comunitario.

la fiscalidad internacional", *Impuestos*, II, p. 1206. Sin olvidar las propuestas de un "sistema de tributación único con un solo punto de sujeción a imposición que sería el país de residencia del vendedor.

115. Informe sobre el Impacto del Comercio Electrónico en la Fiscalidad española, op. cit., pag. 432.

116. *Informe sobre el Impacto del Comercio Electrónico en la Fiscalidad Española*, p 432. Sobre los *advance pricing arrangements*, v. F. Serrano Anton, *La Terminación Convencional de Procedimientos Tributarios y Otras Técnicas Transaccionales*, Monografías AEDAF, 1996, p. 93.

117. Las modificaciones más importantes en materia de IVA tienen su origen en el *Libro Blanco* de 1985, que preveía la eliminación de las fronteras fiscales el 1.1.1993, fecha que se reflejó, sin eficacia vinculante, en el *Acta Única* de 1987.

118. "El Programa Monti", *A Fiscalidade na União Européia. Presente e Futuro, I Congresso Internacional de Dereito Fiscal*, Porto, Fundação Fernando Pessoa, 2000, p. 21.

Pero existen otras iniciativas de la CEE directamente destinadas a adaptar el IVA a las necesidades de la *Sociedad de la Información*, que ya hemos citado. Así la declaración resultado de la Conferencia Ministerial Europea de Bonn de julio/1997, donde se propuso una fiscalidad no-discriminatoria en lo relativo a las transacciones a través de la red y el Acuerdo, entre la Unión Europea y Estados Unidos, celebrado en Washington en 1997, que menciona los principios de la tributación indirecta de operaciones a través de Internet: claridad, consistencia, neutralidad y no-discriminación.

Sin embargo, y como también hemos dicho, los textos más importantes son, en primer lugar, la Comunicación de la Comisión al Consejo, al Parlamento y al Comité Económico y Social, *Comercio Electrónico y Fiscalidad Indirecta* (Com 98/374), de 17.6.1998,[119] y en segundo lugar la Propuesta de Directiva del Consejo por la que se modifica la Directiva 77/388/CEE (Sexta Directiva), respecto al régimen del impuesto sobre el valor añadido aplicable a algunos servicios prestados por vía electrónica.

En la Comunicación, la Comisión define los principios de seguridad jurídica, simplicidad y neutralidad como claves para adaptar el IVA a la tributación de las operaciones en la red.[120] Y, en concreto, establece dos directrices fundamentales: la ausencia de nuevos impuestos y la consideración de las transmisiones electrónicas como prestaciones de servicios y no como entregas de bienes.

Respecto a la primera de estas Directrices, nos encontramos ante una concreción del principio de neutralidad. La neutralidad es uno de los principios informadores del IVA, que se traduce en la necesidad de que la regulación del impuesto no provoque distorsiones a la competencia. Por ello, las transmisiones de bienes o servicios a través de la red deben sujetarse a los mismos impuestos indirectos – en especial, el IVA – que los que se aplican a las entregas y servicios prestados por medios tradicionales, lo que supone no introducir un factor de discriminación a través de la implementación de impuestos específicos. De esta manera, la Comisión rechaza de plano la posibilidad de un tributo del tipo del *bit-tax*, al cual ya nos hemos referido, y respecto al cual ya hemos manifestado nuestra reprobación.

La opción europea por sujetar al IVA las ventas a través de Internet permite hablar de un modelo europeo de fiscalidad indirecta de las operaciones en la red, opuesto al modelo norteamericano. Serían sus características la aplicación de un impuesto plurifásico que grava el consumo sobre la base del valor añadido (frente a la tributación monofásica norteamericana, lo que permite al modelo europeo aplicar alícuotas nominales más bajas) y la tributación de las operaciones de comercio electrónico a través de los mismos instrumentos fiscales que las ventas convencionales.

En segundo lugar, la Comisión ha partido de la premisa de considerar las entregas de productos digitalizados a través de la red como prestaciones de servicios. Ello significa que la atención, en lo relativo a la fiscalidad indirecta en la red, se va a centrar en las ventas *on line*, esto es, productos y servicios distribuidos en formato digital a través de Internet, y sin que exista desplazamiento físico de bienes materiales.

Por tanto, cuando a través de Internet se concierten ventas *off line* (el llamado *comercio electrónico indirecto*) de bienes con sustrato físico que posteriormente serán enviados y transportados por canales ordinarios como el Correo o servicios de mensajería, en principio, la normativa vigente en relación con el IVA es perfectamente aplicable. Si la operación *off line* se lleva a cabo entre residentes en el territorio de un Estado-miembro, estaremos ante una entrega de bienes ordinaria. Si la operación concerta-

119. Se puede consultar en *http://europa.eu.int/comm/dgs/taxation customs*.

120. La "neutralidad" como característica del IVA ya había sido destacada por el TJCE, sentencia "Coffeeshop Siberie", C-158/1998, de 29.6.1999.

da a través de Internet da lugar a un envío realizado por un operador comunitario a un consumidor residente en otro Estado comunitario, será aplicable el régimen de ventas a distancia o por catálogo, regulado en el art. 68, 3, de la Ley Española del IVA. Este régimen determina la tributación en origen hasta un volumen total de ventas efectuadas por el empresario vendedor en el Estado de destino – 4.550.000 Pesetas. – y la tributación en destino a partir de esa cantidad. Por tanto, tributarán en España las ventas a distancia por Internet a través de comercio electrónico indirecto, efectuadas por un empresario residente en otro Estado comunitario, cuando el volumen de las efectuadas en el año precedente sobrepase las 4.550.000 Pesetas El empresario residente en otro Estado de la Unión Europea tendrá la obligación de nombrar un representante en España, que atienda al cumplimiento de sus obligaciones tributarias. Al tiempo, las ventas *on line*, efectuadas por un empresario desde España, sólo tributarán en origen en la medida en que durante el año precedente o a lo largo del año en curso no se sobrepase ese volumen de ventas. En este caso, el art. 68, 4, de la Ley del IVA permite optar por la tributación en destino, debiendo en tal caso nombrar un representante. Por último, si la compra a través de Internet de un bien con soporte físico se efectúa a un vendedor radicado en un Estado no-comunitario, nos encontraremos ante una importación realizada por un consumidor, tributando como tal en el país de destino. Respecto a todas estas operaciones, los instrumentos normativos que regulan en la actualidad el IVA son suficientes, debiendo, todo lo más, mejorar aspectos de la gestión, por ejemplo, en lo relativo a los servicios aduaneros, ante el previsible incremento de importaciones desde países no-comunitarios por parte de consumidores finales.

Todo ello reduce el núcleo de las futuras adaptaciones del IVA para afrontar la fiscalidad del comercio electrónico a la tributación de las ventas de productos suministrados en formato digital, sobre todo aquellos que pueden ser ofertados alternativamente en soporte físico. Para la Comisión, y para el art. 6 de la Directiva de 1999, estas operaciones constituyen prestaciones de servicios, y no entregas de bienes, lo que va a suponer importantes consecuencias. Entre éstas, destacaremos las relativas al tipo de gravamen aplicable y a la localización del hecho imponible.

Respecto a los tipos de gravamen, el considerar la venta de un producto en formato digital como prestación de servicios puede suponer introducir un factor de discriminación importante en cuanto a la alícuota a aplicar, en relación con ese el gravamen de ese mismo producto suministrado en formato tradicional. Y en especial cuando, en este último caso, se aplica el tipo reducido o superreducido. El ejemplo de los libros puede ser significativo; la Ley del IVA en su art. 91, Dos, 1.2º, los sujeta al tipo superreducido del 4%. Si el suministro de obras literarias a través de Internet se considera una prestación de servicios, la regla será la aplicación del tipo normal de IVA por el Estado-miembro en el cual está registrado el prestador de servicios. En el caso español la aplicación del tipo normal del IVA del 16% (art. 90, Uno, Ley del IVA) supondría un factor de discriminación. Será, por tanto, importante tener en cuenta en que medida va a afectar a la fiscalidad del comercio electrónico la política expresa de armonización de tipos impositivos en el IVA, promovida a partir de la Directiva 97/77/CEE del Consejo, de 19.10.1992. La Propuesta de Modificación de la Sexta Directiva reconoce que "podría plantearse un problema respecto a las posibilidades de aplicar tipos diferentes a bienes y servicios claramente similares".

En cuanto a la localización del hecho imponible, la calificación de las entregas de bienes y productos digitalizados como "prestaciones de servicios" va a suponer aplicar la regla general del art. 9, 1, de la Sexta Directiva de 1977, con lo qué el hecho imponible de las ventas *on line* se localizará, en principio, en la sede del prestador. Ello va a significar que, si bien para las prestaciones a consumidores finales establecidos en la Comunidad las empresas seguirán aplicando el IVA en el Estado-miembro en que esté establecido el prestador del servicio, los problemas pueden surgir respecto a ventas *on line* por empresas establecidas fuera de la Comunidad a consumidores finales radicados en el territorio de aplicación del IVA y, viceversa, con las ventas de empresas europeas fuera del territorio de la Unión Europea.

Recordemos que antes de la Decisión del Consejo de 17.3.1997, y la posterior Directiva de 17.6.1999 (n. 1999/59/CE), que, modificó el art. 9, 2, de la Sexta Directiva, los "servicios de telecomunicaciones" planteaban similares problemas. A partir de este momento, los servicios prestados por proveedores de servicios de telecomunicaciones comunitarios se localizan en la sede del prestador cuando estén destinados a consumidores comunitarios; y cuando se destinen a empresarios comunitarios, en la sede del destinatario, con *inversión del sujeto pasivo*. En el caso de servicios a consumidores finales no-comunitarios, se localizarán donde se entiendan materialmente consumidos. Los servicios a empresarios no-comunitarios no se gravan en la Comunidad. Pero estas reglas se aplican sólo a "servicios de telecomunicaciones", y no a servicios prestados a través de Internet. De ahí que la iniciativa de la Comisión en torno a las ventas *on line* se localicen en el lugar dónde el proveedor tenga su domicilio puede suscitar los mismos problemas que, con anterioridad a la Directiva de 1999, planteaba la localización de los servicios de telecomunicaciones. Tales problemas se resumirían en el hecho de que, por un lado, cuando consumidores particulares residentes en la Unión reciban suministros de empresas radicadas fuera del ámbito comunitario no existiría tributación en la Comunidad, mientras que esas mismas prestaciones o suministros llevados a cabo por empresas comunitarias se sujetan al IVA, incluso en el supuesto de que sus destinatarios sean consumidores en Estados no-comunitarios. Situación que afectaría gravemente a la competitividad de las empresas europeas que venden en Internet, frente a las norteamericanas, donde además la difusión del comercio electrónico es mucho mayor.

Se hacía necesario rectificar esta situación. Así, la Propuesta de Modificación de la Sexta Directiva afirma en su Exposición de Motivos que hay que garantizar que los prestadores de servicios establecidos en terceros países que vendan a consumidores establecidos en la Comunidad apliquen el IVA sobre las mismas bases que un operador de la Unión Europea cuando efectúe transacciones comerciales en la Comunidad, lo que debe significar que, en estos casos, tenga que aplicarse y declararse el IVA sobre las ventas a consumidores finales establecidos en la Unión Europea. De la misma manera, hay que conseguir eximir del IVA las ventas por vía electrónica a clientes establecidos fuera de la Unión Europea.

La Propuesta para modificar la Sexta Directiva prevé lo que su Exposición de Motivos denomina la "convergencia de las tecnologías", de manera que tanto las ventas *on line* de bienes y servicios como los servicios de televisión y radiodifusión se sujeten, en concepto de "suministros efectuados por vía electrónica",[121] a las mismas reglas de localización.

Los servicios que abarca esta propuesta de Directiva, prestados a título oneroso y facilitados por vía electrónica, son las "actividades culturales, artísticas, deportivas, científicas, docentes o similares, incluidas las de los organizadores de las mismas, así como, llegado el caso, las prestaciones de

121. Tales servicios son definidos como "la transmisión enviada inicialmente y recibida en destino por medio de equipos de procesamiento (incluida la compresión numérica) y almacenamiento de datos, y enteramente transmitida, transportada y recibida por cable, radio, sistema óptico u otros medios electrónicos, incluida la difusión de televisión en el sentido de la Directiva 89/552/CEE" (art. 1 de la Propuesta, que modifica el art. 9, 1, de la Sexta Directiva). Se excluyen expresamente las entregas en soporte físico (como CD o DVD) de contenido electrónico.

los servicios accesorios propios de dichas actividades", lo que hace que se entiendan incluidas todas las formas de transmisión radiotelevisiva, *web*-TV, *pay-per-view*, TV digital, así como cualquier otro sonido o imagen transmitido por vía electrónica. Ello abarca también el *software*, como los juegos concebidos para ordenadores, todo tipo de servicio de tratamiento de datos – servicios *web hosting* – y el suministro de información. Incluso cuando el *software* responda a las características de "*software* standarizado", que desde la perspectiva de la imposición directa da lugar a la venta de un bien y no a la prestación de un servicio.[122] Deben sujetarse a IVA también las *fórmulas prepago*, concertadas con una empresa que opera a través de la red, para obtener bienes o servicios exclusivos de esa empresa, como los abonos o los monederos electrónicos – *smart card* –, cuya única finalidad es ser empleados para pagar bienes o servicios suministrados por la empresa que los vende.

Las reglas de localización a que se sujetan estos servicios son, en lo sustancial, idénticas a las que desde 1999 (a nivel interno en España, desde el Decreto-ley 14/1997, de 29 de agosto, y la Ley 8/1998) rigen para los servicios de telecomunicaciones: lugar en que el adquirente haya establecido la sede de su actividad empresarial o en el que tenga un establecimiento permanente para el que se haya efectuado la prestación de servicios o, en su defecto, el lugar de su domicilio o residencia. La excepción será la prestación de servicios *on line* a favor de consumidores finales radicados en el territorio de la Comunidad cuando el proveedor se encuentre también establecido en la Comunidad, en cuyo caso se aplica la regla general del art. 9, 1, de la Sexta Directiva; el hecho imponible se localiza en el lugar donde el prestador haya establecido la sede de su actividad económica o en el que tenga un establecimiento permanente.[123]

La aplicación de estos principios va a suponer exigir el IVA a los destinatarios de servicios *on line*, llevados a cabo por proveedores establecidos en terceros países, lo que supondrá algunas dificultades importantes cuando tal destinatario sea un consumidor final.[124] Dificultades ligadas a los muchos problemas que plantea exigir el tributo en destino a un consumidor final cuando el prestador reside en otro Estado y no puede, por tanto, funcionar el mecanismo ordinario de la "repercusión" con el correspondiente ingreso del impuesto por el vendedor o prestador, ni la vía alternativa de la "autorrepercusión" o "inversión del sujeto pasivo". La Propuesta de Directiva pretende reforzar los mecanismos de responsabilidad de los operadores, previstos en el art. 21, 1, "a", de la Sexta Directiva, al que se añade un nuevo párrafo. La finalidad de estas disposiciones es imponer un conjunto de obligaciones al prestador registrado, basadas en una obligación genérica de diligencia, y que, en suma, consisten en comprobar que el comprador es un sujeto pasivo establecido en la Comunidad, a través fundamentalmente de la verificación del número de identificación a efectos de IVA,[125] y de los datos que puedan suministrarle

122. C. Garbarini, "La disciplina fiscale del commercio elettronico: principi ispiratori, problematiche applicative e prospettive di siviluppo", *Diritto e Pratica Tributaria*, p. 1.273.

123. En este caso, la localización del servicio será en el Estado-miembro donde el prestador esté localizado. Las disposiciones son las fijadas por los Estados de acuerdo con lo dispuesto en el art. 22, 1, "c", de la Sexta Directiva. La Propuesta de Modificación añade un nueva letra "f" al art. 22, 1, para los prestadores de servicios establecidos fuera de la Comunidad.

124. Señala al respecto A. Lopez Diaz que la Comisión parece inclinarse por un criterio de "territorialidad, que toma como punto de conexión para el gravamen de estas operaciones de comercio electrónico al residencia del destinatario" ("Fiscalidad del comercio electrónico: principios del derecho comunitario", *Informática y Derecho Tributario*, p. 260).

125. En la actualidad, el actual art. 6 del Reglamento CEE 218/1992 ya permite a los Estados-miembros confirmar el número de identificación fiscal de personas específicas, pero sólo en el ámbito subjetivo de las entregas intracomunitarias de bienes,

cualquier fuente independiente o las Administraciones Fiscales, que, según la Propuesta de Modificación, vendrán obligadas a poner a disposición de los operadores los elementos necesarios para identificar el estatuto de sus clientes. Como señala la Exposición de Motivos de la Propuesta de Modificación, "cuando se cumplen estas condiciones, el prestador de servicios queda libre de responsabilidad fiscal respecto de la transacción en cuestión y la responsabilidad se transmite entonces al comprador".

En cualquier caso, la efectiva aplicación del IVA con relación a las operaciones a través de Internet dependerá de la efectividad del control de tales operaciones en un medio, como la red, especialmente proclive a la ocultación de operaciones económicas a través del uso de técnicas de criptografía o la utilización de medios de pago electrónicos, lo que crea condiciones para el fraude fiscal. Para lograr la eficaz aplicación del IVA respecto a estos servicios ofertados a través de Internet, se prevé el reforzamiento de los mecanismos de control sobre los prestadores establecidos fuera de la Comunidad y que suministren sus servicios en el territorio de la Unión Europea. La modificación de la Directiva prevé unas obligaciones administrativas presididas por el principio de simplicidad, con la creación de un registro en el que se incluirán los operadores que destinen sus actividades a consumidores finales, pero sólo a partir de un determinado volumen de operaciones. Dicho volumen es fijado por el nuevo art. 24, 2, *bis*, introducido por la Propuesta de Modificación de la Sexta Directiva, en 100.000 Euros anuales.[126] Las obligaciones de registro para los operadores con un volumen de operaciones superior a esta cantidad podrán llevarse a cabo ante la Administración Fiscal de un único Estado. De esta manera se podrá cumplir con todas las obligaciones en cuanto al IVA de la Unión Europea ante una única Administración Fiscal. La idea – que será revisada por la Comisión a más tardar a finales del 2003 – es que la identificación a efectos del IVA en un Estado-miembro tenga la consideración de *establecimiento permanente* a efectos del IVA en las ventas a través de Internet. Pero quizás sean necesarios mecanismos adicionales de control, como el que debe recaer sobre las entidades emisoras de medios de pago electrónicos – como ya había propuesto el Comité de Asuntos Fiscales de la OCDE en la Conferencia de Ottawa – y la profundización en el sistema de control a través de la emisión de facturas telemáticas, como hace la Ley Española del IVA en su art. 88, Dos, y en la OM de 22.3.1996.

Así, pues, y concluyendo, las Propuestas de Modificación de la Sexta Directiva del IVA llevan, en primer lugar, a un nuevo concepto de *establecimiento permanente*, sobre la base de un operador no establecido en el territorio de aplicación del impuesto, pero registrado en el mismo a efectos de ventas electrónicas. Se trata de una innovación fundamental, que revoluciona el concepto tradicional de *establecimiento permanente*, a los meros efectos del IVA, que hasta el momento alcanzaba una de sus máximas expresiones en la ya citada sentencia "Gunther Berkholz", de 1985. Este nuevo concepto de *establecimiento permanente* que se desprende completamente de la exigencia de presencia física, y que resulta absolutamente innovador respecto a los convenios de doble imposición y de algunas normas comunitarias, como la Directiva 90/434/CEE,[127] de 23.7.1990, sólo se

calificación que no se ha asignado, como vemos, a las ventas de bienes y servicios por medios electrónicos.

126. Esta exclusión, como señala la Exposición de Motivos de la Propuesta de Modificación de la Directiva, no debe afectar a la neutralidad del IVA, ni debe tener una incidencia significativa sobre la recaudación, "(...) ya que la mayoría de los consumidores que compran en línea han demostrado una clara tendencia a tratar con operadores de alto nivel, que cuenten con un alto grado de credibilidad y confianza".

127. El art. 10, 1, de la Directiva 90/434/CEE, del Consejo, de 23.7.1990, relativa al régimen fiscal común aplicable a las fusiones, escisiones, aportacio-

tiene en cuenta respecto a los fines de la Directiva, como se encarga de aclarar la propia Propuesta de Modificación.

En segundo lugar, la implantación de un régimen de tributación en destino en función del Estado de registro para las operaciones llevadas a cabo a través de Internet por empresarios radicados fuera de la Comunidad y a favor de consumidores establecidos en la Unión Europea puede dar la sensación de una regresión en el objetivo del "IVA en origen", perfilado tanto en el *Plan Cockfield* de 7.8.1987, presentado a la Comisión en 1989, como en el *Programa Monti* de 22.7.1996.[128] La Propuesta de Modificación de la Directiva se preocupa de descartar esta regresión al decir que la consideración del registro en un Estado por parte de un empresario no establecido como una especie de *establecimiento permanente* y el gravamen de todas las operaciones de *business-to-consumer* aplicando el impuesto según la alícuota vigente en el Estado de registro constituyen una forma específica de tributación "en origen".[129] En realidad, la dialéctica entre "IVA en origen" e "IVA en destino" sólo puede referirse a operaciones entre sujetos establecidos en territorio de aplicación del impuesto. El "IVA en origen" consiste, en suma, en equiparar las operaciones entre empresarios situados en Estados-miembros distintos con las realizadas en el interior del país, y por eso en las operaciones de comercio electrónico directo entre sujetos establecidos en la Comunidad se aplica la regla de localización general para la prestación de servicios del art. 9, 1, de la Sexta Directiva, atendiendo a la sede del prestador. Las medidas que prevé la Propuesta de Modificación de la Sexta Directiva pretenden, precisamente, corregir una discriminación que favorece a empresas establecidas fuera de la Comunidad, y por tanto fuera del territorio de los Estados-miembros, por lo que la esfera de eficacia es diferente a aquélla la que se refiere el principio de "IVA en origen".

7. Conclusión

Por lo visto hasta ahora, podemos llegar a la conclusión de que la nueva realidad económica que Internet anuncia va a modificar el escenario en que surgían y se consumaban muchos de los hechos imponibles tradicionales, y va a hacerlo en una dimensión global. Los problemas que Internet genera en el ámbito de la tributación son una muestra más de la influencia de la globalización en la fiscalidad, que va a exigir una adecuación de los sistemas tributarios, para hacer frente a diversos retos. Retos que el representante brasileño en la XXXII Asamblea-General de la CIAT, sobre *Tributación en un Contexto de Globalización Económica*, celebrada en Salvador/ Bahia, en 1998, resumía de la siguiente manera: necesaria actualización tecnológica de las Administraciones Fiscales, adaptación de las legislaciones tributarias, intercambio de información, lucha contra la competencia fiscal desleal y búsqueda de la armonización tributaria.[130]

Desde el punto de vista legislativo, ello va a suponer la necesidad de algunas reformas importantes, que ya vienen siendo impulsadas desde instancias supranacionales. Así, la modificación del concepto de *establecimiento permanente*, parta basarlo no tanto en la presencia física como en la implantación económica en el mercado de otro

nes de activos y canje de acciones, prevé la aportación de un "establecimiento permanente", sobre la base de que el mismo se encuentre situado en un territorio.

128. A. Lopez Diaz señala que este régimen de tributación de las operaciones a través de Internet "(...) resulta, en principio, contrario al principio comunitario de instaurar un sistema definitivo de tributación en origen respecto a las entregas de bienes" ("Fiscalidad del comercio electrónico: principios del derecho comunitario", *Informática y Derecho Tributario*, p. 261).

129. C. Garbarini, "La disciplina fiscale del commercio elettronico: principi ispiratori, problematiche applicative e prospettive di siviluppo", *Diritto e Pratica Tributaria*, p. 1.266.

130. Las conclusiones de la XXXII Asamblea-General de la CIAT están publicadas por el Instituto de Estudios Fiscales, bajo el título *La Tributación en un Contexto de Globalización Económica*, Madrid, Instituto de Estudios Fiscales, 2000, pp. 92-98.

Estado. También, la necesidad de aclarar la calificación de las adquisiciones de *software* en la red, para, cuando no supongan cesión de derechos de propiedad intelectual, considerarlas una adquisición de bienes que genere para el vendedor rendimientos de actividades empresariales. O la implantación de los métodos de valoración de operaciones vinculadas que no se basen exclusivamente en la existencia de transacciones comparables. Por no referirnos, en el caso de España, a la futura transposición de la normativa comunitaria, como la reforma de la Sexta Directa que pretende adaptar el IVA a la realidad del comercio electrónico directo. La lentitud con que se están llevando a cabo estas reformas sólo se explica por la escasa y, por lo de ahora, tardía implantación del comercio electrónico en Europa en comparación con la situación en Estados Unidos. Lo que, sin embargo, debería llevar a los Estados europeos a preparar sus sistemas tributarios lo más rápidamente posible, para evitar que situaciones de vacío jurídico coloquen a las empresas europeas en situación de desventaja comparativa frente a las norteamericanas.

Afrontar la fiscalidad de las operaciones en Internet va a suponer un ejercicio de imaginación para lograr el adecuado equilibrio. Equilibrio, por un lado, entre la las fórmulas de control que son necesarias, en un contexto de por sí difícil de controlar como es la red, para lo qué va a resultar imprescindible un consenso internacional que permita luchar contra el surgimiento de nuevas áreas de fiscalidad privilegiada, destinadas a acoger a empresas y profesionales que operen a través de Internet.[131] Y equilibrio, por otro lado, con la exigencia imperiosa de no entorpecer el desarrollo de la economía en la red con asfixiantes controles. Y también con el irrenunciable respeto a principios de justicia tributaria, que forman parte del patrimonio político-cultural de los modernos Estados de Derecho (lo que lleva a rechazar nuevas figuras tributarias, como el *bit-tax*, que niegan o menoscaban el principio de capacidad económica). Principios a los que no hay que renunciar para consumar lo que la Exposición de Motivos de la Propuesta de Reforma de la Sexta Directiva denomina una *revisión profunda* del sistema tributario "a la vista del estado actual de desarrollo de Internet, y más concretamente, de la aparición de nuevos modelos empresariales y nuevos métodos de transacción comercial".

131. P. Forget, "La competencia tributaria", *La Tributación en un Contexto de Globalización Económica, XXXII Asamblea-General de la CIAT*, Madri, pp. 102-104.

CADERNOS DE DIREITO TRIBUTÁRIO

O SIGILO BANCÁRIO E FISCAL – ALGUMAS DIMENSÕES JURÍDICO-POLÍTICAS

MARCELO FIGUEIREDO

Professor dos Cursos de Graduação e Pós-Graduação
da Pontifícia Universidade Católica de São Paulo (PUC/SP), onde leciona
Direito Constitucional. Secretário-Geral da Comissão de Estudos Constitucionais
do Conselho Federal da Ordem dos Advogados do Brasil. Consultor Jurídico e Advogado

1. Introdução. 2. A descrição dos dispositivos invocados como inconstitucionais e os primeiros comentários: 2.1 Lei 10.174, de 9.1.2001 – 2.2 Lei Complementar 104, de 10.1.2001, que altera dispositivos da Lei 5.172, de 25.10.1966 – 2.3 Lei Complementar 105, de 10.1.2001, que dispõe sobre o sigilo das operações de instituições financeiras e dá outras providências – 2.4 Decreto 3.724, de 10.1.2001, que regulamenta o art. 6º da Lei Complementar 105, de 10.1.2001, relativamente à requisição, acesso e uso, pela Secretaria da Receita Federal, de informações referentes a operações e serviços das instituições financeiras e das entidades a elas equiparadas. 3. Síntese das questões envolvidas. 4. Os dispositivos tidos como inconstitucionais pela CNI. 5. Os dispositivos tidos como inconstitucionais pelo Partido Social Liberal. 6. As posições doutrinárias acerca do sigilo bancário e suas dimensões. 7. O sigilo bancário e a jurisprudência brasileira. 8. Algumas considerações da ciência política. A dimensão constitucional do tema. Considerações finais.

1. Introdução

Na qualidade de membro da Comissão de Estudos Constitucionais do Conselho Federal da Ordem dos Advogados do Brasil tivemos oportunidade de analisar o tema da *constitucionalidade* da legislação relacionada com o tema do *sigilo bancário* e do *sigilo fiscal*, ambos intimamente relacionados.

As normas jurídicas objeto de nossa avaliação foram as seguintes: *Lei 10.174, de 9.1.2001, Lei Complementar 104, de 10.1.2001, Lei Complementar 105, de 10.1.2001*, e *Decreto 3.724, de 10.1.2001*,[1] já questionadas perante o Supremo Tribunal Federal, a saber:

1. No Supremo Tribunal Federal é obrigatória a consulta às seguintes ações diretas de inconstitucionalidade: ADIn 1.875, rel. Min. Celso de Mello; ADIn 1.868, rel. Min. Sepúlveda Pertence; ADIn 1.579, rel. Min. Sepúlveda Pertence; ADIn 2.390-0-DF, rel. Min. Sepúlveda Pertence (reqte.: Partido Social Liberal/PSL); ADIn 2.386-1-DF, rel. Min. Ilmar Galvão (reqte.: Confederação Nacional do Comércio/CNC); ADIn 2.383-7, rel. Min. Celso de Mello (reqte.: Confederação Nacional do Comércio/CNC); ADIn 2.389-6-DF, rel. Min. Maurício Corrêa (reqte.: Partido Social Liberal/PSL).

a) *Lei 10.174, de 9.1.2001*, que altera o art. 11 da Lei 9.311, de 24.10.1996, que instituiu a contribuição provisória sobre movimentação ou transmissão de valores e de créditos e direitos de natureza financeira – CPMF;

b) *Lei Complementar 104, de 10.1.2001*, que altera dispositivos da Lei 5.172, de 25.10.1966;

c) *Lei Complementar 105, de 10.1.2001*, que dispõe sobre o sigilo das operações de instituições financeiras e dá outras providências;

d) *Decreto 3.724, de 10.1.2001*, que regulamenta o art. 6º da Lei Complementar 105/2001.

Como a matéria é muito extensa, com inúmeras remissões, útil será destacar os dispositivos tidos por inconstitucionais. É o que faremos a seguir.

2. *A descrição dos dispositivos invocados como inconstitucionais e os primeiros comentários*

2.1 Lei 10.174, de 9.1.2001

A Lei 10.174, de 9.1.2001, de um único artigo, teve por efeito alterar o art. 11 da Lei 9.311, de 24.10.1996, com a seguinte redação:

"O art. 11 da Lei n. 9.311, de 24 de outubro de 1996, passa a vigorar com as seguintes alterações:

"'Art. 11. (...).

"'§ 3º. A Secretaria da Receita Federal *resguardará*, na forma da legislação aplicável à matéria, *o sigilo das informações prestadas, facultada sua utilização para instaurar procedimento administrativo* tendente a verificar a existência de crédito tributário relativo a impostos e contribuições e para o lançamento, no âmbito do *procedimento fiscal*, do crédito tributário porventura existente, observado o disposto no art.42 da Lei n. 9.430, de 27 de dezembro de 1996.'"

A citada *Lei 9.311, de 24.10.1996*, que "institui a contribuição provisória sobre movimentação ou transmissão de valores e de créditos e direitos de natureza financeira – CPMF, e dá outras providências", em sua *redação original* assim dispunha em seu art. 11:

"Art. 11. Compete à Secretaria da Receita Federal a administração da contribuição, incluídas as atividades de tributação, fiscalização e arrecadação.

"§ 1º. No exercício das atribuições de que trata este artigo, a Secretaria da Receita Federal poderá requisitar ou proceder ao exame de documentos, livros e registros, bem como estabelecer obrigações acessórias.

"§ 2º. As instituições responsáveis pela retenção e pelo recolhimento da contribuição *prestarão* à Secretaria da Receita Federal as *informações necessárias à identificação dos contribuintes* e os valores globais das respectivas operações, nos termos, nas condições e nos prazos que vierem a ser estabelecidos pelo Ministro de Estado da Fazenda.

"§ 3º. A Secretaria da Receita Federal *resguardará, na forma da legislação aplicada à matéria, o* ***sigilo*** *das informações prestadas, vedada* sua utilização para constituição do crédito tributário relativo *a outras* contribuições ou impostos.

"§ 4º. Na falta de informações ou insuficiência de dados necessários à apuração da contribuição, esta será determinada com base em *elementos de que dispuser a fiscalização*."

A alteração teve por efeito modificar o § 3º, acima citado.

Por sua vez, a *Lei 9.430, de 27.12.1996*, que "dispõe sobre a legislação tributária federal, as contribuições para a Seguridade Social, o processo administrativo de consulta e dá outras providências", em seu *art. 42*, que está inserido na Seção IV da lei, na rubrica "Omissão de Receita", item "Depósitos Bancários", dispõe:

"Caracterizam-se também *omissão de receita* ou de rendimento os valores creditados em conta de depósito ou de investimento mantido junto a instituição financeira, em relação aos quais o titular, *pessoa física ou jurídica, regularmente intimado, não comprove, mediante documentação hábil e idônea, a origem dos recursos* utilizados nessas operações.

"§ 1º. O *valor* das receitas ou dos rendimentos *omitido será considerado auferido ou recebido* no mês do crédito efetuado pela instituição financeira.

"§ 2º. Os valores cuja origem houver sido comprovada, que não houverem sido computados na base de cálculo dos impostos e contribuições a que estiverem sujeitos, submeter-se-ão às normas de tributação específica, previstas na legislação vigente à época em que auferidos ou recebidos.

"§ 3º. Para efeito de determinação da receita omitida, os créditos serão analisados individualmente, observado que não serão considerados:

"I – os decorrentes de transferência de outras contas da própria pessoa física ou jurídica;

"II – no caso de pessoa física, sem prejuízo do disposto no inciso anterior, os de valor individual igual ou inferior a R$ 1.000,00 (mil Reais), desde que o seu somatório, dentro do ano-calendário, não ultrapasse o valor de R$ 12.000,00 (doze mil Reais).

"§ 4º. Tratando-se de pessoa física, os rendimentos omitidos serão tributados no mês em que considerados recebidos, com base na tabela progressiva vigente à época em que tenha sido efetuado o crédito pela instituição financeira."

a) A primeira impugnação, trazida ao presente procedimento, diz respeito ao *art. 11 da Lei 10.174/2001*, que teve por efeito jurídico incluir, alterando-o, o § 3º do art. 11 da Lei 9.311, de 24.10.1996, relativa à conhecida CPMF.

Por intermédio dessa específica alteração renova-se o dever da Secretaria da Receita Federal de *resguardar o **sigilo das informações prestadas***, facultada sua utilização para instaurar *procedimento administrativo* a fim de apurar a existência de crédito tributário relativo a *impostos e contribuições* e ainda para o lançamento, remetendo a matéria ao *procedimento fiscal competente*.

De outra parte, comparando-se a redação original com a nova, vê-se, claramente, que na antiga era expressamente *vedada* a utilização das informações prestadas à Receita Federal para a constituição do crédito tributário relativo a ***outras contribuições ou impostos, além** daquelas obtidas no âmbito da **CPMF***.

Já na nova redação inverte-se a regra, ou, ao menos, a regra é flexibilizada, de modo a permitir à Receita Federal que utilize essas mesmas informações para instaurar *procedimento administrativo* tendente a verificar a existência de crédito tributário *relativo a impostos e contribuições no âmbito do procedimento fiscal*.

Assim, de modo objetivo temos uma *ampliação significativa* da hipótese de utilização das informações de movimentação financeira dos contribuintes, de posse das instituições financeiras que são obrigadas a repassá-las à Secretaria da Receita Federal.

A regra em exame, na redação *original*, determinava:

• o dever da Receita Federal de resguardar, na forma da legislação aplicável, o *sigilo* das informações prestadas, das instituições financeiras à Receita Federal;

• vedava sua utilização para constituição de crédito tributário relativo a *outras* contribuições ou impostos, *além* da própria CPMF.

A *nova* regra:

• mantém o dever jurídico (genérico) da Receita Federal de resguardar o sigilo das informações prestadas;

• porém, *autoriza (faculta) à Receita Federal a sua utilização, além daquelas hipóteses restritas da CPMF, para verificar a existência de crédito tributário em outros impostos e contribuições, desde que* instaure *procedimento administrativo* tendente a verificar a existência de crédito tributário naquelas *novas hipóteses*, diante de impostos e contribuições, e, ainda, lançá-los no âmbito do procedimento fiscal.

Paralelamente, cumpre ainda observar que as modificações em exame fazem parte, à evidência, de uma profunda e mais complexa alteração, que coloca as instituições financeiras do país como instrumento fundamental – para à Receita Federal e para as autoridades fiscais – de alimentação e captação de dados do contribuinte, diretamente de suas contas correntes e movimentações financeiras, permitindo, outrossim, que, mediante a posse desses elementos, se deflagre, em última análise, a satisfação da obrigação tributária, mediante a instauração de processo administrativo tributário.

O sigilo bancário, nesse contexto, ao longo do tempo, como pretendemos demonstrar, até o advento da Lei Complementar 105, de 10.1.2001, somente poderia ser rompido por *autorização judicial* e, *excepcionalmente*, em face de *interesse público* que o fundamentasse.

Aos poucos essas hipóteses foram cedendo passo a uma nova regulamentação. A Lei 10.174/2001 é somente um exemplo desse processo mais amplo de *relativização* do sigilo bancário como fonte de informações privilegiadas para o poder fiscal.[2]

Como são várias as leis, decretos e regulamentos acerca do tema, acreditamos ser mais produtivo analisá-los um a um, para depois, reunidos, podermos apresentar nossas conclusões, oferecendo, assim, uma visão de conjunto.

Nessa direção, fixados esses pontos fundamentais, passemos a analisar a segunda impugnação.

2. Embora os adeptos das mudanças afirmem que não há quebra do sigilo fiscal, mas apenas transferência ou cessão de informações das instituições financeiras às autoridades fiscais, naturalmente que essas passagem e disposição não são, à evidência, um reforço ao princípio de guarda das informações. Ao contrário, revelam-se como um abrandamento ou aniquilamento do sigilo, porquanto invertem a lógica do princípio – "sigilo" – em exceção – "disponibilidade" da informação para o poder tributário e fiscal do país.

2.2 Lei Complementar 104, de 10.1.2001, que altera dispositivos da Lei 5.172, de 25.10.1966

A Lei Complementar 104/2001 alterou diversos dispositivos do Código Tributário Nacional, a saber:

a) art. 9º, IV, "c", de acordo com o art. 150, VI, "c", da Constituição Federal;

b) art. 14, I;

c) art. 43, criando nesse dispositivo os §§ 1º e 2º, matéria relativa ao imposto de renda;

d) art. 116, criando seu parágrafo único, alusivo ao fato gerador da obrigação tributária;

e) art. 151, criando os incisos V e VI, alusivos à suspensão do crédito tributário;

f) art. 155-A, §§ 1º e 2º, alusivos ao parcelamento e à moratória;

g) art. 156, XI, alusivo à dação em pagamento como meio de extinção do crédito tributário;

h) art. 170-A, que veda a compensação mediante aproveitamento de tributo, objeto de contestação judicial pelo sujeito passivo, antes do trânsito em julgado da respectiva decisão judicial.

Especificamente em relação à matéria do *sigilo* e temas correlatos, a mesma lei dispôs, também alterando o Código Tributário Nacional, modificando os arts. 198, §§ 1º, I e II, 2º e 3º, e 199, na forma que segue:

"Art. 198. Sem prejuízo do disposto na legislação criminal, é vedada a divulgação, por parte da Fazenda Pública ou de seus servidores, de informação obtida em razão do ofício sobre a situação econômica ou financeira do sujeito passivo ou de terceiros e sobre a natureza e o estado de seus negócios ou atividades.

"§ 1º. Excetuam-se do disposto neste artigo, além dos casos previstos no art. 199, os seguintes:

"I – requisição de autoridades judiciárias no interesse da Justiça;

"II – *solicitações de autoridade administrativa no interesse da Administração Pública*, desde que seja comprovada a instauração regular de processo administrativo, no órgão ou na entidade respectiva, com o objetivo de investigar o sujeito passivo a que se refere a informação, por prática de infração administrativa.

"§ 2º. O intercâmbio de informação sigilosa, no âmbito da Administração Pública, será realizado mediante processo regularmente instaurado, e a entrega será feita pessoalmente à autoridade solicitante, mediante recibo, que *formalize a transferência e assegure a preservação do sigilo*.

"§ 3º. Não é vedada a divulgação de informações relativas a:

"I – representações fiscais para fins penais;

"II – inscrições na Dívida Ativa da Fazenda Pública;

"III – parcelamento ou moratória.

"Art. 199. (...).

"Parágrafo único. A Fazenda Pública da União, na forma estabelecida em tratados, acordos ou convênios, poderá *permutar informações* com Estados estrangeiros *no interesse da arrecadação e da fiscalização de tributos*."

Essas as alterações introduzidas pela Lei Complementar 104, de 10.1.2001. Analisando mais detidamente as alterações relativas ao sigilo, objeto dos autos, verifica-se a introdução, na lei em foco, de sete novas regras jurídicas.

O art. 198, em sua redação anterior,[3] *vedava* a divulgação, *para qualquer fim*, de ***qualquer informação***, *obtida em razão do ofício, sobre a situação econômica ou financeira dos sujeitos passivos ou de terceiros e sobre a natureza e o estado dos seus negócios ou atividades*.

Já a nova redação do dispositivo, embora a um primeiro golpe de vista não pareça substancial, mais detidamente, chega-se à conclusão de que abrandou a regra original, pois veda-se "a divulgação de informação obtida em razão do ofício sobre a situação econômica ou financeira do sujeito passivo ou de terceiros e sobre a natureza e o estado de seus negócios ou atividades".

Nota-se a supressão das expressões "qualquer informação" e "para qualquer fim", o que pode ser considerado, *no mínimo*, um abrandamento da regra original. O novo dispositivo proíbe a divulgação de informação "recebida ou obtida em razão do ofício". Poder-se-ia também argumentar que mesmo na antiga regra se cogitava também dessa circunstância, mas não há negar um abrandamento da redação, de um "cochilo do legislador", sobretudo diante da *supressão* das expressões "para qualquer fim" e "qualquer informação".

Em seguida, no mesmo art. 198 são criados um § 1º, um inciso e um parágrafo (acima transcritos) também abrindo exceções à regra do fornecimento de informações, além da hipótese de requisição judicial (que não preocupa), permitindo-a:

a) mediante solicitação de autoridade administrativa *no interesse da Administração Pública, desde que comprovada a instauração regular de processo administrativo, visando à investigação do sujeito passivo objeto da informação*;

b) mediante intercâmbio de *informação sigilosa no âmbito da Administração Pública*, mediante processo regular instaurado, entrega pessoal à autoridade solicitante, que formalize a transferência e *assegure a preservação do sigilo*.

Finalmente, abstraído o § 3º, que também, s.m.j., não preocupa, temos como última regra o parágrafo único do art. 199, criado pela lei, norma que permite à Fazenda permutar informações com Estados

3. A redação original do art. 198 do Código Tributário Nacional era a seguinte: "Sem prejuízo no disposto na legislação criminal, é vedada a divulgação, *para qualquer fim*, por parte da Fazenda Pública ou de seus funcionários, *de qualquer informação* obtida em razão de seu ofício, sobre a situação econômica ou financeira dos sujeitos passivos ou de terceiros e sobre a natureza e o estado dos seus negócios ou atividades".

estrangeiros, na forma estabelecida em tratados, acordos e convênios, *no interesse da arrecadação e da fiscalização de tributos.*

2.3 Lei Complementar 105, de 10.1.2001, que dispõe sobre o sigilo das operações de instituições financeiras e dá outra providências

A Lei Complementar 105, de 10.1.2001, com 13 artigos, trata de forma analítica o tema do *sigilo fiscal* ou *bancário* nas operações financeiras e equiparadas, revogando expressamente, em seu art. 13, o art. 38 da Lei 4.595, de 31.12.1964.

Podemos iniciar nossa análise verificando o art. 38 da Lei 4.595/1964,[4] ora *revogado*:

"Art. 38. As instituições financeiras conservarão sigilo em suas operações ativas e passivas e serviços prestados.

"§ 1º. As informações e esclarecimentos ordenados pelo Poder Judiciário, prestados pelo Banco Central da República do Brasil ou pelas instituições financeiras, e a exibição de livros e documentos em juízo, se revestirão sempre do mesmo caráter sigiloso, só podendo a eles ter acesso as partes legítimas na causa, que deles não poderão servir-se para fins estranhos à mesma.

"§ 2º. O Banco Central da República do Brasil e as instituições financeiras prestarão informações ao Poder Legislativo, podendo, havendo relevantes motivos, solicitar sejam mantidas em reserva ou sigilo.

"§ 3º. As comissões parlamentares de inquérito, no exercício da competência constitucional e legal de ampla investigação, obterão as informações que necessitarem das instituições financeiras, inclusive através do Banco Central da República do Brasil.

"§ 4º. Os pedidos de informações a que se referem os §§ 2º e 3º deste artigo deverão ser aprovados pelo Plenário da Câmara dos Deputados ou do Senado Federal e, quando se tratar de comissão parlamentar de inquérito, pela maioria absoluta de seus membros.

"§ 5º. Os agentes fiscais tributários do Ministério da Fazenda e dos Estados somente poderão proceder a exame de documentos, livros e registros de contas de depósitos quando houver *processo instaurado* e os mesmos forem considerados *indispensáveis* pela autoridade competente.

"§ 6º. O disposto no parágrafo anterior se aplica igualmente à prestação de esclarecimentos e informes pelas instituições financeiras às autoridades fiscais, devendo sempre estas e os exames ser conservados em sigilo, não podendo ser utilizados *senão reservadamente*.

"§ 7º. A quebra de sigilo de que trata este artigo constitui crime e sujeita os responsáveis à pena de reclusão, de 1 (um) a 4 (quatro) anos, aplicando-se, no que couber, o Código Penal e o Código de Processo Penal, sem prejuízo de outras sanções cabíveis."

Anote-se ainda que, relacionada com a matéria, há farta *legislação*, a saber: a Lei 5.172, de 25.10.1966, a Lei Complementar 70, de 30.12.1991 (art. 12), a Lei 9.430, de 27.12.1996 (art. 42), a Lei 9.311, de 24.10.1996, *todos constantes* a fls. 43-45 dos autos.

A Lei Complementar 105, de 10.1.2001, foi que trouxe as principais alterações a respeito do tema do sigilo nas operações de instituições financeiras. Para termos uma idéia geral a seu respeito, vamos a ela.

Em seu art. 1º a lei determina às instituições financeiras que conservem o sigilo em suas operações ativas e passivas e serviços prestados, definindo-as em seu § 1º.

4. Esse dispositivo sempre foi considerado pelos Bancos como o que garantia efetivamente o sigilo. Assim, na nova lógica, não surpreende que tenha sido revogado. Por meio dele verificamos a garantia de que as informações somente eram prestadas mediante ordem judicial. Além das outras hipóteses, que permanecem, CPIs etc., os §§ 5º e 6º da antiga regra também exigiam *processo administrativo instaurado* e *motivação para o acesso a informações cobertas pelo sigilo*.

O § 3º abre exceção ao dever do sigilo. A troca de informações entre instituições financeiras, o fornecimento de informações de correntistas emitentes de cheques sem fundos, inadimplentes, não estão abrangidos no dever de sigilo. Do mesmo modo, está *fora das regras do sigilo* o fornecimento de informações de que trata a Lei 9.311, de 24.10.1996, relativa ao CPMF (já mencionada acima).

Também não constitui violação ao dever de sigilo a comunicação da prática de ilícitos penais ou administrativos abrangendo o fornecimento de informações que envolvam recursos provenientes de prática criminosa, bem assim a revelação de informações sigilosas com o consentimento dos interessados.

A quebra de sigilo poderá ser decretada quando necessária para a apuração de ocorrência de *qualquer ilícito*, em qualquer fase do inquérito ou do processo judicial, e especialmente nas hipóteses arroladas nos incisos I a IX do § 4º do art. 1º da lei.

Proíbe-se a alegação de sigilo ao Banco Central do Brasil.

Estende-se o dever de sigilo aos órgãos fiscalizadores e aos agentes públicos envolvidos com a manipulação das informações (§ 5º).

A lei mantém a necessidade de autorização judicial para a prestação de informações e fornecimento de documentos sigilosos solicitados por comissão de inquérito administrativo destinada a apurar responsabilidade de *servidor público* por infração praticada no exercício de suas atribuições (§ 1º do art. 3º), mas *dispensa*, para seu requerimento, a existência de processo judicial (idem, § 2º).

As comissões parlamentares de inquérito podem obter as informações, no exercício de seus poderes investigatórios, *diretamente* das instituições financeiras e por intermédio do Banco Central do Brasil ou da Comissão de Valores Mobiliários, desde que aprovado pelo Plenário da Casa ou das próprias Comissões (§ 2º do art. 4º).

O art. 5º e seus §§, na verdade, introduzem ou disciplinam o tema, *já inaugurado* por ocasião da Lei da CPMF, ao estabelecer: "O Poder Executivo *disciplinará*, inclusive quanto à periodicidade e aos limites de valor, *os critérios* segundo os quais as *instituições financeiras informarão à Administração Tributária da União* as operações financeiras efetuadas pelos *usuários de seus serviços*", enunciando em seu § 1º o que considera *operação financeira.*

As informações transferidas, diz a lei, restringir-se-ão a informes relacionados *com a identificação dos titulares das operações e os montantes globais mensalmente movimentados.*[5] Recebidas as informações, se detectados *indícios* de falhas, incorreções ou omissões, ou de cometimento de ilícito fiscal, *a autoridade poderá requisitar as informações e documentos de que necessitar, bem como realizar fiscalização ou auditoria para a adequada apuração dos fatos* (§ 4º), afirmando-se ainda que "as informações a que refere este artigo serão *conservadas sob sigilo fiscal,* [?] na forma da legislação em vigor" (§ 5º).

Em seguida, no art. 6º da lei estabelece-se a possibilidade (que sempre existiu) de as autoridades e agentes fiscais tributários examinarem documentos, livros, registros de instituições financeiras, *inclusive depósitos e aplicações financeiras, quando houver processo administrativo instaurado ou procedimento fiscal em curso* ...

Em seguida, do art. 7º ao art. 9º estabelecem-se mecanismos de colaboração, direitos e deveres com intercâmbio entre instituições financeiras, Banco Central do Brasil e Comissão de Valores Mobiliários envolvendo o tema das informações e dados de que trata a lei.

5. Não se vê que outras informações estariam disponíveis em uma instituição financeira. Evidentemente, a possibilidade de a Fiscalização achar "indícios de falhas ou incorreções ou omissões" sistematicamente (tendo em vista a franquia na sua obtenção e análise), e sobretudo diante da ausência de critérios predefinidos para o contribuinte (não para o Fisco), é preocupante.

A quebra do sigilo fora das hipóteses legais configura-se como crime, remetendo o legislador à lei penal.

2.4 Decreto 3.724, de 10.1.2001, que regulamenta o art. 6º da Lei Complementar 105, de 10.1.2001, relativamente à requisição, acesso e uso, pela Secretaria da Receita Federal, de informações referentes a operações e serviços das instituições financeiras e das entidades a ela equiparadas

O Decreto 3.724/2001 dá concreção à vontade da Lei Complementar 105/2001 e indica, de forma precisa, de que maneira a Secretaria da Receita Federal e seus agentes conduzirão o processo de captação e utilização dessas informações, indicando, outrossim, procedimentos para preservar o sigilo das informações obtidas.

Em primeiro lugar, o decreto, logo em seu art. 2º, elege o agente ocupante do cargo de *Auditor-Fiscal da Receita Federal* como o responsável para examinar informações e dados, inclusive depósitos e aplicações financeiras, *quando houver procedimento de fiscalização em curso e tais exames forem considerados indispensáveis*.

Define-se como *procedimento de fiscalização* aquele previsto nos *arts. 7º e ss. do Decreto 70.235, de 6.3.1972*,[6] que *dispõe sobre o processo administrativo fiscal*.

O § 2º do art. 2º do decreto dispõe que o procedimento de fiscalização somente terá início por força de ordem específica denominada *mandado de procedimento fiscal* (MPF), instituído em ato da Secretaria da Receita Federal,[7] ressalvado o disposto nos §§ 3º e 4º, que contemplam hipóteses de contrabando, descaminho, despacho aduaneiro etc.

O § 5º do mesmo art. 2º afirma que será o "Coordenador-Geral, Superintendente, Delegado ou Inspetor, integrante da estrutura de cargos e funções da Secretaria da Receita Federal", o competente para *expedir o mandado de procedimento fiscal*, que conterá, no mínimo: a *denominação* do tributo objeto do procedimento de fiscalização e o período de apuração correspondente, o *prazo* para realização do procedimento, *prorrogável* a juízo da autoridade que expediu o MPF; o *nome e matrícula dos Auditores-Fiscais responsáveis por sua execução*; o código de acesso à *Internet* que permitirá ao sujeito passivo acessar o mandado.

O art. 3º considera *indispensável a realização de procedimento de fiscalização quando haja*:

a) subavaliação de valores de operação de comércio exterior, aquisição de bens ou direitos, *tendo por base os correspondentes valores de mercado*;

b) obtenção de *empréstimos* de pessoas jurídicas não-financeiras ou de pessoas físicas, quando o sujeito passivo *deixar de comprovar o efetivo recebimento dos recursos*;

c) prática de *qualquer operação* com pessoa física ou jurídica residente e domiciliada em país enquadrado em condições de

6. O art. 7º dispõe:

"O procedimento fiscal tem início com:

"I – o primeiro ato de ofício, escrito, praticado por servidor competente, cientificando o sujeito passivo da obrigação tributária ou seu preposto;

"II – a apreensão de mercadorias, documentos ou livros;

"III – o começo de despacho aduaneiro de mercadoria importada.

"§ 1º. O início do procedimento exclui a espontaneidade do sujeito passivo em relação a atos anteriores e, independentemente de intimação, a dos demais envolvidos na infração verificada.

"§ 2º. Para os efeitos do disposto no § 1º os atos referidos nos incisos I e II valerão pelo prazo de 60 (sessenta) dias, prorrogável, sucessivamente, por igual período com qualquer outro ato escrito que indique o prosseguimento dos trabalhos."

7. A esse respeito, a figura do "mandado de procedimento fiscal" foi disciplinada na *Portaria SRF-1.265, de 22.11.1999* (*DOU* 24.11.1999, p. 40). O mandado será emitido consoante os modelos constantes dos anexos da aludida portaria, do qual será dada ciência ao sujeito passivo, nos termos do art. 23 do Decreto 70.235, de 6.3.1972, com redação dada pelo art. 67 da Lei 9.532, de 10.11.1997, por ocasião do início do procedimento fiscal.

"tributação favorecida" (art. 24 da Lei 9.430/1996, relativa ao imposto de renda);

d) *omissão de rendimentos* ou ganhos líquidos decorrentes de aplicações financeiras de renda fixa ou variável;

e) realização de gastos ou investimentos *em valor superior à renda disponível*;

f) remessa, a qualquer título, para o Exterior, por intermédio de conta de não-residente, de *valores incompatíveis com as disponibilidades declaradas*;

g) operações previstas na legislação do imposto de renda (art. 33 da Lei 9.430/1996);

h) operações irregulares de pessoa jurídica, definidas pela legislação do imposto de renda;

i) presença de indício de que o titular de direito é *interposta pessoa do titular de fato*.

São contempladas ainda algumas definições operacionais relativas à deflagração do processo de fiscalização.

Declara-se que a expedição da ***requisição de informações sobre movimentação financeira*** *será precedida de intimação ao sujeito passivo para apresentação de informações acerca das mesmas, necessárias à* ***execução do mandado de procedimento fiscal*** (§ 2º do art. 4º).

Os §§ 1º, 5º, 6º e 7º do mesmo art. 4º permitem a *verificação* e *cotejo* das informações prestadas pelo sujeito passivo, junto ao Banco Central do Brasil e Comissão de Valores Mobiliários, bem assim a *motivação* da proposta de expedição da "Requisição das Informações", e os requisitos para sua expedição.

O § 8º afirma que a *expedição da "Requisição de Informações"* ***presume indispensabilidade das informações requisitadas***.

O art. 5º e seus três §§ estabelecem procedimentos na apresentação das informações, as sanções aplicáveis às hipóteses e, ainda, a destruição e inutilização daquelas informações não utilizadas.

O art. 6º do decreto determina ao Banco Central e à Comissão de Valores Mobiliários e a seus agentes (inclusive permitindo a delegação interna de competências) o dever de informar a respeito de irregularidades e ilícitos administrativos ligados a eventuais infrações à legislação tributária.

O art. 7º determina que as informações e resultados dos exames fiscais e dos documentos obtidos serão mantidos sob sigilo fiscal, na forma da legislação. Seus §§ e incisos estabelecem procedimentos de expedição e tramitação das informações sigilosas.

O art. 8º contempla a responsabilização do servidor público ou agente que manipula as informações sigilosas, remetendo as sanções à legislação aplicável.

Esse o analítico relatório que fui obrigado a realizar, tendo em vista a multiplicidade e complexidade de normas jurídicas invocadas, com inúmeras remissões.

3. *Síntese das questões envolvidas*

Procurando, agora, sintetizar os dois processos relatados, temos a *mesma questão jurídica* envolvendo ambos, o *sigilo fiscal* ou *sigilo bancário*, e as sucessivas normas jurídicas que disciplinaram o assunto, já amplamente analisadas no corpo da presente manifestação.

O cerne do problema, consoante se vê das normas jurídicas transcritas, está situado na *extensão dos poderes* que as mesmas conferem à Administração Pública, notadamente à Secretaria da Receita Federal e aos demais órgãos do Poder Executivo Federal,[8] para coleta, verificação e investigação de dados e informações, notadamente financeiras, de pessoas físicas e jurídicas em todo território nacional e mesmo no Exterior.

A preocupação *fática* fundamental reside na possibilidade de que os dados e in-

8. Também estadual e municipal em larga medida, diante da possibilidade de convênios e acordos nesse sentido.

formações obtidos nesse processo, que vai da coleta à investigação, possam ser manipulados, transferidos – enfim, *utilizados* para toda e qualquer finalidade (embora a normatização da matéria diga o contrário) e objetivo, *ausente* desse processo o *Poder Judiciário*.

Embora a Lei Complementar 105, de 10.1.2001, aluda ao "dever de sigilo" em várias passagens, ao qual corresponderia o "direito ao sigilo", não deixa dúvidas ao abrandá-lo, e, na maioria das hipóteses, até *eliminá-lo*, se qualquer movimentação financeira, da pessoa física ou jurídica, em todo o país, está sujeita ao exame[9] das autoridades tributárias e administrativas constantes na legislação comentada.

Aliás, nesse sentido, não constitui violação do dever de sigilo a troca de informações entre instituições financeiras, o fornecimento de informações bancárias, previstas na Lei 9.311/1996,[10] a revelação de informações sigilosas com o consentimento expresso dos interessados.

Também o sigilo inclusive de contas bancárias e suas movimentações não pode ser invocado, oposto pelas instituições financeiras ao Banco Central do Brasil, à Comissão de Valores Mobiliários, bem assim a outras entidades públicas, que, firmando convênio com aqueles, poderão igualmente deter e fiscalizar esses dados dos contribuintes.

Finalmente, o art. 5º da Lei Complementar 105 autoriza o Executivo a disciplinar, "inclusive quanto à periodicidade e aos limites de valor, os critérios segundo os quais as instituições financeiras informarão à Administração Tributária da União as operações financeiras efetuadas pelos usuários de seus serviços".

Assim, do conjunto dessas regras, é possível afirmar com segurança que, em última análise, em princípio, qualquer movimentação financeira no país[11] passa a estar sob a constante observação e vigilância do Poder Executivo e da Administração Tributária.

Por fim, não há negar na citada lei a tentativa de responsabilizar os agentes públicos e equiparados, em todo esse processo, no sentido de evitar, *o quanto possível*, o vazamento e a utilização indevida das informações sigilosas.

4. Os dispositivos tidos como inconstitucionais pela CNI

De outra parte, afigura-se útil verificarmos quais as normas reputadas inconstitucionais pelos autores das ações de inconstitucionalidade ajuizadas e noticiadas acima.

Na ação direta de inconstitucionalidade promovida pela CNI:

• *Lei Complementar 105*

– § 3º do art. 3º;

– art. 5º, *caput* e seus §§. E no inciso VI do § 3º do art. 1º a remissão ao art. 5º;

– art. 6º. E no inciso VI do § 3º do art. 1º a remissão ao art. 6º;

– subsidiariamente, a declaração parcial de inconstitucionalidade do art. 6º, com

9. Por intermédio desses mecanismos permite-se a pronta arrecadação dos tributos, de que é exemplo a CPMF, retida diariamente pelos Bancos, como também a rápida informação sobre cada contribuinte brasileiro. Os Bancos devem informar à Receita, quando solicitado, o número de inscrição do CPF, ou da CNPJ, o valor global movimentado a cada mês, o valor da contribuição retida. Estamos ainda mencionando o caso da CPMF que inaugurou essa metodologia.

10. Também a Lei 9.430/1996, no capítulo da "Omissão de Receita", na seção "Depósitos Bancários", já estabelecia que o contribuinte, regularmente intimado, não comprovando a origem dos recursos depositados, sofreria tributação (v. art. 42, I-II).

11. Observe-se que já a Lei 9.311, de 24.10.1996, que instituiu a CPMF, abria o caminho para aludidas reformas, na medida em que seu art. 11 atribuía competência à Secretaria da Receita Federal para administrar, tributar, fiscalizar e arrecadar aquele tributo, sendo certo que já obrigava, desde então, as instituições financeiras a prestar "informações necessárias à *identificação dos contribuintes e os valores globais das respectivas operações*, nos termos, nas condições e nos prazos que vierem a ser estabelecidos pelo Ministro de Estado da Fazenda". Nesse sentido, cf. a Portaria MF-134, de 11.6.1999.

redução de texto, retirando-se a palavra "administrativa" e dando-se a interpretação conforme à Constituição da expressão "autoridade", como sendo sempre a judicial.

• *Decreto 3.724, de 10.1.2001, que regulamenta o art. 6º da Lei Complementar 105/2001*

• *Lei Complementar 104/2001*

– art. 1º, na parte em que dá nova redação ao art. 198 da Lei 5.172, de 25.10.1966, especialmente no tocante aos textos contidos no inciso II do § 1º e no § 2º, introduzidos neste artigo.

5. *Os dispositivos tidos como inconstitucionais pelo Partido Social Liberal*

O Partido Social Liberal entende, em síntese, inconstitucionais:

– O § 4º do art. 1º, o art. 5º, seus incisos e §§, o art. 6º e seu parágrafo único, todos da Lei Complementar 105/2001; em conseqüência, todo o Decreto 3.724/2001.

6. *As posições doutrinárias acerca do sigilo bancário e suas dimensões*

Sérgio Carlos Covello,[12] monografista dos mais citados na matéria, discorre sobre as dificuldades que envolvem o tema, apontando diversas teorias a fundamentar o sigilo bancário:

a) a teoria *contratualista*, como sendo o contrato o fundamento do sigilo bancário que se estabelece entre o Banco e o cliente, com variações para a "teoria do mandato" e a "teoria do depósito";

b) a teoria da *responsabilidade civil*, ou teoria delitual ou do ato ilícito, propugnada pelos civilistas, buscando na responsabilidade civil do Banco, ou seja, no dever de não prejudicar a outrem (*neminem laedere*), sancionado pela obrigação de reparar o dano. O segredo é, assim, considerado como um interesse do sujeito, cuja revelação provoca dano e, desta feita, constitui ato ilícito, sanção ao infrator;

c) a teoria *consuetudinária*, através da qual o sigilo se tornou obrigação jurídica em virtude do uso tradicional e universalmente observado pelos bancos, os quais, por serem atos de comércio, devem ser interpretados de conformidade com os usos e costumes da prática comercial, evoluindo para um tipo de "segredo profissional";

d) a teoria da *boa-fé* ou do *dever da lisura*, através da qual o instituto é embasado "na natureza e na importância econômica e no caráter eminentemente fiduciário da atividade bancária, embora disposição legal alguma o sancione expressa e diretamente;

e) a teoria *legalista*, tendo como fonte imediata a lei;

f) a teoria do *direito à intimidade* dos Bancos, que advoga o sigilo bancário como manifestação do direito à intimidade da empresa de crédito ou para proteger a intimidade do indivíduo, o correntista;

g) a teoria do *direito de personalidade*, que considera o sigilo bancário como manifestação do direito genérico à intimidade e, portanto, um dos direitos da personalidade, encontrando seu fundamento na própria natureza humana.

É ainda o citado monografista quem adverte a respeito da *relatividade do sigilo bancário em face do poder tributário e fiscalizatório do Estado*. A esse respeito afirma o doutrinador: "É, sem dúvida, compreensível que o Fisco não deva intrometer-se *em todo e qualquer aspecto da vida do cidadão*, senão somente naquela esfera econômica em que tenha interesse. É compreensível, também, a necessidade de *processo administrativo* para que a informação seja prestada. Afinal, até o Poder Judiciário se atém à existência de uma demanda para requisitar informações aos estabelecimentos de crédito".[13]

12. *O Sigilo Bancário*, São Paulo, Universitária de Direito, 1991. V., ainda, sobre o tema, Álvaro Mello Filho, "Dimensões jurídicas do sigilo bancário", *RTFR* 145, Edição Especial, Brasília/São Paulo.

13. Sérgio Carlos Covello, *O Sigilo ...*, p. 174.

As posições doutrinárias acima enunciadas traduzem em boa medida o que ocorre com o sigilo bancário e suas dificuldades ao longo do tempo. Não é preciso muito esforço para perceber, diante da evolução (ou retrocesso) da História,[14] a razão de sua existência e seu papel como instrumento de segurança e confiança nas relações comerciais que vicejavam desde tempos remotos, mais fortemente do século XII até os dias de hoje.

Do costume à lei, o sigilo bancário foi se modificando ao longo do tempo, refletindo, de uma forma ou de outra, as relações de *poder* na sociedade e o papel do capital no curso da História. Não nos importa analisar essa dimensão, além dos estritos propósitos dessa manifestação. Fica apenas o registro. Certamente que em 1300 d.C. ou em 1700 ninguém pensaria em revogá-lo, ou em abrandá-lo, diante do fantástico poder econômico das Companhias das Índias e do imenso poder das casas bancárias e de seus proprietários no contexto social em que atuavam.

O mundo mudou e, com ele, a Tecnologia, a Robótica, a comunicação via satélite, fibras óticas, *chips*, que nos fazem a cada dia mais "próximos" ou no mínimo "mais integrados", ao menos do ângulo estritamente tecnológico; mas igualmente nos parece que a Informática, a Tecnologia, não deve atentar contra a *identidade* e contra os direitos do *Homem*, nem contra a *vida privada*, nem contra as *liberdades públicas*.

Assim, seja qual for a conclusão a que chegarmos, não devemos olvidar esses importantes fatos, devemos tentar compreender o instituto em face da *realidade em que vivemos*, sem, naturalmente, deixar de lado as conquistas do Homem e sua história contra as arbitrariedades do Poder.

Feito esse registro, passemos a analisar como a jurisprudência brasileira vem cuidando do tema.

7. O sigilo bancário e a jurisprudência brasileira

A jurisprudência brasileira, de certo modo, refletiu a doutrina da relatividade do sigilo.

Antigos acórdãos sobre a matéria já indicavam, mesmo na vigência da Constituição anterior, e ainda sob a égide da Lei 4.595/1964 (hoje, em parte revogada), a *existência de sigilo bancário como uma garantia relativa*, e sua *inexistência contra os interesses da Justiça.*

Assim, encontramos várias ementas sobre o tema do sigilo bancário. Vejamos o conteúdo de algumas delas.

• O princípio do sigilo bancário *não é absoluto*, devendo ceder ante os interesses da Justiça, sobretudo quando se cogita de apurar, mediante informações bancárias imprescindíveis, atos atinentes à constituição de sociedade anônima que atingem o patrimônio de terceiros.

• Os Bancos não podem se eximir de ministrar informações, *no interesse público*, para esclarecimento da verdade, essenciais e indispensáveis ao julgamento.

• Os Bancos são obrigados, mediante intimação escrita, a prestar à *autoridade administrativa todas as informações de que disponham com relação aos bens, negócios ou atividades de terceiros (art. 38 da Lei 4.595/1964).*

• As instituições financeiras *conservarão sigilo* em suas operações ativas e passivas e serviços prestados – devendo prestá-las –, normas que não conflitam com a *fiscalização* e que convivem em *harmonia.*

• As informações e esclarecimentos ordenados pelo *Poder Judiciário*, prestados pelas instituições financeiras ou bancárias, *excepcionam* a obrigatoriedade do sigilo, que, contudo, opera como *regra.*[15]

• Cadastros de que constem apenas os chamados *dados pessoais* (nome, endere-

14. Tudo a depender da perspectiva do analista.

15. V. as ementas em Álvaro Mello Filho, "Dimensões jurídicas ...", *RTFR* 145.

ço, filiação, número de registro) *não* são considerados objeto de sigilo.[16]

• A *quebra* do sigilo bancário com o fim produzir prova em juízo é medida *excepcional*, que somente se justifica em função do *interesse público* ou de estrita conveniência da administração da *Justiça*. Assim, não deve o julgador adotar medida tão delicada enquanto não estiver esgotada a possibilidade de se produzir outras provas, mais simples, e de igual valor para o deslinde da questão.[17]

• *Quebra de sigilo* – Pretensão de autorização judicial para se aferir a existência de bens em nome do executado – *Inadmissibilidade* se não se esgotados os *meios extrajudiciais* para se obter tais informações.[18]

No *Superior Tribunal de Justiça*[19] a matéria foi assim ementada:

• Firmou-se o entendimento desta Corte sobre a *ilegalidade* da quebra do sigilo bancário sem *autorização prévia do Poder Judiciário*, devido à garantia constitucional da inviolabilidade dos direitos individuais.[20]

• Execução fiscal – Requisição judicial de quebra de sigilo bancário – Motivo relevante inexistente – Impossibilidade.[21]

• Há flagrante interferência do Poder Legislativo no Judiciário na determinação de quebra de sigilo bancário em investigação de atos praticados por desembargador – *Habeas corpus* concedido para escusar o paciente de apresentar-se ou de ser intimado pela CPI, salvaguardando a competência originária do Superior Tribunal de Justiça para sua eventual responsabilidade.[22]

• A defesa dos direitos do consumidor insere-se nas funções institucionais do Ministério Público. Os serviços e produtos oferecidos pelas instituições financeiras são considerados do gênero *consumo*, *ex vi* do art. 3º, § 2º, do Código de Defesa do Consumidor. Logo, quando na defesa dos direitos dos usuários de tais produtos e serviços, é lícito ao *Ministério Público* requisitar documentos, cópias de contratos, informações sobre encargos financeiros cobrados, dados esses que não se enquadram entre os protegidos pelo sigilo bancário, porque acessíveis a todos os clientes.[23]

• O *sigilo bancário não é um direito absoluto*, compatibilizando-se a sua "quebra" com as disposições constitucionais pertinentes, cônsono à jurisprudência do Supremo Tribunal Federal e desta Corte Superior. Demonstradas razões suficientes e reclamado para as atividades investigatórias o afastamento do sigilo autorizado judicialmente, não constitui ilegalidade ou abuso do juízo competente.[24]

• O entendimento pretoriano se direciona no sentido de não ser o sigilo bancário absoluto, cedendo em face do *interesse público*. Sua quebra, no entanto, a par de prévia *autorização judicial*, exige sempre a presença de elementos mínimos de prova quanto à autoria de eventual delito e pressupõe a existência de *processo* ou inquérito regularmente instaurado. Simples representação criminal, carente de verificação da autenticidade de suas afirmações, não se presta a amparar a quebra dos sigilos bancário e fiscal.[25]

No *Supremo Tribunal Federal*, no *controle difuso de constitucionalidade*:

16. Nesse sentido encontramos antigo acórdão do Tribunal de Justiça de Minas Gerais no MS 397, de 2.12.1953.

17. TJMG, Ag. 81.131-5, rel. Des. Cláudio Costa, *RT* 747/98.

18. TRF-3ª Região, rela. Juíza Federal Suzana Camargo, DJU 14.4.198, *RT* 754/445.

19. Pinçamos alguns acórdãos mais representativos.

20. REsp 196.413-CE, rel. Min. Peçanha Martins, *DJU* 2.4.2001.

21. AgRESP 251.121-SP, rela. Min. Nancy Andrighi, *DJU* 26.3.2001.

22. Corte Esp., HC 9.348-AC, rel. Min. Waldemar Zveiter, j. 7.2.2001.

23. REsp 209.259-DF, rel. Min. José Arnaldo da Fonseca, j. 7.12.2000.

24. ROMS 10.939-SC, rel. Min. Mílton Luiz Pereira, *DJU* 4.9.2000.

25. ROMS 10.475-MT, rel. Min. Fernando Gonçalves, *DJU* 22.2.2000.

• Quebra de sigilos fiscal, bancário e telefônico por deliberação sucinta mas suficientemente fundamentada de CPI, no uso dos poderes de investigação, próprios das autoridades judiciais, *é legítima*.[26]

• O princípio da *reserva de jurisdição* – que incide sobre as hipóteses de busca domiciliar (CF, art. 5º, XI), de interceptação telefônica (CF, art. 5º, XII) e da decretação de prisão, ressalvada a situação de flagrância penal (CF, art. 5º, LXI) – *não se estende ao tema da quebra do sigilo*, pois em tal matéria, e por efeito de expressa autorização dada pela própria Constituição (*art. 58, § 3º*), assiste competência à *comissão parlamentar de inquérito* para decretar, sempre em ato necessariamente motivado, a excepcional ruptura dessa esfera de privacidade das pessoas.[27]

• A quebra do sigilo bancário *não afronta* o art. 5º, X e XII, da Constituição Federal.[28]

Atualmente, creio que não seja possível dizer qual o entendimento majoritário do Supremo Tribunal Federal a respeito da matéria. Isto porque, diante das recentes alterações legislativas, não houve pronunciamento nas ações diretas de inconstitucionalidade (sequer medidas liminares) dantes noticiadas.[29] Ao menos em consulta que realizamos via *Internet* não há indícios de tendências.

Por outro lado, há, sim, acórdãos *antigos*, da década de 60 – como, por exemplo, o ROMS 15.925, oriundo do antigo Estado da Guanabara, relatado pelo Min. Gonçalves de Oliveira –, negando provimento a recurso interposto pelo Banco Francês e Italiano. Colhe-se dele o seguinte trecho elucidativo: "Não há perigo de devassa ou quebra de *sigilo bancário*, porquanto, como assinala o parecer, os agentes fiscais do imposto de renda *são obrigados ao sigilo* (art. 201 do Decreto n. 47.373/1959), sob pena de responsabilidade, confirmando decisão do extinto Tribunal Federal de Recursos, nos seguintes termos: 'Sigilo bancário – Informações destinadas à Divisão do *Imposto de Renda*. O sigilo bancário só tem sentido enquanto *protege o contribuinte* contra os perigo da divulgação ao público, nunca quando a divulgação é para o fiscal do imposto de renda, que, sob pena de responsabilidade, *jamais* poderá transmitir o que lhe foi dado a conhecer'".

"Dos autos dos processos que estamos relatando colhem-se alguns elementos do próprio Supremo Tribunal Federal.

Assim, a fls.80 encontramos interessante manifestação proferida no MS 21.729-4-DF, relator o Sr. Min. Marco Aurélio, sendo impetrante o Banco do Brasil S/A e impetrado o Procurador-Geral da República. Naquela ação constitucional, no *controle incidental de constitucionalidade*, o aludido Ministro *deferiu o pedido de medida cautelar, desobrigando o impetrante de prestar informações e afastando procedimentos do impetrante decorrentes da recusa em prestá-las, até o julgamento do mandado de segurança*.[30]

Já o Min. Franscisco Rezek, que não integra mais a Corte, parecia aderir à tese de que o sigilo não tinha conexão com a privacidade ou a intimidade. O Min. Carlos Velloso, em recente entrevista ao *Jornal da*

26. MS 23.556-DF, rel. Min. Octávio Gallotti.
27. MS 23639-DF, rel. Min. Celso de Mello.
28. AgRg em Inquérito, rel. Min. Francisco Rezek.
29. Em pesquisa recente naquela Corte verificamos que as *três* ações diretas de inconstitucionalidade – as ADIn 2.397, 2.390 e 2.386 – encontram-se com a relatoria do Min. Sepúlveda Pertence, por força de Questão de Ordem na ADIn 2.110: "Ante a distribuição simultânea de ações diretas com identidade parcial de objeto e por força do critério da continência, a competência para apreciação dos processos é do Relator da ação de objeto mais amplo, e, por conseqüência, compreensivo dos demais,– tendo os autos sido remetidos à Presidência da Corte para apreciação dessa matéria e eventual redistribuição (julgamento na ADIn 2.386).

30. Ao consultar o *site* do Supremo verificamos, contudo, que o mandado de segurança foi, por *maioria*, indeferido pelo Pleno em *5.10.1995*, não estando acessíveis os votos por intermédio daquele meio eletrônico de consulta – bem antes, portanto, das alterações legislativas aqui tratadas.

OAB de Minas Gerais, segundo observamos, com cautela, manifestou-se, como é de seu estilo, afirmando que a matéria deverá ser apreciada pelo Supremo, demonstrando, pelo teor de suas manifestações, preocupação com o tema, invocando na entrevista a privacidade e a intimidade, valores constitucionais, ainda que *em passant*.

O Min. Nélson Jobim,[31] consoante consta de pronunciamento transcrito a fls. 107 desses autos, em palestra acerca do tema, critica o entendimento do Superior Tribunal de Justiça, que desde 1994 entende que para a quebra do sigilo bancário exige-se reserva de jurisdição, autorização judicial.

Afirma o Ministro que essa matéria não tem qualquer conexão com o art. 5º, XII, da Constituição Federal. Esse dispositivo protegeria, em sua visão, "a comunicação, o ato comunicacional, não o resultado do ato comunicacional". E, mais adiante, afirma: "É porque, das quatro comunicações, a telefônica é a única que não deixa vestígios, em que o resultado da comunicação desaparece instantaneamente (...)". Finaliza criticando a posição do Superior Tribunal de Justiça acerca da matéria, afirmando que a leitura que faz da Constituição é equivocada, pois sequer o Poder Judiciário poderia romper o *sigilo de dados constante da garantia do mesmo art. 5º, XII.*

8. Algumas considerações da ciência política. A dimensão constitucional do tema. Considerações finais

A análise das normas jurídicas introduzidas por essa ampla reforma confere, à evidência, poderes *perigosos* ao Fisco. As regras para o acesso de dados bancários não nos parece que garantam o pleno exercício dos direitos fundamentais. Aliás, já por ocasião da criação da CPMF foi a mesma Receita Federal quem recebeu, sem qualquer esforço de fiscalização, os dados dos contribuintes, cruzando-os com declarações de rendimentos, a pretexto de combater a sonegação fiscal.

Seguindo essa tendência, segue recebendo poderes extraordinários do Congresso Nacional. Tememos que *abusos* possam ser cometidos. A modelagem das novas regras concentra *competência* e *autoridade* em servidores públicos da União. Quem nos garante que tais informações permaneçam sob a guarda cuidadosa desses servidores? E em que extensão poderão ser utilizadas? Estatuem as regras o dever do sigilo, entretanto nada nos garante que ele efetivamente será respeitado.

Como garantir a fidelidade e a autodisciplina prometida por esses categorizados agentes da Receita Federal? Mesmo considerando que sejam exemplares servidores públicos, como garantir que tais informações não sejam divulgadas e transitem por toda a Administração Pública Brasileira, e de lá para outros segmentos? Como evitar e, sobretudo, controlá-las de forma eficiente e segura?

Também faz-se notar nas reformas levadas a efeito um sensível desequilíbrio entre os Poderes do Estado. Do Poder Judiciário na medida em que é afastado de apreciar a razoabilidade e conveniência da "quebra do sigilo". Do próprio Poder Legislativo, que perde a oportunidade para disciplinar a matéria como seria desejável, com critérios claros e objetivos. Cedendo aos argumentos singelos da necessidade de maior arrecadação, do combate à sonegação fiscal, à criminalidade financeira, conferiu-se ao Poder Executivo um verdadeiro *cheque em branco* para instaurar o "Estado de Vigilância", onde o cidadão impotente tem seus dados permanentemente verificados pelas instituições financeiras, que, a partir da reforma, se tornam "servidores", agentes da Fiscalização Tributária, instrumentos do poder tributário e fiscal.

Por outro lado, as alterações levadas a efeito no Código Tributário Nacional con-

31. *Apud* Aylton Dutra Leal, "A Administração Tributária Federal", palestra realizada pelo Centro de Estudos Víctor Nunes Leal, disponível no endereço eletrônico *www.agu.gov.br/ce/EdEspecial*, órgão da *Revista da AGU*.

denam todo e qualquer *planejamento tributário*, como se ele fosse, por si, ilegal e ilícito. Haveria que distinguir sonegação fiscal da elisão fiscal.

O planejamento tributário é atividade salutar em qualquer economia de cunho capitalista.

Em suma, entendemos que as novas disposições tornam os contribuintes brasileiros extremamente vulneráveis, a despeito de enunciarem, formalmente, a necessidade de procedimento administrativo e fiscal – garantias que já havia em nosso ordenamento, de há muito.

O problema, a questão fundamental, é de base, é de *princípio*. Está em fornecer, em disponibilizar, em deixar à *total discrição das autoridades administrativas*, toda e qualquer informação de cunho financeiro, utilizando as instituições financeiras como instrumento desse fornecimento contínuo, cômodo e confortável, ao argumento de combate à sonegação e à criminalidade de toda espécie.

Certamente, qualquer pessoa com um mínimo de inteligência jamais negaria ao Estado o direito e o dever de proceder a uma justa distribuição de encargos tributários, punindo os contribuintes omissos, recalcitrantes, os escroques, os sonegadores.

Como bem adverte Pérez Luño: "Nadie ignora que el Estado Social y Democrático de nuestro tiempo precisa para su normal funcionamiento de un cúmulo de informaciones de las que en otras épocas podia prescindir. La planificación económica, la política fiscal, la prevención social y la persecución de las actividades delictivas son hoy tareas irrealizables *sin ajuda de um amplio aparato informativo*".[32]

Mas, daí a fazer de todo e qualquer cidadão e das instituições financeiras, *como regra geral*, agentes ativos da arrecadação tributária vai uma distância considerável. Se passarmos os olhos no Código Tributário Nacional verificaremos que compete *privativamente* à autoridade administrativa constituir o crédito tributário (art. 142 do CTN) – o que significa, em última análise, que o dever jurídico permanente de zelar pela aplicação da lei tributária é tarefa, encargo e competência do Estado e de seus agentes, e não dos particulares, ainda que em algumas hipóteses exista o autolançamento, sujeito a verificações posteriores.

As novas regras, de uma forma direta ou indireta, transversa, acabam por subverter essa lógica do Código Tributário Nacional. Certamente que não extinguem o lançamento, e sequer poderiam fazê-lo; mas, ao criarem deveres de repassar toda e qualquer movimentação financeira relevante ao Fisco, não estão fazendo outra coisa senão transferir encargo que é, ou deve ser, do Estado.

Também parece óbvio que Estado deva deter poderes *suficientes* à administração e fiscalização tributária, não podendo o direito à intimidade ser considerado sagrado e intransponível a ponto de impedir a *regular satisfação das obrigações tributárias* e dos poderes fiscalizatórios do Estado.

O sigilo (gênero), que, ao longo do tempo, foi considerado como regra, tornase exceção, na medida em que os *dados fundamentais da pessoa humana* passam a estar disponíveis para análise e conferência sistemática, invertendo-se inclusive a presunção de moralidade e inocência do cidadão comum.

Dir-se-á que "quem não deve não teme". Certamente que o ditado popular não é princípio constitucional, e apenas toca em um minúsculo ponto nesse complexo universo. Ademais, é preciso considerar que a evasão fiscal consiste numa ação destinada a evitar, retardar ou reduzir o pagamento do tributo por meios *lícitos*. Ninguém é obrigado a organizar seus negócios do modo mais oneroso diante do Fisco; ou, ainda, "ninguém será obrigado a fazer ou deixar de fazer alguma coisa senão em virtude de lei". E lei constitucional.

Também não impressiona o argumento de que o Fisco não está interessado na

32. *Informática y Libertad*.

vida, intimidade ou privacidade[33] dos contribuintes, pouco importando o que eles fazem com seus recursos financeiros. Tal seria que declarasse tal intenção! E tampouco isso importa, diante do que obteve com as novas regras: a completa identificação dos dados do contribuinte e sua movimentação financeira.[34]

Também não impressiona a ponto de ter como justas e adequadas as novas medidas o argumento de que essa é a "tendência mundial do mundo globalizado", sem fronteiras, e que a nova ordem internacional exige aludidos procedimentos. A informação tecnológica não respeita fronteiras de soberania, todos sabemos. Mas exatamente porque não obedece a ninguém é que necessita filtrar-se, passar pelo crivo dos três Poderes instituídos da República – o Legislativo, o Executivo e o Judiciário.

Poderia fazê-lo sem vulnerar a ordem constitucional? Haveria como adotar outras opções políticas e jurídicas, que preservassem e considerassem os cidadãos brasileiros, como regra, cumpridores de suas obrigações tributárias?

Entendemos que a resposta é afirmativa.

Mas entendemos que outros caminhos certamente poderiam ter sido trilhados, impondo-se *menor sacrifício* aos contribuintes brasileiros, respeitando-se o princípio da proporcionalidade, dever do Poder Legislativo e do Executivo.

A tese de que o sigilo bancário se distancia do direito à intimidade e à vida privada (art. 5º, X, da CF), *data máxima venia*, não pode ser aceita, ao menos não na extensão dos defensores das novas medidas.

Se é certo que não se pode considerar o *sigilo bancário* uma cláusula pétrea da Constituição, ou um direito absoluto, que deva ceder ante o interesse público primário (de que nos fala Alessi), ou a *regular e devida* investigação tributária,[35] forçoso reconhecer que as reformas foram muito além da teleologia constitucional.

Embora todos possamos reconhecer a enorme dificuldade existente na tentativa de *balancear os valores constitucionais*; a proteção à *intimidade*, o sigilo de dados comunicacionais e o poder tributário do Estado, forçoso compatibilizá-los o quanto possível, de modo a que nenhum deles seja sacrificado a ponto de anular uma das garantias constitucionais, ou a harmonia e mecânica entre os Poderes do Estado.[36]

Na sociedade tecnológica em que vivemos, o notável avanço da Informática introduziu *novos conteúdos* no sentido de *intimidade*, que transcendem a velha noção de "casa" ou do espaço privado. Também o "segredo" passa por igual revolução. Nenhuma informação, no mundo contemporâneo, pode ser considerada sem importância. Assim, a tutela da intimidade assume renovada importância e dimensão na sociedade informacional, tanto quanto a tutela do segredo, do sigilo.

Desse modo, entendemos que somente quando haja *transparência* quanto aos fins para os quais os dados estejam sendo coletados, com *critérios predeterminados*,[37] será possível sacrificar o sigilo. Nessa operação não há como simplesmente inverter a regra – tudo é revelado e, excepcionalmente, estará o sigilo protegido.

33. Ainda que não se possa estabelecer uma conexão *inexorável e imediata* entre a privacidade, a intimidade e a quebra do sigilo bancário, considerando as diversas correntes doutrinárias acima expostas.

34. Note-se também que é aleatória a vigilância permanente levada a efeito, já que poderá revelar depósitos ou movimentações que não guardam relação com o crédito tributário.

35. Nesse sentido o art. 145, § 1º, da Constituição Federal.

36. Art. 2º da Constituição Federal.

37. Nesse sentido, o art. 5º e seus §§ da Lei Complementar 105/2001 simplesmente remetem à autoridade administrativa a definição desses critérios, o que pode ser considerado ausência deles, ao menos no regime constitucional brasileiro, onde compete ao legislador definir direitos e obrigações, ou traçar parâmetros ou *standards* suficientes à regulamentação.

De outro lado, o art. 145, § 1º,[38] da Constituição Federal restou violado pelas normas analisadas. Ligado ao princípio da legalidade, o princípio da vinculabilidade da tributação visa a *pautar o comportamento das autoridades em campo tributário rigorosamente aos limites da lei, que tem na Constituição seu primeiro fundamento*.

Nessa medida, o Fisco não pode, por decisão arbitrária, própria, prejudicar ou beneficiar genericamente todos os contribuintes. Deve lançar e arrecadar os tributos, identificando, *pessoal e individualmente*, todos os contribuintes.[39]

Assim, a simples movimentação bancária do contribuinte passa, com a reforma, a ser considerada como se fora um verdadeiro pré-lançamento, ou, em alguns casos, como verdadeiro lançamento, hipóteses inexistentes em nosso ordenamento jurídico, na forma adotada.[40] Ademais, quem movimentar mais recursos será fiscalizado e será automaticamente suspeito de sonegação fiscal. O cidadão com poucos recursos em depósito, não atingido o valor estipulado, jamais será fiscalizado – o que constitui, evidentemente, tratamento desigual e perverso.[41]

Igualmente nos parece que a cláusula do "devido processo legal",[42] em sua real dimensão, formal e substancial, restou desprestigiada e violada pelas reformas legais anunciadas. Deveras, a segurança jurídica está exatamente na previsibilidade das situações, na estabilidade do Direito, que se manifesta concretamente na proteção da confiança, na boa-fé.

De nada adiantaria garantir a legalidade tributária ausente o valor geral da *segurança jurídica*, que pressupõe previsibilidade dos encargos tributários. A total liberdade da Administração Pública e de seus agentes em matéria tributária inviabiliza a segurança jurídica, o planejamento empresarial, ofende a igualdade e instaura o Estado de Vigilância, figura que certamente se distancia do Estado Democrático de Direito.

O fato econômico – ser correntista, movimentar recursos em instituições financeiras ou equiparadas – passa a ter conseqüências jurídico-tributárias equiparadas à presunção de evasão ou fraude à lei tributária. Em todos os países civilizados[43] antes de se promover o lançamento do tributo mediante a aplicação da norma defraudada deverá haver o exame da existência (ou não) de fraude à lei.

Ademais, não existe um *direito genérico indiscriminado à fiscalização tributária* que imponha "direitos" a uma devassa fiscal a partir de presunções de lançamentos ou movimentações do contribuinte em sua conta corrente ou em qualquer aplicação financeira que realizar.[44]

38. Art.145, § 1º: "Sempre que possível, os impostos terão caráter *pessoal* e serão graduados segundo a capacidade econômica do contribuinte, facultado à Administração Tributária, especialmente para conferir efetividade a esses objetivos, *identificar, respeitados os **direitos individuais** e nos termos da lei, o patrimônio, os rendimentos e as atividades econômicas do contribuinte*".

39. A exigência tributária decorrente de ato impositivo não admite consenso, constitui obrigação típica e *individualizada*.

40. Em termos de direito positivo brasileiro o conceito de "autolançamento" não tem aplicabilidade, porque o lançamento é sempre ato privativo da autoridade administrativa, inclusive os casos de lançamento por homologação, que substituem, no regime da lei brasileira, o mal-denominado "autolançamento", também dever administrativo da autoridade pública, e não do particular contribuinte. Para maiores aprofundamentos, v. José Souto Maior Borges, *Lançamento Tributário*, 2ª ed., São Paulo, Malheiros Editores, 1999.

41. Também é de ser referido que o planejamento tributário protege o contribuinte contra investidas fiscais de caráter meramente subjetivo, na medida em que desloca o ônus da prova do *abuso* para o Fisco, que deverá demonstrar que a única razão da operação foi o objetivo de pagar menos impostos. Não há como verificar o abuso sem o devido processo legal. A movimentação bancária não pode ser considerada elemento conclusivo ou determinante de lançamento tributário ou de fraude fiscal.

42. Art. 5º, LIV e também LIII e LV.

43. Assim, *v.g.*, na Espanha, ocorreu com a Lei 30/1992, que disciplina o Regime Jurídico das Administrações Públicas e o Procedimento Administrativo Comum.

44. Também um tanto arbitrários os critérios de fiscalização dos impostos. Assim, simples corren-

É fora de dúvida que a Administração Tributária tem competência para fiscalizar, examinar, confrontar, livros, documentos, diários contábeis – enfim, toda sorte de *documentação*, desde que referidos documentos tenham *relação com a obrigação tributária*, individualmente considerada. Aceitar tese oposta certamente significará consagrar regime de exceção e de devassa tributária.

Nessa direção, as reformas invertem o princípio da segurança jurídica, da boa-fé do contribuinte, ao colocarem todos os cidadãos brasileiros sob permanente estado de suspeição e de suspense tributário. É como se uma voz onipotente do Estado clama-se: "mostrem todos suas contas bancárias, suas movimentações diárias, demonstrem todos que não estão fraudando o Fisco, que estão pagando todos os tributos, impostos e contribuições, e se tudo estiver em ordem não enviaremos fiscais do INSS, do Imposto de Renda, do ICMS etc., não iremos instaurar processos administrativos ou procedimentos fiscais de fiscalização". É bem de ver que a lógica do sistema está equivocada e invertida.

Mesmo em países onde existem medidas mais drásticas de controle tributário e fiscal – como é o caso da Espanha, onde é permitida inclusive ao juiz de instrução (agente administrativo especial) autorização para ingressar no domicílio de pessoas investigadas – há, em contrapartida, possibilidade de denegação de consentimento, há um juízo de *razoabilidade e proporcionalidade* no deferimento da medida.

Já finalizando, gostaria de desde logo me desculpar com os colegas pela longa manifestação que acabei de produzir. Mas não vislumbrei outra alternativa, diante da complexidade da matéria, que de fato é intrincada e sutil.

Lembro a advertência do saudoso professor Geraldo Ataliba, um entusiasta da República: "O Direito é, por excelência, acima de tudo, instrumento de *segurança*. Ele é que assegura a governantes e governados os recíprocos direitos e deveres, tornando viável a vida social. Quanto mais segura uma sociedade, tanto mais civilizada. Seguras estão as pessoas que têm certeza de que o Direito é objetivamente um e que os comportamentos do Estado ou dos demais cidadãos não discreparão. Há segurança jurídica – noção muito mais fecunda, ampla e sadia que o conceito de segurança nacional – onde haja rigorosa delimitação das esferas jurídicas, e, sobretudo no campo do direito público, como uma estrita testada dos direitos subjetivos privados – liberdade e propriedade –, ela não poderia deixar de se apoiar num princípio que conferisse estabilidade às esferas assim delimitadas, subtraindo a atividade dos cidadãos das áreas do contingente e do arbitrário".[45]

Isto posto, concluo no sentido de que as normas citadas, de fato, violam a Constituição Federal.

tista que deposita ou movimenta valores superiores a R$ 10.000,00 estará passível de ser fiscalizado, ou, por outra, terá essa movimentação encaminhada às autoridades. Pergunta-se: acaso os sonegadores desconhecem a regra? Ou doravante passaram a depositar apenas R$ 9.999,99 em suas contas correntes? Em síntese, deveríamos ter regras claras a respeito de situações que configurassem efetivamente a fraude, a "lavagem de dinheiro". O caminho da suspeita generalizada certamente não se conforta nos princípios constitucionais.

45. *República e Constituição*, São Paulo, Ed. RT, 1985, pp. 156 e ss.

Nota da Redação: v. Geraldo Ataliba, *República e Constituição*, 2ª ed., 2ª tir., São Paulo, Malheiros Editores, 2001.

ESTUDOS & COMENTÁRIOS

APRECIACIONES EN TORNO A LAS DONACIONES Y SU RELACIÓN CON EL CONCEPTO DE RENTA

JORGE BRAVO CUCCI

Professor de Teoria Geral do Direito Tributário do Curso de Especialização em Direito Tributário do *Colegio de Abogados* de Lima. Membro do Instituto Peruano de Investigação e Desenvolvimento Tributário. Advogado

1. Introducción

No ha sido muy relevante la atención que la doctrina nacional ha concedido al estudio y delimitación del concepto de renta, el cual en nuestro entendimiento es un concepto fundamental respecto del ordenamiento jurídico en materia del Impuesto a la Renta.[1] En tal contexto, el presente artículo, elaborado sobre la base de meditaciones anteriormentes publicadas,[2] que en esta oportunidad son materia de necesaria revisión por el devenir del tiempo,[3] tiene como propósito concreto determinar si las *donaciones* percibidas por un sujeto donatario o beneficiario, califican dentro del concepto de renta desarrollado por las diversas teorías que en doctrina han pretendido esbozar su amplitud, y en base a ello, y considerando como han sido recogidas las mismas en nuestro ordenamiento jurídico, determinar si la percepción de donaciones se encuentra gravada con el Impuesto a la Renta. También es objeto de nuestro trabajo, determinar cual es el efecto que produce efectuar una donación respecto del donante.

2. Donaciones, donativos: modalidades de liberalidad

Para dar cumplimiento al propósito de nuestro trabajo, consideramos que resulta indispensable conocer si existe alguna diferencia conceptual entre los términos antes mencionados, que implique un tratamiento tributario particular para cada uno de ellos, habida cuenta que en nuestro medio, los mismos se utilizan muchas veces indistintamente.

Resulta pertinente empezar abordando el tema de los actos de liberalidad. Alba-

1. Concepto fundamental para el derecho es "aquel sin el cual no es posible ordenamiento jurídico" (Lourival Vilanova, *Causalidade e Relação no Direito*, p. 161).

2. Jorge Bravo Cucci, "Las donaciones y liberalidades en el Impuesto a la Renta", *Cuadernos Tributario* 22, IFA Grupo Peruano, Lima, diciembre de 1998, pp. 91–100.

3. Con absoluta sapienza y lucidez, José Souto Maior Borges en la línea de Karl Popper señala que en materia de Ciencia solo lo provisorio es definitivo. Citado por Heleno Tôrres, *Pluritributação Internacional sobre as Rendas de Empresas*, 2ª ed., São Paulo, Ed. RT, p. 8.

ladejo[4] expresa que una liberalidad (en sentido amplio) es un acto por el cual una persona, sin estar obligada a ello, proporciona a otra alguna ventaja o beneficio sin recibir nada a cambio. La caracteristica fundamental es pues la ausencia de un deber jurídico de prestación por parte de quien ejecuta la liberalidad; es un acto voluntario. Para efectos didácticos, es posible clasificar a los actos de liberalidad en dos grandes grupos, *a)* aquellos en que la ventaja o beneficio se produce o materializa por la transferencia de un bien, y *b)* aquellos en los que no existe transferencia de bien alguno, supuesto en el que se encuentran figuras como la condonación[5] o la renuncia a un derecho.

En esa secuencia de ideas, debe mencionarse que una *donación* es un acto de liberalidad por el cual una persona transfiere a título gratuito un bien de su propiedad o una suma de dinero a favor de un tercero. Cuando la donación se encuentra relacionada a fines altruistas o caritativos también se le conoce como *donativo*. Una donación, expresa Sanz Gadea,[6] requiere para su configuración de la concurrencia de tres requisitos, a nuestro juicio concurrentes:

4. Manuel Albaladejo, *Instituciones de Derecho Civil*, p. 95.

5. Figura que no debe ser confunidida con la transacción, que ***no*** es un acto de liberalidad. Esta aclaración no es ociosa ni mucho menos inútil, pues el Reglamento de la Ley del Impuesto a la Renta en su artículo 21º, literal g), numeral 3, confundiendo ambas figuras expresa que "Tratándose de castigos de deudas de cobranza dudosa a cargo de personas domiciliadas que hayan sido *condonadas en vía de transacción*, deberá emitirse una nota de abono en a favor del deudor. Si el deudor realiza actividad generadora de rentas de tercera categoría, considerará como *ingreso gravable* el monto de la *deuda condonada*". Una interpretación racional e integral de la norma, lleva a considerar que el reglamentador ha querido referirse a la extinción de la deuda en vía de condonación (y no en vía de transacción!!!), en tanto *1)* no existe tal "condonación en vía de transacción" (como tampoco existe el "pago en forma de compensación" o la "consolidación en forma de novación") y *2)* en consideración a que la Ley del Impuesto a la Renta grava la ganancia o beneficio proveniente de liberalidades.

6. Citado por Francisco Clavijo Hernández, en *Curso de Derecho Tributario, Parte Especial. Impuesto sobre Sociedades*, Marcial Pons, p. 284.

a) una atribución patrimonial gratuita que enriquece al donatario;

b) una correlativa disminución patrimonial por parte del donante, y

c) una causa contractual constituida por la mera liberalidad de éste último.

De lo anteriormente mencionado, se puede concluir que los términos *donación* y *donativo*, en tanto actos de liberalidad, son sinónimos que denotan, en la práctica, un mismo significado, con la particularidad que *donativo* hace alusión a una finalidad altruista o caritativo, mientras que *donación* si bien engloba tal alcance, no se circunscribe necesariamente al mismo.

En el ordenamiento jurídico peruano se recoge el término donación, el cual es tratado por el Código Civil como un contrato en virtud del cual el donante se obliga a transferir gratuitamente al donatario la propiedad de un bien. Se dice que la donación es un contrato por cuanto se requiere de la aceptación de la donación por parte del donatario; pudiendo darse el caso que el donatario no acepte la donación.[7] Atendiendo a que el Código Civil Peruano hace referencia al *contrato de donación*, y al hecho que nuestra legislación sobre el Impuesto a la Renta se refiere también al término *donación*, y no al de donativo, y finalmente a la constatación que se trata en realidad de una misma figura, se recogerá en lo sucesivo, de modo genérico, tal término para efectos del presente trabajo.

A modo de conclusión a lo expuesto en líneas anteriores, puede afirmarse que la donación es todo acto de liberalidad por el cual se transfiere en propiedad un bien a título gratuito, no necesariamente efectuada con finalidad altruista.

3. *Las donaciones y el concepto de renta*

Es conocido que los Impuestos recaen sobre manifestaciones de riqueza. En rigor,

7. Se suele usar a manera de ejemplo, la negativa o resistencia de una persona en aceptar una donación que proviene de un sujeto que se encuentra

tales manifestaciones de riqueza son tres; la renta, el consumo y el patrimonio. El Impuesto a la Renta, es aquél que recae sobre la renta como manifestación de riqueza directa, constituyendo el aspecto material de la hipótesis de incidencia, el hecho o circunstancia de ***percibir*** o ***generar una renta***.

Dentro de tal contexto, planteamos la tarea de determinar si la donación califica o no como renta para quien la percibe, y si el Impuesto que grava tal manifestación de riqueza se precipita sobre el producto de una donación. Lo que resulta innegable, es que la donación representa para el donatario o perceptor de la donación, el ingreso de un bien o una suma de dinero que incrementa su patrimonio.

Pero ocurre que no todo ingreso o riqueza nueva califica dentro de la concepción de renta que la legislación nacional pueda haber adoptado, razón por la cual es necesario hacer una breve revisión de las diversas teorías que tratan de delimitar el concepto de renta, y evaluar si a la luz de cada una de ellas, el producto de una donación califica como renta.

3.1 Teoría de la renta — Producto

Como es sabido, la teoría de la renta — producto, también conocida como la teoría de la fuente, establece una acepción restringida (económica) del concepto de renta, al requerir que se trate de un ingreso o riqueza nueva que califique como un producto que provenga de una fuente durable y susceptible de generar ingresos periódicos.

En términos generales, la renta *a)* debe ser producto de una fuente, *b)* debe ser un producto periódico, *c)* tiene que provenir de una fuente que se mantenga en el tiempo, *d)* deja de producirse si se extingue la fuente que la genera.

Bajo tal concepción, es evidente que el producto de una donación no califica como renta para el donatario, pues la donación es un acto de liberalidad del donante, por lo que el ingreso percibido no proviene de una fuente durable y susceptible de generar ingresos periódicos, con lo que consecuentemente no se encontrará alcanzado con el Impuesto que grave dicha manifestación de riqueza.

3.2 Teoría del flujo de riqueza

Por su parte, la teoría del flujo de riqueza considera que es renta la ganancia, beneficio o enriquecimiento que obtenga un sujeto en un ejercicio determinado, como producto de sus operaciones o transacciones con terceros (incluido el Estado actuando como empresario o en virtud de su poder de imperio); vale decir es renta como la propia designación de ésta teoría lo denota "(...) el total del flujo de riqueza que desde los terceros fluye hacia el contribuyente en un periodo dado",[8] sin ser relevante la naturaleza del acto que origina el enriquecimiento (un contrato, un acto jurídico unilateral, un dispositivo legal, etc.). Apréciese que para esta concepción, el alcance del término renta no se restringe a aquella que proviene de una fuente durable y susceptible de generar ingresos periodicos (renta producto), sino que engloba a otros ingresos, como aquellos que provienen de la enajenación de la propia fuente productora, de la realización de actividades accidentales, de ingresos eventuales o percibidos a título gratuito, y en general percibidos a título de liberalidad.

Como puede observarse el producto de una donación representa efectivamente un enriquecimiento que ingresa o fluye a la esfera patrimonial del donatario, proveniente de un contrato celebrado con el donante del bien, motivo por el cual a la luz de tal concepción de renta, dicho producto calificaría como renta gravada.

en prisión por haber cometido delitos contra el patrimonio o por narcotráfico.

8. Juan Roque García Mullin, *Manual de Impuesto a la Renta*, Documento CIET, p. 20.

3.3 Teoría del consumo más incremento patrimonial

Por último la teoría del consumo más incremento patrimonial dentro de su más amplia acepción, considera como renta a cualquier variación patrimonial que experimente un sujeto en un determinado ejercicio, considerándose inclusive como renta a los consumos de bienes adquiridos y/o producidos por el sujeto en un ejercicio gravable. En cuando a esta teoría resulta ineludible la calificación del enriquecimiento como renta para el donatario, al tratarse de una concepción sumamente amplia de lo que debe entenderse como renta, en virtud de la cual se grava la generalidad de variaciones patrimoniales del sujeto. En términos sencillos, será renta toda aquella diferencia resultante entre lo que se tenga al cierre del ejercicio anterior y lo que se posea al cierre del presente ejercicio. No obstante ello su amplitud es tal, que resulta tener una consecuencia atendible para el donante como se verá a continuación.

En efecto, se explicaba en párrafo anterior, que para esta teoría no sólo es renta el cúmulo de variaciones patrimoniales que puedan experimentarse en un ejercicio, sino también la *generalidad de consumos* que pueden presentarse en el mismo, de tal suerte que las donaciones, al calificar como consumos efectuados por el sujeto en el curso del ejercicio gravable, califican también como renta, dentro de ésta amplia concepción. La explicación de ello es la siguiente; al consumir se ejercitan derechos destruyendo bienes económicos, motivo por el cual el valor de los consumos debe ser sumado a las acumulaciones patrimoniales. Al respecto es importante acotar que la doctrina no es unánime en dicho extremo, cuestionándose por diversas razones que la integridad de los autoconsumos califique dentro de la extensión de la materia imponible, tal como lo expresa García Mullín.[9]

Sin perjuicio de lo expuesto en líneas anteriores, consideramos que resulta preciso advertir que al no haber un ingreso efectivo, se deberá recurrir al concepto de renta ficta o presunta a los efectos de determinar legislativamente la renta que hipotéticamente se hubiera generado si el bien consumido hubiera sido transferido onerosamente a terceros, determinándose comúnmente dicha renta ficta sobre la base de un porcentaje del valor del bien sobre el cual se aplica la alícuota del Impuesto.

3.4 Teorías sobre el concepto de renta recogidas por la Legislación Peruana del Impuesto a la Renta

Como lo indicáramos en anterior oportunidad,[10] la Ley Peruana del Impuesto a la Renta, al delimitar el aspecto material de su hipótesis de incidencia se adhiere principalmente, a la teoría de la renta — producto para establecer el concepto de renta que resulta aplicable a los ingresos y/o enriquecimientos percibidos por personas naturales, sociedades conyugales y sucesiones indivisas que no realizan actividad empresarial. Consecuentemente, de efectuarse una donación a favor de una persona natural, la misma no implicará para el perceptor de la donación la percepción de renta.

Tratándose de rentas de tercera categoría, es decir, de sujetos que realizan actividad empresarial, la Ley Peruana del Impuesto a la Renta se adscribe,[11] prepondc

9. Ob. cit., pp. 25 y 26.

10. Jorge Bravo Cucci, "Tratamiento tributario aplicable en el Perú a contribuyentes no domiciliados", *Informativo Tributario Internacional Caballero Bustamante* 1, año 1, p. 12.

11. Al señalar la adherencia — parcial o total — a una u otra teoría, no dejamos de reconocer que el concepto de renta es el que en definitiva la Ley como vehículo normativo señala, en tanto que mientras la dogmática jurídica o Ciencia del Derecho tiene función descriptiva, el derecho positivo (objeto de estudio de la Ciencia del Derecho) cumple una función eminentemente prescriptiva. Y aquí es importante resaltar la labor del científico del derecho, quien estudia e interpreta los textos positivos que sirven de vehículo a la norma jurídica, buscando a partir de su verificación y de la significación que se desprende de su mensaje escrito, el descubrimiento de su juicio hipotético y su contenido de significación.

rantemente a la teoría del flujo de riqueza, con algunos matices de la teoría del consumo más incremento patrimonial, al considerarse como renta al resultado por exposición a la inflación y a determinadas rentas fictas.[12] Cabe mencionar que el sistema de rentas fictas, requiere de su indicación expresa en la legislación, básicamente por tratarse de un sistema presuntivo que no responde a una percepción real de ingresos, razón por la cual la circunscripción de su aplicación y cuatificación deben encontrase meridianamente definidas.[13]

Consecuentemente, en aplicación del concepto de renta al cual se adhiere la legislación nacional sobre la materia, los sujetos que realizan actividades empresariales que perciban donaciones considerarán como renta gravada el producto de las mismas, por tratarse de riqueza nueva que fluye a la empresa desde terceros, ello en estricta armonía con lo dispuesto en el último párrafo del artículo 3º de la Ley del Impuesto a la Renta que acoge la teoría del flujo de riqueza. Con relación a la adopción de la teoría del consumo más incremento patrimonial con relación a las rentas presuntivas, no se aprecia en nuestra legislación que se haya establecido un régimen de rentas fictas para el caso de quien efectúa una donación, razón por la cual no puede considerarse un ingreso por tal concepto para el donante.

No obstante lo expuesto, existe un sector de opinión que considera que los artículos 31º y 32º del TUO de la Ley del Impuesto a la Renta contienen un régimen presuntivo de renta, entendiendo que si se efectúa una donación de bienes (transferencia de bienes a título gratuito), los mismos *se deberán considerar transferidos a su valor de mercado* y en consecuencia, el donante deberá reconocer una renta ficta o presunta.[14] Una variante de dicha corriente interpretativa, plantea inclusive, que el donante, adicionalmente a reconocer una renta presunta, deberá considerar al producto de la donación como un gasto no deducible. No obstante ello, tal posición presentaría a nuestro juicio las siguientes fisuras: (i) El artículo 44º establece que las donaciones ***no son gastos deducibles*** para determinar la renta neta de tercera categoría, con lo cual un concepto no puede ser considerado como renta y gasto a la vez, (ii) En respeto del principio de seguridad jurídica las presunciones legales se establecen expresamente, no se "presumen", (iii) El texto de los artículos 31º y 32º no señala que deba reconocerse renta alguna, representando los citados artículos, reglas de valoración pero no necesariamente para el reconocimiento de rentas presuntas, (iv) las donaciones no califican como enajenación para efectos del Impuesto a la Renta,[15] y (v) en el negado supuesto que se tratara de una presunción

12. El último párrafo del artículo 3º de la Ley del Impuesto a la Renta señala textualmente que "En general, constituye renta gravada de las empresas, cualquier ganancia o beneficio derivado de operaciones con terceros, así como el resultado por exposición a la inflación determinado conforme a la legislación vigente".

13. A manera de ejemplo, puede citarse el caso del artículo 23º numeral d) de la Ley del Impuesto a la Renta, establece de manera expresa que es renta de primera categoría la *renta ficta de predios cuya ocupación hayan cedido temporalmente* sus propietarios gratuitamente o a precio no determinado, indicándose que dicha renta será equivalente al seis por ciento (6%) del valor del predio declarado en el autovaluo correspondiente al Impuesto Predial.

14. "Artículo 31º. Las mercaderías u otros bienes que el propietario o propietarios de empresas retiren para su uso personal o de su familia o *con destino a actividades que no generan resultados alcanzados por el Impuesto, se considerarán transferidos a su valor de mercado*. Igual tratamiento se dispensará a las operaciones que las sociedades realicen por cuenta de sus socios o a favor de los mismos.

"Artículo 32º. En los casos de ventas, aportes de bienes y demás transferencias de propiedad *a cualquier título*, así como prestación de servicios y cualquier otro tipo de transacción, *el valor asignado a los bienes*, servicios y demás prestaciones, para efectos del Impuesto, *será el de mercado*. Si el valor asignado difiere del de mercado, sea por sobrevaluación o subvaluación, la SUNAT procederá a ajustarlo tanto para el adquirente como para el transferente.(...)".

15. "Artículo 5º. Para los efectos de esta Ley, se entiende por enajenación la venta, permuta, cesión definitiva, expropiación, aporte a sociedades y, en general, *todo acto de disposición por el que se transmita el dominio a título oneroso*".

de renta, no se tendría parámetro para establecer si dicha renta presunta se computaría anualmente o si debería computarse como un ingreso mensual para efectos de los pagos a cuenta del Impuesto.

Respecto al precitado artículo, opinamos que la mención respecto de la ***transferencia a valor de mercado*** debe entenderse formulada a los efectos de cuantificar el reparo[16] del gasto y no a los efectos de reconocer una renta ficta, en consideración a lo expresado en el párrafo anterior. Similar al nuestro es el entendimiento que la doctrina española tiene respecto de las donaciones en el Impuesto sobre Sociedades, el cual se precipita sobre las rentas empresariales. Clavijo Hernández,[17] expresa que el donante integrará en su base imponible la diferencia entre el valor normal de mercado de los elementos a título gratuito y su valor contable, habiendo considerado previamente, el valor contable del bien donado como una pérdida no deducible, mientras que la entidad beneficiaria de la donación, integrará en su base imponible una renta positiva igual al valor normal de mercado de los bienes que le han sido transferidos. No otro es el entendimiento de Villaró,[18] la cual observa con acierto que al no coincidir el tratamiento contable con el tributario, el beneficiario de la donación deberá efectuar un ajuste positivo (adición) en la base imponible por el valor de mercado del bien recibido, neutralizandose el efecto económico al momento de enajenarse el bien o con la depreciación respectiva si se trata de un bien susceptible de ser depreciado que se empleará en las actividades propias del beneficiario.

De otra parte, es importante conocer que para un sector de la doctrina nacional, apoyada en fundamentos mas bien provenientes de las ciencias contables, la donación percibida por una entidad empresarial no califica como renta, por cuanto contablemente las donaciones no se abonan contra una cuenta de ingreso sino contra una cuenta patrimonial denominada *"capital adicional"*; consecuentemente afirman, la donación, sea ésta en efectivo o en especie, no afecta resultados. Sobre tal posición, que prescinde absolutamente de consideraciones jurídico tributarias, únicamente nos queda agregar que el concepto de renta no es necesariamente coincidente con el de utilidad contable, con el cual guarda diferencias temporales e inclusive permanentes.

Finalmente, otra corriente interpretativa liderada por Medrano,[19] fustigando la interpretación a la que arribamos en líneas anteriores, sostiene que resulta injusto que mientras el donante (sujeto que realiza actividad empresarial) debe reconocer un gasto no deducible para efectos del Impuesto a la Renta, el perceptor de la donación obtiene una renta gravada, situación que califica de inequitativa en extremo, ***pero sin dejar de reconocer que tal interpretación fluye del texto normativo*** (último párrafo del artículo 3º de la Ley del Impuesto a la Renta), motivo por el cual propone derogar dicho párrafo. No entendemos que de injusto o inequitativo puede haber en el supuesto antes mencionado, por cuanto si lo que se quiere dejar en evidencia es la existencia de un doble efecto económico, ello no implica de modo alguno un efecto de doble imposición pues se trata de sujetos pasivos distintos, que realizan hechos imponibles diversos, sobre los cuales la regla matríz de incidencia tributaria se precipita independientemente. Por otro lado, debe advertirse que ese supuesto doble efecto económico sólo ocurrirá si la donación califica para el donante como un gasto (o en su caso un costo) que no guarda

16. Palabra utilizada en su sentido de objeción y que connota el efecto de no deducibilidad.

17. Francisco Clavijo Hernández, ob. cit., p. 291.

18. Maribel Villaró, "Reglas de valoración: regla general y reglas especiales en los supuestos de transmisiones lucrativas y societarias", en *Comentarios al Impuesto sobre Sociedades*, Cuatrecasas, Abogados, Civitas, Madrid, t. I, p. 613.

19. Humberto Medrano Cornejo, *Impuesto a la Renta*, Primer Congreso Institucional "El Sistema Tributario Peruano: Propuesta para el 2000", Lima, 1999, p. 4.

causalidad con la actividad generadora de renta o con el mantenimiento de su fuente productora, pues de lo contrario el gasto será deducible para el donante y no se producirá el doble efecto económico anteriormente aludido. Y aún cuando la donación no cumpla con el principio de causalidad, el doble efecto económico se mitigará, si el bien se enajena o en mérito a la depreciación, según corresponda.

Al respecto es importante la oportuna aseveración de García Mullín[20] en tanto expresa que las legislaciones que adoptan el concepto de flujo de riqueza, muchas veces no lo hacen de modo total o absoluto, ***excluyendo*** del aspecto material de la hipótesis de incidencia, en muchos casos, a los ingresos recibidos a título gratuito, circunstancia que no ocurre en el caso de la Ley Peruana, la cual no hace reserva alguna respecto de la afectación de la percepción de donaciones. Si lo que se quiere es no gravar la percepción de donaciones, entre otros supuestos que han sido materia de discordia,[21] no será necesario derogar el párrafo en mención como lo sugiere Medrano, sino modificar el aspecto material de la hipótesis de incidencia del Impuesto a la Renta, en consideración a los objetivos de política fiscal que persiga el Estado.

4. Las donaciones y su deducción como gasto

Respecto del donante, resulta necesario establecer si la donación, sea esta en efectivo o en bienes, representa un gasto o en su defecto una renta ficta como lo ha venido afirmando un sector de especialistas nacionales, circunscribiendo tal discusión al caso de las rentas empresariales, única categoría de renta en la cual se establece el sistema de la deducción del gasto en aplicación del ***principio de causalidad*** para determinar la renta neta de tercera categoría, el cual presupone la existencia de una relación causal objetiva entre el desembolso (gasto) y la generación de *renta gravada* (causa generadora) o con el mantenimiento de su fuente productora (causa conservadora), lo que no necesariamente implica una relación entre gasto e ingreso.

En aquellos países que adoptan la concepción de renta propuesta por la teoría del consumo más incremento patrimonial en su amplia concepción, se indicó en párrafos anteriores que tanto para el donante como para el donatario, el producto de la donación calificará como renta, no existiendo lugar alguno para discutir si la donación representa o no un gasto para el donante, pues un concepto no puede calificar como ingreso y gasto a la vez.

Sin embargo, ello no ocurre en los sistemas legislativos que adoptan la concepción de renta de la teoría del flujo de riqueza, como ocurre en el caso peruano, en los cuales es menester determinar la procedencia o improcedencia de la deducción gasto. Por regla general, en tales sistemas las donaciones son calificadas como gastos no deducibles de la renta bruta, al considerarse que dichos actos no guardan relación con el principio de causalidad; pues

20. Ob. cit., p. 30.

21. Medrano es de la posición que tampoco califican como renta gravada de las empresas, la condonación de obligaciones en operaciones con particulares y, en general, la condonación de la deuda tributaria en aplicación de beneficios otorgados por el Estado a través de dispositivos legales. En discutible pronunciamiento, el Tribunal Fiscal, a través de la RTF 616-4-99, se pronunció señalando que no se encuentra gravada con el Impuesto a la Renta, la condonación de las cuentas por pagar de naturaleza tributaria que mantengan entidades empresariales, como producto del acogimiento al beneficio tributario dispuesto por el Decreto Legislativo 802 a las empresas agrarias azucareras, considerando que dicha condonación, si bien es un beneficio, no se origina en operaciones con terceros, en tanto los beneficios tributarios nacen por imperio de la Ley. Claramente influenciado por el pensamiento de éste notable especialista Limeño, Zavaleta Alvarez es del entendimiento, no compartido por nosotros, que considerar como renta gravada del deudor, el producto de la condonación de una obligación, "(...) resulta una disparidad y, económicamente, una suerte de doble gravamen (...)". Michael Zavaleta Alvarez, "Determinación de interses compensatorios inherentes a rentas gravadas y/o no gravadas", *Revista Estudios Privados* 5, Lima, 2000, p. 13.

en rigor constituyen un empleo de la riqueza y no propiamente un gasto; tal es el caso de la Ley Peruana del Impuesto a la Renta a través del artículo 44º literal d).[22]

No obstante ello existen una serie de excepciones a dicha regla, las cuales están dadas justamente al advertirse donaciones que guardan como propósito mediato la generación de rentas gravadas y el mantenimiento de la fuente en estado de explotación. Tal es el caso de la entrega de bienes con finalidad promocional o a título de bonificación, supuesto en el cual la empresa transfiere en propiedad bienes de propia producción u otros bienes con la finalidad de promocionar sus productos y/o servicios, motivo por el que se tratará a la donación como un gasto de promoción o gasto publicitario, deducible para efectos de determinar la renta neta de tercera categoría.

Ahora bien, si la donación no cumple con el principio de causalidad, no se aceptará su deducción como gasto, y en consecuencia se considerará que el sujeto no ha incurrido en el mismo y que tiene una mayor renta resultante de agregar el monto de la donación cuya deducción para efectos tributarios no ha sido permitida. Precisamente, en nuestro entendimiento, al referir el artículo 44º del TUO de la Ley del Impuesto a la Renta que las donaciones no son deducibles para determinar la renta neta de tercera categoría, está haciendo alusión a los ***donativos*** y a los retiros de bienes que efectuan los propietarios para su uso personal o de su familia ***o con destino a actividades que no generan resultados alcanzados por el Impuesto***, vale decir que no cumplen con el principio de causalidad.

De otra parte, es importante mencionar que las legislaciones nacionales buscan motivar que las empresas efectúen donaciones con fines altruistas, para lo cual se otorgan tratamientos preferenciales a las donaciones efectuadas con tales fines, ya sea permitiendo que puedan deducirse como gasto, o posibilitando la aplicación de créditos contra el Impuesto del ejercicio. La legislación nacional ha optado por mantener la no deducibilidad de las donaciones que no cumplen con el principio de causalidad, considerándose dentro de ellas a las donaciones con fines altruistas, y optándose en casos excepcionales por permitir aplicar un crédito contra el Impuesto.[23]

Sin perjuicio de ello, es importante mencionar que en el caso peruano se acepta la deducción como gasto de las donaciones con finalidad altruista específicamente efectuadas en favor de la Iglesia Católica y del Hogar Clínica San Juan de Dios, en la medida que el valor del monto donado no exceda del 15% de la renta neta del contribuyente y siempre que se cumplan con las formalidades establecidas para efectuar tales donaciones.[24]

22. Siguen tal regla en Hispanoamérica, países como Uruguay y Argentina y adicionalmente España. La legislación Paraguaya permite la deducción como gasto de las donaciones al Estado, Municipalidades, entidades religiosas y entidades con personería jurídica con fines no lucrativos, en la medida que el monto donado no supere el 1% de la renta neta del ejercicio, reparándose el exceso.

23. El artículo 88º de la Ley del Impuesto a la Renta en su literal d), señala los casos en los cuales se posibilita a los donantes a aplicar un crédito contra el Impuesto a la Renta.

24. Dicho tratamiento es aplicable en virtud del Convenio Internacional suscrito entre el Estado Peruano y la Santa Sede el cual fuera celebrado el 19 de julio de 1980. En dicho Convenio se reconoció un régimen de estabilidad garantizando a la Iglesia Católica la aplicación del sistema de subvenciones bajo los alcances de la Ley del Impuesto a la Renta vigente a la fecha de celebración del mencionado Convenio, vale decir el Decreto Supremo 287-68-HC, el cual contemplaba la deducción de las mismas en las condiciones señaladas. Posteriormente por Decreto Supremo 179-92-PCM se incluyó a las donaciones al Hogar Clínica San Juan de Dios dentro de los alcances del beneficio tributario otorgado a las donaciones efectuadas a favor de la Iglesia Católica.

TRATAMIENTO TRIBUTARIO APLICABLE EN EL PERU A LAS DONACIONES EFECTUADAS POR ENTIDADES EMPRESARIALES

Modalidades	Impuesto a la Renta	Impuesto General a las Ventas
Donaciones que cumplen con el principio de causalidad.	Se acepta su deducción como gasto para efectos de determinar la renta neta de tercera categoría.	Al tratarse de donaciones de bienes muebles, por regla general se gravarán al considerarse como retiro de bienes.[25]
Algunos ejemplos: 1. Obsequios a clientes 2. Entrega de bienes con fines promocionales	Concepto deducible: 1. Gastos de representación 2. Gastos de publicidad y/o promoción de ventas	No obstante ello, si se trata de *entrega de bienes con fines promocionales*, la transferencia gratuita de dichos bienes no calificará como retiro de bienes y consecuente no estará gravada con el IGV en la medida que el valor de mercado de los bienes obsequiados no exceda del 1% de los ingresos brutos del contribuyente con un límite máximo de cuatro (20) Unidades Impositivas Tributarias.
3. Entrega de bienes a los trabajadores que sean de su libre disposición y no indispensables para la prestación de sus servicios.	3. Gastos vinculados a la relación laboral.	Tampoco se encuentran gravados con el IGV el retiro de insumos y bienes empleados para las labores de producción y fabricación de la propia empresa, los consumos de bienes efectuados por la propia empresa siempre que sea necesario para la realización de operaciones gravadas, el retiro de bienes efectuado a los trabajadores como condición de trabajo, entre otros.
Donaciones que no cumplen con el principio de causalidad.	No se acepta su deducción como gasto para efectos de determinar la renta neta de tercera categoría. Se reparan al final del ejercicio agregándose a la utilidad vía declaración jurada.	Al tratarse de donaciones de bienes muebles se gravará la operación con el IGV por calificar como retiro de bienes.

25. Transferencia de propiedad de bienes muebles efectuada a título gratuíto.

CONSELHO DE CONTRIBUINTES

A solução de controvérsias no âmbito da própria Administração

MARCOS ANDRÉ VINHAS CATÃO

Mestre em Direito Tributário. Professor de Direito Tributário na Universidade Cândido Mendes/RJ. Advogado no Rio de Janeiro

1. Introdução. Origens históricas dos órgãos administrativos para solução de controvérsias. 2. Conselhos de Contribuintes nos demais países. 3. Conselhos de Contribuintes no Brasil. Origens, procedimentos e características fundamentais. 4. Uma visão programática. 5. Bibliografia.

1. Introdução. Origens históricas dos órgãos administrativos para solução de controvérsias

As relações de controvérsia entre os particulares não são o único exemplo a justificar a intervenção do Estado, podendo estas surgir entre os particulares e o próprio Estado.

Essa necessidade de solução no âmbito já da própria Administração, com as peculiaridades que lhe são características, fez surgir a imprescindibilidade de órgãos ou organizações dentro do próprio Estado que deliberassem acerca dos atos emanados pela própria Administração, com função essencialmente revisora do ato jurídico administrativo em suas mais diversas modalidades.

Essa tutela feita na órbita administrativa remonta ao Iluminismo Francês, no contexto da separação radical de Poderes, em resposta à promiscuidade existente no antigo Regime, no qual se verificava a permissividade da Corte Real de Justiça aos interesses da Monarquia.

Curioso notar que a teoria separatista desenvolvida por Montesquieu, ao ser incorporada pelos Estados Modernos, permitiu assim uma ambigüidade de interpretações: os que em nome do fortalecimento da separação dos Poderes adotam um regime de dualidade de jurisdição, como a França; e aqueles como Brasil, Argentina, Espanha, Estados Unidos, Inglaterra e Itália, entre outros, que, também em nome da independência dos Poderes, adotam um regime eminentemente central ou único de jurisdição.[1]

1. *V.g.*: CF, art. 5º, XXXV e XXXVIII: "a lei não excluirá da apreciação do Poder Judiciário lesão ou ameaça a direito", e "não haverá juízo ou tribunal de exceção"; Constituição Argentina, art. 18: "Ningún habitante de la Nación puede ser penado sin juicio previo fundado en ley anterior al hecho del proceso, ni juzgado por comisiones especiales, o sacado de los jueces designados por la ley antes del hecho de la causa".

Constata-se que a diretriz política que define a organização de cada Estado permite modelos distintos, afirmando André de Laubadère que o regime de dualidade de jurisdição existente na França, enquanto não denegatório da separação, quando, muito pelo contrário, foi concebido com o propósito de fortalecer a separação de Poderes, sendo mesmo "une véritable interpretation française de la séparation des Pouvoirs".[2] Na França é possível afirmar uma típica dualidade de jurisdição, já que o Conselho de Estado, criado já no ano I do novo Regime, se mantém hoje exercendo competências que afastam inclusive a manifestação judiciária, erigindo-se em tutela extraordinária.

O certo é que mesmo para os países que adotam um regime de jurisdição única a organização de colegiados ou órgão revisores dos atos da Administração, com feições jurisdicionais, está prevista na maioria e nos principais sistemas jurídicos mundiais, seja os de tradição civilista – como Brasil, Espanha, Itália e Argentina –, seja os de *common law* – como Inglaterra e EUA.

Mais recentemente vemos que a complexidade de novos ramos das ciências jurídicas permitiu prestigiar cada vez mais o desenvolvimento de órgãos administrativos especializados, fenômeno crescente mesmo nos países de "jurisdição única".[3] Sem que se possa conferir-lhes função jurisdicional, utiliza-se a referida expressão no sentido de colaboração, temperando-se a afirmação de que "o termo 'jurisdicional' não pode ser aceito em se tratando de ato da Administração Pública, em país onde não cabe a esta a mínima parcela de jurisdição".[4]

Ademais – como ressalta Diogo de Figueiredo Moreira Neto –, no Brasil a unidade de jurisdição é expressamente tratada no texto constitucional,[5] com "exceções e interpenetrações sempre constitucionalmente expressas",[6] como as dos arts. 71, § 1º, 49, IX, 71, X, 48, VIII, e 84, XII, fazendo com que, se não se afaste a assertiva de estarmos sedimentados em um sistema de jurisdição única, possamos dotar ditos órgãos da mais absoluta legitimidade e importância, tendo-os como complementares à tutela jurisdicional.

Já de início pode-se afirmar que a valorização em termos mundiais desses órgãos administrativos se deu no exame da relação Fisco/contribuinte, passando tais colegiados, vinculados à Administração, a ser prestigiados notadamente a partir da segunda metade do século XX. Nominados sob as mais variadas rubricas, tais como Comissão de Impostos, Tribunais Financeiros ou Fiscais, Corte Fiscal, estão, regra geral, orgânica e funcionalmente, estruturados de forma semelhante, com o propósito de atuar como órgãos vinculados à própria Administração e com o fito de suprimir as controvérsias fiscais em prol da legitimidade da atividade impositiva. No Brasil, seja no âmbito da União Federal como na maioria dos Estados e Municípios, o *nomen juris* mais utilizado vem a ser *Conselho de Contribuintes* – expressão à qual no referiremos, daqui para a frente, a fim de facilitar a compreensão.

2. *Conselhos de Contribuintes nos demais países*

Mesmo nos países anglo-saxônios – onde, como já acima visto, prepondera a

2. *Traité Élémentaire de Droit Administratif*, *apud* A. A. Contreiras de Carvalho, *Processo Administrativo Tributário*, São Paulo, Resenha Tributária, 1978, p. 47.

3. De onde se destacam, sob o ponto de vista de importância para as relações comerciais, os órgãos de deliberação sobre atos de concentração como o CADE – Conselho Administrativo de Defesa da Concorrência no Brasil, a Direção Geral de Concorrência da União Européia e a *Federal Trade Comission* dos EUA. Quanto ao órgão brasileiro, inclusive, anotamos que o art. 3º da Lei de Defesa da Concorrência (Lei 8.884/1994) dispõe ser o mesmo "órgão judicante com jurisdição em todo o país".

4. Mário Mazagão, *Curso de Direito Administrativo*, *apud* Contreiras de Carvalho, *Processo ...*, p. 47.

5. Art. 5º, XXXV, da Constituição Federal.

6. Diogo de Figueiredo Moreira Neto, *Curso de Direito Administrativo*, 8ª ed., Rio de Janeiro, Forense, 1989, p. 19.

unidade de jurisdição – a importância das comissões e colegiados de revisão dos *assesments* fiscais é inegável.

Nos EUA, por exemplo, a criação de órgãos de controle da atividade tributária visa essencialmente a garantir a legitimidade dos atos administrativos produzidos pelas autoridades fazendárias, e, conseqüentemente, à segurança jurídica dos contribuintes americanos. A estrutura do contencioso administrativo tributário americano veio a lume no bojo da reforma do Estado introduzida pela doutrina keynesiana do *New Deal*, culminando, no âmbito federal, com a sanção do Presidente Truman em 1946 no *Federal Administrative Procedure Act*.

Embora garantisse a possibilidade de revisão das decisões dos denominados *Joint Committees*, até hoje existentes, pelo Poder Judiciário, transformou-se em importante fonte da consolidação de conceitos da tributação americana, em especial do mais complexo e importante tributo da Federação Americana – qual seja, o imposto sobre a renda, ou *income tax*. Hoje a revisão das decisões dos *Joint Committees* é feita no âmbito federal pela *United States Tax Court*, que apresenta características muito semelhantes às dos demais órgãos administrativos para a solução de controvérsias fiscais.

Aspecto extremamente peculiar, e marcante nos países de tradição em *common law*, as decisões da *US Tax Court* permitem a evolução constante na divulgação de conceitos que nos países civilistas acabam por se limitar pelo Positivismo. Como exemplo trazemos à colação recente decisão daquele órgão em que se assentou a natureza, tributária ou não, de determinada incidência (no caso, contribuições de intervenção – *royalties* cobrados pelo Governo Inglês para fins de compensação com tributo devido por contribuinte americano), particularizando-a ao caso específico de imposto (*true tax*), nos seguintes termos: "The word *tax* in the US is generally understood to mean an involuntary charge imposed by legislative authority for public purposes. It is exclusively of statutory origin. Tax burdens and contractual liabilities are very different things. A tax is compulsory, an exaction of sovereignty rather than something derived by agreement. A tax is a revenue-raising levy imposed by a governmental unit. It is a required contribution to the governmental revenue without option to pay".[7]

Na Espanha o prestígio e a importância desses órgãos para a eficiência da tributação, tanto sob a ótica da qualidade e sustentação dos lançamentos fiscais como sob a ótica dos direitos e garantias individuais, são sintetizados nas primeiras linhas da "Exposição de Motivos" da *Ley /1998*, que, entre outras disposições, afirma que "la aprobación de una ley que contenga los derechos y garantías de los contribuyentes, ampliamente demandada por todos los sectores sociales, constituye un hito de innegable trascendencia en el proceso de reforzamiento de las sociedades democráticas mas avanzadas. Permite, además, profundizar en la idea de equilibrio de las situaciones jurídicas de la Administración Tributaria y de los contribuyentes con la finalidad de favorecer un mejor cumplimiento voluntario de las obligaciones de estos".

Naquele país a recente reforma do processo administrativo veio, portanto, aperfeiçoar não só o direito de reclamação perante os órgãos julgadores, como as atribuições e a forma de conduta atinentes ao *Tribunal Económico Administrativo Central*. Intencionalmente, e no âmago da reforma procedimental, foram fixados novos prazos para a realização dos atos dos particulares, sob pena de sanção,[8] bem como

7. "Exxon Corp. and affiliated companies *vs.* Comissioner of Internal Revenue, *United States Tax Court Opinium* 24, 2.11.1999, referenciando "Phillips Petroleum Co. *vs.* Comissioner".

8. Todo o arcabouço da reforma produzida pela *Ley* 1/1998, de 26 de fevereiro, de "Derechos y Garantías de los Contribuyentes", encontra-se inserido no contexto do que a doutrina espanhola denomina de *seguridad jurídica*, assentada numa dupla formulação: "positiva, es decir, que los ciudadanos

para a própria Administração Fazendária, entre os quais se destacavam a redução para quatro anos do direito da "Administración para determinar la deuda tributaria mediante la oportuna liquidación" (art. 64, "a") e a estipulação de limite máximo – prazo de seis meses – para a lavratura da autuação, a partir do início da fiscalização.

O sistema básico é de duplo grau, sendo o primeiro reservado aos *Tribunales Administrativos Regionales* ou *Locales*, e como instância revisora o *Tribunal Económico Administrativo Central*, com sede em Madri.

Pode ainda o contribuinte, em certos casos, e dependendo de jurisprudência já consagrada, interpor recurso diretamente e em única instância ao *Tribunal Económico Adminstrativo Central*, atendendo-se ao princípio da economia procedimental.

Na Argentina a inexistência de codificação em matéria tributária não impediu o surgimento dos órgãos de julgamento dos processos administrativos fiscais.

Naquele país também vigora sistema genérico de duplo grau, sem exigência de depósito para qualquer das instâncias (*solve et repete*).

Na prática – e reforçando o aspecto institucional –, a realização da atividade revisora pelo *Tribunal Fiscal de la Nación* possui princípios e características próprias, que permitem sua efetividade, independência e imparcialidade.

Entre as disposições da *Ley* 11.683 que tratam da matéria se destacam a nomeação ou chancelamento dos vogais pela Ordem dos Advogados local, a limitação do mandato pelo prazo de três anos, a realização de sessões em Províncias, caso necessário, e a proibição aos seus componentes de exercer, em paralelo, atividades comerciais ou políticas.

Ainda quanto às incompatibilidades/impedimentos, o art. 149 da *Ley* 11.683 determina a incompatibilidade dos vogais da Corte quanto ao exercício de qualquer outra atividade profissional. Mesmo estando o controle das decisões do *Tribunal Fiscal de la Nación* – o qual "ejerce función jurisdiccional y tiene independencia funcional"[9] – submetido à possibilidade de revisão pelo Poder Judiciário, o percentual de questionamentos contra as decisões do órgão se apresenta reduzido, demonstrando sua vital importância para o assentamento da hermenêutica tributária argentina.

Mesmo na França, ante a possibilidade de manifestação ulterior do Conselho de Estado – órgão jurisdicional por mandamento constitucional –, exerce a mesma função a *Comission Departamental des Impôts*. Naquele país as autuações fiscais (*redressements*) são resolvidas através de um contencioso administrativo, cujas etapas estão previstas em regulamento próprio (*Livre de Procédure Fiscal*). Estão ali também prescritas as garantias fundamentais ao processo administrativo contemporâneo, como, por exemplo, a imparcialidade orgânica, estatuída em uma paridade de composição dos vogais, conquanto "sur le chiffre d'affaires composé de trois fonctionnaires des impôts, de quatre représentants des contribuables pour chaque branche professionnelle, presidé par un membre des tribunaux administratifs intervenient à titre consultatif selon la procédure de l'avis".[10]

Assim, ante os exemplos acima mencionados, constata-se que nos demais ordenamentos a previsão de um órgão administrativo de solução de controvérsias é instrumento de efetivação das garantias fundamentais dos contribuintes, a se destacar a ampla defesa no processo administrativo, respeitados os princípios a esse ineren-

puedan conocer las consecuencias tributarias de su conducta; y negativa, prohibiendo de los Poderes Públicos en la producción y la aplicación de las normas" (Carrera Raya, *Manual de Derecho Financiero*, v. I, Madri, Tecnos, 1999, p. 97).

9. Cf. Héctor B. Villegas, *Curso de Finanzas, Derecho Financiero y Tributario*, 7ª ed., Buenos Aires, Depalma, 1999, p. 434.

10. Cf. Jean-Jacques Bienvenu, *Droit Fiscal*, 2ª ed, Paris, Presses Universitaires de France, 1997, p. 148.

tes, como a imparcialidade, economia procedimental e verdade material.

3. Conselhos de Contribuintes no Brasil. Origens, procedimentos e características fundamentais

Desde a Carta Constitucional do Império, passando pelas de 1891, 1934, 1937, 1946 e 1967, até a atual, os atos da Administração sempre estiveram sujeitos ao controle jurisdicional único, na medida em que "a lei não excluirá da apreciação do Poder Judiciário lesão ou ameaça a direito".

A convivência com o regime de jurisdição una e soberana no Brasil não impediu, todavia, a instituição e o desenvolvimento dos órgãos julgadores administrativos em matéria tributária. Oprimidos, entretanto, pela priorização da arrecadação em detrimento das garantias que devem reger o processo administrativo, o histórico dos Conselhos de Contribuintes é delineado sinergicamente pelas oscilações pontuais da estrutura do Estado Brasileiro, entre as quais – e talvez as mais marcantes – as passadas nas últimas duas décadas.

Em 31.8.1931, através da edição do Decreto 20.350, de criava-se o *Conselho de Contribuintes*, delegando-se, então, a esse órgão competência para dirimir em última instância as controvérsias relativas aos lançamentos tributários efetuados pela Receita Federal. Até então as autuações lavradas no âmbito da União eram decididas pelos órgãos regionais (Delegacias e Aduanas) e eventualmente submetidas a sistema de revisão singular (Ministro da Fazenda). Criava-se pela primeira vez no país um foro de discussão colegiada de natureza administrativa, não-judicial, moldado, entretanto, à feição das Cortes de Justiça.

Em 1934, através do Decreto 24.036, e ante o desenvolvimento da legislação do imposto sobre a renda, cuja imposição no Brasil data de 1925, são desdobradas as atribuições em função dos tributos, criando-se o *2º Conselho* (com competência para lançamentos relativos a tributos aduaneiros), passando o Conselho a ser denominado de *1º Conselho*.

Sem que houvesse ainda uma legislação específica que consolidasse o procedimento administrativo fiscal, mas em função do acúmulo de processos chegados ao seu conhecimento, em 1964 é criado o 3º Conselho, deslocando-se para este a competência atribuída ao então 2º Conselho, além de outros impostos de competência da União – composição, esta, que, basicamente, se mantém até hoje.

A estrutura do Conselho de Contribuintes da União, órgão integrante da Administração direta e subordinado ao Ministro da Fazenda, está atualmente exposta pela Portaria Ministerial 55/1998, dividindo-se a competência entre os Conselhos formados por Câmaras, a depender do tributo submetido à apreciação.

Ainda no âmbito da União, a *Câmara Superior de Recursos Fiscais* (instância extraordinária administrativa), composta de Pleno, 1ª, 2ª e 3ª Turmas, exerce a função de uniformizar as decisões proferidas entre as Câmaras de cada um dos respectivos Conselhos, na medida em que se apresentem divergências entre os julgados.

No que tange à sua composição, bastante semelhante à dos órgãos de segundo grau nos Estados e Municípios, possui uma estrutura colegiada paritária, composta por representantes da Fazenda e representantes dos contribuintes. Os representantes da Fazenda fazem obrigatoriamente parte dos quadros funcionais da Receita Federal (auditores fiscais da Receita Federal – AFRF), com mínimo de cinco anos de experiência funcional; e os dos contribuintes são indicados por entidades de classe de categorias econômicas de âmbito nacional, nomeados por solicitação do Presidente do respectivo Conselho, nos termos do art. 1º da Portaria 55/1998. O mandato para os representantes indicados por entidades ou associações de direito privado é de três anos, prorrogável uma vez por igual período.

Não há incompatibilidade com o exercício de funções profissionais por parte dos conselheiros representantes dos contribuintes.

Os procedimentos para o conhecimento e encaminhamento de questões ao Conselho de Contribuintes encontram-se atualmente regulados pelo Decreto 70.235/1972, cuja consolidação veio a ser autorizada após a edição do Decreto-lei 822, de 5.9.1969.

Sem a intenção de examinar com a devida crítica necessária os preceitos que regem a atual legislação instrumental, é importante primeiramente reforçar e valorar que sem o esforço de consolidação através de um mesmo diploma (Decreto 70.235/1972) dificilmente os Conselhos de Contribuintes teriam assumido a importância atual. Dessa forma, sob a ótica de auxiliar e tornar transparente o procedimento administrativo fiscal, pode-se afirmar que o aludido decreto se incorporou definitivamente como a mais importante norma de regramento do lançamento tributário de ofício, o que é comprovado pela farta literatura produzida a seu respeito.

Examinado, entretanto, sob o aspecto de consolidação exaustiva dos procedimentos administrativos fiscais em geral, contudo, não se consumou a intenção pretendida quando da edição do Decreto-lei 822/1969 – qual seja, a de efetivamente reunir todos esses, entre os quais o processo de consulta e de revisão aduaneira. federal. Com efeito, "o escopo expresso nessa norma em branco[11] era reunir em um único diploma regras de processo administrativo tributário, objeto, até então, de dispositivos legais e regulamentares esparsos, específicos de cada imposto".[12]

Todavia, se, por um lado, a idéia inicial de traçar parâmetros que permitissem a adoção de uma sistematização pelos órgãos julgadores e revisores – como, por exemplo, prazos e formas de conduta entre os interessados – restou por impulsionar o acesso às instâncias administrativas, por outro, acabou por lhe dar uma feição muito próxima do processo judicial cível. Essa similitude, reforçada por vezes pelo exercício extremamente formalizado por parte dos atuantes no procedimento administrativo, acabou por afastar os princípios inerentes próprios do processo administrativo, entre os quais o da *informalidade* e o da *imparcialidade*.

Na medida em que as regras de procedimento administrativo foram se assemelhando às do direito processual,[13] mais veementemente se afigurava na consciência dos interessados a idéia de "contencioso e de contraditório administrativo". Ainda que essa expressão se tenha constitucionalizado para outros fins, decerto que a estrutura e a finalidade do processo administrativo fiscal não comportam exatamente o conceito clássico de contencioso, conquanto a própria Administração assuma a postura de "parte" e responsável para dirimir o conflito.

Assim, o procedimento administrativo não pode perder de vista a função primordial – qual seja, a de servir como um instrumento de revisão dos atos da própria Administração, inserindo-se dentre as medidas de autocontrole da legalidade. Em conseqüência, não poderá jamais existir em relação ao Fisco, enquanto "parte" no conflito tributário, o *interesse* desmotivado ou não-fundamentado de cobrar tributo ou manter processo administrativo que se saiba não-legítimo.

Não há, por conseguinte, "interesse subjetivo" do Estado ou da Administração nos atos concretos formulados no procedimento administrativo, conquanto seu objetivo possa ser um só – a descoberta da *verdade material*, ou a averiguação da subsunção da hipótese fática ao campo de incidência tributária. Por sua vez, também o particular não apresenta pretensão resistida, pois seu interesse deve ser a solução do

11. Decreto-lei 822/1969, art. 2º.

12. Luiz Henrique Barros de Arruda, *Processo Administrativo Fiscal*, São Paulo, Resenha Tributária, 1993, p. 9.

13. Em função das sucessivas alterações promovidas no Decreto 70.235/1972.

conflito, através da emanação de uma decisão administrativo-fiscal em conformidade com o prescrito na norma de imposição.

Dessa forma, "a sistematização do procedimento administrativo de formalização do lançamento tributário juntamente com o procedimento administrativo disciplinador dos recursos fiscais, dentro de uma concepção unitária e orgânica, desde que resguardadas as particularidades jurídicas de cada qual, não seria, em tese e em princípio, criticável, se não houvesse provocado nas diversas legislações estaduais, municipais e federal uma crescente perda das características apropriadas ao direito administrativo, pela adoção de regras pertinentes ao direito processual ou judiciário, desnaturando, conseqüentemente, o regime jurídico próprio aos recursos administrativos fiscais".[14]

A propósito, no que se refere aos Conselhos de Contribuintes nos âmbitos estadual e municipal, a partir da Carta de 1946, passaram por um processo de estruturação semelhante ao seu paradigma federal. Gradativamente foram sendo editadas legislações, muitas das vezes apartadas das respectivas legislações de instituição dos tributos de sua respectiva competência, e até mesmo dos Códigos Tributários Estaduais, denotando a importância e o crescimento desses órgãos, especialmente para a solução das controvérsias em sede do principal tributo da Nação – o atual ICMS.

Criados também com estrutura paritária (representantes da Fazenda e dos contribuintes) e com previsão de duplo grau,[15] não apresentam grandes diferenças estruturais ou procedimentais, variando em geral quanto aos aspectos de terminologia procedimental (impugnação, defesa, reclamação), ou quanto a denominação outorgada quando de sua instituição pelos entes políticos (*v.g.*, Conselho de Contribuintes, no Rio de Janeiro e Minas Gerais; Conselho Fazendário – CONSEF, na Bahia; Tribunal de Impostos e Taxas – TIT, em São Paulo; Tribunal Administrativo de Recursos Fiscais – TARF, no Rio Grande do Sul, entre outros).

4. Uma visão programática

Antes de tecermos considerações sobre os aspectos polêmicos mais recentes e que dizem respeito à necessidade de se tornar efetivo o reclamo principiológico constitucional[16] de estímulo ao amplo processo administrativo, como forma de pacificação célere na relação Fisco/contribuinte, deve-se ressaltar que o bom ou o mal desempenho desses órgãos administrativos estarão sempre sujeitos a conjecturas quanto à diretriz política. Dessa forma, é inegável a dissociação entre o contexto histórico e ideológico em que se situa a Administração Pública Brasileira nos três âmbitos da Federação, ainda que respeitados os desempenhos e as vicissitudes dos entes federativos autônomos.

A postura aqui adotada, no sentido de se prestigiar a via conciliatória no seio da Administração, não pretende fazer dos Conselhos de Contribuintes órgãos substitutivos dos entes jurisdicionais; muito pelo contrário, tende a qualificar o pronunciamento judicial e a jurisprudência, pela diminuição de casos que podem ser resolvidos na instância administrativa.

A ressalva ora feita refere-se, entretanto, à indisfarçável intenção de esvazia-

14. Aurélio Pitanga Seixas Filho, "Regime jurídico dos recursos administrativos fiscais e os seus efeitos", *Revista de Processo* 25/51, Rio de Janeiro, Forense, 1992.

15. À exceção do Estado de Minas Gerais, que possui uma estrutura de instância única, com a possibilidade excepcionalíssima de revisão pelo próprio órgão quando expressamente contrarie decisão precedente da mesma ou outra Câmara.

16. CF, art. 5º: "XXXIV – são a todos assegurados, independentemente do pagamento de taxas: a) o direito de petição aos Poderes Públicos em defesa de direito ou contra ilegalidade ou abuso de poder"; "LV – aos litigantes, em processo judicial ou administrativo, e aos acusados em geral são assegurados o contraditório e ampla defesa, com os meios e recursos a ela inerentes".

mento, sob a subliminar imputação feita a esses órgãos de retardamento na cobrança dos créditos tributários. A remissão aos sistemas de outros países permite-nos constatar que a existência de órgãos administrativos – independentes e imparciais – é corolário da necessidade de revisão pela própria Administração do ato jurídico administrativo consubstanciado no lançamento.

Aliás, os percalços passados mais recentemente na estrutura do processo administrativo tributário da União constituem-se em prova inequívoca da fraqueza e da indefinição institucional que presidiram a última década do Estado Brasileiro. Em 1993, através do art. 1º da Lei 8.748/1993,[17] foram criadas as Delegacias de Julgamento com a finalidade de acelerar as decisões de primeira instância no âmbito dos tributos administrados pela Receita Federal.[18] Medida, portanto, suportada pela intenção política que tinha por escopo fortalecer e agilizar o processamento dessas controvérsias. Não muito tempo após, e constatando-se que o prazo médio de duração para a decisão definitiva no âmbito administrativo alcançava o período de cinco anos, a Lei 9.532/1997 introduziu uma nova redação ao art. 16, § 4º, do Decreto 70.235/1972, limitando a produção da prova no processo administrativo à fase de impugnação.[19]

Tal disposição mostrava-se duplamente lesiva. Primeiramente porque em flagrante oposição a princípios informadores do procedimento administrativo – quais sejam, os da *informalidade* e *oficialidade*.[20] Em segundo plano porque, embora intencionasse atender aos interesses fazendários, contra estes se voltava, na medida em que, por atendimento ao princípio isonômico, inibia a Fiscalização de apresentar novas provas, conclusões ou informações após a formação da relação procedimental.

Fechando a sucessão de alterações dissonantes e díspares no Decreto 70.235/1972, consumadas em um período de apenas quatro anos, a Medida Provisória 1.621/1997,[21] ao dar nova redação ao art. 33 daquele diploma, restou por desprestigiar a atividade exercida pelo Conselho de Contribuintes, determinando a exigência de caução para a apresentação de recurso voluntário.

Com efeito, antes de se cogitar da constitucionalidade do preceito, temos que, sob o ponto de vista da necessária revisão do ato administrativo de lançamento, a medida não teve e não terá como agilizar ou qualificar os lançamentos efetuados pelos auditores fiscais da Receita Federal – AFRF; pelo contrário, terá por principal conseqüência atabalhoar o Judiciário com um sem-número de ações.[22]

17. Introduzindo nova redação ao art. 25, I, "a", do Decreto 70.235/1972, pela qual o julgamento do processo administrativo tributário compete "em primeira instância aos delegados da Receita Federal, titulares de delegacias especializadas nas atividades concernentes a julgamento de processos, quanto aos tributos e contribuições administrados pela Secretaria da Receita Federal".

18. A Portaria 259/2001 do Secretário da Receita Federal transformou as Delegacias de Julgamento, de órgãos monocráticos, em órgãos colegiados (Turmas), compostos, todavia, somente de julgadores componentes dos quadros da Receita Federal (auditores fiscais).

19. Decreto 70.235/1972, art. 16, § 4º: "A prova documental será apresentada na impugnação, precluindo o direito de o impugnante fazê-lo em outro momento processual, a menos que: (...)".

20. No processo administrativo fiscal, em função do interesse público e por se tratar de atividade vinculada, a produção probante deve ser feita incessantemente, e sem atenção exagerada à formas processuais: "Contrariamente ao princípio que rege o processo judicial comum, onde os atos processuais somente são praticados por conveniência das partes litigantes a quem pertence o direito de movimentar ou impulsionar, o princípio da oficialidade, derivado do princípio da legalidade objetiva, exige que a Administração dirija o procedimento administrativo recursal com a finalidade principal de obter um ato jurídico administrativo que se identifique ou se enquadre na vontade da lei, dentro do outro princípio da verdade material" (Aurélio Pitanga Seixas Filho, "Regime ...", *Revista de Processo* 25/57).

21. A qual, passados quase três anos, ainda não havia sido convertida em lei, constando do texto de sucessivas reedições.

22. Através de estatística efetuada quando da edição da Medida Provisória 1.621/1997 constata-se que cerca de 60% das autuações levadas ao Con-

Reaviva-se, então, com inegável retrocesso, o eterno conflito entre as prerrogativas da Administração e os direitos dos administrados, o qual pretendeu a CF/1988 extirpar, prestigiando, sem dúvida, os órgãos colegiados não-judiciais, como complementares ao sistema de autocontrole. E talvez no evitamento desse conflito resida a principal função, ética e moral, dos Conselhos de Contribuintes: reduzir "a possibilidade do administrador de emanar atos baseados unicamente em critérios subjetivos e irracionais. Desse modo, torna-se possível manter o equilíbrio do binômio liberdade (dos administrados) e autoridade (do Poder Público)".[23]

Entrando mais amiúde ora na suposta constitucionalidade da restrição imposta à pretensão recursal condicionada ao depósito prévio, sem maiores digressões, temos que se apresenta legítima, muito embora *de lege ferenda* condenável, em termos de extensão do ato administrativo complexo.[24]

É que, muito embora o Constituinte tenha alçado à categoria de direito subjetivo público a necessidade da existência de ampla defesa e do contraditório, não resta claro do texto constitucional, ou até mesmo da leitura do art. 151, III, do CTN, que o legislador tenha estabelecido como mandatória a existência de duplo grau no processo administrativo.

Esta, aliás, foi a posição consagrada em linhas sucintas pela Suprema Corte, forte no entendimento adotado pelo Min. Sepúlveda Pertence, para quem, se o exercício do devido processo legal em sede administrativa sequer exigiria a existência de um recurso a outro órgão revisor, menos pecha de inconstitucionalidade haveria na exigência do depósito prévio.[25]

Após a manifestação do STF, tomada em precedente relativo à exigência de depósito prévio contra a interposição de recurso relativo a contribuições previdenciárias de competência do INSS, parte da doutrina tentou construir tese impeditiva da aplicabilidade da exigência de depósito prévio em matéria tributária.

A principal argumentação, contudo, passou a ser edificada com base na disposição contida no art. 151, III, do CTN.[26] Alertavam os defensores dessa tese que a simples menção feita pelo Código à expressão "recursos" indicaria uma imposição, ao legislador ordinário, em não restringir o exercício dos contribuintes, sob pena de afrontamento à legislação complementar.

Evidentemente, o argumento não poderia prosperar. Primeiramente porque, ciente do escopo de sua atuação, o CTN não poderia desbordar em atribuições cuja competência se encontra na alçada dos entes políticos autônomos. A organização administrativa da revisão dos atos administrativos, ainda que em termos de lançamento tributário, evidentemente se conforma no mesmo campo de competência para instituir e cobrar tributos. E, complementarmente a esse aspecto, a dicção do CTN é clara, remetendo mais uma vez para as *leis reguladoras* do processo administrativo tributário (do respectivo ente competente) a pos-

selho de Contribuintes da União eram canceladas naquele órgão. Partindo-se dessa constatação e do fato de que o encargo (especialmente para as pessoas jurídicas) de uma discussão judicial na maior parte das situações é inferior ao depósito exigido pela medida provisória, já que se permite a garantia do juízo pela apresentação de bens imóveis ou de fiança bancária, outra conseqüência não poderia advir senão um aumento dos custos para o Estado, em função da necessidade de reaparelhamento do Judiciário.

23. Marcelo Harger, "A importância do processo administrativo", *Revista IOB de Jurisprudência* 3/90, 1999.

24. A extinção da garantia para depósito havia sido abolida do processo administrativo fiscal paradoxalmente em tempos de reduzidas liberdades individuais, com a edição do mencionado Decreto-lei 822/1969. Já ao final da década de 70 Ruy Barbosa Nogueira asseverava que, então, somente algumas legislações municipais ainda adotavam o "odioso princípio do *solve et repete*" (*Curso de Direito Tributário*, 7ª ed., São Paulo, Saraiva, 1986, p. 266).

25. ADIn 1.049-2.

26. "Art. 151. Suspendem a exigibilidade do crédito tributário: (...); III – as reclamações e os recursos nos termos das leis reguladoras do processo administrativo tributário."

sibilidade de criação de recursos na esfera administrativa, como a possibilidade ou não de esses recursos e impugnações serem dirimidos por órgãos singulares ou colegiados, leigos ou especializados, etc.

Não tardando a ser submetida a questão à apreciação da Corte Suprema, em sede de controle concentrado, e já agora especificamente em relação à legitimidade do § 2º do art. 33 do Decreto 70.235/1972 com a redação dada pelo art. 32 da Medida Provisória 1.770-48,[27] manteve o STF, por maioria, a posição anteriormente citada. Não albergava, assim, a tese distintiva calcada no art. 155, III, do CTN, tornando iníquas as possibilidades de reversão quanto àquele entendimento.[28]

Na mesma ocasião, diga-se de passagem, a Suprema Corte suspendeu a eficácia dos §§ 1º, 2º e 3º do mesmo dispositivo, que tratavam de limitação pela imposição de prazo decadencial anômalo para o exercício da tutela jurisdicional visando a desconstituir judicialmente a exigência efetuada em lançamento administrativo. Cotejando-se as duas posições emanadas pelo STF no mesmo julgado, não sobrariam dúvidas quanto a que a decisão se posicionava pela prevalência da tutela jurisdicional, em detrimento da pretensa igualdade hierárquica que se pretendia atribuir ao processo administrativo tributário.

Por todo o exposto, e já manifestada a imprescindibilidade, para a consolidação da atividade administrativa, da existência de Conselhos de Contribuintes no ordenamento, a par de limitações que possam existir – como a relativa ao depósito recursal –, uma visão *programática* poderia ser vislumbrada, qualificando as decisões, sem que isso se traduza em óbices à constituição do crédito tributário.

Nesse contexto, algumas questões parecem de suma importância.

• A necessidade do duplo grau poderia ser suplantada pela existência de uma instancia única, desde que colegiada e que garantisse a independência dos julgados, de preferência sem vinculação hierárquica direta com o mais alto grau da Administração – ou seja, sem a possibilidade de recursos avocatórios[29] ou vinculados ao ministro, secretário ou coordenador,[30] atendendo-se aos princípios da *imparcialidade* e *independência*.

Nesse particular é importante ressaltar a existência de precedente nesse sentido no âmbito interno – sem, entretanto, um exame mais crítico do conteúdo de suas decisões –, na legislação do Estado de Minas Gerais, cuja competência originária é feita no âmbito já do Conselho de Contribuintes daquela unidade da Federação.[31]

• Priorizar a celeridade ou impor prazos mais rígidos à própria Administração na conclusão do procedimento administrativo tributário, competindo impulsioná-los através da reunião dos elementos necessá-

27. Decreto 70.235/1972, art. 33, § 2º: "Em qualquer caso, o recurso voluntário somente terá seguimento se o recorrente o instruir com a prova do depósito de valor correspondente a, no mínimo, 30% (trinta por cento) da exigência fiscal definida na decisão".

28. ADIn 1.922-9 (Medida Liminar), rel. Min. Moreira Alves, *DJU*-I 14.10.1999.

29. Expediente que, todavia, foi chancelado pelo STJ ao admitir a revisão de decisões tomadas por colegiado, por órgão monocrático administrativo, valorizando, a nosso ver, excessivamente o aspecto orgânico-hierárquico, conforme precedente vazado nos seguintes termos: "Tributário – Procedimento administrativo fiscal – Instância especial – Possibilidade. 1. Não viola a Constituição Federal (incisos LIV e LV do art 5º da CF) disposição legal que permite recurso hierárquico especial de decisão de Conselho de Contribuintes para o Secretário de Estado da Fazenda. 2. O fundamento da instância especial está vinculado ao fato do julgamento realizado pelo órgão colegiado ser de natureza definitiva, pelo quê é de bom tom ser revisto por provocação da Fazenda à autoridade superior. 3. O recurso hierárquico da Fazenda, desde que regulado por lei específica, não fere o princípio da isonomia processual e não viola o devido processo legal. 4. Recurso ordinário em mandado de segurança improvido" (ROMS 11.976, rel. Min. José Delgado, j. 28.8.2001, *DJU* 8.10.2001).

30. A propósito, v. Pedro Lunardelli, "As decisões das Câmaras Reunidas do Tribunal de Impostos e Taxas do Estado de São Paulo e a competência para sua revogação", *Revista Dialética de Direito Tributário* 38/86-102, São Paulo, Dialética, 1998.

31. V. Decreto 23.780/1984.

rios à efetivação do lançamento ou seu cancelamento, até mesmo em caso de não-oposição pelo contribuinte, em atendimento ao princípio da *oficialidade*.

• A supressão de quaisquer medidas que impeçam ao longo da formação do processo, mesmo em esfera recursal junto ao Conselho de Contribuintes, a colhida de provas, repugnando-se o art. 16, § 4º, do Decreto 70.235/1972, em atendimento ao princípio da *verdade material*. Diferentemente do processo judicial, onde prevalece o princípio da verdade formal (CPC, art. 128), no processo administrativo é dever da autoridade administrativa e direito do contribuinte utilizar-se de todos os elementos que permitam identificar ou não a ocorrência do fato gerador.

Ainda é de se ressaltar que somente com o aparelhamento empenhado da Administração, e atendidos os princípios retores do procedimento administrativo, citados acima e ao longo desse trabalho, os Conselhos de Contribuintes assumirão sua importância devida, fazendo-se complementares, e não antagônicos, os ditames dos incisos LV e XXXV do art. 5º da CF Brasileira.

E, por fim, advogamos que não somente a flexibilização do processo administrativo pode como deve ser medida louvável a fim de tornar pleno o objetivo último, que é o de se obter respostas mais rápidas à solução de conflitos entre o Fisco e particulares. E, também quanto a esse aspecto, constatar que já é chegada a hora de o direito tributário aderir a novas formas existentes em outros ramos, como os direitos dos consumidores através das mediações junto aos PROCONs e Juizados Especiais, sem desrespeito aos princípios da legalidade e da indisponibilidade dos interesses da Fazenda Pública. E – por que não? –, com as devidas adaptações, aprofundar o debate quanto à utilização de modernos meios, como a mediação e a arbitragem, posto que o preconceito quanto à sua possibilidade no exame da relação jurídico-tributária pode, após uma análise mais profunda, mais apresentar-se como um dogma do que uma vera impossibilidade jurídica à luz dos preceitos constitucionais.

(Março de 2002)

5. Bibliografia

AQUINO, Rubim Leão de. *História das Sociedades*. 2ª ed. Rio de Janeiro, Livro Técnico, 1984.

ARRUDA, Luiz Henrique Barros de. *Processo Administrativo Fiscal*. São Paulo, Resenha Tributária, 1993.

BIENVENU, Jean-Jacques. *Droit Fiscal*. 2ª ed. Paris, Presses Universitaires de France, 1997.

CARRERA RAYA, Francisco José. *Manual de Derecho Financiero*. v. I. Madri, Tecnos, 1999.

CONTREIRAS DE CARVALHO, A. A. *Processo Administrativo Tributário*. São Paulo, Resenha Tributária, 1978.

HARGER, Marcelo. "A importância do processo administrativo". *Revista IOB de Jurisprudência* 3. São Paulo, IOB, 1999.

LUNARDELLI, Pedro Guilherme Accorsi. "As decisões das Câmaras Reunidas do Tribunal de Impostos e Taxas de São Paulo e a competência para sua revogação". *Revista Dialética de Direito Tributário* 38. São Paulo, Dialética, 1998.

MOREIRA NETO, Diogo de Figueiredo. *Curso de Direito Administrativo*. 8ª ed. Rio de Janeiro, Forense, 1989.

NOGUEIRA, Ruy Barbosa. *Curso de Direito Tributário*. 7ª ed. São Paulo, Saraiva, 1986.

SEIXAS FILHO, Aurélio Pitanga. "Regime jurídico dos recursos administrativos fiscais e os seus efeitos". *Revista de Processo* 25/51-95. Rio de Janeiro, Forense, 1982.

VILLEGAS, Héctor B. *Curso de Finanzas, Derecho Financiero y Tributario*. 7ª ed. Buenos Aires, Depalma, 1999.

ESTUDOS & COMENTÁRIOS

IMPOSTO DE RENDA DAS EMPRESAS

Estrutura constitucional do cálculo contábil

RENATO RENCK

Advogado em Porto Alegre. Mestre em Direito Tributário
e Doutorando pela Pontifícia Universidade Católica de São Paulo (PUC/SP)

1. Considerações iniciais. 2. Apuração da renda. 3. A diferença entre lucro e renda tributável. 4. Postulados contábeis: 4.1 Postulado da identidade – 4.2 Postulado da continuidade: 4.2.1 Compensação dos prejuízos fiscais – 4.3 Postulado da moeda constante. 5. Princípios contábeis: 5.1 Princípio do registro pelo custo de aquisição – 5.2 Princípio da realização – 5.3 Princípio da competência – 5.4 Princípio da oportunidade. 6. Critério da generalidade.

1. Considerações iniciais

O conceito de *renda* tem sido identificado, tanto pela doutrina como pela jurisprudência, como um acréscimo patrimonial ocorrido num período de tempo determinado em lei. O núcleo desta definição, num primeiro momento, é formado pela relação jurídica que constitui o patrimônio, devendo-se estudá-la nos seus aspectos essenciais para, a partir desta base jurídica, ter condições de verificar o momento exato em que – juridicamente – se pode afirmar a existência de renda. Paulo Frontini resume este conceito, ensinando que: "Patrimônio é o conjunto de relações econômicas ativas e passivas pertinentes a uma pessoa, de que é titular uma única pessoa; e cada pessoa só tem um patrimônio".[1]

Em outros termos, trata-se de um conjunto de direitos (patrimoniais) que se formam entre a contraposição de ativos (direitos) e passivos (obrigações). É importante não perder de vista que cada pessoa (seja jurídica ou natural) pode ter somente um patrimônio, o que evidencia que cada pessoa pode, em cada período, ter somente uma renda. Esclarecedora é a posição de Pontes de Miranda: "O pertencer a um só sujeito é pressuposto necessário, porém não suficiente, de patrimônio. Os pressupostos necessários e suficientes são a unidade e a pluralidade potencial dos elementos 'direitos', 'pretensões', 'ações' e 'exceções'. Como conjunto, o patrimônio cresce, ou diminui, sem que se lhe altere a identidade. O conjunto vazio continua de ser patrimônio".[2]

1. "Periodicidade do imposto de renda-II. Mesa de Debates", *RDTributário* 63/55.

2. *Tratado de Direito Privado*, t. V, §§ 595-567, p. 366.

Na pessoa jurídica – objeto do enfoque neste estudo – a origem da renda decorre, então, da contraposição dos direitos e obrigações patrimoniais que afluem a um patrimônio num determinado período de tempo, causando uma variação patrimonial positiva. Este núcleo é composto por duas contas genéricas: a) contas do ativo; b) contas do passivo. A contraposição destas duas contas genéricas estrutura todas as demonstrações financeiras das empresas, que constituem a forma jurídica de expressão do cálculo do que originariamente é lucro, e, num segundo plano, não menos importante, estabelece o procedimento do cálculo da renda tributável.

Para que se possa identificar melhor o que é *renda tributável* faz-se mister mencionar que existem tipos de renda, com vista a não confundi-los no ato de aplicação da lei tributária.

São eles:

a) *renda já acumulada* – capital, patrimônio, que é objeto de tributação do imposto sobre o patrimônio;

b) *renda consumida* – gastos de renda normalmente objeto de tributação incidente sobre o consumo (*v.g.*, ICMS);

c) *renda transferida* – *v.g.*, heranças, capitalização de empresas etc.;

d) *renda nova* ou *acréscimo patrimonial novo* – que constitui a base de cálculo do imposto de renda.

A este propósito, o art. 43 do Código Tributário Nacional declara que *renda*, para efeito de tributação específica, é produto do capital, do trabalho ou da combinação de ambos. Sendo produto do capital, no processo de formação de renda nas pessoas jurídicas ocorrerão gastos que, para efeito de diferenciação do mero consumo de renda, são denominados *aplicação* (investimento) de capital, os quais obrigatoriamente terão que ser considerados para efeito de verificação do surgimento do acréscimo patrimonial. Cabe enfatizar que o empreendimento que visa a gerar lucro se constitui de uma universalidade de investimentos que, ao serem consumidos, se agregam ao bem produzido. Estes investimentos são realizados dentro de um só processo de produção, que gera renda.

Outro elemento importante no contexto deste tema é que as pessoas jurídicas, mais especificamente as empresas, se formam pelo reconhecimento de uma personalidade jurídica, o que as identifica e as diferencia, de forma independente das demais. Com este argumento se deixa marcada a individualidade de cada sócio – quotista ou acionista –, bem como a identidade (significando independência) de patrimônio e da personalidade jurídica.

Com a formação da entidade – pessoa jurídica – se constituem dois elementos essenciais: a personalidade e o capital, destinado à utilização para alcançar os objetivos sociais. Este capital nada mais é do que o patrimônio originário transferido pelos sócios à sociedade, por alienação, ao qual se agregam novos acréscimos gerados pelo processo de formação de renda, que poderão ser tributados. A este propósito menciona Rubens Gomes de Souza: "O capital constitui-se em estágio de formação de renda e renda em estágio de formação de capital".[3]

Como a empresa tem um capital destinado a reprodução (por via especulativa), a geração de renda nas empresas se dá em forma de um produto de capital, não se cogitando de produto de trabalho, uma vez que os sócios e os trabalhadores – administradores e empregados –, como se mencionou, são pessoas distintas, que não se confundem com a pessoa jurídica. Isto significa que, para cada sócio ter direito de disposição à parcela de patrimônio da sociedade, é necessária a ocorrência de um ato – jurídico – que promova esta transferência.

2. *Apuração da renda*

A lei básica que rege a contabilização dos resultados das empresas – Lei 6.404/

3. "A evolução do conceito de renda tributável", *RDP* 14/341.

1976 – prescreve, em seus art. 176 e 177, que as mutações patrimoniais deverão ser expressas em demonstrações financeiras, com observação dos princípios e métodos contábeis. A legislação tributária, com base no núcleo prescritivo contido no art. 6º do Decreto-lei 1.598/1977, determina que o lucro real, ou seja, a renda tributável, será constituído do lucro líquido apurado segundo a Lei 6.404/1976, ajustado pelas adições, exclusões e compensações previstas na lei tributária.

Estes enunciados legais prescrevem, pois, que a renda, tributável, no país é apurada com base nas demonstrações contábeis da empresa, para, num segundo momento, ter seus contornos definitivos fixados nos termos da lei tributária. Desta forma, por declaração expressa, a legislação tributária adota sumariamente todas as anotações contábeis como forma de linguagem jurídica para consubstanciar, com base nestas, formalmente, o que é renda.

Este fato não deixa dúvida de que a Contabilidade deve ser organizada nos termos da legislação a ela aplicável. Integra o âmbito jurídico e deve ser tratada como fato jurídico pela ciência jurídica. Além disso, a própria legislação do imposto de renda textualmente determina a utilização dos critérios e princípios contábeis, o que basta para afirmar que estes – princípios e critérios contábeis – constituem objeto da ciência jurídico-tributária. Conseqüentemente, estamos diante de uma metodologia jurídica de cálculo da renda tributável que adota a Contabilidade comercial como parte essencial do processo de apuração. Assim, não têm razão aqueles que afirmam deva a Contabilidade – como objeto de estudo – ser tratada exclusivamente pelos contadores. A Contabilidade deve ser feita segundo o que a lei prescreve, e por isso os aspectos jurídicos são essenciais, porque regem toda a sistemática de apuração dos lucros, despontando, em primeiro lugar, a sua forma de representação em linguagem, além de servir como técnica de apuração, atendendo a um procedimento de cálculo cientificamente estabelecido.

Por estas razões, cabe realçar que a Contabilidade ocupa um espaço privilegiado no contexto jurídico da apuração de base de cálculo do imposto de renda, devendo ser conhecida pelos juristas, advogados e juízes, pelo simples fato de que aquele que tem o dever de aplicar normas jurídicas reguladoras deste importante contexto da vida nacional deve, no mínimo, conhecer os instrumentos legais que aplica.

Postas estas premissas iniciais, cabe passar a estrutura da Ciência Contábil, com vista a evoluir no conhecimento do que é essencial para o estudo do procedimento por via do qual se formula o cálculo do que é *renda tributável* das empresas e se definem os limites da sua tributação, em face das normas constitucionais. É importante ter em mente que o procedimento por via do qual se apura a renda é contábil. Contudo, os critérios contábeis a serem adotados devem conformar e concretizar os princípios constitucionais que estabelecem limites ao poder de tributar. Com estes fundamentos, pode-se afirmar expressamente que os contornos específicos e definitivos dos critérios contábeis devem ser orientados no sentido prescrito pelas normas constitucionais aplicáveis à delimitação do que é *renda tributável*.

3. A diferença entre lucro e renda tributável

O balanço que apura o lucro para efeito das relações jurídicas privadas e a apuração da base de cálculo do imposto de renda estão respectivamente submetidos a duas metodologias distintas, prescritas em dois planos do sistema jurídico. O primeiro plano, prescrito na lei comercial, posta em lei ordinária, que adota a moeda com poder liberativo formal, conforme os arts. 22, I, e 48, inciso XIV, da Constituição. Somente no segundo plano, constituído pelo texto constitucional propriamente dito, estão prescritos os limites materiais e formais ao poder de tributar.

A Lei 6.404/1976 – que rege a apuração do lucro no contexto brasileiro, como já se mencionou – estabelece que na elaboração das demonstrações financeiras devem ser atendidos os princípios contábeis. Segundo a Resolução 750 do Conselho Federal de Contabilidade, devem ser atendidos os seguintes princípios: da identidade, da continuidade, da atualização monetária, do registro pelo custo de aquisição, da competência, da realização da receita, da prudência e da oportunidade.

Nós entendemos que a diferença, fundamental, entre apuração contábil do lucro (privado) e da renda (tributável) consiste em que os três primeiros princípios contábeis, na apuração da renda tributável, devem ser adotados como postulados, e não como princípios.

Cabe ter em mente que os princípios jurídicos, quando aplicados, têm efeito mediato, não se impondo diretamente de forma rígida. Seus conteúdos normativos são ponderados entre si, permitindo uma aplicação com certa elasticidade, o que possibilita que nos cálculos regidos pela lei comercial se estabeleçam presunções e ficções. O postulado, ao contrário, aplica-se diretamente como regra categórica, não admitindo qualquer elasticidade. Desta forma, os critérios de cálculo são rígidos e buscam estabelecer o valor efetivo da renda. Por isso os postulados se prestam para estabelecer limites nítidos e fixos ao poder de tributar.

A identidade jurídica/patrimonial de cada contribuinte, a continuidade do processo de formação de rendas e o valor constante da medida monetária utilizada para quantificar o patrimônio constituem pressupostos inarredáveis para que se possam concretizar os princípios constitucionais da capacidade contributiva e da igualdade. Por isso estes três elementos de cálculo devem ser adotados como postulados aplicativos das normas que regem o cálculo do valor e da renda. Os três postulados mencionados ainda constituem a única forma aplicativa das regras que concretizam materialmente os critérios da generalidade e da universalidade, previstos no art. 153, § 2º, I, da Constituição. Por fim, estes postulados constituem a estrutura metodológica que culmina num resultado tributável, com a consistência de um valor material (factual), e não meramente formal. Daí afirmar-se que o valor que constitui a base de cálculo do imposto é que lhe concede a própria natureza. A este propósito observa Rubens Gomes de Sousa: "(...) a escolha pelo legislador de uma base de cálculo inadequada pode não só desvirtuar a natureza específica do tributo, transformando-o, por exemplo, de imposto de renda em imposto sobre o capital, mas também a sua natureza genérica, transformando-o de imposto em taxa ou vice-versa".[4]

O mesmo autor volta ao tema, para afirmar: "(...) se o tributo formalmente instituído como incidente sobre determinado pressuposto de fato ou de direito é calculado com base em uma circunstância estranha a este pressuposto, é evidente que não se poderá admitir que a natureza jurídica deste tributo seja a que normalmente corresponde à definição de sua incidência".[5]

Assim, *a priori*, afirma-se que com a aplicação destes postulados – em vez de princípios – se estrutura uma forma aplicativa do direito constitucional na apuração da base de cálculo do imposto de renda, visando exatamente a estabelecer um cálculo que culmine num valor efetivo. Cumpre, pois, passar à demonstração de que nos momentos de aplicar estas regras de cálculo se culmina em um valor que atende aos preceitos constitucionais.

Observados os fundamentos sintetizados na lição do mestre Rubens Gomes de Souza, acima transcrita, pode-se afirmar que as prescrições constitucionais não admitem, como forma de tributação normal, a apuração da base impositiva por via de presunção. A este propósito, observa José Artur Lima Gonçalves: "Por mais argutas e intelectualmente extraordinárias que sejam

4. "Um caso de ficção legal no direito tributário: a pauta de valores como base de cálculo do ICM", *RDP* 11/16.

5. Idem, ibidem, p. 18.

as lições de Pontes, Clóvis, e tantos outros, sobre os institutos da ficção e presunção, essas lições servem de fundamento de validade para recepção, pelo sistema constitucional brasileiro, de toda e qualquer norma jurídica que veicule ficção ou presunção".[6]

Admite-se a presunção como forma excepcional de valoração quando o contribuinte não cumprir seu dever de demonstrar formalmente a renda auferida. Estas limitações não existem para efeito da apuração do lucro no contexto privado – que está sujeito ao que o legislador ordinário dispuser.

4. Postulados contábeis

4.1 Postulado da identidade

Pela importância na formação do raciocínio, insiste-se: há uma separação definitiva, clara, entre os sócios (quotistas ou acionistas) e a entidade, pessoa jurídica, que tem personalidade. Assim, os direitos dos sócios não se confundem com os da sociedade. Há uma separação jurídica patrimonial, plena. Neste contexto se forma o postulado da identidade, que tem aplicação técnica importante no núcleo de formação da renda.

Explicando melhor: o direito patrimonial, que é exercido em relação a um determinado conjunto de bens, ou pertence a uma pessoa ou a outra (não confundir com direitos conjuntos sobre um bem em condomínio). Assim, juridicamente há uma separação total entre os bens dos sócios (quotistas ou acionistas) e os pertencentes à sociedade.

Então, a função deste postulado é a de realçar que um bem ou é de um, ou é de outro proprietário. Constitui, assim, um elemento que indica ser necessário definir o momento em que ocorre a transferência dos direitos patrimoniais (que tem potencialidade para gerar renda) nas transações jurídicas. Juridicamente, esta transferência ocorre pela realização, que nada mais é do que uma forma de estabelecer o momento exato que marca o surgimento do patrimônio novo. Com isso também já se define que a aquisição de renda sempre implica a troca de um bem – investimento – adquirido por um custo menor do que o recebido em troca. Têm-se, pois, condições para afirmar que a renda – aquisição de um patrimônio – é obtida no momento exato em que o direito patrimonial se estabelece em relação a um patrimônio novo adquirido em face de uma relação jurídica que o transfere.

Neste contexto, o postulado da identidade é fundamental, uma vez que o bem (que consubstancia a renda em forma de patrimônio novo) nem sequer por um átimo (de tempo) pode pertencer simultaneamente ao que o adquire e ao que o transfere.

Identifica-se, assim, um núcleo jurídico fundamental para o imposto sobre a renda: a transferência do direito patrimonial sobre parcelas de renda nova. Neste núcleo é que se irradiam os efeitos jurídicos e se evidencia a importância dos critérios de realização de renda contrapostos ao reconhecimento do lucro.

Pensa-se em duas situações aparentemente similares:

1. Quando se apura lucro em controlada, enquanto este não for distribuído, para o participante no seu capital não haverá renda tributável.

2. Pela equivalência patrimonial, o mesmo lucro, ao ser apurado, é refletido da controlada à controladora, para efeitos patrimoniais da lei societária, e é registrado como aumento do seu patrimônio (art. 248 Lei 6.404/1976).

Neste caso ainda não existe renda tributável para a controladora. Somente há direitos indiretos, mas não há propriedade consolidada por direitos patrimoniais diretos que fundamentem a aquisição de parcela de patrimônio novo; há somente uma expectativa de direitos, que não é suficiente para consolidar um acréscimo de renda. Conseqüentemente, quando há somente lucro acumulado ou aumento do patrimônio líquido na controlada, refletido pela equivalência patrimonial, não se pode falar em

6. *O Imposto de Renda*, p. 158.

isenção do imposto de renda; há que falar em não-incidência, porque ainda não ocorreu fato gerador do imposto de renda.

Somente com estes argumentos já se tem fundamento para afirmar, *v.g.*, que a Medida Provisória 2.158, 34ª edição, que dispõe que o resultado das controladas de empresas brasileiras no Exterior é tributável na data em que for apurado um balanço, é inconstitucional. A razão é simples. A empresa que tem parcelas de capital da controlada não tem a disponibilidade (leia-se direitos patrimoniais, juridicamente estabelecidos) que permita à controlada dar o destino que lhe aprouver às parcelas de patrimônio ainda não distribuídas pela controlada. Assim sendo, a forma de apurar a renda tributável, neste contexto, não pode repousar sobre um princípio, como ocorre quando se apura o lucro, que pode ser ponderado. Por isso a lei comercial, pela equivalência patrimonial, pode refletir o resultado da controlada no patrimônio líquido da controladora.

No caso da tributação, pelos limites materiais constitucionalmente estabelecidos, há uma limitação que exige que haja patrimônio novo consolidado juridicamente. Estes limites específicos, porque concretizam os limites ao poder de tributar, não podem ser flexibilizados.

Este argumento também realça a diferença que há entre a aplicação de princípios, previstos na legislação que prescreve a apuração do lucro, e dos postulados, que constituem formas, concretas e inflexíveis, de se conduzir o raciocínio com vista a aplicar, no caso, um limite constitucional ao poder de tributar. Com isso também já se pode afirmar que os critérios de realização, para efeito do cálculo de imposto de renda, são bem mais rígidos que os aplicáveis à apuração do lucro, porque eles efetivamente constituem elementos que protegem o contribuinte da violação dos limites do poder de tributar.

4.2 Postulado da continuidade

Já se afirmou que a aplicação das normas tributáveis deve atender a um critério que culmine na identificação de um valor que corresponda a um evento econômico efetivamente existente. Em razão disso, o intérprete deve examinar minuciosamente o processo, concreto, que apura quantitativamente o valor tributado, uma vez que deve identificar os elementos que têm de estar presentes – concretamente – para que, constatado o evento, possa afirmar a ocorrência do fato gerador. Tendo em vista esta exigência, emerge a importância da própria dinâmica que gera a renda nova. Em outros termos, realça-se o que já foi mencionado: o aplicador da norma constitucional deve levar em conta o processo de formação de renda para, com base nele, fixar a metodologia a ser observada para que se possa, ao final de uma quantificação periódica, efetivamente tributar o patrimônio novo realmente existente.

Cabe abrir um parêntesis para realçar que, neste contexto, em que se deve identificar a hipótese factual posta em lei, não se descreve, em caracteres, o fato que, se ocorrido, desencadeia a incidência da lei tributária. O aplicador, em vez de descrever, precisa identificar os elementos constitutivos do evento e deve narrá-los. Com isso quer-se afirmar que a Contabilidade, como linguagem que consubstancia os acréscimos novos, efetivamente narra todos os elementos econômicos que sucedem no processo dinâmico gerador de renda, e os deixa consubstanciados em linguagem.

Dentro deste processo de produção de renda, é essencial quantificar os custos da aquisição dos bens e compará-los com os de venda, operação que se denomina de *apuração do lucro operacional*. Além disso, cabe incluir, como custos dos bens vendidos, todos os gastos diretos e indiretos necessários à obtenção de renda, uma vez que o acréscimo patrimonial é apurado não em relação somente à venda de bens, mas, sim, em relação ao patrimônio total. Neste contexto, uma parcela relevante que integra a apuração do lucro decorre de valorações relativas à durabilidade de bens que são apropriados por via de depreciação, exaustão etc., sobre as quais não se tem certeza no final de cada período de apuração. O período de uso é fixado por critérios técnicos, mas a duração efetiva sempre depende do uso de cada bem. Como estas parcelas de depreciação não são definitivas, tendo em vista que o imposto somente pode incidir sobre um resultado efetivo, a legislação ordinária deverá prescrever formas que permitam a imediata correção de pagamento de imposto pago a maior, quando eventualmente ocorrido. Este cuidado decorre da proibição da tributação de valores inexistentes, fictos ou presumidos, acima mencionados. Emerge, assim, a importância do postulado da continuidade, que, ao caracterizar o processo de produção de renda como contínuo, visa exatamente a considerar os valores dos resultados estáticos como relativos, e permitir que sejam corrigidos à medida que se conheça a verdade factual sobre o consumo do patrimônio. Por isso há que estabelecer mecanismos de correção imediata dos valores adotados nos encerramentos dos exercícios passados, na medida em que ocorrências futuras não coincidem com as projeções dos valores utilizados como custos. No caso de um bem durar menos do que o previsto originariamente aplica-se o princípio da oportunidade, que será comentado adiante, e se lança a custos do período – em que se conhece a durabilidade menor – toda a diferença do custo não apropriado nos balanços anteriores.

Este postulado constitui, então, forma técnica que orienta os critérios de concretização do princípio da capacidade contributiva, que, à sua vez, densifica com elementos materiais o princípio da igualdade.

Pelo postulado da continuidade aplicado à apuração dos resultados na empresa visa-se principalmente a estabelecer um cálculo da renda que, à medida que o processo evolui, gradativamente alcança a realidade. Demonstra também que um cálculo definitivo somente será possível após liquidar todo o patrimônio de uma empresa. Antes de se transformar em dinheiro todos os investimentos em bens específicos, como utensílios e estoques, não há como apurar um valor, definitivo e certo, gerado por um investimento. A Contabilidade, historicamente, constitui um procedimento de cálculo em aberto, que deve ser alterado à medida que ocorrerem os fatos efetivos no processo de produção de renda.

Neste procedimento se considera um investimento pelo valor despendido na sua aquisição. A compra decorre de mera variação qualitativa do patrimônio, porque o valor do preço da compra substitui, no patrimônio da empresa, o valor, em moeda, despendido na compra. Sem dúvida isso decorre do fato de os direitos patrimoniais não se terem modificado, uma vez que a compra implica somente troca de um bem, dinheiro, por outro, com valor de mercado. O valor de mercado tem natureza variável. É o processo especulativo, situado na gênese da busca do lucro, que constitui a força propulsora da geração do resultado. O patrimônio novo efetivo, para quem compra, somente será conhecido no momento em que vende o bem no qual investiu parcela de seu capital. É somente neste momento da venda que ocorrerá uma mutação quantitativa no patrimônio, a não ser que se venda o bem pelo mesmo valor de sua compra. Este argumento já introduz dois elementos importantes na análise do processo de apuração de renda: o registro do investimento pelo valor da compra e a obtenção de renda no momento da venda – que se denominam, respectivamente, de princípios do *registro pelo custo de aquisição* e da *realização*, que serão o objeto de análise oportunamente.

Por isso, quando se liquida um investimento, feito num bem especifico, registra-se o valor de venda e dá-se baixa do valor de compra: a diferença é registrada como resultado desta operação e que corresponde a uma mutação quantitativa.

O custo do bem vendido não se resume somente aos de compra e venda. Todos os demais bens investidos para viabilizar a evolução do processo de produção devem ser considerados como valores gastos, o que ocorre dentro da apuração periódica, submetida ao princípio da competência, que também será comentado abaixo.

Assim, a renda de um determinado período decorre da soma de valores auferidos nas liquidações de investimentos contraposta ao investimento, prévio, efetuado na aquisição desses mesmos investimentos. Dentro deste processo se compram bens para revender, adquirem-se insumos para produzir novos bens, contratam-se recursos (mão-de-obra, tecnologia, serviços etc.), tomam-se empréstimos, aplicam-se sobras de caixa no mercado financeiro, para, num procedimento único, atingir os fins da empresa, que consistem em gerar resultado. Este processo, uma vez iniciado, passa a ser contínuo, não havendo condições de pará-lo, promovendo a liquidação de todo o patrimônio, no momento de apuração de cada resultado a ser tributado. Simplesmente, quando se apura o resultado, por via do balanço, tecnicamente se promove um corte para obter uma tomada de pulso do empreendimento, por via da apuração das liquidações feitas até o momento deste corte. Mas este corte, consubstanciado nas demonstrações financeiras específicas, é artificial: não gera um resultado plenamente definitivo, uma vez que, no momento em que é realizado, está em andamento uma grande quantidade de investimentos, que dependem de processo de produção e de venda, e que poderão gerar resultados, mas também perdas, no momento em que forem vendidos. Imagine-se uma queda de preços de produtos em estoque, para além do valor de compra. Estas perdas somente serão constatadas no momento em que o investimento, no estoque, for liquidado pelo critério da realização. Mas, em virtude do processo dinâmico de produção de renda, a liquidação de investimentos e a aplicação em outros são quase que simultâneos, o que deixa inequívoco não haver possibilidade de se promover a apuração definitiva do resultado concreto enquanto não se fizer uma liquidação total do investimento objeto da sociedade.

Vale referir, ainda, que quando há investimento em bens – ativo imobilizado –, no momento do balanço, não há um custo definitivo. Há tão-somente um resultado relativo, parcial, que pode até ser provável, desde que o uso do bem em depreciação dure o período originariamente previsto.

Em face desses fatos, no momento de encerramento de qualquer período de apuração (seja ele longo, médio ou curto) sempre se terão dúvidas sobre a efetividade quanto aos valores relativos às apropriações concernentes ao patrimônio de qualquer empresa. Exemplos: durabilidade dos bens do ativo imobilizado; preço de venda de bens em estoque; valor definitivo dos bens imateriais da empresa, tais como clientela, produto, qualidade, sistema de distribuição; etc. Com isso literalmente se quer reiterar que as demonstrações financeiras não retratam os valores efetivos e definitivos dos bens patrimoniais da empresa. Em outros termos, o valor apurado contabilmente é sempre relativo.

Pense-se numa máquina com duração prevista de 10 anos. Se esta se tornar imprestável no quinto ano de uso, para que se tenha condições de apurar o valor da renda efetiva, concreta, como prescreve a Carta, teriam de ser retificadas as declarações de renda dos últimos cinco anos para apropriar, no lugar dos 10% de depreciação anual, 20%. Esta retificação e alterações dos exercícios passados implicariam violação do princípio da certeza jurídica. Para preservar a certeza quanto ao passado – que é fundamental no Direito – há que estabelecer um critério que contorne a tributação feita com fundamento em renda provável – para adequá-la a uma realidade concreta, à medida que se desenvolve o processo de produção de renda e se vá conhecendo a realidade. Esta linha de contorno deve-se estabelecer admitindo – juridicamente – que os valores submetidos a tributação, por períodos estanques, não são definitivos. Dito de outra forma: todo resultado de empresa – submetido a tributação, nos termos da lei do imposto de renda – não é totalmente definitivo. Isto impõe que se encontre uma forma de adequação à materialidade definitiva e efetiva à medida que os fatos passam a ser conhecidos. Em outros termos, impende estabelecer um mecanismo técnico que possibilite que tanto os resultados positivos como os negativos inerentes aos períodos passados se reflitam nas apurações futuras, à medida que os valores adotados no passado, para efeito de cálculo, se alterarem. Este mecanismo técnico, que se presta para servir de elo de ligação entre as apurações periódicas estanques, é a *compensação dos prejuízos fiscais.*

4.2.1 Compensação dos prejuízos fiscais

Para se atingir a tributação em fundamentos reais, o elo que interliga os resultados estáticos apurados, por via da aplicação do princípio da competência, se estabelece pela compensação de prejuízos fiscais de forma plena. Os prejuízos nada mais são do que resultados negativos ocorridos dentro de um fluxo contínuo de formação de renda. Num contexto em que o poder de tributar é controlado por via de eventos factuais, inadmitindo-se a tributação por presunção, a compensação do prejuízo fiscal é forma de se obter a readequação contínua de apuração dos resultados à realidade patrimonial da empresa. Esta realidade somente poderá ser estabelecida por via de um processo de formação de renda em que se contraponham, na apuração da renda tributável, os resultados, negativos e positivos, de forma dinâmica. A admissão da compensação plena e direta remove este óbice, adequando a tributação da renda à própria realidade do processo em que ela se forma.

Em que pese a não se ter condições de desenvolver o tema com a profundidade requerida, quer-se anotar que a redação do art. 116 do Código Tributário Nacional – nos termos da Lei Complementar 104 – expressamente integra o princípio da verdade material no âmbito da interpretação do direito tributário pátrio. Este preceito, na verdade, ao impor a investigação da verdade factual, está dispondo que a lei ordinária deve considerar os fatos dentro do contexto em que ocorrem, afastando o formalismo. Sem dúvida que, mesmo de forma implícita, está declarando um direito do contribuinte no sentido de que na identificação da base de cálculo do imposto de renda seja considerada a realidade dinâmica do processo de formação de renda.

Com estes argumentos tem-se fundamento para afirmar que a compensação dos prejuízos de forma parcial, prescrita na Lei 9.249/1995 (art. 25, § 5º), é inconstitucional.

4.3 Postulado da moeda constante

O fator de medida dos direitos patrimoniais adotado nos procedimentos contábeis de apuração de renda é a moeda instituída juridicamente em cada país. Nesta condição, tem a mesma função que têm o metro (para medir distâncias), o quilo (para medir peso) etc. Tanto faz se medimos uma distância, a temperatura ou a pressão: somos sempre remetidos à comparação com uma escala de aferição constante. Ocorre que, como já se mencionou, o lucro é apurado nos termos da lei comercial, e serve de ponto de partida para calcular a base de cálculo da renda tributável. Para efeito de cálculo do lucro privado é admissível o uso do valor da moeda estipulado por via de lei, porquanto a competência para dispor sobre direito comercial e moeda é do legislador ordinário (arts. 22, I, e 48, XIV, da CF).

Contudo, o art. 153, § 2º, da Constituição prescreve que o imposto de renda deve ser informado pelo critério da generalidade e da universalidade. Logo, para que o imposto seja informado pelo critério da universalidade não há outra forma para apurar os valores de renda nova, a serem submetidos a tributação, a não ser a adoção de uma medida com valor econômico constante. Esta afirmativa se impõe por uma simples razão: ao se medir um patrimônio único com moeda que sofre alteração de valor econômico, decorrente da inflação, adotam-se medidas que expressam valores econômicos diferentes no tempo. Com isso perde-se a possibilidade de efetuar comparações concretas e reais entre os diversos valores a serem adotados num procedimento contábil. Sem dúvida que neste caso não se atende ao critério da universalidade. Pense-se no encerramento de um balanço em que o resultado – tributável – é formado pelo ganho de capital decorrente da venda de bens adquiridos há 10 anos e de outros adquiridos há 5 e de mercadorias adquiridas no próprio período de apuração. Cada um dos valores despendidos na compra destes bens foi registrado, contabilmente, adotando-se o número de unidades monetárias de valores econômicos pagos ao tempo da compra. Estas unidades expressam medidas de valor diferentes e deverão ser contrapostas ao valor das moedas – diferente – das respectivas vendas para apurar a renda tributável. Se a apuração da renda relativa a estes investimentos, feitos cada um num período em que o valor econômico da moeda era diverso, for feita pelo valor nominal, considerando o mesmo número de unidades monetárias, sem dúvida não se atingirá uma apuração por um critério universal. Se a medida, que é a forma essencial de consignar a quantificação, variar não haverá forma de ser atingir uma quantificação pelo critério da universalidade. A universalidade de medida – *v.g.*, do peso e distância – se estabelece exatamente em face da uniformidade efetiva. Assim, não há forma de se afirmar que materialmente a universalidade se estabelece enquanto não se utiliza uma medida constante. Fica demonstrado, assim, que a medida de valor constante – universal – é essencial para se poder estabelecer a comparabilidade entre os investimentos feitos no tempo. Tome-se outro exemplo: um investimento num ativo depreciável em 10 anos. Se o valor econômico da moeda for instável – não-constante – a depreciação, que é forma de apropriação do investimento como custo, não será total. Com isso tem-se fundamento pleno para afirmar que caso se adote um critério de medidas de valor variáveis no tempo não se terá um critério universal, e o imposto não será totalmente incidente sobre uma riqueza nova. Parte do valor tributável é o próprio capital que não foi deduzido como custo relativo ao uso dos bens investidos no processo de produção.

Com estes argumentos sucintos, para que se cumpra a norma constitucional – que prescreve o critério universal como informadores da renda – há que se indexar a moeda para apurar a renda tributável. Como não há meio diverso de, tecnicamente, se obter a renda real – apurada pelo critério universal – sem que se utilize uma moeda de valor constante, têm-se fundamentos para estabelecer o terceiro postulado: o do valor constante da moeda para efeito de apuração da renda real. Com estes argumentos têm-se condições técnicas para afirmar que as declarações de renda no país após janeiro/1996 – quando foi revogada a sistemática de correção monetária – estão contaminadas de grave vício, e parte dos valores pagos está sujeita ao pedido de repetição. Neste mesmo passo, todos os lançamentos efetuados pela Receita Federal relativos aos períodos a partir de 1996 são amplamente contestáveis, por não atenderem ao critério da universalidade fixado na Constituição.

5. Princípios contábeis

Segundo nosso entendimento, os princípios contábeis, aos quais abaixo se referirá, efetivamente são aplicáveis tanto para apuração de renda tributável como para efeito de quantificação do lucro. Trata-se de formas que devem ser adotados com certa flexibilidade valorativa, uma vez que a complexidade de cada registro de valor requer definições que variam de forma intensa. Estes princípios são aplicáveis no âmbito do imposto de renda como forma complementar aos postulados acima discutidos. No que se refere ao lucro das empresas estes princípios são aplicáveis concomitantemente com os princípios da identidade, da continuidade e da correção monetária, na forma prescrita inicialmente pela Resolução 750 do Conselho Federal de Contabilidade, de 29.12.1993. Como se verifica, a diferença entre o lucro real tributado e o lucro privado da sociedade situa-se exatamente na adoção de postulados no lugar de princípios, com vistas a, no imposto de renda, se consagrar os princípios que limitam o poder de tributar da União. Para efeito de tributação há que perseguir a realidade factual, e por isso há postulados – forma técnica de apuração – que não podem ser contornados. Na apuração do lucro privado o legislador tem poder estipulativo, podendo adaptar, simplificar os cálculos com liberdade, tanto por via da presunção como de ficção, e por isso também pode utilizar-se de uma medida – a moeda – de valor liberativo formal fixado em lei.

5.1 Princípio do registro pelo custo de aquisição

Um dos fatores mais importantes no que se refere ao procedimento de apuração do resultado das empresas é que todo investimento promovido para obter um valor novo – *ganho* – se inclui no processo – dinâmico – em que a renda se realiza, onde deve ser contabilizado pelo seu valor de aquisição. Trata-se do valor pago, que servirá de ponto de partida para apurar o ganho na contraposição com o preço de venda.

Cabe manter na retina que o investimento de capital – patrimônio acumulado – está protegido pelo princípio da livre iniciativa. Vale dizer, a decisão que direciona o investimento, o gasto de capital, está situada no contexto da liberdade de cada contribuinte. Se consumir capital num processo de produção, assume o risco da perda de patrimônio, que está presente em toda atividade econômica empresarial. Desta forma, toda despesa que tenha vinculação direta ou indireta com a atividade econômica que visa ao lucro, em princípio, deve ser dedutível como investimento realizado com o intuito de obter o ganho. Se a despesa tem a função (direta ou indireta) de impulsionar o processo de geração de renda, ou contribuir para ele, o Fisco não poderá intervir para estabelecer diferenças relativas a que gasto pode e qual não pode ser apropriado como despesa. Todo gasto, genericamente considerado, nada mais é do que investimento, que tem natureza especulativa. Somente não terá esta natureza se a vinculação do gasto se distanciar da atividade lucrativa e se constituir em fruição das pessoas vinculadas à administração ou se tratar de atos caracterizadores de liberalidade. Assim, a nosso ver, todo e qualquer gasto inserido no âmbito do processo de geração de renda, em princípio, tem sua dedutibilidade assegurada constitucionalmente, sendo inconstitucionais as leis que a coíbem. Há gastos, contudo, que serão efetuados em contextos nem sempre definidos, o que caracteriza uma *zona gris*, em que a vinculação à atividade geradora de lucro não é clara. Nestes casos o legislador poderá prescrever a vedação da dedutibilidade. Deve, contudo, admitir que o contribuinte, mediante prova, adquira o direito à dedução, comprovando a vinculação da despesa com o processo de geração do lucro. Excluem-se deste âmbito os valores das penalidades decorrentes dos atos ilícitos praticados.

5.2 Princípio da realização

Em nosso entendimento, o princípio mais importante para efeito de apuração do imposto de renda – na condição de produto de capital – é o denominado *princípio da realização pelo valor da venda* – declarado no *caput* do art. 43 do Código Tributário Nacional –, que é contraposto ao princípio do registro da compra pelo valor despendido na compra. Este princípio concretiza o postulado da identidade.

Justificando nossa posição, cabe referir que o produto de capital decorre exatamente da diferença entre o valor investido – registrado pelo custo da aquisição – e o valor de venda realizado pela aquisição do preço. Assim, a diferença – a variação patrimonial positiva – decorre da contraposição dos critérios comparativos entre o valor investido em cada bem vendido e aquele obtido pela sua venda.

Como já se mencionou, qualquer ganho só pode ser reconhecido como tal após o ato que consagra o direito respectivo. Desta forma, o valor relativo ao ganho deve ser precedido de transferência de renda do adquirente de um bem ao vendedor. O bem, mesmo que tenha um valor muito maior que o contabilmente registrado, somente gera renda após sua venda. Enquanto permanecer como patrimônio do adquirente seu valor corresponde exclusivamente ao investimento realizado e pode caracterizar uma potencialidade de ganho futuro.

Feita a venda, o valor contratado será renda no momento da entrega do bem a um preço definido. O resultado relativo ao ganho desta operação, atendendo ao princípio da competência, deverá ser registrado dentro do período de apuração em curso. Neste período, se a venda foi feita a prazo, ainda não se terá um ganho definitivo. Não se recebeu moeda, há somente direitos a serem recebidos. O percentual do valor que normalmente a empresa não recebe, em face da inadimplência dos seus devedores em geral, desde logo não é ganho. Por isso há direito da empresa ao registro de perda provável no recebimento, exatamente para adequar o cálculo do ganho efetivo – promovendo a provisão para liquidação de créditos duvidosos, que tem a função de amoldar o valor da renda efetivamente recebida à realidade histórica. Assim, o princípio da realização tem subjacentes às normas que regulam e conformam o direito patrimonial todas as circunstâncias que influem sobre a obtenção definitiva do resultado. Desta forma, pela provisão para crédito de liquidação duvidosa ajusta-se o resultado, calculado com base em receitas brutas a receber, fundado em fatos históricos do resultado efetivo. Assim, este ajuste busca adequar a renda a seu valor real efetivo, nos termos previstos na Constituição. Em face deste fundamento, entendemos que é inconstitucional a vedação da instituição desta provisão, como o faz a legislação brasileira.

5.3 Princípio da competência

Pelo princípio da competência busca-se uma espécie de emparelhamento dos gastos (investimentos) feitos num período em função das receitas auferidas em face das venda realizadas. Pelo critério subjacente a este princípio busca-se atribuir a um período todos os gastos incorridos relativos às receitas nele obtidas. Deve-se ponderar que o princípio da competência está subordinado ao postulado da identidade e, essencialmente, ao da continuidade. Sua função única é a de servir de critério técnico para apurar o resultado do empreendimento em forma de um corte totalmente artificial dentro de um processo dinâmico de formação de renda. Contudo, cabe reponderar que nem todos os gastos relativos aos períodos são plenamente identificáveis de forma definitiva. Exemplificativamente, a depreciação foi realizada na expectativa de um determinado período de duração de inúmeros bens do imobilizado, que certamente não coincidirá com os registros efetuados. Atividades da empresa poderão ter causado danos ainda não reconhecidos no momento do encerramento de um período, os quais devem ser suportados pelos lucros futuros. Muitas despesas registradas – como, por exemplo, em pessoal, publicidade – em parte implicaram consumo definitivo, mas resíduos em valores não identificáveis se agregaram imaterialmente ao patrimônio da empresa, constituindo não uma perda, mas um bem que contribuirá para a obtenção de resultados futuros, tais como os elementos que constituem o fundo de comércio, onde figuram, muitas vezes, como a parcela de patrimônio mais importante da empresa. Bens se valorizaram num período em que se registraram resultados negativos, e que serão vendidos com lucro no futuro. Com isto fica inegável que pelo princípio da competência não se têm condições de estabelecer um resultado que se possa chamar de definitivo, pelo simples fato de não se conhecerem todos os elementos que efetivamente influenciaram os resultados apurados. Com isso, não é exagero reafirmar que o resultado de um período isolado tem grande dose de presunção, ou seja, tem grande grau de relatividade, que não preenche as condições necessárias a satisfazer os critérios materiais, exigidos pela Carta Política, para servir de base de cálculo definitivo para o imposto de renda. Em face destes elementos, reafirma-se que o princípio da competência tem sido aplicado no país quase como um valor jurídico absoluto, transformando-se em regra. Contudo, deve ser ponderado com os demais princípios e tem de se adequar ao postulado da continuidade do processo de produção de renda.

5.4 *Princípio da oportunidade*

Outro princípio é o da oportunidade, que se aplica como critério jurídico para orientar os registros de ganhos ou perdas patrimoniais. Por este critério o registro deve ser feito tão logo o contribuinte conheça o fato que enseja o registro de uma variação patrimonial. Cabe ter em mente que este critério vale essencialmente para registrar as perdas patrimoniais à medida que passam a ser conhecidas, incluindo-se a depreciação em face da durabilidade menor de bens do que a originariamente prevista, indenização de perdas, perda de processos administrativos e judiciais etc. De se observar que o reconhecimento dos ganhos não está compreendido neste contexto, uma vez que o critério que orienta sua apropriação é o princípio da realização, fundado em ato de alienação.

6. Critério da generalidade

Uma vez repassado o procedimento de cálculo do valor de renda – constitucionalmente estabelecido –, cabe promover a análise de outro critério constitucional – o da generalidade, que deve ser aplicado no momento da apuração da renda. Trata-se da escolha de uma forma que deve ser obrigatoriamente seguida pela legislação do imposto de renda que prescreve a apuração da base de cálculo. O critério da generalidade é o oposto do critério da especialidade. Assim, desde logo, pode-se afirmar que pela aplicação compulsória do critério da generalidade se está afastando o seu oposto. Equivale a afirmar que não há espécies de contribuintes, nem espécies de renda. Toda renda é de um só gênero – o que vem, também, corroborar a hipótese de que cada contribuinte tem um ganho específico a ser tributado como uma só totalidade. Aliás, este fato já decorre da unicidade do patrimônio, que não admite que se consagrem dois patrimônios diferentes para uma só pessoa. Com este argumento constata-se que o postulado da identidade tem sua concretização pela aplicação do critério da generalidade.

A lei, em face disso, não pode dispensar tratamento diferente tendo em vista um tipo de contribuinte específico, nem dividir os ganhos de um mesmo contribuinte e sobre eles fazer incidir apuração e tributação por critérios diferentes. Todos devem ter seu ganho tributado de uma forma universal. O único tratamento tributário diferente admitido, promovido pelo legislador constitucional (art. 153, § 2º), decorre do critério da proporcionalidade da tributação, por via de alíquotas progressivas, incidentes sobre o ganho tendo em vista os montantes auferidos – o que vem consagrar a tributação segundo o princípio da capacidade contributiva como forma de consubstanciação do princípio da igualdade. Logo, não há condições de se tratar a apuração de ganhos como faz, em alguns casos, a legislação brasileira, tributando diferentemente, *v.g.*, os lucros oriundos de investimentos feitos em estabelecimentos permanentes no Exterior; tratar diferentemente os ganhos operacionais, ganhos financeiros ou de capital, e nem tratar os resultados operacionais e não-operacionais de forma diferente no momento em que se faz a compensação dos prejuízos fiscais nos termos do art. 31 da Lei 9.249/1995.

Em razão disso, foram e são totalmente indevidos todos os valores pagos sobre tributação exclusiva na fonte de espécies de ganhos, na medida em que excedem os parâmetros da tributação informados pelos critérios da generalidade e da universalidade.

Considerando o que se referiu e analisou, pode-se afirmar que assim o contador como o advogado e o juiz, para se desincumbirem a contento de sua função, devem conhecer profundamente tanto o direito patrimonial quanto as regras contábeis. E isso porque não é o registro contábil que reflete o patrimônio da empresa, mas é o direito ao patrimônio, somente quando definitivamente existente, que deve ser refletido contabilmente. Com isso se demonstra que a contabilização do patrimônio da empresa por via de registros das mais diversas ordens não se trata de uma questão de mero lançamento contábil; é, antes de mais nada, um reflexo, uma consubstanciação, em linguagem, que narra os eventos que consagram a aquisição dos direitos patrimoniais relativos a um complexo de direitos e obrigações, integrados num só patrimônio, que constituem a riqueza nova que a Carta instituiu como base de cálculo do imposto de renda.

Finalmente, pelos argumentos expostos, há fundamentos para concluir que o conceito de *renda constitucional* encontra sua materialização como evento no contexto de uma apuração contábil dinâmica, na qual se utiliza como escala de aferição a moeda de valor constante, observando, rigidamente, a identidade patrimonial de cada pessoa jurídica.

DISSOLUÇÃO IRREGULAR DA EMPRESA NÃO ENSEJA A RESPONSABILIDADE TRIBUTÁRIA DE SEUS ADMINISTRADORES

EDUARDO FORTUNATO BIM

1. Introdução. 2. Interpretação das normas que instituem a responsabilidade tributária dos administradores. 3. A natureza sancionatória da responsabilidade tributária dos administradores. 4. A função do instituto da responsabilidade de terceiros e alguns de seus requisitos: 4.1 O prejuízo ou dano; 4.2 A administração da empresa como obrigação de meio (dever do bom administrador); 4.3 O elemento subjetivo. 5. A dissolução irregular da sociedade como causa da responsabilidade tributária de seus administradores. 6. A natureza jurídica da presunção que imputa ao administrador a responsabilidade tributária por liquidação irregular da sociedade. 7. A inconstitucionalidade das ficções e presunções absolutas no Direito Tributário Sancionador. 8. Inviabilidade do manejo da presunção relativa ou comum: 8.1 O cenário das empresas no Brasil; 8.2 As presunções relativas e comuns (razoabilidade); 8.3 As presunções e o princípio da presunção de inocência. 9. Conclusão; 10. Referências bibliográficas.

1. Introdução

A responsabilidade dos administradores de empresas em matéria tributária tem sido um dos institutos mais controvertidos de todo o Direito Tributário. O objetivo deste estudo é analisar o entendimento que vem dando o Superior Tribunal de Justiça a tal tema, à luz da teoria das presunções em matéria tributária e princípios constitucionais pertinentes. Para tanto, faz-se mister tecer alguns esclarecimentos propedêuticos acerca da exegese, aplicação e natureza jurídica das normas que imputam a responsabilidade a terceiros e de alguns de seus requisitos (que, obviamente, não descartam os demais), porque o erro tem o privilégio de ser mais breve que sua refutação.

2. Interpretação das normas que instituem a responsabilidade tributária dos administradores

Preliminarmente, não podemos deixar de consignar a inexistência da interpretação restritiva no Direito Tributário. Isto é anacronismo jurídico. A interpretação deve aquilatar a norma jurídica subjacente ao preceito ou enunciado.[1] Assim, restringin-

1. J. J. Gomes Canotilho e Vital Moreira nos ensinam que deve existir "distinção rigorosa entre *preceito* (disposição, formulação, texto, forma lingüística) e a *norma* (regra ou regras jurídicas nele contidas). Designar-se-á por 'disposição' ou 'preceito' o simples enunciado de um texto ou documento normativo; e por 'norma' o significado jurídico-normativo do enunciado lingüístico. A disposição,

do, declarando ou ampliando, o que importa é o que o preceito ou enunciado expressa, ou seja, a norma.

Porém, a responsabilidade tributária de terceiros, por ser exceção no sistema jurídico (a regra é a distinção entre as obrigações da sociedade para com as dos sócios, art. 20 do Código Civil), e esse é apenas um dos motivos, deve ser lida restritivamente. Assim, prestigia-se o brocardo *exceptio est strictissi mae interpretationes*. Afinal, se as exceções não forem interpretadas restritivamente, tornar-se-ão a própria regra.

"Todo processo de exegese pressupõe ou implica a análise da estrutura ou natureza daquilo que se quer interpretar. A interpretação de uma norma jurídica exige previamente a assunção de uma posição perante o problema do ser mesmo do direito. Essa correlação é uma exigência de ordem gnosiológica. De modo que a concepção que se tem da norma jurídica ou do direito condiciona a sua interpretação".[2] Para isso, deve-se conhecer o objeto que se pretende interpretar.

O objeto da interpretação deste tópico são as normas tributárias, mesmo que, como veremos adiante, elas tenham natureza jurídica sancionatória. É que a sua natureza jurídica sancionatória não afasta o instituto do regime das normas tributárias, porque esse instituto também é tributário, em que pese utilizar-se da técnica sancionatória. Aliás, ambas as técnicas se assemelham, sendo que a doutrina aplicável às normas tributárias se estende às normas sancionatórias, e vice-versa, mesmo que administrativas. Como as penais (porque também sancionatórias), as normas que regem o instituto da responsabilidade tributária de terceiros são descritas em conceitos (ainda que, em alguns casos, sejam indeterminados) e não, como impropriamente chamado pela doutrina, em tipos. E isso é uma garantia constitucional.[3]

Quem melhor nos explica a diferença entre ambos (conceito *versus* tipo) é Misabel de Abreu Machado Derzi, em excelente estudo monográfico.[4]

Têm razão aqueles que afirmam ser a distinção entre o tipo e o conceito classificatório uma questão de grau. "*Assim, quanto mais irrenunciável e necessária se torna uma característica, mais perto estamos do conceito fechado. Se, ao contrário, as características são renunciáveis e graduáveis, falamos de tipo. Esse deve ser o critério distintivo.* Em certos ramos jurídicos, a norma delimita espécies, atribuindo conseqüências jurídicas distintas a cada uma delas. O intérprete não pode, indiferentemente, graduar ou admitir transições fluidas e contínuas de uma espécie a outra. Há, via de conseqüência, esforço na Ciência Jurídica, no sentido de conceituar, por meio de poucas notas fixas e rígidas e irrenunciáveis, cada uma dessas espécies. Foi o que percebeu Radbruch, a propósito do Direito Penal. Aí, não é dado ao juiz, diante de uma situação vital, rica em detalhes e fluida em seus contornos, concluir que se trata mais de um furto do que de um roubo, embora seja em parte apropriação indébita... O relacional não pode ser mais ou menos, mas o excludente ou... Ou há delito ou não há delito especificamente regrado pela norma, ou há espécie X ou a Y. *Algo similar passa-se no Direito Tributário... prevalece a tendência conceitual classificatória* (...)".[5]

Resulta evidente que a situação pode ser ou não de responsabilidade do sócio.

preceito ou enunciado lingüístico é objeto de interpretação; a norma é o produto da interpretação" (*Fundamentos da Constituição*, p. 47). Assim também pensa, dentre outros, o jurista italiano Riccardo Guastini, *Teoria e Dogmática delle Fonti*, p. 16.

2. Cristiano José de Andrade, *O Problema dos Métodos da Interpretação Jurídica*, p. 157.

3. José Augusto Delgado, embora se utilize da terminologia tipicidade, sustenta que esta erige-se em princípio constitucional pétreo (in Ives Gandra da Silva Martins (coord.), *Direitos Fundamentais do Contribuinte*, pp. 119-120).

4. Especialmente nas pp. 51 e 52 de sua excelente dissertação de mestrado (Misabel de Abreu Machado Derzi, *Direito Tributário, Direito Penal e Tipo*).

5. Misabel de Abreu Machado Derzi, *Direito Tributário, Direito Penal e Tipo*, p. 66 (grifamos).

Sendo, estará prevista, *v.g.*, no art. 134 ou 135 do CTN. Se não estiver prevista em algum destes dispositivos, não haverá responsabilidade.[6]

Por isso já decidiu o Supremo Tribunal Federal: "Execução fiscal contra sociedade. Penhora de bens particulares do sócio. Inocorrendo as circunstâncias previstas nos arts. 134 e 135 do Código Tributário Nacional, não cabe".[7]

Como se tudo isso já não fosse suficiente (porque há aqueles que acreditam na natureza jurídica estritamente tributária da figura em questão), há, ainda, outro motivo para que não se abdique de nenhum critério definido na norma, que institui a responsabilidade tributária dos administradores de empresas: sua natureza jurídica.

3. *A natureza sancionatória da responsabilidade tributária dos administradores*

Por não ser o responsável tributário aquele que realiza o "fato gerador" do tributo, devemos concluir que os administradores de sociedade não são componentes de um liame estritamente tributário, mas sim de outro, de cunho sancionatório.[8] Assim, a natureza jurídica da responsabilidade tributária é sancionatória e como tal deve ser interpretada.

6. Realmente, ou há a responsabilidade dos administradores, para os fins deste estudo, prevista no art. 134, III ou VII ou art. 135 do CTN, ou não há responsabilidade tributária para essas pessoas. Não há como criar figuras de responsabilidade tributária *mutantes* entre as categorias previstas no CTN (as do arts. 134 e 135), ou seja, uma espécie de meio-termo entre elas para imputar responsabilidade aos sócios. O intérprete tem que *decidir* por uma ou outra das espécies jurídicas, concentrando em poucas notas fixas e rígidas o critério de identificação.

7. *RTJ* 89/942.

8. Cf. artigo de nossa autoria intitulado "Desvinculação da responsabilidade tributária dos administradores de empresas com o fato gerador do tributo" (*RDDT* 72/41), onde estendemos nossas considerações a respeito da natureza sancionatória do instituto. Cf. também Paulo de Barros Carvalho, *Curso de Direito Tributário*, 13ª ed., pp. 314-317.

Desta maneira, se no Direito Tributário a tendência conceitual classificatória já persiste como regra, temos certeza que nos casos de responsabilidade tributária de terceiros (arts. 134 e 135 do CTN) não estamos diante de uma exceção. Tudo porque as normas sancionatórias, como as tributárias, são essencialmente conceituais, não admitem um mais ou menos: ou se preenchem *todos* os objetos exigidos nos dispositivos legais, ou não se caracteriza a responsabilidade.

4. *A função do instituto da responsabilidade de terceiros e alguns de seus requisitos*

Todo o instituto jurídico tem uma razão de existir. Não poderia ser diferente com a responsabilidade tributária de terceiros.

Assim, a razão imediata de ser deste instituto, apesar de utilizar uma técnica sancionatória, é a garantia do crédito tributário; sem ela desapareceria o porquê da responsabilidade tributária dos administradores. Este instituto tem o mesmo objetivo da fraude à execução e da contra credores e *ipso facto* uma analogia com estes iluminará o caminho do intérprete para a exata compreensão do alcance das normas plasmadas no CTN. Por isso, já se afirmou que: "No obstante la diversa naturaleza de estas dos ramas del Derecho, en el fenómeno de la responsabilidad tributaria se encuentra la misma función de aseguramiento del crédito que es propia de los instrumentos de garantía del Derecho privado. Nos parece, en consecuencia, que *no se puede negar la naturaleza de garantía al instituto de la responsabilidad tributaria*".[9]

A gênese (razão mediata) deste instituto remonta raízes mais profundas que a simples garantia do crédito tributário. Ele

9. Francisco Cañal e Pasquale Pistone, "La figura del responsable tributario en los sistemas jurídicos tributarios alemán, español e italiano", in *Sujetos Pasivos y Responsables Tributarios*, p. 606, grifamos. Entretanto, achamos que não é a natureza do instituto que é de garantia, mas sim sua função.

tem — assim como a fraude contra credores e a execução — uma nítida função de evitar o abuso de direito, o uso anormal de um direito, qual seja, o de que as pessoas jurídicas têm existência distinta de seus membros (CC, art. 20). Evita-se, com ele, que o administrador use a pessoa jurídica para perpetrar fraudes ao Erário sob o manto do art. 20 do Código Civil.

A lei, para delinear o instituto, institui pressupostos para a sua caracterização. Pelos modestos lindes deste trabalho, apenas discorreremos, ainda que superficialmente, sobre alguns dos requisitos para a caracterização da responsabilidade tributária dos administradores. É que sem a presença de todos os requisitos não há responsabilidade; assim, é obstáculo intransponível, para a caracterização da responsabilidade tributária, a falta de algum deles.

4.1 O prejuízo ou dano

O primeiro e fundamental requisito, de ordem lógica, do instituto em tela é o prejuízo. Bernardo Ribeiro de Moraes preleciona que "(...) para a existência da responsabilidade legal, basta, tão-somente, a reunião de três elementos: a) um fato imputável (atribuído) a alguém; b) um *prejuízo*; c) um *nexo de causalidade entre o prejuízo e o fato*".[10] Note-se que o prejuízo se concretizaria na impossibilidade de se cobrar o crédito tributário do contribuinte, ou seja, da empresa, já que a garantia do credor é o patrimônio do devedor. Importante, porém, não confundir esse requisito com insolvabilidade, porque a empresa pode estar insolvente e ter como quitar suas obrigações fiscais.

Assim, *sem o prejuízo* (impossibilidade de quitação das obrigações tributárias) *decorrente*, por um nexo de causalidade, *de algum ato de gestão do administrador*, não há como responsabilizá-lo. Deste modo, a insuficiência ou inexistência do ativo social por causas estranhas à administração (*v.g.*, incêndio, furto, enchente, "quebra" de banco etc.) não pode ensejar a responsabilidade tributária prevista nos arts. 134 e 135 do CTN.

Veja que o prejuízo nada tem a ver com a dissolução irregular ou não, porque, se assim fosse, seria muito fácil ludibriar o Erário. Por exemplo, depois de acumular um grande passivo fiscal e desviar bens da empresa, simplesmente se manteria a sociedade, mesmo que em processo de dissolução, até que viesse a cobrança pelos débitos tributários. Como não houve dissolução irregular, porque, p. ex., se está em processo de dissolução regular, mesmo não havendo nada para penhorar, não poderíamos responsabilizar os administradores que praticaram atos fraudulentos.

A dissolução irregular (ou a regular) é fenômeno contingente à responsabilidade tributária de terceiros, e o exemplo que demos é suficiente, mas não o único, para demonstrar essa proposição.[11]

4.2 A administração da empresa como obrigação de meio (dever do bom administrador)

O administrador das sociedades mercantis tem muitas obrigações para com a sociedade e terceiros. Na gerência social ele deve pautar-se por critérios de prudên-

10. *Cadernos de Pesquisa Tributária 5 — Responsabilidade Tributária*, p. 310, grifamos.

11. Poder-se-ia pensar: se pode haver fraude ainda que a sociedade tenha dissolução regular, em todos os casos em que esta é irregular há fraude. Nada mais errôneo e distante da realidade. É necessário averiguar-se, independentemente da dissolução regular ou irregular, se houve culpa, ou seja, infringência do dever de diligência na gerência social, ou seja, se o administrador não procedeu como um bom administrador. E o que ordinariamente acontece, é que os administradores, antes de encerrarem as atividades sociais (com ou sem dissolução regular), tentam de tudo para manter a empresa de pé, esgotando seu acervo social tentando levantar a empresa. Se a garantia dos credores é o patrimônio do devedor, se este foi reduzido por causas lícitas e comuns (como demostraremos adiante) no meio empresarial, onde está a fraude ou a culpa que justificaria a responsabilização do administrador?

cia e moderação, deixando clara sua condição de bom administrador.

Desta maneira, a Fazenda, além de provar o prejuízo e o nexo de causalidade deste último com algum ato gerencial do administrador, deve demonstrar que este não agiu com prudência na administração da empresa e que, se insolvência houve, a culpa foi sua.[12] "Se excluye, por tanto, la imposición de sanciones a los administradores de las sociedades mercantiles por el mero resultado de su actividad y sin atender a la conducta diligente que hayan manifestado".[13] Se essa afirmação trabalha no plano da lógica do razoável, da coerência jurídica, porque a conduta diligente é idéia antitética à conduta fraudulenta ou culposa, há outra, a nível infraconstitucional, que reforça esse entendimento.

Como conciliar a responsabilidade tributária prevista nos arts. 134 e 135 do CTN com o disposto nos arts. 118, 153, da LSA e do art. 10 do Decreto 3.078/19, exigindo dos administradores que desempenhem seu cargo com o cuidado e a diligência que todo homem ativo e probo deve empregar na administração dos seus próprios negócios, ou seja, a prudência de um ordenado empresário? Carlos Lete Achirica, criticando uma pretensa contradição entre as normas mercantis e tributárias, nos responde: "Cualquiera que sea la autonomía que se quiera atribuir a las normas tributarias parece un completo contrasentido defender una posición como la apuntada, dado que, siguiendo la argumentación criticada, los administradores tendrían que se diligentes en su actuación como gestores para evitar la responsabilidad frente a la propia sociedad, frente a los socios o frente a los acreedores sociales. Y, sin embargo, esa diligencia puesta en el desempeño de su cargo no les exoneraría de responsabilidad en el caso del artículo 40.1 de la LGT [prevê a responsabilidade tributária dos administradores de empresas no Ordenamento espanhol], cuando lo cierto es que precisamente para incentivar la diligencia de certos sujetos, para prever actitudes escasamente diligentes, es por lo que la Ley configura ciertos presupuestos de hechos de los que surge la obligación a cargo de los responsables tributarios, los administradores de las sociedades mercantiles en el caso que nos ocupa".[14]

Se o administrador atuou como diligente empresário na condução dos negócios sociais, não há como se imputar a responsabilidade tributária a ele sem que haja profunda contradição no sistema jurídico,[15] afrontando-se, desta maneira, a razoabilidade jurídica.[16] Uma interpretação sistemática, que evita o absurdo, leva-nos a concluir que sempre que o administrador cumprir sua função de administrar a sociedade com o cuidado e a diligência que todo homem ativo e probo costuma empregar na administração dos seus próprios negócios, não haverá como responsabilizá-lo tributariamente. E agir com culpa ou dolo é, *a priori*, infringir esse dever de diligência, de

12. "Por este motivo, corresponderá al acreedor demonstrar la falta de diligencia en el deudor" (Carlos Lete Achirica, *La Responsabilidad Tributaria de los Administradores de las Sociedades Mercantiles*, pp. 65-66). "A responsabilidade do sócio-gerente deflui não só da impossibilidade da sociedade pagar o credor, mas da ilegalidade ou fraude que o sócio praticar na gerência" (Rubens Requião, *Curso de Direito Comercial*, 1º v., 23ª ed., p. 438).

13. Carlos Lete Achirica, *La Responsabilidad Tributaria de los Administradores de las Sociedades Mercantiles*, p. 52. O autor cita em nota de rodapé, além de doutrina, sentença do Tribunal Supremo espanhol de 16 de dezembro de 1992 e de 10 de novembro de 1997.

14. Carlos Lete Achirica, ob. cit., p. 53.

15. Sistema é "(...) uma totalidade ordenada, um conjunto de entes entre os quais existe uma certa ordem. Para que se possa falar de uma ordem, *é necessário que os entes que a constituem não estejam somente em relacionamento como o todo, mas também num relacionamento de coerência entre si*" (Norberto Bobbio, *Teoria do Ordenamento Jurídico*, 4ª ed., p. 71, grifamos).

16. "(...) parece-me correto adotar o paradigma de que a razoabilidade integra o direito, o qual não pode demandar comportamentos impossíveis. De outro lado, as leis devem ser razoáveis, o que implica uma série de vedações e exigências, a começar *pela proibição das contradições profundas*, exigência de clareza mínima" (Fábio Medina Osório, *Direito Administrativo Sancionador*, p. 166, grifamos).

bom administrador, causando prejuízo ao Erário (já que pode infringir o dever de administração sem que haja prejuízo ao Fisco, apenas aos demais credores). É o que demonstraremos a seguir.

4.3 O elemento subjetivo

Pois bem, é entendimento no STJ que para se responsabilizar um administrador de empresas, revela-se indiscutível a existência do elemento subjetivo, ou seja, do dolo ou da culpa:

"Tributário. Sócio-gerente e/ou diretor de pessoa jurídica de direito privado. Responsabilidade pessoal pelo não-pagamento de tributo. Art. 135, III, do CTN. Dolo. Comprovação imprescindível.

"1. A responsabilidade do gerente ou diretor de pessoa jurídica de direito privado, pelo não-pagamento de tributo no prazo estipulado, *decorre da atuação dolosa* que deve ser cabalmente provada.

"2. Recurso especial conhecido, porém, improvido."[17]

Nos dois dispositivos analisados, arts. 134, VII e 135, III do CTN,[18] o entendimento doutrinário[19] e jurisprudencial[20] exigem a presença do dolo ou da culpa. Aliás, o que extrema a responsabilidade insculpida em um artigo da do outro é exatamente isso: enquanto que para a responsabilidade insculpida no art. 134, VII do CTN contenta-se com a mera culpa, na do inc. III do 135 é necessário o dolo, sendo que ambos devem ser provados pela Fazenda para que proceda a imputação da responsabilidade.[21]

17. STJ, 2ª T., REsp 174.532-PR, rel. Min. Francisco Peçanha Martins, j. 27.6.2000, *DJU* 21.8.2000, p. 108, destacamos. No mesmo sentido: STJ, 2ª T., REsp 121.021-PR, rel. Min. Nancy Andrighi, j. 15.8.2000, *DJU* 11.9.2000, p. 235; STJ, 2ª T., AGA (ArAi) 246.475-DF, rel. Min. Nancy Andrighi, j. 1.6.2000, *DJU* 1.8.2000, p. 244.

18. Usamos estes dispositivos porque são os mais citados nos acórdãos. Não desconhecemos que a responsabilidade tributária dos administradores pode se embasar no art. 134, III do CTN; entretanto, nesse dispositivo também não se prescinde do elemento subjetivo.

19. Cf. Humberto Theodoro Jr. ("Medida cautelar fiscal — Responsabilidade tributária do sócio-gerente (CTN, art. 135)", *RT* 739/117); Luiz Emygdio F. Rosa Jr. (*Manual de Direito Financeiro e Direito Tributário*, 11ª ed., p. 678); Maristela Miglioli Sabbag ("A responsabilidade tributária dos sócios por dívida da empresa", *Cadernos de Direito Tributário e Finanças Públicas* 28/96); Ives Gandra da Silva Martins (*Cadernos de Pesquisas Tributárias* 5/35); Yoshiaki Ychihara (*Cadernos de Pesquisas Tributárias* 5/238); Gustavo Saad Diniz ("A modificação do sujeito passivo com a disciplina da responsabilidade tributária", *RET* 17/14-20); José Morschbacher ("Responsabilidade tributária objetiva — Criação judicial", *RET* 1/26-32). Para os casos previstos no art. 134 do CTN, cf. Lauro Limborço, "Responsabilidade tributária dos diretores e gerentes", *RF* 290/110 e Ângela Maria de Motta Pacheco, "Sujeição passiva e responsáveis tributários", *RDDT* 3/19 e Gustavo Saad Diniz, ob. cit., *RET* 17/14.

20. Não se pode prescindir do *animus nocendi*. Por isso, não podemos deixar de elogiar os sucessivos votos-vencidos da Juíza Tânia Terezinha Cardoso Escobar entendendo que deveria ser "acolhida a ilegitimidade passiva na execução, pois não há que se responsabilizar o administrador pelo não recolhimento de tributos no prazo legal, *salvo se a Fazenda Pública provar que este agiu com dolo*" (in TRF-4ª R., 2ª T., AC 94.04.22509-6-RS, rel. Juiz Jardim de Camargo, j. 1.10.1998, *DJU* 3.2.1999, p. 493. No mesmo sentido: TRF-4ª R., 1ª T., v.u., AC 95.04.04068-3-SC, rel. Juiz Gilson Dipp, j. 21.11.1995, *DJU* 27.3.1996, p. 19.220; 4ª R., 1ª Seção, EIAC 96.04.54821-2-RS, rel. Juiz Fábio Rosa, j. 7.4.1999, *DJU* 5.5.1999, p. 191; TRF-4ª R., 1ª Seção, EIAC 07.04.47909-3-RS, rel. Juiz Jardim de Camargo, j. 5.10.1998, *DJU* 11.11.1998, p. 366). Assim, contrariando jurisprudência dominante do TRF-4ª R., a 2ª T. prolatou acórdão que abona a tese aqui defendida, *in verbis*: "(...) 5. *A responsabilidade tributária*, prevista no art. 135, do CTN, *não é objetiva, deve ser comprovada, pelo exeqüente*, a prática de atos com excesso de poderes ou infração de lei, contrato social ou estatutos, bem como, *a má-fé*" (TRF-4ª R., 2ª T., AC 96.04.09031-3-PR, rel. Juiz Heraldo Garcia Vitta, j. 15.4.1999, *DJU* 18.8.1999, p. 604, grifamos). O TRF-3ª R. trilha o mesmo caminho (*ADV-COAD* 90377, *Boletim* 51/801, ano 19, 1999 e 4ª T., AC 98.03.003941-5-SP, rela. Juíza Lúcia Figueiredo, j. 22.4.1998, *DJ* 23.6.1998, p. 344). Veja ainda: TJSP, 12ª C.Cív., Ap. 233.937-2/8, rel. Des. Carlos de Carvalho, j. 6.12.1994, *Cadernos de Direito Tributário e Finanças Públicas* 20/146.

21. Assim é que Sacha Calmon Navarro Coelho asseverou: "Para os casos de descumprimento de obrigações fiscais por mera culpa, nos atos em que intervierem e pelas omissões de que forem responsáveis, basta o art. 134, anterior, atribuindo aos terceiros dever tributário por fato gerador alheio. No

Apesar de não ser nosso objetivo, a definição do que seja dolo e culpa (e não simplesmente dizer que eles são exigidos) é primordial para o estudo do instituto em análise.

É que para nós o elemento subjetivo se caracterizaria em tese com atos, dolosos ou culposos dos administradores, que dilapidassem a garantia da Fazenda Pública, ou seja, o elemento subjetivo estaria contido *a priori* nos atos que distraíssem o patrimônio do devedor em detrimento do Erário, não possibilitando o adimplemento das obrigações tributárias pela sociedade.[22] Estaria, em suma, *no prejuízo aliado ao descumprimento de sua obrigação de bem administrar a sociedade* (dever de diligência, do bom administrador), dilapidando, com esse descumprimento, o acervo social. Dizemos *a priori* porque nos atos que distraem o patrimônio do devedor em detrimento de seus credores com infração do dever de diligência se presume o elemento subjetivo, como acontece em outras searas do Direito.[23] Em caso de prejuízo e infringência do dever de diligência, que deverão ser cabalmente comprovados pela Fazenda Pública, é perfeitamente razoável concluir pela existência do dolo ou da culpa, porque não há como investigar a mente do indivíduo e uma confissão é improvável.

Os casos de dolo se assemelhariam à fraude à execução ou à contra credores, os de culpa seriam aqueles nos quais estaria caracterizada uma gestão temerária da sociedade, onde não haveria um mínimo de prudência ao gerir os negócios sociais.

Deste modo, o elemento subjetivo não se caracterizaria tão somente verificando o ânimo do administrador de maneira abstrata, o que seria praticamente impossível. É necessário cotejar se em sua administração houve atos que distribuíssem o patrimônio social em detrimento de seus credores e se esses atos decorreram do descumprimento de um mínimo de cautela na direção da empresa. *A culpabilidade deve ser demonstrada pela Fazenda, através de atos concretos que evidenciem a intenção ou culpa de distribuir o patrimônio social em prejuízo da Fazenda Pública.* O que não significa que todos os atos que aniquilem a garantia do crédito tributário e provenham de uma "negligência" na gerência da sociedade sejam culpáveis, mas o ônus de provar que não houve culpa ou dolo compete a quem o alega como escusa, ou seja, ao responsável. Há situações em que o elemento subjetivo não estaria presente, apesar do prejuízo, por ignorância do administrador, induzimento a erro, força maior, caso fortuito, nível de instrução etc., que deverão ser devidamente provados para que se opere a exclusão da responsabilidade.

A regra é que atos prejudiciais à garantia do crédito tributário aliado a, no mínimo, negligência na administração social consistem em *conditio sine qua non* para a responsabilização dos administradores. Do

art. 135 o dolo é elementar (...) o dolo e a má-fé hão de ser devidamente comprovados" (in *Comentários ao Código Tributário Nacional*, 2ª ed., p. 320). Ângela Maria de Motta Pacheco ("Sujeição passiva e responsáveis tributários", *RDDT* 3/19) também entende que o art. 134 exige no mínimo culpa, ao tecer as seguintes observações: "Os casos do art. 134 revelam no mínimo um ilícito culposo, negligência, o que justifica o direito de punir".

22. Isso também ocorre com um instituto do Direito Privado, a fraude contra credores, que tem nítida função garantista, apesar de não utilizar-se de uma técnica que pode ser enquadrada na seara sancionatória. Nosso Código Civil, para a maioria de nossos doutrinadores, presume a fraude, uma vez demonstrado o prejuízo, ou seja, o *eventus damni* (cf. Humberto Theodoro Júnior, *Fraude Contra Credores: A Natureza da Sentença Pauliana*, 1ª ed., 2ª tir., p. 139); *mas a diferença é que no Direito Privado a fraude pode ser presumida de modo absoluto, o que não pode ocorrer na seara sancionatória, possibilitando a prova em sentido contrário.*

23. De um lado, cabe ao acusador ter que comprovar os fatos; do outro, sabe-se que o elemento subjetivo da infração geralmente resulta presumido a partir dos fatos estabelecidos. Ao acusador cabe comprovar o fato típico — no qual está embutido o dolo —, e aos acusados incumbe provar as causas que excluam o caráter ilícito da infração ou que afastem a culpabilidade. Isso vale tanto para o Direito Penal como para o Direito Administrativo Sancionador, que engloba o Direito Tributário Sancionador.

prejuízo (e não a dissolução irregular conforme tentaremos demonstrar adiante), ou seja, do *eventus damni* do Direito Privado, aliado à negligência na gestão social presume-se (presunção comum) a existência da culpabilidade porque isso é o que ordinariamente acontece. Em suma, não se prova o elemento subjetivo, mas sim aspectos objetivos que denotem o intuito de fraude ou negligência na gerência social para prejudicar o Fisco, e isso nada tem a ver com a dissolução regular ou irregular da sociedade (fenômeno contingente), porque a fraude pode ocorrer em ambas as hipóteses. Nesses aspectos objetivos se encaixam o desvio de bens, a redução inexplicável do patrimônio, seja pela redução do ativo como pela elevação do passivo, que deságuam na impossibilidade de se cobrar as dívidas tributárias da sociedade (prejuízo).

É importante ressaltar que não é provando o prejuízo que surgirá o ônus para o administrador de provar que existe justa causa para a impossibilidade de quitação das obrigações fiscais. Deve-se ir além, sendo imprescindível a prova de que existiu desvio de bens, a redução injustificada do patrimônio.

5. A dissolução irregular da sociedade como causa da responsabilidade tributária de seus administradores

Ultimamente tem prevalecido no STJ o entendimento de que a dissolução irregular da sociedade é a infração à lei que enseja a responsabilidade tributária do sócio gerente. Nesse sentido temos, *v.g.*:

"Sociedade civil. Responsabilidade do sócio-gerente. Dissolução regular por força de insolvência civil.

"A jurisprudência tem identificado como ato contrário à lei, caracterizador da responsabilidade pessoal do sócio-gerente, a dissolução irregular da sociedade, porque a *presunção aí é a de que os bens foram distribuídos em benefício dos sócios ou de terceiros, num e noutro caso em detrimento dos credores*; não se cogita, todavia, de responsabilidade, se a sociedade foi dissolvida regularmente, por efeito de insolvência civil processada nos termos da lei.

"Recurso especial não conhecido."[24]

"*Sócio. Responsabilidade. Fechamento irregular da firma.*

"Como a firma foi encerrada irregularmente, sem o recolhimento dos impostos devidos, e não foram encontrados bens da sociedade, os sócios responsáveis, gerentes, respondem pelas dívidas da executada com seus bens particulares.

"Recurso improvido."[25]

Esse posicionamento é acompanhado por outros tribunais do país,[26] e sua tendência é se alastrar, já que o STJ é o órgão máximo que dirime este tipo de controvérsia. O argumento da apropriação do patrimônio social em detrimento dos credores também está presente neste acórdão do TRF da 4ª Região: "A liquidação da sociedade sem o devido processo legal (dissolução ou falência) *induz a presunção* de que seus bens foram distraídos em prejuízo dos credores, caracterizando a responsabilidade do sócio-gerente pelos respectivos débitos".[27]

Demonstraremos que essa presunção não é válida por não preencher todos os requisitos para isso.

24. *RSTJ* 122/224 (grifamos). No mesmo sentido: *RSTJ* 128/113 e 117/125; STJ, 1ª T., AGRESP 247.862-SP, rel. Min. José Delgado, j. 18.5.2000, *DJU* 19.6.2000, p. 119; STJ, 1ª Sec., ERESP 100.739-SP, rel. Min. José Delgado, j. 6.12.1999, *DJU* 28.2.2000, p. 32.

25. STJ, 1ª T., REsp 84.404-SP, rel. Min. Garcia Vieira, j. 7.11.1997, *DJU* 15.12.1997, p. 66.217.

26. *JTJ-LEX* 125/123, 134/84, 152/55, 205/58; TRF-3ª R., 3ª T., AC 89.03.031053-5-SP, rel. Juíza Ana Scartezzini, j. 28.8.1996, *DJ* 13.11.1996, p. 87.120.

27. TRF 4ª R., 1ª T., AC 0417676-89-PR, rel. Juiz Ari Pargendler, *DJU* 22.5.1991, p. 11.331 (grifamos). Relata Hugo de Brito Machado (*Curso de Direito Tributário*, 13ª ed., p. 114) que o extinto TFR já decidiu que, "deixando a sociedade de operar sem ter havido sua regular liquidação, os sócios-gerentes, diretores e administradores respondem pelas dívidas tributárias desta. *Há, nesses casos, uma presunção de que tais pessoas se apropriaram dos bens pertencentes à sociedade*" (grifamos).

6. *A natureza jurídica da presunção que imputa ao administrador a responsabilidade tributária por liquidação irregular da sociedade*

Tradicionalmente as presunções se classificam em absolutas (*juris et de jure*), relativas (*juris tantum*) ou comuns (*hominis*). A primeira não admite prova em contrário, as últimas admitem-na.

As presunções *relativas* distinguem-se das *comuns* por estas serem decorrentes da observação do homem, enquanto aquelas são decorrentes de imposição legal. Ambas admitem prova em contrário.

Óbvio, portanto, é que a responsabilidade tributária imputada ao sócio-gerente pela dissolução irregular da sociedade não é uma presunção relativa, pois não está prevista em lei. Por exclusão, poder-se-ia pensar ser, assim, uma presunção comum (ou simples), e, como tal, baseada na experiência do que acontece a cada dia (*id quod plerumque accidit*). Isto é, de um fato conhecido (a dissolução irregular da sociedade) conclui-se pela existência de um fato desconhecido (todos os pressupostos da responsabilidade tributária previstos, por exemplo, no art. 135, III do CTN, incluindo aí a culpabilidade).

Entrementes, como não há possibilidade de fazer a contraprova (de dizer que não houve desvio dos bens sociais, ou seja, que houve, por parte do administrador, diligência na condução dos negócios sociais), essa presunção não poderia ser simples. Quando não se admite a contestação da presunção, o que se tem é uma verdadeira presunção absoluta (*juris et de jure*).

Leonardo Sperb de Paola nos esclarece a natureza jurídica da presunção absoluta, *in verbis*: "Hodiernamente, a doutrina é unânime ao conferir caráter substancial às presunções legais absolutas, isto é, ao considerá-las como verdadeiras regras de fundo, que, assim como as demais, dispõem sobre a conduta humana (...) percebe-se como é errôneo afirmar que as presunções legais absolutas diferenciam-se das relativas, porque aquelas, ao contrário destas, não admitem prova em contrário. Ora, as presunções absolutas nada têm a ver com matéria probatória. Trazem regras de Direito material. Não se busca, por intermédio delas, provar-se, através de um indício, a existência de um fato desconhecido, como se dá com as presunções legais relativas".[28] Em suma, a presunção absoluta (*juris et de jure*) não é uma presunção.

Para que existisse uma presunção comum, seria necessário que os tribunais possibilitassem a refutação da presunção de que os bens foram desviados do patrimônio da empresa, ou que não houve intenção de fraudar os credores, o que, infelizmente, não ocorre.

A jurisprudência simplesmente entende que a dissolução irregular da empresa induz à presunção de que seus bens foram distraídos em prejuízo dos credores, caracterizando a responsabilidade do sócio-gerente pelos respectivos débitos, mas não possibilita a contraprova de que os bens não foram distraídos em prejuízo do Fisco e muito menos que não existiu culpa em uma eventual redução do acervo social.

Na verdade, os Tribunais "esqueceram"[29] porque consideravam a dissolução

28. *Presunções e Ficções no Direito Tributário*, pp. 61 e 63. No mesmo sentido: José Artur Lima Gonçalves, *Imposto sobre a Renda: Pressupostos Constitucionais*, p. 152; Maria Rita Ferragut, *Presunções no Direito Tributário*, pp. 64, 83 e 158; Aires F. Barreto e Cléber Giardino, in Ives Gandra da Silva Martins (coord.), *Cadernos de Pesquisas Tributárias 9 — As Presunções no Direito Tributário*, pp. 186, 193, 197 e 198; Luís César Souza de Queiroz, *Sujeição Passiva Tributária*, pp. 239-240; Martín-Barnuevo Fabo, *Presunciones y Técnicas Presuntivas en Derecho Tributario*, *apud* Ernesto Eseverri Martinez, *Presunciones Legales y Derecho Tributario*, p. 23; Tribunal Superior de Justiça da Cataluña, *apud* Ernesto Eseverri Martinez, ob. cit., p. 100.

29. François Gény (*apud* Leonardo Sperb Paola, ob. cit., p. 61) diz que "as presunções absolutas têm, em regra, sua origem em presunções simples, que, depois, são transformadas em normas de fundo pelo legislador". Parece que foi o que aconteceu com o instituto da responsabilidade tributária dos administradores de empresas. Primeiro, a jurisprudência reconheceu, baseada em alguns casos (que,

irregular da sociedade como ensejadora da responsabilidade tributária de terceiros, que é a presunção da distração do patrimônio social em prejuízo do Erário, e erigiram-na como causa suficiente à caracterização da responsabilidade, não atentando que isso é criar norma material sem lastro legal, ofendendo, desta maneira, os arts. 150, I e 2º da CF/88,[30-31] e fazendo tábua rasa do princípio da responsabilidade subjetiva, que anima todo o direito sancionador e também tem base constitucional. Aqui, o julgador, mais do que interpretar, legislou, subvertendo a ordem jurídica e praticando ato, o de legislar, para o qual não está legitimado.

As ficções e presunções absolutas, por atuarem como normas remissivas, ampliam a determinados fatos o regime jurídico previsto para outros. Por isso, só podem, e quando podem (e aqui achamos que não, por maltratar o princípio da culpabilidade no Direito Sancionador), ser criadas quando previstas em lei. Assim, o princípio da legalidade se apresenta como óbice intransponível, já que esse princípio é respeitado quando a lei descreve, concreta e exaustivamente, os fatos da vida que geram a responsabilidade. Como "nos países onde existe o chamado *Estado de Direito*, a lei — norma geral, abstrata e igual para todos os que se encontram em situação jurídica equivalente — provém do Legislativo, cujos membros são eleitos pelo povo",[32] não há como o Judiciário criar essa norma, que repetimos, tem caráter substantivo.

Ad argumentandum tantum, mesmo que o Legislativo criasse, por meio adequado (lei complementar nacional), a responsabilidade dos administradores das sociedades mercantis em caso de dissolução irregular, assim como fez o legislador espanhol (LGT, art. 40.1), ou ao Judiciário fosse lícito fazê-lo, acreditamos que tal responsabilização seria inadmissível por instituir imputação objetiva, o que já defendemos ser inconstitucional.[33] Mesmo com a previsão legal, a doutrina espanhola não prescinde de um grau mínimo de culpa para se imputar a responsabilidade aos administradores em caso de dissolução irregular.[34]

Em suma, a natureza jurídica da responsabilidade tributária dos administradores decorrentes da dissolução irregular é de

a nosso ver, eram excepcionais), que a dissolução irregular não raras vezes era com o ânimo de não saldar nenhuma obrigação da empresa, incluindo as fiscais, desviando seus bens em detrimento dos credores. Depois, se esquecendo que isso era uma presunção comum e, como tal, admitia prova em contrário, passou a dizer que a liquidação irregular da sociedade acarretava a responsabilidade porque era a infração à lei de que fala o art. 135 do CTN. Não há mais menção ao elemento subjetivo, senão para dizer que o inadimplemento das obrigações tributárias não acarreta a responsabilidade prevista nos arts. 134 e 135 do CTN. A jurisprudência esqueceu que a culpabilidade serve para configurar os casos de desvio dos bens sociais e não somente para impossibilitar que o mero inadimplemento tributário enseje a responsabilidade em questão.

30. Misabel de Abreu Machado Derzi, ao discorrer sobre a técnica de simplificação da execução da lei tributária (que nada mais é do que a utilização de presunções em matéria tributária), conclui que ele "não está autorizada no Direito positivo brasileiro, quer como competência do Poder Judiciário, quer como competência do Poder Executivo, configurando uma descentralização indevida da função legislativa" (ob. cit., p. 288).

31. "*Não pode o juiz*, sob alegação de que a aplicação do texto da lei à hipótese não se harmoniza com o seu sentimento de justiça ou eqüidade, *substituir-se ao legislador para formular ele próprio a regra de direito aplicável*" (STF, RE 93.701-MG, *RBDP* 50/159). "A figura do 'judge made law' é incompatível com a tripartição do Poder, pois gera o arbítrio do Judiciário, a par de invadir a esfera legiferante, atribuição de outro Poder" (TJSP, *RT* 604/43). Por isso, o Supremo Tribunal Federal vem, de longa data, decidindo que não pode alterar o sentido inequívoco da norma, por via de declaração de inconstitucionalidade de parte do dispositivo da lei. A Corte Constitucional só pode atuar como legislador negativo, não, porém, como legislador positivo. Nas suas palavras: "Os Magistrados e Tribunais — que não dispõem de função legislativa" (*RT* 788/180).

32. Roque Antonio Carrazza, *Curso de Direito Constitucional Tributário*, 15ª ed., p. 175, grifos no original.

33. "A inconstitucionalidade da responsabilidade objetiva no Direito Tributário Sancionador", *RT* 788/143.

34. Carlos Lete Achiria, *La Responsabilidad Tributaria de los Administradores de las Sociedades Mercantiles*, pp. 50-53, 55, 169-170.

ficção ou presunção absoluta, já que ambas se equiparam no plano jurídico, distinguindo-se apenas num momento pré-legislativo.

7. A inconstitucionalidade das ficções e presunções absolutas no Direito Tributário Sancionador

Se é necessária a ocorrência de todos, repetimos, todos, os pressupostos da norma sancionatória que ensejam a responsabilidade tributária de terceiros, não há porque responsabilizar os administradores se todos os requisitos não estiverem presentes. Admitir-se que a dissolução irregular da sociedade pressupõe a existência de todos os requisitos da responsabilidade tributária de terceiros, mormente elemento subjetivo, é ignorá-los, afrontando, desta maneira, o princípio da culpabilidade e da tipicidade (estrita legalidade tributária).

Quanto à tipicidade, o Prof. Roque Antonio Carrazza, salientando que a tipicidade e a legalidade impedem a condenação do sujeito passivo (isto é, defendendo que os direitos fundamentais são um limite à atuação do Estado na tributação — CF, art. 145, § 1º), seja no âmbito estritamente tributário ou sancionador tributário, asseverou: "Em suma, *os princípios da tipicidade fechada e da estrita legalidade impedem a tributação ou a condenação do contribuinte por presunções ficções ou indícios.* Muito menos por razões de conveniência social ou atendendo aos anseios da opinião pública".[35]

Quanto à culpabilidade (no Direito Sancionador), uma das formas mais comuns de menosprezá-la é justamente a responsabilidade por fato presumido.[36] Aqui, a presunção de fato estaria em considerar existente a culpabilidade (que se materializa com atos dolosos ou culposos que dilapidam a garantia do Fisco, ou seja, o patrimônio), pelo mero fato de ter havido dissolução irregular da sociedade.

Vê-se, assim, que não se admitem ficções ou presunções absolutas no direito tributário[37] e *a fortiori* no tributário sancionador.[38] Destarte, no máximo, pelo que vimos até aqui, a dissolução irregular geraria uma suspeita de que os fatos necessários à caracterização da responsabilidade aconteceram, dando início, deste modo, a procedimento contraditório dirigido ao responsável em potencial, ficando facultado a este o direito de contestar as alegações fazendárias, isto é, de provar que não houve nexo de causalidade entre o prejuízo e sua administração e nem houve culpa (cumpriu seu

35. Roque Antonio Carrazza, *Curso de Direito Constitucional Tributário*, p. 192, grifamos. "Impõe-se, assim, a averiguação exaustiva e imparcial dos eventos ocorridos no mundo dos fatos para a aferição de sua eventual subsunção à descrição normativa correspondente. É que a tarefa de verificação e análise dos elementos do mundo dos fatos, para concluir acerca dessa subsunção — conforme já exaustivamente demonstrado —, é *plenamente vinculada*, submetida irrestrita e severamente à lei, sendo inadmissível qualquer interferência valorativa por parte do agente administrativo. *Daí por que lhe é vedado lançar mão de presunção para arrecadar imposto ou impor penalidade*" (José Artur Lima Gonçalves, *Imposto sobre a Renda: Pressupostos Constitucionais*, p. 112, grifamos).

36. Assim, o jurista espanhol J. J. Ferreiro Lapatza, defendendo a existência do princípio da culpabilidade no Direito Tributário Sancionador espanhol, "rechaça de modo claro as formas mais grosseiras de sua vulneração: a responsabilidade por fato presumido, a responsabilidade por fato de terceiro e a responsabilidade objetiva" (*apud* Carlos Lete Achirica, *La Responsabilidad Tributaria de los Administradores de las Sociedades Mercantiles*, p. 51, nota de rodapé 87, grifamos e traduzimos).

Recordemos que o princípio da culpabilidade, na esfera sancionatória, também integra nosso Ordenamento Jurídico e tem assento constitucional, por decorrer do princípio da dignidade da pessoa humana e do da boa-fé (cf. nota 33).

37. Geraldo Ataliba, "Emenda 3/93 (à Constituição de 1988)", *RTDP* 4/175.

38. Antônio Roberto Sampaio Dória (*Direito Constitucional Tributário e "Due Process of Law"*, 2ª ed., p. 183, nota de rodapé 14), ao discorrer sobre a capacidade contributiva objetiva disse que ela leva a "vedação de presunções *juris et de jure* em matéria tributária ou de lançamento indiciários, se não houver direito à contraprova da inexistência do fato gerador, pelos indivíduos alvejados com impostos". Se isso ocorre em matéria estritamente tributária *a fortiori* acontecerá no direito tributário sancionador, no qual os princípios da tipicidade e da culpabilidade imperam de maneira mais severa.

dever de diligência na administração social, de bom administrador). Inolvidável o seguinte entendimento do Tribunal de Justiça do Rio de Janeiro:

"Sem a prova de saída da mercadoria do estabelecimento autuado, que não recebeu a mercadoria não pedida, não pode a Fazenda Pública pretender o recebimento do tributo. *A presunção de infração é figura jurídico-fiscal imaginária. A presunção em matéria fiscal se assemelha à suspeita em matéria penal. É simples presunção juris tantum, que pode ser desfeita pela prova contrária. O direito fiscal é de interpretação estrita. O ilícito fiscal deve constituir-se em um fato perfeitamente definido na lei tributária ou fiscal, sem o que não nasce o fator gerador da infração, a tipicidade*".[39]

Acertadamente, já entendeu o extinto Tribunal Federal de Recursos:

"Tributário. Imposto de Renda. Despesa de propaganda. *Face à natureza de norma tributária, o contribuinte não pode ser apenado pelo Fisco por alegações decorrentes de simples presunção.* Glosa infundada de despesas de propaganda".[40]

Mas a esses óbices para a utilização das ficções e presunções *juris et de jure* (absolutas) em matéria tributária, devemos ressaltar outro: a violação ao princípio constitucional da ampla defesa e do contraditório (art. 5º, LV da CF/88). É que por serem normas materiais remissivas, "não permitem que o sujeito contra quem a presunção aproveita apresente provas cabais de que o evento descrito no fato indiciado não ocorreu. O repúdio a essa utilização não implica reconhecer que, por violar a ampla defesa e o contraditório, todo o conteúdo do enunciado seja inconstitucional. Não. Admitindo-se que as demais disposições da regra respeitem a Carta magna, o enunciado permanece válido no sistema *como presunção relativa*".[41]

Criar-se uma presunção relativa ou comum, possibilitando *ipso facto* a possibilidade de oferecer contraprova, seria até razoável se não houvesse um óbice, qual seja, a falta do preenchimento dos requisitos para a figuração de qualquer presunção (menos a absoluta que, como vimos, não é uma presunção) e a sua confrontação com o princípio constitucional da presunção de inocência.

8. Inviabilidade do manejo da presunção relativa ou comum

8.1 O cenário das empresas no Brasil

O Direito trabalha sobre os fatos sociais, não adianta fechar os olhos para a realidade e criar uma paralela, a jurídica. O Direito deve se desenvolver de acordo com a natureza das coisas.[42] Assim, não deve ignorar a instabilidade econômica, os planos de governo fracassados, o calote (voluntário ou por quebra dos devedores), a desvalorização do real da noite para o dia etc. O administrador tem uma obrigação de meio com a sociedade, não raras vezes é posto na situação em que deve escolher entre o adimplemento tributário ou o pagamento de sua folha de salários e fornecedores. Como dizer que o administrador infringiu seu dever de diligência, do bom administrador na direção dos negócios so-

39. TJRJ, Ap. 90.944-Capital, rel. Des. Roque Batista, j. 22.4.1975 *apud* Clélio Berti, *O Processo Fiscal: Teoria e Prática*, p. 91, grifamos.

40. TFR, 5ª T., AC 55.155-SP, rel. Min. Pedro Acioli, j. 3.12.1980, *DJU* 10.3.1981, p. 1.580.

41. Maria Rita Ferragut, *Presunções no Direito Tributário*, p. 83. Especificamente sobre a utilização das ficções ver pp. 86, 88 e 159 da mesma obra. Misabel Derzi também abomina a existência de presunções absolutas e ficções de fatos geradores ou de bases de cálculo ("Legalidade material, modo de pensar 'tipificante' e praticidade no Direito Tributário", in *Justiça Tributária*, p. 646). Na mesma linha: Jaime García Añoveros, "Aspectos constitucionales del derecho a la prueba en el ámbito tributario", *Estudios sobre la Constitución Española (Homenaje al Profesor Eduardo García de Enterría)*, v. V, pp. 4029 e ss. *apud* Ernesto Eseverri Martinez, ob. cit., p. 38, nota 24.

42. Karl Larenz, *Metodologia da Ciência do Direito*, 3ª ed., p. 593.

ciais se essa situação — ou outra — acabar levando a empresa à insolvabilidade?

Ninguém melhor do que um especialista no Direito da recuperação da empresa para descrever o atual panorama empresarial brasileiro. Jorge Lobo, em texto esclarecedor, nos explica o fenômeno da quebra de empresas nos tempos modernos: "Felizmente, aos poucos, juristas, economistas, sociólogos, cientistas sociais e políticos foram compreendendo, à luz da experiência das empresas em diferentes continentes, que as causas da insolvência, do inadimplemento, da cessação dos pagamentos eram, não raro, conseqüências diretas, imediatas e inevitáveis ora da crise econômica mundial, ora da má gestão dos negócios públicos com nocivos reflexos sobre a administração e a economia das empresas privadas, ora de um processo de recessão, inflação e estagflação, ora de desaceleração do crescimento econômico, ora de queda de investimento privado interno e externo, ora da redução drástica das receitas de exportação, ora da adoção de uma política monetária ortodoxa austera, etc.".[43]

O citado mestre ainda lista em sua obra, em rol exemplificativo, algumas causas que levam à quebra.[44] E acaba concluindo o que todo o mundo já sabe, menos o Fisco e a maioria do Judiciário: *as causas de insolvência não podem ser atribuídas, em regra, aos administradores*. E aqui isso quer dizer duas coisas: a falta de um nexo etiológico entre a impossibilidade de cumprimento das obrigações tributárias e a sua administração e, existindo tal nexo, a falta de culpa, ou seja, que o gerente procedeu com a diligência do bom administrador. Fatores diversos impedem a atual exegese do STJ, mormente os empíricos supradescritos. Já dissemos, não pode o cientista do Direito se alienar do mundo em que vive e criar uma realidade paralela, isto é forçar a natureza das coisas.

Vejamos: "Por conseguinte, salta aos olhos que a crise da empresa pode não ser resultado apenas da má organização, da incompetência, da desonestidade, do espírito aventureiro e afoito dos administradores, da ignorância dos sócios e acionistas, mas, de uma série de causas em cadeia, algumas imprevisíveis, portanto inevitáveis, de natureza macroeconômica e/ou supranacional".[45]

Presumir-se que, pela dissolução irregular da sociedade, há a ocorrência de todos aqueles requisitos descritos nos art. 134, VII ou art. 135, III do CTN (principalmente o elemento subjetivo) é forçar a natureza das coisas! A regra, o que acontece ordinariamente, é a ausência de culpa ou dolo pela presença de justa causa (crise financeira da empresa por oscilações no mercado que obriga o administrador a não pagar os tributos devidos sob pena de total inviabilidade da empresa), e não a presunção de culpabilidade por um fato (dissolução irregular), que muito pouco tem a ver com a fraude ao Fisco.

8.2 As presunções relativas e comuns (razoabilidade)

O que ocorre, no direito em geral, é que as presunções, sejam elas relativas ou

43. Jorge Joaquim Lobo, *Direito Concursal*, p. 200.

44. "Em nosso país, podemos apontar, por exemplo, como causas externas de insolvência: o bloqueio dos cruzados novos o Banco Central, a criação de impostos extraordinários, as mudanças nas políticas cambial, fiscal e creditícia, a liberação das importações, a redução das tarifas alfandegárias, o aperto da liquidez dos bancos, etc. Como causas internas ou causas imputáveis às próprias empresas e aos empresários, aqui e alhures: sucessão do controlador, desentendimento entre sócios, falta de profissionalização da administração e de mão-de-obra qualificada, baixa produtividade, excesso de imobilização e de estoques, obsolescência dos equipamentos, surgimento de novos produtos, redução das exportações, queda da cotação dos produtos agrícolas nos mercados internacionais, investimentos em novos equipamentos, inadimplemento dos devedores, em particular do próprio Estado, retração do mercado consumidor, alta taxas de juros, altos índices de endividamento, etc." (Jorge Joaquim Lobo, ob. cit., p. 201).

45. Jorge Joaquim Lobo, ob. cit., p. 201.

comuns, "são criadas, normalmente, com o objeto confesso de aliviar o ônus probatório de uma das partes (o que não significa que invertam o ônus da prova)".[46] Aqui seria livrar a Administração Pública do encargo de provar todos os requisitos da responsabilidade tributária dos administradores, por exemplo, o prejuízo, o nexo de causalidade entre este e a violação do dever de diligência, ou seja, a culpabilidade. Bastaria a prova da dissolução irregular e todos os demais pressupostos ter-se-iam como provados e, por conseqüência, existentes.

A parte prejudicada por uma presunção, seja ela relativa ou comum, pode valer-se de dois tipos de contra-ataque: "apresentar prova em contrário da presunção, o que é mais comum; *ou impugnar, em termos gerais, a própria verossimilhança da presunção, demostrando que não há uma relação de causalidade que se afigure normal, freqüente, entre os fatos (aquele previsto na presunção legal relativa e aquele que é considerado pela regulação do Direito Material)*".[47]

Aqui, refutaremos a própria verossimilhança na alegação de quem dissolve irregularmente uma empresa preenche os pressupostos que caracterizam a responsabilidade tributária do CTN.[48] Porque somente diante de um caso concreto seria possível apresentar prova em contrário à presunção (não ter havido partilha do acervo social às ocultas pelo administrador, com o objetivo de se furtar às obrigações legais, principalmente tributárias), coisa que nesse trabalho não se cogita.

O Código Civil francês, em seu art. 1.353, e o italiano, em seu art. 2.729, dispõem que a força probatória das presunções simples repousa nos seguintes fatores: *gravidade, precisão e concordância*. Presunção *grave* é aquela na qual o relacionamento entre o fato conhecido (indício) e o fato desconhecido que se quer provar é bastante provável, está relacionada à intensidade da probabilidade. É tal a relação do fato conhecido com o desconhecido que se faz mister, embora não seja absolutamente certo, reconhecer a existência deste quando da presença daquele. *Precisa* é a presunção em que o indício é relacionado com um único fato desconhecido, aquele que se quer provar, e não com vários fatos desconhecidos que possam ser excludentes entre si. E, finalmente, *concordante* é a presunção em que todos os indícios em jogo, quando houver mais de um, convergem para o mesmo resultado, para a mesma direção.

Vê-se, assim, que gravidade, precisão e concordância são requisitos que tornam uma presunção compatível com o *princípio da razoabilidade*, que é respeitado, para Maria Rita Ferragut, "por meio da observância do que ordinariamente acontece".[49]

Mas, *data maxima venia*, os nobres julgados que presumem que a dissolução irregular da empresa acarreta a responsabilidade tributária de seus administradores ignoram o que acontece no dia a dia, o atual panorama pelo qual passam as empresas.

Não concordamos com parte da doutrina que defende o irrestrito uso de presunções absolutas e ficções no direito tributário como forma de combater a sonegação, a fraude ou simplificar a arrecadação. O argumento utilizado por esta é um dos mais daninhos que a tributação viu até hoje, sendo também responsável pelos inúmeros

46. Leonardo Sperb de Paola, *Presunções e Ficções no Direito Tributário*, p. 92.

47. Leonardo Sperb de Paola, ob. cit., p. 70, sem grifos no original.

48. Isso porque o "dever de provar a relação de causalidade é tão importante quanto a prova da ocorrência do indício. Enquanto este é matéria que se encontra no campo dos fatos, a relação de causalidade caminha para o campo do pensamento, permitindo que a contra-prova se dê de modo próprio. Assim, para que se desminta a relação de causalidade entre o indício e o fato a ser provado, pode-se não só mostrar que a referida relação não atende aos reclamos da lógica (prova abstrata, lógica) como, simplesmente, demonstrar que a ocorrência do indício permitiria não só a ocorrência do fato alegado como também outro diverso" (Luís Eduardo Shoueri, "Presunção simples e indícios no procedimento administrativo fiscal", in Valdir de Oliveira Rocha (coord.), *Processo Administrativo Fiscal*, v. 2, p. 85).

49. Ob. cit., p. 97.

julgamentos políticos e benevolências do Poder Judiciário na seara tributária: *o interesse do Estado em arrecadar é interesse público*. Esta promiscuidade entre o interesse público e o Fazendário (arrecadar mais e mais), já dissipado pela doutrina[50] e jurisprudência,[51] é que leva a exegeses absurdas na seara tributária, incrivelmente pendente para o lado do Fisco. Não existe interesse público maior do que respeitar a Constituição, a lei, enfim, os direitos fundamentais do contribuinte. Se arrecadar ou punir fosse um fim em si, de que valeriam as declarações dos direitos humanos? Por isso não podemos utilizar as presunções em Direito Tributário com a amplitude que lhes confere certa doutrina, mormente quando esmagam os direitos fundamentais do contribuinte, no caso, atropelando a tipicidade e culpabilidade.

Achar que por causa de uma dissolução irregular há a ocorrência de todos os pressupostos da responsabilidade tributária é querer interpretar o Direito de forma draconiana e divorciada da realidade. Há inúmeras nuances que infirmam esta presunção, não pode o intérprete e aplicador do Direito ignorá-las sem atropelar os direitos fundamentais do contribuinte.

O art. 335 do CPC é claro ao estabelecer que "*o juiz aplicará as regras de experiência comum subministradas pela observância do que ordinariamente acontece*". O que ordinariamente acontece é que os planos econômicos, as oscilações do mercado, dentre outras causas, quebram a empresa, e o sócio ou administrador, só porque não seguiu os trâmites legais para a dissolução da sociedade, será responsabilizado tributariamente. Não faz sentido! Se o legislador assim o quisesse teria estabelecido: não pagar tributos da empresa, mesmo sem culpa, e/ou dissolvê-la irregularmente, sujeita os bens do sócio (e/ou administrador) à execução pelos débitos respectivos.[52]

Enfim, são muitas as variáveis que não deixam caracterizar todos os pressupostos da responsabilidade tributária do administrador de empresas. Como dizer que há gravidade, precisão e concordância nesse raciocínio? Definitivamente, *não há uma relação de causalidade que se afigure normal, freqüente, entre os fatos*: dissolução irregular e distração do patrimônio de forma, no mínimo, culposa. Veja, estamos dizendo que essa relação não se afigura normal, freqüente, e não que ela não possa existir em alguns casos.

É importante frisar que pode haver dissolução regular a ensejar a responsabilidade tributária[53] *e dissolução irregular que não a enseje!*

Histórico, para a tese aqui defendida, o seguinte acórdão do Supremo Tribunal Federal que: "Sociedade. Execução fiscal. Não evidenciados pela fazenda exeqüente os requisitos da responsabilidade tributária dos sócios, não é possível fazer que a execução prossiga contra eles, embora não

50. Cf. Celso Antônio Bandeira de Mello, *Curso de Direito Administrativo*, 11ª ed., p. 30, onde o autor, difundindo a doutrina de Renato Alessi, distingue em interesse público primário e secundário; Roque Antonio Carrazza, *Curso de Direito Constitucional Tributário*, 15ª ed., pp. 335-336; Ernesto Eseverri Martinez, *Presunciones Legales y Derecho Tributario*, p. 27; Rui Barbosa (*Oração aos Moços*, pp. 75-76) asseverou, quando se dirigiu aos que iriam se voltar a magistratura, *in verbis*: "Não vos mistureis com os togados, que contraíram a doença de achar sempre razão ao Estado, ao Governo, à Fazenda; por onde os condecora o povo com o título de *fazendeiros*. Essa presunção de terem, de ordinário, razão contra o resto do mundo, nenhuma lei a reconhece à Fazenda, ao Governo, ou ao Estado".

51. *RJTJESP* 113/238.

52. Obviamente, entendemos que no Estado Democrático de Direito essa hipótese seria inconstitucional por imputar responsabilidade objetiva aos administradores. Cf. nota 32.

53. STJ, *RT* 677/231. Diz a ementa: "Sociedade por quotas de responsabilidade limitada. Dissolução legal. Permanência da responsabilidade dos sócios quanto à relação tributária-fiscal" (STJ, 1ª T., REsp 10.531-RJ, rel. Min. Pedro Acioli, j. 5.8.1991). Seria o caso do administrador que desviou bens da empresa ou simulou dívidas para prejudicar o Erário, mesmo que dissolvesse regularmente a sociedade, somente por isso não se eximiria de eventual responsabilização embasada no art. 135 do CTN.

encontrada a sociedade. Recurso extraordinário não conhecido".[54]

Mais preciso ainda é o seguinte julgado do Tribunal de Justiça de Minas Gerais: "É de jurisprudência pacífica do STF que não responde o sócio pelas obrigações de natureza fiscal da sociedade por cotas de responsabilidade limitada sem a prova de que tenha ele praticado ou participado de ato prejudicial à Fazenda Pública, com infração de lei ou de contrato social, *o que não se presume pela simples dissolução da entidade; impõe-se, nesse caso, a prova idônea daqueles pressupostos*".[55]

8.3 As presunções e o princípio da presunção de inocência

Como se tudo isso não fosse suficiente, pelo princípio da presunção de inocência, perfeitamente aplicável *in casu* por pertencer ao Direito Tributário Sancionador[56] (categoria que engloba o instituto em apreço por ter natureza jurídica sancionatória), não há como se admitir *a priori*, ou seja, antes do devido processo legal, que alguém agiu com culpa ou dolo (não desempenhar, o administrador de empresas, seu cargo com a diligência de um ordenado empresário) se não ficarem provadas determinadas circunstâncias que invertam essa presunção. É que, como já dissemos, as infrações tributárias requerem a presença da culpabilidade pelo sujeito infrator, exigindo-se, no mínimo, culpa de sua parte. "Por tanto, no basta con que la Administración demuestre la realidad de los hechos que pretende imputar para que se entienda destruida la presución de inocencia, sino que junto a ello es necesario acreditar que esos hechos son atribuibles a su autor a título de dolo, imprudencia grave o cuanto menos simple negligencia".[57]

Dizer que a dissolução irregular da sociedade é infração à lei não permite ao intérprete presumir, ou melhor, prescindir do elemento subjetivo da conduta, ou seja, não permite ao intérprete concluir que nos casos de dissolução irregular existiu dolo ou culpa, que houve intenção ou negligência do administrador em desviar os bens sociais em prejuízo do Fisco ou que esse desvio realmente ocorreu. Por isso leciona Isabel Sánchez Ayuso que: "La impossibilidad de ingreso de una deuda tributaria, dentro del plazo reglamentariamente señalado, por falta de tesorería, deberá ser probado por quien la alegue. *Sin embargo, entendemos que, por aplicación del principio de presunción de inocencia*, vigente en Derecho penal, *incumbe al acusador la prueba de que esa situación que implica la impossibilidad de cumplimiento de la obligación tributaria se ha producido mediante la concurrencia de dolo o culpa del sujeto, bien de propósito, bien sometiendo su patrimonio a riesgos injustificados y omitiendo con ello la debida diligencia. Obtener tal prueba está perfectamente al alcan-*

54. STF, 1ª T., v.u., RE 97.612-RJ, rel. Min. Soares Muñoz, j. 21.9.1982, *DJU* 8.10.1982, p. 10.191, grifamos.

55. TJMG, 3ª C., v.u, Ap. 55.583, j. 8.10.1981, *ADV* 3.443, *apud* João Luiz Coelho da Rocha, "Responsabilidade de diretores, sócios gerentes e controladores por débitos tributários", *RDDT* 28/41-42, grifamos.

56. "Segundo reiterada e constante entendimento do Tribunal Constitucional, a presunção de inocência, especialmente concebida, em princípio, como garantia do processo penal, é aplicável além do mesmo a todo ato do poder público, seja administrativo ou judicial, mediante o qual se pune uma conduta das pessoas definidas na lei como infratoras do ordenamento jurídico" (Isabel Sánchez Ayuso, *Circunstancias Eximentes y Modificativas de Responsabilidad por Infracciones Tributarias*, p. 35, tradução livre). O precedente mais citado pela doutrina espanhola é a Sentença 13/1982, de 1º de abril, onde o Tribunal Constitucional Espanhol adverte que "o direito a presunção de inocência não pode entender-se reduzido ao estrito campo de ajuizamento de condutas presumivelmente delitivas, senão que deve entender-se também que preside a aplicação de qualquer decisão, seja administrativa como jurisdicional, que se baseie na condição ou conduta das pessoas e de cuja apreciação derive um resultado sancionatório para as mesmas, ou limitativo de seus direitos".

57. Susana Aníbarro Pérez, *La Interpretación Razonable de la Norma como Eximente de la Responsabilidad por Infracción Tributaria*, pp. 36-37.

ce de los medios de investigación y comprobación de la Administración tributaria".[58]

A culpabilidade, de maneira culposa ou dolosa, se exterioriza pelo desvio de bens sociais, em detrimento dos credores, em especial do Fisco. É o mínimo que se pode exigir para se derrubar a presunção de inocência.[59]

9. Conclusão

As normas que imputam responsabilidade tributária aos administradores, da mesma forma que as do Direito Penal, são descritas em conceitos (= tipicidade cerrada) e não, como impropriamente costuma-se dizer, em tipos. Desta maneira, exige-se a ocorrência de todos os fatos previstos no antecedente da norma para que se possa responsabilizar os administradores. O primeiro dos requisitos é o prejuízo, que deve ser imputável a algum ato do administrador. Comprovado esse nexo de causalidade entre o prejuízo e a administração, deve-se provar, ainda, a violação do dever de diligência do administrador. Na violação deste dever radica-se, *a priori*, a culpabilidade.

Ultimamente, o STJ vem entendendo que a dissolução irregular da empresa é a ilicitude que enseja a responsabilidade dos administradores, presumindo-se que o patrimônio foi distribuído aos sócios ou a terceiros em detrimento do Fisco. Observe, porém, que a dissolução irregular não é requisito estabelecido no CTN (art. 134 ou 135) e, deste ato irregular, à vista do Direito Societário, não se pode inferir que houve a fraude ou o intuito de fraudar os credores. Pode haver fraude com ou sem dissolução irregular: a dissolução de fato é fenômeno contingente à fraude.

Com esse entendimento, o STJ criou uma verdadeira presunção *juris et de jure* porque, apesar de dizer que a dissolução da sociedade presume a distração do patrimônio social, não possibilita a contraprova de que não houve fraude, esse desvio de bens que prejudicaria o Fisco. E, como sabemos, além das presunções absolutas e ficções não serem admitidas no Direito Tributário, inclusive no Sancionador, há o problema de sua natureza. É que as presunções absolutas atuam como normas remissivas, tendo, por isso, natureza substantiva. Deste modo, só podem ser criadas por lei, competência do legislador e não do Judiciário, que o fazendo afronta os arts. 2º e 150, inc. I da CF.

Ad argumentandum tantum, mesmo que o legislador responsabilizasse os administradores pela dissolução irregular da sociedade, não haveria como se menosprezar a culpabilidade, tendo em vista a natureza jurídica sancionatória do instituto. No Estado Democrático de Direito não pode haver sanções sem culpa, é vedada a responsabilidade objetiva.

Presumir que com a dissolução da sociedade (fenômeno continente) ocorreriam tais requisitos é desconhecer o que ordinariamente acontece, impossibilitando, assim, falar-se em uma pretensa presunção *hominis*. Instabilidade econômica, calote dos devedores, aumento da carga tributária, desvalorização cambial, são apenas alguns dos fatores que ilidem o dolo ou a culpa para caracterizar a responsabilidade tributária dos administradores. Isso desfigura os requisitos para a instituição de uma presunção comum ou relativa, se prevista em lei, já que deverá haver gravidade, concordância e precisão no raciocínio que liga o fato conhecido ao desconhecido. Somado a isso, admitir-se que da dissolução irregular da sociedade houve dolo ou culpa por parte dos administradores é inconcebível no Estado de Direito. É que neste há a presunção de inocência, que não permite que se presuma a culpabilidade de alguém. Faz-se mister demonstrá-la, ou seja, no mínimo, provar que houve atos da administração que distraíram o patrimônio do credor em pre-

58. Ob. cit., p. 235, grifamos.

59. "A inocência se presume até certo ponto. Há circunstâncias — fáticas ou jurídicas — que podem inverter essa presunção, criando aos acusados uma necessidade de provar determinadas circunstâncias, fatos, situações" (Fábio Medina Osório, ob. cit., p. 358).

juízo do Fisco e que eles decorreram de uma violação do dever de diligência que norteia a gerência de qualquer sociedade.

Deste modo, pelos motivos supra expostos, caracterizar a dissolução irregular da sociedade como causa suficiente da responsabilidade tributária de terceiros é inconstitucional e ilegal.

10. Referências bibliográficas

ACHIRICA, Carlos Lete. *La Responsabilidad Tributaria de los Administradores de las Sociedades Mercantiles.* Madri: Civitas, 2000.

ANDRADE, Cristiano José de. *O Problema dos Métodos da Interpretação Jurídica.* São Paulo: Ed. RT, 1992.

AÑOVEROS, Jaime García, "Aspectos constitucionales del derecho a la prueba en el ámbito tributario". *Estudios sobre la Constitución Española (Homenaje al Profesor Eduardo García de Enterría),* v. V, *apud* MARTINEZ, Ernesto Eseverri. *Presunciones Legales y Derecho Tributario.* Madri: Instituto de Estudios Fiscales/Marcial Pons, 1995.

ATALIBA, Geraldo, "Emenda 3/93 (à Constituição de 1988)". *RTDP* 4.

AYUSO, Isabel Sánchez. *Circunstancias Eximentes y Modificativas de Responsabilidad por Infracciones Tributarias.* Madri: Marcial Pons, 1996.

BARBOSA, Rui. *Oração aos Moços.* Rio de Janeiro: Ediouro, s/d.

BARRETO, Aires F., GIARDINO, Cléber. In: MARTINS, Ives Gandra da Silva (coord.). *Cadernos de Pesquisas Tributárias 9 — As Presunções no Direito Tributário.* São Paulo: Resenha Tributária, 1991.

BIM, Eduardo Fortunato. "A inconstitucionalidade da responsabilidade objetiva no Direito Tributário Sancionador". *RT* 788.

————. "Desvinculação da responsabilidade tributária dos administradores de empresas com o fato gerador do tributo". *Revista Dialética de Direito Tributário* 72.

BOBBIO, Norberto. *Teoria do Ordenamento Jurídico.* 4ª ed., Distrito Federal: UnB, 1994.

CAÑAL, Francisco, PISTONE, Pasquale, "La figura del responsable tributario en los sistemas jurídicos tributarios alemán, español e italiano". In: *Sujetos Pasivos y Responsables Tributarios.* Madri: Instituto de Estudios Fiscales/Marcial Pons, 1997

CANOTILHO, J. J. Gomes, MOREIRA, Vital. *Fundamentos da Constituição.* Coimbra: Coimbra Editora, 1991.

CARRAZZA, Roque Antonio. *Curso de Direito Constitucional Tributário.* 15ª ed., São Paulo: Malheiros Editores, 2000.

CARVALHO, Paulo de Barros. *Curso de Direito Tributário.* 13ª ed., São Paulo: Saraiva, 2000.

COELHO, Sacha Calmon Navarro. In: *Comentários ao Código Tributário Nacional.* 2ª ed., Rio de Janeiro: Forense, 1998.

DELGADO, José Augusto. In: MARTINS, Ives Gandra da Silva (coord.). *Direitos Fundamentais do Contribuinte.* São Paulo: Ed. RT, 2000.

DERZI, Misabel de Abreu Machado. *Direito Tributário, Direito Penal e Tipo.* São Paulo: Ed. RT, 1988.

————. "Legalidade material, modo de pensar 'tipificante' e praticidade no Direito Tributário". In: *Justiça Tributária.* São Paulo: Max Limonad, 1998.

DINIZ, Gustavo Saad, "A modificação do sujeito passivo com a disciplina da responsabilidade tributária". *Revista de Estudos Tributários* 17.

DÓRIA, Antônio Roberto Sampaio. *Direito Constitucional Tributário e "Due Process of Law".* 2ª ed., Rio de Janeiro: Forense, 1986.

FABO, Martín-Barnuevo. *Presunciones y Técnicas Presuntivas en Derecho Tributario, apud* MARTINEZ, Ernesto Eseverri. *Presunciones Legales y Derecho Tributario.* Madri: Instituto de Estudios Fiscales/Marcial Pons, 1995.

FERRAGUT, Maria Rita. *Presunções no Direito Tributário.* São Paulo: Dialética, 2001.

GUASTINI, Riccardo. *Teoria e Dogmática delle Fonti*. Milão: Giuffrè, 1998.

JÚNIOR, Humberto Theodoro. *Fraude contra Credores: A Natureza da Sentença Pauliana*. 1ª ed., 2ª tir., Belo Horizonte: Del Rey, 1997.

————. "Medida cautelar fiscal — Responsabilidade tributária do sócio-gerente (CTN, art. 135)", *RT* 739.

JÚNIOR, Luiz Emygdio F. Rosa. *Manual de Direito Financeiro e Direito Tributário*. 11ª ed., Rio de Janeiro: Renovar, 1997.

LARENZ, Karl. *Metodologia da Ciência do Direito*. 3ª ed., Lisboa: Calouste Gulbenkian, 1997.

LIMA GONÇALVES, José Artur. *Imposto sobre a Renda: Pressupostos Constitucionais*. São Paulo: Malheiros Editores, 1997.

LIMBORÇO, Lauro. "Responsabilidade Tributária dos Diretores e Gerentes". *Revista Forense* 290.

LOBO, Jorge Joaquim. *Direito Concursal*. Rio de Janeiro: Forense, 1996.

MACHADO, Hugo de Brito. *Curso de Direito Tributário*. 13ª ed., São Paulo: Malheiros Editores, 1998.

MARTINEZ, Ernesto Eseverri. *Presunciones Legales y Derecho Tributario*. Madri: Instituto de Estudios Fiscales/Marcial Pons, 1995.

MARTINS, Ives Gandra da Silva (coord.). *Cadernos de Pesquisa Tributária 5 — Responsabilidade Tributária*. São Paulo: Resenha Tributária, 1980.

MELLO, Celso Antônio Bandeira de. *Curso de Direito Administrativo*. 11ª ed., São Paulo: Malheiros Editores, 1999.

MORAES, Bernardo Ribeiro. In: MARTINS, Ives Gandra da Silva (coord.). *Cadernos de Pesquisa Tributária 5 — Responsabilidade Tributária*. São Paulo: Resenha Tributária, 1980.

MORSCHBACHER, José, "Responsabilidade tributária objetiva — Criação judicial". *Revista de Estudos Tributários* 1.

OSÓRIO, Fábio Medina. *Direito Administrativo Sancionador*. São Paulo: Ed. RT, 2000.

PACHECO, Ângela Maria de Motta. "Sujeição passiva e responsáveis tributários". *Revista Dialética de Direito Tributário* 3.

PAOLA, Leonardo Sperb de. *Presunções e Ficções no Direito Tributário*. Belo Horizonte: Del Rey, 1997.

PÉREZ, Susana Aníbarro. *La Interpretación Razonable de la Norma como Eximente de la Responsabilidad por Infracción Tributaria*. Valladolid: Lex Nova, 1999.

QUEIROZ, Luís César Souza de. *Sujeição Passiva Tributária*. Rio de Janeiro: Forense, 1998.

REQUIÃO, Rubens. *Curso de Direito Comercial*. 1º v., 23ª ed., São Paulo: Saraiva, 1998.

SABBAG, Maristela Miglioli. "A responsabilidade tributária dos sócios por dívida da empresa". *Cadernos de Direito Tributário e Finanças Públicas* 28.

SHOUERI, Luís Eduardo. "Presunção simples e indícios no procedimento administrativo fiscal". In: ROCHA, Valdir de Oliveira (coord.). *Processo Administrativo Fiscal*, v. 2, São Paulo: Dialética, 1997.

YCHIHARA, Yoshiaki. In: MARTINS, Ives Gandra da Silva (coord.). *Cadernos de Pesquisa Tributária 5 — Responsabilidade Tributária*. São Paulo: Resenha Tributária, 1980.

ENTIDADES FILANTRÓPICAS E IMUNIDADE TRIBUTÁRIA

Parecer

REINALDO PIZOLIO

Mestrando em Direito Processual Civil (PUC/SP). Especialista em Direito Tributário (CEU/SP). Pós-Graduado em Administração de Empresas (FEA/USP). Advogado e Consultor em São Paulo/SP

1. Síntese dos fatos

A Consulente, que é um centro de educação e reabilitação para deficientes visuais, é entidade filantrópica que tem por objeto educar e reabilitar as pessoas portadoras de deficiência visual, sem distinção de condição social, raça, religião ou sexo, conforme previsto no art. 1º de seu Estatuto Social. Afirma que, na qualidade de instituição filantrópica regularmente constituída, goza de imunidade tributária, razão pela qual entende que não está sujeita ao recolhimento de contribuições sociais.

Para a consecução de seu objeto social, há tempos firmou contrato com uma cooperativa de trabalho médico, empresa que lhe enviou correspondência mencionando a contribuição social criada pela Lei Federal 9.876, de 26.11.1999, que, alterando a redação do art. 22, IV, da Lei Federal 8.212, de 24.7.1991, instituiu contribuição destinada à Seguridade Social, incidente sobre o valor dos serviços prestados por cooperados por intermédio de cooperativa de trabalho, hipótese na qual, segundo o entendimento da referida cooperativa, estaria enquadrada a Consulente.

Embora a Consulente tenha consciência de sua regular situação jurídica no que diz respeito ao gozo da imunidade tributária, a correspondência recebida gerou certas dúvidas acerca de sua eventual sujeição à nova contribuição social e quanto à necessidade de adoção de providências acautelatórias. Em face de tal hipótese fática e levando-se em consideração o quanto determinado pela referida Lei 9.876/1999, solicita-nos, por meio de seu ilustre Presidente, parecer jurídico, a fim de que diversas questões sejam esclarecidas, formuladas nos seguintes específicos quesitos:

1. A contribuição criada pela Lei Federal 9.876/1999 é constitucional?

2. Levando-se em consideração notícias de que diversas pessoas jurídicas de direito privado obtiveram medida liminar para não recolher a referida contribuição, a mesma discussão judicial pode ser travada pela entidade ou há alguma diferença em virtude de sua natureza de entidade filantrópica?

3. Em caso afirmativo, qual medida judicial pode ser adotada pela entidade para o resguardo de seus interesses?

4. Considerando-se sua natureza jurídica, a entidade efetivamente goza de imunidade tributária e quais são os requisitos para tanto?

5. Caso o Instituto Nacional do Seguro Social — INSS entenda que a entidade não se encontra protegida pela imunidade, qual a conseqüência jurídica decorrente do não-recolhimento da contribuição social?

6. Caso venha a ser formalizada a exigência da contribuição, qual o eventual ônus que teria a entidade para defender-se, tanto na esfera administrativa quanto na judicial?

7. Considerando-se as características jurídicas da discussão, é possível se fazer uma estimativa de êxito de eventual demanda, administrativa ou judicial, cujo objeto fosse o recolhimento da contribuição? Há necessidade de se fazer eventual provisão contábil para contingência relativa aos valores não recolhidos?

8. Durante quanto tempo os valores não recolhidos das contribuições podem ser exigidos pelo Instituto Nacional do Seguro Social — INSS?

2. *Resposta*

Antes de oferecer resposta aos quesitos formulados, o que será feito de forma objetiva, cabe-nos tecer algumas considerações sobre a imunidade tributária de entidades filantrópicas, tendo-se em vista que o deslinde das questões parece encontrar-se na elucidação do sentido e do alcance da norma inscrita no art. 195, § 7º, da Constituição Federal. Não obstante, também é necessária a análise, porque também objeto expresso da consulta, da contribuição recém-criada, independentemente da questão da imunidade, de modo a se investigar se sua criação obedeceu ou não os ditames constitucionais relativos à instituição de contribuições sociais.

Em virtude de tal análise, também cumpre-nos visualizar as características de eventual demanda, administrativa ou judicial, que poderia ser instaurada tendo por objeto a aludida contribuição social, inclusive com estimativa de êxito e necessidade de provisão contábil para contingências, questões estas que serão abordadas com vagar no decorrer do presente Parecer.

3. *Contribuição social criada pela Lei Federal 9.876/1999*

Muito embora, como adiantamos, o ponto central do Parecer esteja no esclarecimento do sentido e do alcance do art. 195, § 7º, da Constituição Federal, cabe analisar primeiramente, em face de expressa indagação, a própria constitucionalidade da contribuição social em tela, para se saber se sua instituição obedeceu às regras constitucionais pertinentes à criação de contribuições sociais.

A Lei Federal 9.876, de 26.11.1999, por meio de alteração do art. 22 da Lei Federal 8.212, de 24.7.1991, instituiu contribuição social a cargo das empresas contratantes de cooperativas de trabalho, cuja alíquota é de 15% sobre o valor da nota fiscal ou fatura emitidas por tais empresas, ficando o dispositivo com a seguinte redação:

"Art. 22. A contribuição a cargo da empresa, destinada à Seguridade Social, além do disposto no art. 23, é de: (...) IV — 15% (quinze por cento) sobre o valor bruto da nota fiscal ou fatura de prestação de serviços, relativamente a serviços que lhe são prestados por cooperados por intermédio de cooperativas de trabalho."

Cabe afastar, desde logo, o argumento defendido por alguns setores do Instituto Nacional do Seguro Social — INSS, de que teria havido a mera substituição de outra contribuição destinada à Seguridade Social, aquela prevista pela Lei Complementar 84, de 18.1.1996, em seu art. 1º, II, por esta instituída pela Lei 9.876/1999, bastando para tanto uma singela leitura de ambos os diplomas legais. O argumento é frágil primeiro em razão da própria Lei 9.876/1999, que em seu art. 9º revogou expressamente a Lei Complementar 84/1996, momento em que a contribuição prevista no art. 1º, II, desta última foi extinta, não obstante o fato de que a própria revogação poderia ser objeto de questionamento porque tem-se a lei ordinária revogando a complementar, coisa que não é possível para aqueles que entendem que há relação hierárquica entre tais espécies legislativas, hipótese na qual tal revogação se mostraria irregular.

Não ingressaremos na análise da existência de tal relação hierárquica porque tal questão fugiria dos limites do presente Parecer. De qualquer modo, o fato é que, após a revogação da Lei Complementar 84/1996, a contribuição a cargo das cooperativas deixou de ser exigida, porque extinta, e não é possível substituir — pelo menos não no sentido técnico rigoroso do termo — aquilo que não mais existe no ordenamento jurídico. Fosse o caso de substituição, vale dizer, de singela modificação nos elementos componentes da contribuição social anterior, para tanto bastaria a mera alteração da redação da Lei Complementar 84/1996 por outra lei complementar, ou mesmo por lei ordinária, para aqueles que entendem por tal possibilidade.

Não obstante, ainda que não houvesse a revogação à qual aludimos, a singela comparação dos elementos de ambas as obrigações tributárias deixa em evidência as diferenças existentes, dado que a Lei Complementar 84/1996 estabelece que "Art. 1º. Para a manutenção da Seguridade Social, ficam instituídas as seguintes contribuições sociais: (...) II — a cargo das cooperativas de trabalho, no valor de quinze por cento do total das importâncias pagas, distribuídas ou creditadas a seus cooperados, a título de remuneração ou retribuição pelos serviços que prestem a pessoas jurídicas por intermédio delas"; enquanto que a Lei Federal 8.212/1991, com a redação dada pela Lei 9.876/1999, dispõe que "Art. 22. A contribuição a cargo da empresa, destinada à Seguridade Social, além do disposto no art. 23, é de: (...) IV — 15% (quinze por cento) sobre o valor bruto da nota fiscal ou fatura de prestação de serviços, relativamente a serviços que lhe são prestados por cooperados por intermédio de cooperativas de trabalho". Como se pode notar, a redação dos dispositivos legais não reclama grande esforço para que se possa visualizar as diferenças existentes entre as contribuições, a começar pelos sujeitos passivos que, na contribuição anterior, eram as cooperativas e, na atual, são as pessoas jurídicas contratantes das cooperativas; depois quanto à hipótese de incidência, que na anterior era o pagamento, distribuição ou creditamento aos cooperados e, na atual, a emissão de nota fiscal ou fatura pelas cooperativas; e ainda no que se refere à base de cálculo, que na primeira era constituída pelas importâncias pagas, distribuídas ou creditadas aos cooperados e, na segunda, é o valor bruto da nota fiscal ou fatura de prestação de serviços.

Portanto, houve nítida alteração nos elementos da obrigação tributária, pois foram modificados o sujeito passivo, a materialidade da hipótese de incidência, o momento da ocorrência do fato gerador e ainda a base de cálculo, sendo que tal alteração exsurge da própria literalidade dos textos legais, razão pela qual não há como sustentar que teria ocorrido a singela substituição da contribuição social anterior pela atual.

A referida alteração foi estudada por Marcos Tranchesi Ortiz e Paulo Roberto Andrade, em artigo de doutrina,[1] em que afirmam: "Não é por outra razão que a incipiente jurisprudência em torno da matéria vem reconhecendo, a nosso ver com acerto, a ilegitimidade ativa das cooperativas de trabalho que, afoitas, pretenderam insurgir-se contra tal nova exação. Restaram modificados, portanto, nada menos que o sujeito passivo, a base de cálculo, a materialidade do fato gerador e o momento de ocorrência deste último, elementos que são a própria essência da obrigação tributária. Ora, essas diferenças autorizam a conclu-

1. "Pessoas jurídicas tomadoras de serviços prestados por cooperativa de trabalho. A nova e polêmica contribuição previdenciária criada pela Lei 9.876/99", em *Revista Dialética de Direito Tributário* 61/90.

são segura de que não se trata da mesma exação. *A Lei 9.876/1999 não re-instituiu a mesma contribuição previdenciária a que aludia a Lei Complementar 84/1996.* E nem poderia, posto que, expressamente revogado o ato normativo, desaparecem do ordenamento jurídico os seus preceitos". Os referidos autores, ao procederem à minuciosa análise dos elementos de ambas as contribuições, afirmam que não se trata de substituição de uma por outra, mas sim de instituição de outra contribuição social, vale dizer, de criação de outra fonte de custeio da Seguridade Social, conclusão esta que nos parece correta. Deste modo, em se tratando de nova contribuição, há que se investigar se sua instituição obedeceu aos requisitos necessários previstos para tanto pela Constituição Federal, já se podendo adiantar, entretanto, que a resposta é negativa.

Com efeito, o regime jurídico pertinente à instituição de contribuições sociais destinadas à Seguridade Social é encontrado, sobretudo, nos arts. 195, § 4º e 154, I, do Texto Constitucional, cujos conteúdos não parece despiciendo transcrever abaixo:

"Art. 195. A seguridade social será financiada por toda a sociedade, de forma direta e indireta, nos termos da lei, mediante recursos provenientes dos orçamentos da União, dos Estados, do Distrito Federal e dos Municípios, e das seguintes contribuições sociais: (...) § 4º. A lei poderá instituir outras fontes destinadas a garantir a manutenção ou expansão da seguridade social, obedecido o disposto no art. 154, I."

"Art. 154. A União poderá instituir:

"I — mediante lei complementar, impostos não previstos no art. anterior, desde que sejam não-cumulativos e não tenham fato gerador ou base de cálculo próprios dos discriminados nesta Constituição."

Como se pode observar da leitura dos dispositivos transcritos, e interessando-nos por ora o aspecto formal, a Constituição Federal exige que novas fontes de custeio da Seguridade Social sejam criadas por meio de lei complementar, exigência que a Lei Federal 9.876/1999 não obedece, porque é lei ordinária, padecendo, portanto, de vício de inconstitucionalidade.

Os autores há pouco mencionados, esquadrinhando as possibilidades de instituição de contribuições sociais previstas pelo art. 195, I, demonstram, com efeito, que a contribuição criada pela Lei 9.876/1999 não encontra ali fundamento constitucional,[2] tratando-se, então, de nova fonte de custeio e reclamando a edição de lei complementar. Tal conclusão é abonada por Roque Antonio Carrazza, que ensina: "A só leitura deste parágrafo já nos revela que outras contribuições sociais para o custeio da seguridade social, isto é, que não se ajustem à regra-matriz estampada no art. 195, I, da Constituição Federal, só podem ser instituídas obedecidos os requisitos do art. 154, I, do mesmo Diploma Magno. Dito de outro modo, as contribuições sociais para a Seguridade Social poderão incidir sobre outros fatos econômicos além da folha de salários (folha de pagamento dos empregados), o faturamento e o lucro. Para que isto, porém, validamente aconteça, é mister venham instituídas por meio de lei complementar, sendo-lhes vedada a cumulatividade. Devem, por igual modo, obedecer, em tudo e por tudo, ao regime jurídico traçado na Constituição".[3] No mesmo sentido é o ensinamento de Hugo de Brito Machado, que aponta: "As contribuições para a seguridade social, podem ser veiculadas por lei ordinária, desde que situadas no âmbito do art. 195, I a III. Além destas, podem ser instituídas outras fontes destinadas a garantir a manutenção ou expansão da seguridade social. É que está no § 4º, do art. 195. Há de ser lei complementar. Além disto, a instituição dessas outras fontes está sujeita aos limites substanciais do art. 154, I, vale dizer, os mesmos limites a que está sujeito o exercício de competência tributária residual".[4]

2. "Pessoas jurídicas tomadoras ...", ob. cit., pp. 92-93.

3. *Curso de Direito Constitucional Tributário*, 13ª ed., SP, Malheiros Editores, 1999, p. 400.

4. "Lei complementar tributária", em *Cadernos de Pesquisas Tributárias*, v. 15, SP, Resenha Tri-

As conclusões acima alcançadas podem ser também visualizadas em precedentes jurisprudenciais que, embora não sejam definitivos em razão da sede processual em que foram proferidas as decisões, corroboram com a tese ora sustentada, como se nota de dois exemplos, cuja transcrição impõe-se, oriundos do TRF- 3ª R.

O primeiro é o agravo de instrumento 2000.03.00.006860-1, interposto em sede de ação declaratória de inexistência de relação jurídica, cujo relator é o Desembargador Federal André Nabarrete,[5] que em sua decisão salientou a necessidade da lei complementar: "Ressalte-se, ainda, que o Instituto argumenta que a Lei 9.876/1999 não criou contribuição nova, apenas 'substituiu' a que fora criada pela Lei 84/1996. Tal não se sustenta, pois como visto, houve expressa revogação e não mera modificação. Aduz a Autarquia, que se assim não se entender, o fundamento de validade da referida lei está nas modificações da Emenda 20/1998. Porém, como exposto anteriormente, a exação questionada não mantém a pretendida adequação ao texto constitucional, hábil para legitimá-la. Assim, ante tal descompasso, a conclusão a que se chega, naturalmente, é a de que a Lei 9.876/1999, em verdade, criou uma nova contribuição para a Previdência, e, como tal, deveria ter sido veiculada pelo instrumento normativo previsto constitucionalmente, a lei complementar".

A outra decisão da qual convém transcrever um trecho foi proferida no agravo de instrumento 2000.03.00.033664-4, interposto pelo Instituto Autárquico, cuja relatora foi a Desembargadora Federal Suzana Camargo,[6] na qual deixou claro o seguinte entendimento:

"15. Ademais, a base de cálculo também foi alterada, posto que deixou de ser os valores creditados ou distribuídos a cooperados, tendo sido definido como tanto, pela Lei 9.876/1999, o valor bruto da nota fiscal ou fatura de prestação de serviços, o que significa que está a englobar não só os rendimentos de trabalho pagos ou creditados aos cooperados, mas despesas outras que integram o preço contratado, tais como taxa de administração e outras. (...) 18. Conclusão inarredável é a de que houve a instituição de nova contribuição, até porque a anterior, prevista pela Lei Complementar 84/1996, foi expressamente revogada pelo art. 9º da Lei 9.876/1999 e, assim sendo, somente poderia ser criada mediante lei complementar, na forma dos arts. 195, § 4º e 154, I, da Constituição Federal, o que não se verificou na espécie. 19. Diante desses aspectos, é de ser negado o efeito suspensivo pretendido. 20. Ante o exposto, indefiro a medida liminar requerida, determinando, no entanto, o regular processamento do agravo."

Desta forma, com base nas lições doutrinárias acima colacionadas, que encontram ressonância em vários precedentes jurisprudenciais, além daqueles que foram transcritos,[7] reafirmamos nosso entendimento de que restaram ofendidos os arts. 195, § 4º e 154, I, da Constituição Federal, pela ausência do veículo legislativo próprio para a criação de novas fontes de custeio destinadas à Seguridade Social (lei complementar), razão pela qual padece a Lei

butária/Centro de Estudos de Extensão Universitária, 1990, p. 466.

5. *Revista Dialética de Direito Tributário* 60/199.

6. *Revista Dialética de Direito Tributário* 61/199-200.

7. No mesmo sentido dos precedentes transcritos, verifique-se outras decisões: mandado de segurança 2000.61.00.003122-8, Juíza Federal Maria Cristina Barongeno Cukierkorn, 23ª Vara de São Paulo (*Revista Dialética de Direito Tributário — RDDT* 56/162); agravo de instrumento 2000.03.00.014684-3, Juíza Federal Convocada Marisa Santos, TRF-3ª R. (*RDDT* 58/160); agravo de instrumento 2000.03.00.022989-0, Desembargadora Federal Sylvia Steiner, TRF-3ª R. (*RDDT* 59/190); agravo de instrumento 2000.03.00.020824-1, Desembargador Federal Célio Benevides, TRF-3ª R. (*RDDT* 60/200); agravo de instrumento 2000.03.00.038611-8, Desembargadora Federal Suzana Camargo, TRF-3ª R. (*RDDT* 61/197) e agravo de instrumento 2001.03.00.006364-4, Juíza Federal Convocada Marisa Santos, TRF-3ª R. (*RDDT* 69/210).

9.876/1999 de inconstitucionalidade.[8] Aliás, a própria Lei Complementar 84/1996, cuja epígrafe era "institui fonte de custeio para a manutenção da Seguridade Social, na forma do § 4º do art. 195 da Constituição Federal" já confirmava a necessidade daquela espécie de veículo legislativo para a criação de contribuições sociais não albergadas pelas possibilidades originárias do art. 195, I a III.

4. *Medidas judiciais de iniciativa da Consulente*

Consoante mencionamos no item anterior, em face do entendimento de que a Lei 9.876/1999 padece de vício de inconstitucionalidade, pelo seu aspecto formal (ausência de veículo legislativo próprio — lei complementar), diversos contribuintes ingressaram com medidas judiciais objetivando o não-recolhimento da contribuição social por ela instituída.

Muito embora, como veremos no item seguinte, a questão da Consulente possa ser resolvida em face da imunidade de que goza por ser entidade de natureza filantrópica, é de se notar que, evidentemente, também ela poderia ingressar com medida judicial que tenha por objeto a apontada inconstitucionalidade da referida lei, em face do princípio do livre acesso ao Poder Judiciário, previsto no art. 5º, XXXV, da Carta Magna.[9]

No que se refere especificamente à medida judicial, as possibilidades são várias, desde que a mesma comporte a concessão imediata de um provimento de natureza liminar, que venha a suspender a exigibilidade do crédito tributário objeto de impugnação, como, por exemplo, o mandado de segurança, a medida cautelar seguida de ação declaratória de rito ordinário e mesmo ação declaratória de rito ordinário com pedido de antecipação dos efeitos da tutela jurisdicional.

Com efeito, nestas modalidades de ação judicial revela-se perfeitamente possível obter-se a suspensão da exigibilidade do crédito tributário, por meio de medida liminar ou decisão de antecipação dos efeitos da tutela, por força do disposto no art. 151, IV e V, do Código Tributário Nacional — CTN, e bem assim, se a Consulente o desejar, por meio do depósito judicial dos valores relativos à contribuição social, com fundamento no inciso II, do referido art. 151, do mesmo Diploma Legal. Diga-se de passagem, a opção pelo mandado de segurança parece ser a mais comum, até porque tal espécie de ação judicial não comporta a condenação em honorários advocatícios.[10]

5. *Imunidade tributária das entidades filantrópicas*

Sem embargo das considerações desenvolvidas nos itens anteriores, o tema central do presente Parecer repousa na análise da imunidade das instituições filantrópicas, porque a Consulente é entidade desta natureza e possui contrato de prestação de serviços firmado com a cooperativa de trabalho médico, razão pela qual, a princípio, estaria sujeita à contribuição social prevista pelo art. 22, IV, da Lei 8.212/1991, com a redação dada pela Lei 9.876/1999. Em outros termos, faz-se necessário saber se a Consulente encontra-se ao abrigo da norma prevista no art. 195, § 7º, da CF, que possui a seguinte dicção: "Art. 195. (...) § 7º. São isentas de contribuição para a seguridade social as entidades beneficentes de assistência social que atendam às exigências estabelecidas em lei."

8. Não obstante o entendimento esposado, é possível encontrar também decisões em sentido contrário, como, por exemplo, as seguintes: agravo de instrumento 2000.03.00.020946-4, Desembargadora Federal Ramza Tartuce, TRF-3ª R. (*RDDT* 59/191) e agravo de instrumento 2000.01.00.055156-5, Juiz Federal Cândido Ribeiro, TRF-1ª R. (*RDDT* 60/200).

9. O dispositivo constitucional tem o seguinte teor: "a lei não excluirá da apreciação do Poder Judiciário lesão ou ameaça a direito".

10. Súmula 512, STF "Não cabe condenação em honorários de advogado na ação de mandado de segurança".

O dispositivo constitucional remete o intérprete para duas questões que desde logo devem ser tratadas, a primeira relativa ao termo "isentas", da qual nos ocuparemos neste item; e a segunda à expressão "exigências estabelecidas em lei", constante da parte final do artigo transcrito e que será objeto de análise no item seguinte.

Com relação ao primeiro ponto, precisamos deixar claro que, embora o Texto Constitucional utilize a palavra "isenção", o benefício ali contemplado é na verdade, o da imunidade, resultando o emprego daquela palavra de equívoco do legislador constituinte, que nem sempre prima pela precisão dos termos técnicos empregados. Como a forma de desoneração tributária constante do § 7º é prevista direta e originariamente pela Constituição Federal, trata-se de imunidade e não de isenção. A este respeito, José Eduardo Soares de Melo afirma que "Trata-se de uma autêntica *imunidade*, por se tratar de impedimento à competência tributária com manifesta raiz constitucional, sendo irrelevante o vocábulo '*isenção*', utilizado pelo constituinte, por ser cediço que 'não é o nome que dá essência à coisa, a coisa é o que é pela sua morfologia ou elementos componentes' (Carlos Maximiliano). Oportuno assinalar que os preceitos jurídicos nem sempre são claros e precisos, revelando ambigüidades e imperfeições, primando mesmo por redação defeituosa, especialmente porque fruto de atividade humana (heterogeneidade dos parlamentares), razão pela qual, compete ao hermeneuta considerar o sentido da norma, desvendando o seu conteúdo, natureza, dentro de uma unidade sistemática".[11]

A propósito do tema, Ives Gandra da Silva Martins e Marilene Talarico Martins Rodrigues, demonstrando as diferenças entre as figuras desonerativas da isenção e da imunidade, ensinam que "A isenção é sempre um favor legal. O poder tributante que tem a faculdade de impor, expressamente abre mão de determinada receita fiscal, com o que têm, alguns doutrinadores, entendido ser a isenção uma não-incidência qualificada. Aquele que tem o poder de tributar, tem o poder de isentar. Na imunidade isto não ocorre. O constituinte cria hipóteses fora do campo de abrangência do poder público tributante, motivo pelo qual, sempre que a Constituição retira do poder tributante o poder de tributar, fá-lo através da *imunidade* e nunca da isenção. Aquela, é forma desonerativa, de exclusiva utilização pelo constituinte, esta, de exclusiva utilização pelos legisladores ordinários".[12] Em seguida, referindo-se especificamente sobre o art. 195, § 7º, confirmam que "Embora a norma constitucional faça menção a isenção, tratando-se de desoneração concedida pelo texto constitucional, configura-se verdadeira *imunidade* abrangendo contribuições, condicionada ao atendimento dos requisitos estabelecidos em lei".[13]

O entendimento acima não encontra sérias divergências na doutrina pátria, podendo-se afirmar, portanto, que a imunidade tributária tem sempre sede na Constituição Federal,[14] enquanto que a isenção é matéria reservada à lei do ente tributante que tem competência para instituir o tributo.

Deste modo, a forma desonerativa presente na norma constitucional do art. 195, § 7º, é imunidade (e não isenção, como equivocadamente consta do texto), e revela-se uma limitação ao poder de tributar.

11. "A imunidade das entidades beneficentes às contribuições sociais", em *Revista Dialética de Direito Tributário* 18/43.

12. "Imunidade tributária das instituições de assistência social, à luz da Constituição Federal", em *Revista Dialética de Direito Tributário* 38/115.

13. "Imunidade tributária ...", ob. cit., p. 109.

14. Bernardo Ribeiro de Moraes aponta que "Conforme se nota, a imunidade tributária tem um regime jurídico formal, onde dominam duas regras básicas, aceitas como pressupostos lógicos: a imunidade tributária é matéria sob reserva da *Constituição*; a imunidade tributária tem voz de comando para as entidades públicas tributantes (União, Estados, Distrito Federal e Municípios). Sem dúvida, a imunidade tributária acha-se situada no ramo do direito constitucional tributário, que segundo Dino Jarach, é a parte do Direito Constitucional 'que é tributária pelo objeto a que se refere, porém é constitucional, porque sua tarefa consiste em disciplinar a soberania do Estado em determinado setor — o da ativida-

Com efeito, em face de determinados valores que a Constituição Federal busca proteger, ela retira do ente tributante, isto é, da pessoa jurídica de direito público que detém a competência tributária, a possibilidade de instituir tributos sobre determinadas pessoas, fatos econômicos, bens e atividades, por considerar que tais valores são de superior interesse da Nação e, nesta condição, não devem ser atingidos pela norma jurídica tributária.

A este respeito, Marco Aurélio Greco, que também entende que a imunidade constitui uma limitação constitucional ao poder de tributar e estabelece acentuada diferença entre limitações constitucionais e princípios constitucionais, ensina que "Os princípios veiculam diretrizes positivas a serem atendidas no exercício do poder de tributar, indicando um caminho a ser seguido pelo legislador ou pelo aplicador do Direito. Como diretrizes positivas, apontam algo desejado pelo ordenamento e que o Constituinte quer ver alcançado. As limitações (como seu próprio nome diz) têm função negativa condicionando o exercício do poder de tributar e correspondem a barreiras que não podem ser ultrapassadas pelo legislador infraconstitucional; ou seja, apontam para algo que o Constituinte quer ver não-atingido ou protegido. (...) As limitações, diversamente do que ocorre com os princípios, são restrições ao exercício do poder de tributar, algo que não pode ser feito ou atingido. Como tal, têm alta precisão conceitual por demarcarem o campo de atuação da tributação".[15]

Portanto, a imunidade, como limitação constitucional ao poder de tributar, encontra sua razão de ser, como afirmado, em determinados valores que o legislador constituinte deseja proteger, determinando ao legislador detentor da competência tributária que tais valores não serão atingidos pela norma impositiva,[16] daí porque, no referido § 7º do art. 195, busca-se proteger as entidades de assistência social, e bem assim, as filantrópicas, como é o caso da Consulente, resguardando-as da incidência de contribuições destinadas à Seguridade Social. Ao contemplar tais entidades com a forma desonerativa da imunidade, defende os interesses das instituições e, mais do que isso, põe em alto plano os interesses nacionais, pois reconhece a relevância do papel por elas desempenhado. Em verdade, o Estado reconhece que é incapaz de desenvolver satisfatoriamente determinadas funções que lhe são precípuas (assistência social, saúde e educação, por exemplo), e estimula que outras pessoas ou organizações o façam — de forma complementar e muitas vezes substitutiva do Estado — incentivando-as por meio da imunidade e deixando que recursos financeiros, que seriam levados aos cofres previdenciários, permaneçam em seu patrimônio para investimentos em seus próprios objetivos sociais.[17]

Desta forma, entendemos que as entidades filantrópicas, como é o caso da Consulente, por estarem ao abrigo da imunidade constitucional, não estão sujeitas ao recolhimento de contribuições sociais destinadas à Seguridade Social, como, por

de tributária'" ("A imunidade tributária e seus novos aspectos", em *Revista Dialética de Direito Tributário* 34/25).

15. "Imunidade tributária", em *Pesquisas Tributárias*, Nova Série — 4, SP, Ed. RT/ Centro de Extensão Universitária, 1998, pp. 710-711.

16. Neste sentido, José Eduardo Soares de Melo salienta que "A preservação de valores de superior interesse nacional, serviços públicos, religião, democracia, educação, saúde e cultura tem levado o legislador constitucional a impedir a imposição de cargas fiscais. É defeso, proibido, vedado (*inconstitucional*) a atuação do legislador ordinário na instituição de determinadas espécies tributárias, tendo em vista as materialidades ou as pessoas participantes das relações jurídicas" ("A imunidade das entidades ...", ob. cit., pp. 41-42).

17. Ives Gandra da Silva Martins salienta que "(...) nas imunidades, não há renúncia fiscal, mas sim renúncia dos cidadãos, que, ao se dedicarem a atividades sociais e educacionais, deixam de atuar em áreas lucrativas e onde poderiam legitimamente ganhar e se enriquecer. Aqueles que se dedicam a cuidar da saúde da população e prestar assistência social, a ensinar etc., pensam no país mais do que os detentores do poder e fazem pela educação, pela saúde e pela assistência social, tranqüilamente, muito mais do que os políticos que entram pobres na polí-

exemplo, a instituída pela Lei 9.876/1999, desde que "atendam às exigências estabelecidas em lei", conforme o disposto na parte final do art. 195, § 7º, do Texto Constitucional, sendo que destas exigências nos ocuparemos no item seguinte.

6. *Exigências estabelecidas em lei — Imunidade condicionada*

A segunda questão que deixamos em aberto no item anterior refere-se, portanto, à parte final do § 7º do art. 195, porque o dispositivo constitucional, ao contemplar as entidades ali descritas com a imunidade tributária, condiciona o gozo de tal benefício ao atendimento de requisitos que devem estar estabelecidos em lei.

Tal questão é fundamental porque implica no reconhecimento de que a desoneração tributária ali prevista constitui aquilo que a doutrina denomina de imunidade condicionada, cujo gozo regular encontra-se atrelado à obediência de determinadas condições previstas em diploma legal infraconstitucional, vale dizer, trata-se de imunidade que, embora possua estatura constitucional (como é próprio da figura da imunidade, conforme demonstramos), seu pleno exercício depende do atendimento de requisitos outros, que por sua vez são estabelecidos em disposições normativas de grau hierárquico inferior aos mandamentos constitucionais, decorrendo daí a questão de se saber qual a lei que cuida das referidas exigências e quais são elas.

Neste aspecto, tratando-se a imunidade de limitação constitucional ao poder de tributar, a lei mencionada na parte final do § 7º do art. 195, é lei complementar (e não ordinária, como desejam alguns), por força do disposto no art. 146, II, da CF, que estabelece expressamente: "Art. 146. Cabe à lei complementar: (...) II — regular as limitações constitucionais ao poder de tributar".

Esta lei complementar, cuja exigência deflui da interpretação sistemática da Carta Magna, não é outra senão o CTN (Lei 5.172/1966) que, embora aprovada como lei ordinária, possui o caráter de lei complementar, conforme entendimento doutrinário e pacífico reconhecimento jurisprudencial. Por sua vez, os requisitos necessários para o gozo da imunidade são aqueles contemplados pelo art. 14: "Art. 14. O disposto na alínea *c* do inciso IV do artigo 9º é subordinado à observância dos seguintes requisitos pelas entidades nele referidas: I — não distribuírem qualquer parcela de seu patrimônio ou de suas rendas, a qualquer título; II — aplicarem integralmente, no País, os seus recursos na manutenção dos seus objetivos institucionais; III — manterem escrituração de suas receitas e despesas em livros revestidos de formalidades capazes de assegurar sua exatidão. § 1º. (...) § 2º. (...)."[18]

A este respeito, Ives Gandra da Silva Martins e Marilene Talarico Martins Rodrigues, referindo-se à norma do art. 195, § 7º, apontam a necessidade de lei complementar, assegurando que "A menção feita na norma, de que a desoneração se prende ao atendimento de requisitos legais, não significa que caiba ao legislador infraconstitucional qualquer margem de liberdade para impor condições restritivas ou reduzir de alguma forma o benefício concedido pela Constituição. Tendo em vista que a deso-

tica e dela saem sempre com polpudo patrimônio, nos dias atuais. É fundamental, para que se apreenda o fenômeno das imunidades tributárias, que tais elementos pré-jurídicos, em uma visão tridimensional do Direito, exteriorizando fatos relevantes, mereçam a devida valoração, para que se entenda a densidade da norma desonerativa de força constitucional, pois apenas à luz de sua importância é que se poderá interpretar diversas questões formuladas" (*Boletim Adcoas de Doutrina* 6, jun. 1998).

18. O art. 9º, IV, *c*, do CTN tem a seguinte redação: "Art. 9º. É vedado à União, aos Estados, ao Distrito Federal e aos Municípios: (...) IV — cobrar impostos sobre: (...) c) o patrimônio, a renda ou serviços dos partidos políticos, inclusive suas fundações, das entidades sindicais dos trabalhadores, das instituições de educação e de assistência social, sem fins lucrativos, observados os requisitos fixados na Seção II deste Capítulo".

neração tributária, no caso, decorre do próprio Texto Constitucional, a sua natureza é de *imunidade*, como limitação ao poder de tributar, razão pela qual os requisitos para a sua concessão, dependem de *lei complementar*, na forma do art. 146, II, da CF, que estatui (...). Compreende-se a razão da exigência de veículo dessa estatura. É que se fosse, o constituinte, deixar a critério do poder tributante a fixação de requisitos necessários para o gozo da imunidade, à evidência, poderia ele criar nível de obstáculos, que viesse a frustrar a finalidade para a qual a imunidade foi inserida na Lei Maior".[19]

Outro não é o entendimento de Marco Aurélio Greco, que ensina: "Quanto à questão específica, não é demais repetir que imunidade é limitação constitucional ao poder de tributar, cabendo à lei complementar regulá-la (art. 146, II). Portanto, para regular limitações, lei ordinária não é veículo hábil. Regular limitação significa definir os pressupostos de sua incidência, a natureza dos tributos alcançados e a amplitude de suas conseqüências. (...) Porém, a fixação de condições para a fruição da imunidade, bem como a enumeração de requisitos para a qualificação das entidades de modo a serem consideradas beneficiadas pela limitação, implica regular suas hipóteses de incidência e as pessoas por ela alcançadas (alcance objetivo e subjetivo do pressuposto de fato da imunidade), o que implica regular a própria limitação, o que é privativo da lei complementar".[20-21]

Cumpre mencionar que a questão da necessidade de lei complementar para a fixação dos requisitos exigidos pela Constituição Federal, para o gozo da imunidade, já foi inclusive objeto de análise pelo STF, que reconheceu o cabimento do art. 14 do CTN para o trato da matéria e que a previsão de tais requisitos constitui campo legislativo próprio dessa espécie legislativa.[22]

Portanto, entendemos que a Consulente, na qualidade de entidade filantrópica, goza efetivamente da imunidade tributária prevista no art. 195, § 7º, da CF, razão pela qual não está sujeita ao recolhimento de contribuições sociais, inclusive a instituída pela Lei Federal 9.876/1999, desde que, evidentemente, atenda e permaneça atendendo às exigências constantes do transcrito art. 14 do CTN.

7. *Conseqüências do não-recolhimento da contribuição social*

Conforme procuramos deixar claro em nossa exposição, desde que sejam atendidos os requisitos constantes do art. 14 do CTN, há a plena incidência da norma constitucional imunizante, e, portanto, não há que se falar em sujeição à contribuição so-

19. "Imunidade tributária...", ob. cit., p. 109.

20. "Imunidade tributária", ob. cit., p. 717.

21. No mesmo sentido é o entendimento de Hugo de Brito Machado, que afirma: "Afastamos, desde logo, porque absolutamente infundado, o argumento segundo o qual a lei complementar só é exigível nos casos em que a norma da Constituição refere-se expressamente a essa espécie normativa. Muita vez a Constituição refere-se a lei, e está a reportar-se, induvidosamente, tanto à lei ordinária quanto à lei complementar. Assim, quando consagra o princípio da legalidade tributária, refere-se a lei, mas ninguém de bom senso há de considerar válido o tributo criado por lei ordinária em se tratando do exercício de competência residual. Afinal existe regra expressa a exigir, no caso, lei complementar. A imunidade é uma forma de *limitação constitucional do poder de tributar*, e a Constituição estabelece expressamente que essa matéria deve ser tratada por lei complementar. Inconstitucionais, portanto, são os dispositivos da Lei 9.532/97, que cuidam da imunidade das instituições de educação e de assistência social; todos eles por vício formal, visto que albergados por lei ordinária. Padecem, outrossim, de inconstitucionalidade material ou substancial os dispositivos dessa lei, que restringem a imunidade além do que permite a interpretação razoável da norma imunizante" ("Imunidade tributária", em *Pesquisas Tributárias*, Nova Série — 4, SP, Ed. RT/Centro de Extensão Universitária, 1998, p. 91).

22. Mandado de injunção 420, *DJU* 22.9.1994, p. 25.325, de seguinte ementa: "Imunidade tributária. Entidades voltadas à assistência social. A norma inserta na alínea *c* do VI do art. 150 da Carta de 1988 repete o que previa a pretérita alínea *c* do III do art. 19. Assim, foi recepcionado o preceito do art. 14 do Código Tributário Nacional, no que cogita dos requisitos a serem atendidos para o exercício do direito à imunidade" (conforme Ives Gandra da Silva Martins, "Imunidade tributária...", ob. cit., p. 116).

cial em tela, razão pela qual não acreditamos na possibilidade de exigência do tributo. Não obstante, não é raro que o Instituto Nacional do Seguro Social — INSS não consiga conter sua sanha arrecadatória, o que faz com que se volte para exigências destituídas de fundamento jurídico, por vezes até mesmo em razão da ignorância de certos contribuintes, que nem sempre têm plena consciência de seus direitos. De qualquer modo, em caso de eventual exigência, poderá ocorrer que o Instituto Autárquico primeiramente proceda à chamada cobrança amigável, com o envio de "carta de cobrança" ou "aviso de cobrança", oportunidade na qual o contribuinte, se for o caso, pode efetuar o recolhimento do tributo exigido sem que tenha início qualquer procedimento litigioso.

Todavia, o procedimento mais comum é a lavratura de auto de infração ou notificação de débito, a teor dos arts. 33, § 7º, e 37 da Lei 8.212/1991, em que é exigido o valor principal da contribuição que deixou de ser recolhida, com atualização monetária, acrescido de juros e multa, conforme dispõe o art. 34 da referida Lei Federal.

Em se optando pelo não pagamento, faculta-se ao contribuinte o oferecimento de defesa, nos termos do art. 37, § 1º, do referido Diploma Legal, com o que tem início o processo administrativo, no qual terá condições de expor as razões pelas quais não efetuou o recolhimento exigido e, no caso de decisão desfavorável em primeira instância, há a possibilidade de interposição de recurso para o Conselho de Recursos da Previdência Social, consoante previsto no art. 305 do Regulamento da Previdência Social (Decreto 3.048, de 6.5.1999), cabendo mencionar que, durante o trâmite do processo administrativo, a contribuição não pode ser exigida, eis que o crédito tributário constituído com a lavratura da aludida notificação de débito permanece com sua exigibilidade suspensa. Cabe salientar, todavia, que para a interposição do recurso faz-se necessário — em princípio — efetuar o depósito de 30% (trinta por cento) do valor da exigência fiscal definida na decisão, por força do disposto no art. 306 do mencionado Regulamento da Previdência Social, muito embora tal exigência possa ser afastada pela impetração de mandado de segurança, posto que, segundo entendimento de significativa parcela da doutrina e da jurisprudência, a obrigatoriedade da efetivação de depósito para recorrer fere o princípio constitucional do contraditório e da ampla defesa, insculpido no art. 5º, LV, da CF.[23] Em face de todas as razões expostas até aqui e levando-se em consideração que a Consulente goza de imunidade, parece-nos que seriam bastante significativas as possibilidades de êxito da defesa, mesmo na esfera administrativa do Instituto Nacional do Seguro Social — INSS.

Não obstante, caso a decisão final do processo administrativo seja desfavorável, o passo seguinte a ser adotado pelo INSS é a inscrição do valor exigido na dívida ativa daquele órgão, a fim de que seja expedida a denominada certidão de dívida ativa, que constitui título executivo extrajudicial e que é documento destinado a aparelhar a execução fiscal. Nesta hipótese, caso a Consulente deseje defender-se, há a necessidade, como providência obrigatória e preliminar à propositura de embargos à execução, de oferecimento de garantias ao juízo, nos termos do art. 9º c/c art. 11 da Lei Federal 6.830, de 22.9.1980 — Lei de Execução Fiscal, seguindo-se o feito judicial até decisão final sob as luzes do devido processo legal, garantidos a ampla defesa e o contraditório.

23. O artigo que estabelece a obrigatoriedade de depósito para interposição de recurso, na esfera dos processos administrativos da Secretaria da Receita Federal, foi objeto de questionamento em sede de Ação Direta de Inconstitucionalidade (ADIn 1.922-9 e ADIn 1.976-7) em que a liminar foi negada, encontrando-se, portanto, o dispositivo em plena vigência. Não obstante, há inúmeros precedentes judiciais que acolhem o entendimento que sustentamos, como, por exemplo, para mencionar apenas dois, oriundos do TRF da 3ª R.: agravo de instrumento 88.330, Desembargador Federal Andrade Martins, julgado em 29.3.2000 (*DJU*-2 23.6.2000, p. 81); e agravo de instrumento 98.03.104052-9, Desembargador Federal Aricê Amaral, j. 13.4.1999 (*Boletim AASP* 2.108/994).

Outra possibilidade para discussão do débito exigido pela Autarquia Previdenciária reside na propositura, pela Consulente, da denominada ação anulatória de débito fiscal, prevista no art. 38 da referida Lei de Execução Fiscal, procedimento este que deve ser precedido do depósito do valor integral do débito, o que impede a propositura da execução fiscal à qual aludimos. Embora tal depósito, nos autos da ação anulatória, não se revele obrigatório, é conveniente a sua realização para obstar o ingresso da referida ação executiva.

8. Estimativa de êxito e provisão contábil para contingências

Muito embora não acreditemos no sucesso de qualquer iniciativa tendente a exigir o valor da contribuição social de que ora nos ocupamos, desde que obedecidos os requisitos legais para o gozo da imunidade, é forçoso reconhecer que, apesar de possibilidade remota, uma solução desfavorável à Consulente certamente traria conseqüências indesejáveis ao seu patrimônio, razão pela qual, até mesmo por uma questão de princípio, cumpre pensar na eventual necessidade de se efetuar a provisão contábil para contingências dos valores envolvidos e tal análise implica em se efetuar a estimativa de êxito da demanda que tenha por objeto a exigibilidade do tributo em tela.

Neste sentido, em estudo que realizamos sobre o tema da provisão contábil, procuramos esclarecer que "No sentido em que ora considerada, a provisão é constituída para registrar, no balanço patrimonial, determinadas obrigações que, economicamente, representem um encargo do exercício, mas que, por não estarem ainda formalizadas, não são consideradas como uma exigibilidade".[24] A este respeito, Sérgio de Iudícibus, Eliseu Martins e Ernesto Rubens Gelbcke esclarecem: "Em contabilidade, uma contingência é uma situação de risco já existente e que envolve um grau de incerteza quanto à efetiva ocorrência e que, em função de um evento futuro, poderá resultar em ganho ou perda para a empresa. (...) Por outro lado, para que a contingência passiva julgada provável em exercício futuro seja registrada contabilmente através da formação da *provisão para riscos fiscais e outros passivos contingentes*, deverá ser possível estimar o seu valor; caso contrário, apenas deverá ser mencionada nas notas explicativas, descrevendo-se o tipo de contingência e explicando-se a impossibilidade de determinar o seu montante. A empresa poderá, ainda, ter processos fiscais e outros que envolvem uma contingência cujos valores sejam calculáveis, mas não serão provisionados quando forem remotas as possibilidades de perdas, após análise detida pela administração e por seus advogados. Todavia, ainda assim o fato deve ser descrito em nota explicativa".[25]

Como se pode notar, muito embora a decisão final sobre a necessidade de se efetuar a provisão caiba à administração da empresa ou, no caso específico, da entidade, em conjunto com seus contadores e, se for o caso, com auditores internos ou externos, em se tratando de questões jurídicas e, notadamente, em processos judiciais, é de todo relevante colher a opinião dos advogados, que deverão se manifestar sobre a estimativa de êxito da causa.

No que se refere ao critério para tal estimativa, podemos mencionar dois deles, a saber, o do *Financial Accounting Standards Board — FASB*, organismo que tem, por delegação da *Securities and Exchange Commission — SEC*, a competência para a adoção de normas contábeis nos Estados Unidos da América; e, no Brasil, o do Instituto Brasileiro de Contadores — IBRACON.[26] Desta forma, segundo a norma contábil norte-americana *Statement of Finan-*

24. "O processo judicial, a estimativa de seu resultado e a provisão contábil para contingências", em *Revista de Direito Tributário* 70/120.

25. *Manual de Contabilidade das Sociedades por Ações*, 4ª ed., SP, Fipecafi, Atlas, 1995, p. 404.

26. O denominado Pronunciamento XII é o que trata das contingências (*Princípios Contábeis*, 2ª ed., SP, Atlas, p. 50).

cial Accounting Standards — Accounting for Contingencies — FAS 5, a estimativa de êxito pode ser apresentada da seguinte forma: letra "a" — o evento futuro é provável quanto à sua ocorrência; letra "b" — a chance do evento futuro ocorrer é mais do que remota mas menos do que provável; e letra "c" — a chance do evento futuro ocorrer é insignificante.

Uma vez estabelecido o critério, resta averiguar quais os parâmetros que auxiliam o intérprete na adoção de uma das três possibilidades de estimativa de êxito feita para cada caso, cabendo notar o conteúdo do item 6 do Pronunciamento XII — Contingências, emitido pelo Instituto Brasileiro de Contadores: "A estimativa das possíveis contingências e dos respectivos efeitos financeiros de uma contingência dependerá, também, do julgamento da administração da empresa. Esse julgamento será exercido à vista dos fatos e informações disponíveis à época do preparo e conseqüente publicação das demonstrações contábeis, e deverá levar em conta a experiência anterior adquirida em situações semelhantes além de outros fatores igualmente úteis". Em se cuidando de processos administrativos e judiciais, dois são os parâmetros principais a serem considerados, quais sejam, os argumentos jurídicos relativos à questão[27] e os precedentes jurisprudenciais.[28]

No caso específico da questão da qual nos ocupamos, o primeiro parâmetro é de alta relevância, eis que a imunidade tributária de que goza a Consulente é evidente, desde que, como salientamos, sejam obedecidos os requisitos do art. 14 do CTN; em se tratando de imunidade condicionada, uma vez atendidas as exigências legais não há incidência da norma de tributação. Por sua vez, a jurisprudência não espelha outro entendimento quanto ao gozo da imunidade, conforme tivemos a oportunidade de demonstrar no decorrer do presente trabalho.

Deste modo, com fundamento em tudo o que afirmamos até aqui, acreditamos que a estimativa de resultado para o caso de eventual exigência da contribuição social em tela corresponda à letra "c" — perda remota, razão pela qual acreditamos que não haja necessidade de se efetuar a provisão para contingências, conforme explicitado pelos itens 8, 13 e 14 do Pronunciamento XII do Instituto Brasileiro de Contadores.[29]

Não obstante, cabe-nos apenas efetuar a estimativa de resultado, como fizemos

27. Conforme aponta o subscritor do presente Parecer "No que concerne ao segundo ponto salientado — a força dos argumentos jurídicos invocados — também elemento embasador da análise de estimativa de êxito, podemos considerar que desempenha importante papel na perspectiva dos casos, tendo em vista a possibilidade de se vislumbrar que determinadas 'teses' apresentam-se, *a priori*, com maior envergadura jurídica em face dos argumentos expendidos" (Reinaldo Pizolio, *O Processo Judicial, a Estimativa* ..., ob. cit., p. 127).

28. E prossegue o autor: "Quanto ao primeiro, que nos parece ser o de maior relevância, a jurisprudência formada quanto ao tema objeto do processo revela-se de fundamental importância quanto à adoção da estimativa de êxito, posto que por meio dela é possível extrair a perspectiva de determinado caso, sob o entendimento então adotado pelo Poder Judiciário, até a data em que se está efetuando a respectiva estimativa. Esta jurisprudência, que tanto quanto possível deve ser oriunda dos Tribunais Superiores (no caso brasileiro, o Supremo Tribunal Federal e o Superior Tribunal de Justiça), pode fornecer a tendência do entendimento dos julgadores sobre a matéria considerada, informando até mesmo os argumentos embasadores do entendimento adotado, informações que se revelam de grande valia na avaliação da possibilidade de êxito do processo" (*O Processo Judicial, a Estimativa* ..., ob. cit., p. 126).

29. O teor dos itens é o seguinte: "8. A perda contingente deverá ser provisionada, através de débito ao resultado do exercício, quando for considerada provável e seu montante possível de ser estimado. Adequada divulgação da natureza da perda e demais informações relevantes devem constar de nota explicativa às demonstrações contábeis"; "13. Uma perda contingente deve ser provisionada mediante débito ao resultado do exercício quando: (a) houver probabilidades de que eventos futuros venham a confirmar danos a ativos da empresa ou incorrência de passivos à data do balanço, e (b) houver possibilidade de estimar o montante de perda resultante da contingência"; e "14. A existência de uma perda contingente deverá ser revelada adequadamente nas demonstrações contábeis mesmo que as condições acima expostas não sejam encontradas, a menos que a possibilidade de ocorrer a perda seja remota".

acima, sendo certo que a decisão final compete à administração da Consulente, em conjunto com seus contadores e auditores, se for o caso; em havendo decisão pela provisão para contingências, esta deverá englobar tanto os valores que deixaram de ser recolhidos quanto aqueles objeto das parcelas vincendas da contribuição previdenciária.

9. Decadência das contribuições da seguridade social

O prazo para a apuração e a constituição dos créditos da Seguridade Social é de dez anos, segundo o disposto no art. 45 da Lei Federal 8.212/1991 — Plano de Custeio e Organização da Seguridade Social.

Entretanto, há que se considerar que a CF, em seu art. 146, III, alínea *b*, determina que cabe à lei complementar estabelecer normas gerais em matéria de legislação tributária, especialmente sobre obrigação, lançamento, crédito, prescrição e decadência tributários. Esta lei complementar, como tivemos a oportunidade de salientar quando acima tratamos da questão da imunidade condicionada, não é outra senão o CTN, que no art. 173 estabelece que o direito de constituição do crédito tributário extingue-se após cinco anos.[30]

Assim sendo, tratando-se a decadência de matéria cujo tratamento legislativo é reservado pela Constituição Federal à lei complementar, a lei ordinária (como é o caso da Lei 8.212/1991) não pode dela cuidar, sob pena de invadir o campo próprio daquela espécie legislativa e incidir em vício de inconstitucionalidade, como faz, aliás, a Lei de Seguridade Social. A propósito da matéria, Mizabel de Abreu Machado Derzi, em nota de rodapé feita à atualização que se procedeu na clássica obra do saudoso Aliomar Baleeiro,[31] afirma que "A Constituição de 1988, em seu art. 146, III, *b*, tornou privativa de lei complementar federal, a definição das normas gerais sobre decadência e prescrição no Direito Tributário. A matéria tornou-se indelegável às leis ordinárias das pessoas competentes, inclusive o prazo nela fixado (arts. 173 e 174) e o rol das causas suspensivas e interruptivas da prescrição. É que, como vimos, é da essência desses institutos a perda do direito, pela inércia de seu titular durante o decurso de certo prazo, legalmente fixado. Portanto o prazo e suas causas suspensivas e interruptivas são matéria específica de lei complementar".

É de se notar inclusive que, recentemente, a Corte Especial do TRF-4ª R., no julgamento da argüição de inconstitucionalidade em agravo de instrumento 2000.04.01.092228-3-PR, relator o Juiz Federal Amir Sarti, declarou a inconstitucionalidade do referido art. 45 da Lei Federal 8.212/1991, em decisão cuja ementa é a seguinte:

"Argüição de inconstitucionalidade — *Caput* do art. 45 da Lei 8.212/1991. É inconstitucional o *caput* do art. 45 da Lei 8.212/1991 que prevê o prazo de 10 anos para que a Seguridade Social apure e constitua seus créditos, por invadir área reservada à lei complementar, vulnerando, dessa forma, o art. 146, III, *b*, da Constituição Federal."

Dessa forma, muito embora o Instituto Nacional do Seguro Social evidentemente não concorde com o entendimento espelhado no acórdão acima, parece-nos que o prazo decadencial estabelecido no aludido art. 45 possa ser questionado judicialmente, sob o pálio de sua inconstitucionalidade, com significativas possibilidades de êxito, em face do quanto determinado pelo art. 146, III, alínea *b* do Texto Constitucional.

30. A polêmica existente sobre a natureza jurídica das contribuições sociais foi definitivamente dirimida pelo Supremo Tribunal Federal, entendendo a Corte Máxima que possuem natureza tributária, no julgamento do recurso extraordinário 146.133-9-SP, cujo relator foi o Ministro Moreira Alves.

31. *Direito Tributário Brasileiro*, 11ª ed., Forense, p. 910.

10. Resposta objetiva aos quesitos

Passamos agora a responder de forma objetiva aos quesitos formulados pela Consulente.

1. Entendemos que não, uma vez que se trata de criação de fonte adicional de custeio da Seguridade Social, não albergada pelas hipóteses do art. 195, I, e, nesta qualidade, somente poderia ter sido instituída por meio de lei complementar, em conformidade com o disposto no art. 195, § 4º, c/c o art. 154, I, da CF.

2. Sim, a Consulente pode perfeitamente promover medida judicial que tenha por objeto o questionamento da constitucionalidade da contribuição social criada pela Lei Federal 9.876/1999, nada havendo de impeditivo particular ou excepcional, neste aspecto, que decorra de sua natureza de entidade filantrópica.

3. As ações judiciais de iniciativa da Consulente podem ser o mandado de segurança, a medida cautelar seguida de ação declaratória de rito ordinário ou mesmo ação declaratória de rito ordinário com pedido de antecipação dos efeitos da tutela jurisdicional, cabendo notar que em todos os casos é possível, caso assim o deseje a Consulente, efetivar o depósito judicial dos valores envolvidos.

4. A Consulente é entidade filantrópica e, nesta qualidade, goza da imunidade tributária prevista no art. 195, § 7º, da CF, desde que atenda e permaneça atendendo os requisitos exigidos pelo art. 14 do CTN, a saber, (i) não distribuir qualquer parcela de seu patrimônio ou de suas rendas, a qualquer título; (ii) aplicar integralmente no País os seus recursos, para manutenção de seus objetivos institucionais; e (iii) manter escrituração de suas receitas e despesas em livros revestidos de formalidades capazes de assegurar sua exatidão.

5. Caso o Instituto Nacional do Seguro Social — INSS venha a entender que a Consulente está sujeita ao recolhimento da aludida contribuição social, deverá lavrar notificação de débito, hipótese na qual será exigido o valor principal, com atualização monetária, acrescido de juros e multa.

6. Em ocorrendo a lavratura da notificação de débito mencionada no item anterior, é facultado à Consulente apresentar defesa, sendo desnecessária, no âmbito administrativo, a constituição de advogado; neste caso, para eventual interposição de recurso para o Conselho de Recursos da Previdência Social, exige-se o depósito de trinta por cento do valor, que, entretanto, pode ser afastado por meio da impetração de mandado de segurança. Para defender-se na esfera judicial, na hipótese de execução fiscal, faz-se necessário, antes da apresentação de embargos à execução, proceder à garantia do juízo, com depósito em dinheiro ou oferecimento de bens à penhora. Em se tratando de ação anulatória de débito fiscal, esta deve ser precedida do referido depósito, de forma a se evitar a propositura da execução fiscal, sendo certo que, na esfera judicial, é necessária a constituição de advogado.

7. Levando-se em consideração o critério e os parâmetros expostos no corpo do presente parecer, em seu item 8, acreditamos que é possível fazer-se uma estimativa de resultado de eventual demanda correspondente à letra *c* — possibilidade de perda remota para a Consulente — e desta forma entendemos que não se faz necessária a provisão contábil para contingências.

8. O prazo decadencial para a apuração e constituição dos créditos da Seguridade Social é de dez anos, segundo o disposto na Lei Federal 8.212/1991. Não obstante, é possível sustentar juridicamente que tal prazo é de cinco anos, em face da norma prevista no CTN.

Impressão e acabamento:
GRÁFICA PAYM
Tel. (011) 4392-3344

RDT 84

CADERNOS DE DIREITO TRIBUTÁRIO: DERECHO COMUNITARIO – UN ENFOQUE HACIA LA INTEGRACIÓN LATINOAMERICANA – Andrea Amatucci • A CONSTITUIÇÃO FISCAL PORTUGUESA DE 1976, SUA EVOLUÇÃO E SEUS DESAFIOS – José Casalta Nabais • FUNÇÕES DAS LEIS COMPLEMENTARES NO SISTEMA TRIBUTÁRIO NACIONAL – HIERARQUIA DE NORMAS – PAPEL DO CTN NO ORDENAMENTO – Heleno Taveira Tôrres • AS INFLUÊNCIAS ITALIANAS NO DIREITO TRIBUTÁRIO BRASILEIRO – Ricardo Lobo Torres • PRIME OSSERVAZIONI SULLA PROPOSTA DI FEDERALISMO FISCALE IN ITALIA – Franco Gallo • LEGALIDADE TRIBUTÁRIA OU LEI DA SELVA: SONHO OU PESADELO – José Roberto Vieira • FISCALIDAD DEL COMERCIO ELECTRÓNICO – César García Novoa • O SIGILO BANCÁRIO E FISCAL – ALGUMAS DIMENSÕES JURÍDICO-POLÍTICAS – Marcelo Figueiredo • ***ESTUDOS E COMENTÁRIOS:*** APRECIACIONES EN TORNO A LAS DONACIONES Y SU RELACIÓN CON EL CONCEPTO DE RENTA – Jorge Bravo Cucci • CONSELHO DE CONTRIBUINTES. A solução de controvérsias no âmbito da própria Administração – Marcos André Vinhas Catão • IMPOSTO DE RENDA DAS EMPRESAS. Estrutura constitucional do cálculo contábil – Renato Renck • DISSOLUÇÃO IRREGULAR DA EMPRESA NÃO ENSEJA A RESPONSABILIDADE TRIBUTÁRIA DE SEUS ADMINISTRADORES – Eduardo Fortunato Bim • ENTIDADES FILANTRÓPICAS E IMUNIDADE TRIBUTÁRIA – Reinaldo Pizolio

MALHEIROS EDITORES

Revista de Direito Tributário

70

M